국어 성조의 이해

이 저서는 2016년 정부(교육부)의 재원으로 한국연구재단의 지원을 받아 수행된 연구임 (NRF-2016S1A6A4A01020625).

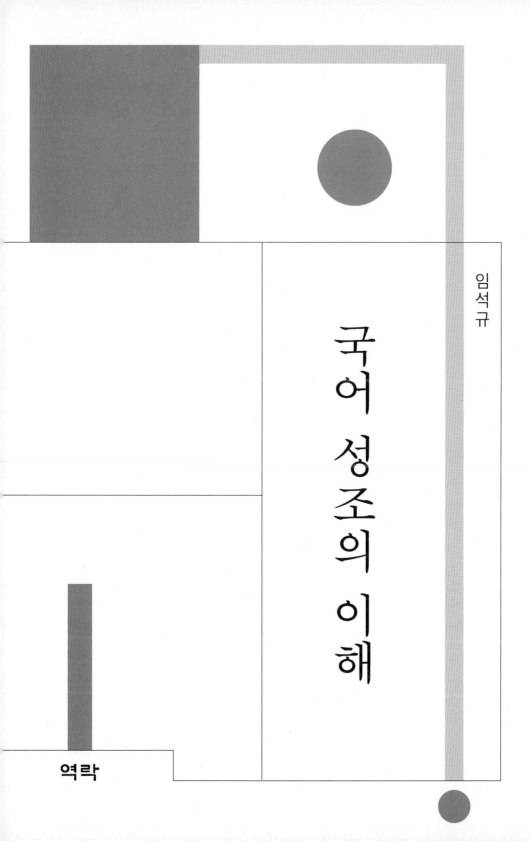

임석규

국어 성조의 이해

역락

서 문

'한국어 성조의 종합적 연구'라는 연구재단 과제를 두고 17년부터 지금까지 신경이 곤두 서 있다. 방언권별로 의미 있는 10개 이상의 지역어를 대상으로 학위 논문 쓰듯이 해야겠다는 마음가짐이 있었으나 제대로 풀리지 않았다. 여러 중요한 자료를 모으고 음성 실험도 하면서 글쓴이 나름대로 노력을 하기는 했으되 다만 그 자료가 여기저기의 컴퓨터 및 메모지에 흩어져 있다 보니 일일이 찾아서 문서화하기에는 약간의 어려움이 있었다. 지금 출판을 하는 것이 아무래도 개운치는 않지만 학기가 시작되면 또다시 원점으로 돌아갈까 싶어 작은 용기를 내어 마무리를 한다.

가장 큰 관심사는 결국 기식군에 걸쳐 있는 율동 제약 및 율동 규칙을 포착하는 것이었다. 중세 국어의 율동 규칙과 동일한 것은 찾을 수 없다는 것을 알면서도 그 아류의 율동이라도 확인하고자 하였다. 자연히 음장 방언과 인접해 있는 지역 말들이 우선되었고 그 나름의 성과도 있었다. 특별한 율동이 어간의 성조까지도 전도시켜 버리는 경우를 통해 성조 소멸의 조심스러운 가설도 생각해 볼 수 있었고 어느 지역 말이 가장 오랫동안 성조 방언의 지위를 유지할 것인가 하는 생각들도 하게 되었다.

그동안 글쓴이의 성조에 대한 태도는 기본적으로 분절 음운 과정과의 연계성에 방점을 찍는 방식이었다. 삼척, 육진 말을 접하면서 동음 탈락, 활음화, 완전순행동화에 대한 이해 없이는 어미의 기저성조 설정조차 단순치 않다는 것을 다시금 깨닫게 되었다. 삼척의 곡용형 '마리(LH, �斗+이)'를 통해서 동북 방언처럼 주격 어미의 기저성조는 당연히 고조라 생각하였는데, 동음 탈락 '서도(LH)', '가도(LH)'를 설명하는 과정에 이르러 그 생각은 여지없이 무너지게 되었다. 동남 방언을 접하면서 얻은 것과는 또 다른 방식의 교훈이었다. 영동 방언의 성조 변동 규칙을 검토하면서 바로 삼척 지역어가 개신의 중심지라는 가설을 세우기도 했다. 삼척 지역어에서는 동남 방언의 'H+H → LH', 강릉 지역어, 동북 방언의 'H+H → HL'도 확인되기 때문이었다. 어절 경계를 둔 성분이 하나의 기식군을 이룰 때의 성조 변동도 고려하면서 삼척 말의 두 규칙 중, 동남 방언의 규칙 유형이 고형일 가능성도 제시하였다.

성조 연구의 큰 축을 담당하신 김차균 교수는 저서에서 몇몇 규칙의 실현 양상을 토대로 경북 방언은 경남 방언에 비해 보수성이 강하고, 경북 방언 중에서는 안동 말이 다른 하위 방언보다 보수성이 강하다고 하였다. 이어 경남에서는 창원이 보수성이 가장 강하고 진주는 개신의 특성을 많이 보인다고 하였다. 다만 안동 지역은 면적이 넓기도 하거니와 서부 방언과도 접해 있기에 가장 보수적인 지역은 영주와 봉화라고 생각하고 있다. 글쓴이의 경험상 영주에서도 부석사 가까운 동북부 지역이, 봉화에서는 서북부 지역이 보다 보수성을 띤다. 이런 점에 근거하여 경북 동부는 영주를 대상으로 하였다. 지리적으로 경북의 북단이라서 문제를 삼을 수 있겠지만 성조 실현 양상이 그 어느 지역어에 비해 체계적이라는 데 의의를 둔다. 경북 서부 방언은 영주처럼 북단에 위치한 문경을, 경북 동해안 방언 중에는 삼척 지역어와 대비할 수 있는 울진을, 경남 동부는 창원을, 경남 서부는 진주 위의 산청을 대상으로 하였다. 영동 방언의 경우 삼척과 강릉 지역을 주 대상으로 하였다. 강릉만 하더라도 성조 동요가 꽤 확인되기에 집필하는 데 꽤 많은 시간이 소요되었다. 그래서 유사한 율동 유형이 확인되는 평창, 정선, 영월 지역어는 율동에 대해서만 짧게 언급하였다. 성조 자료가 표준어에 경도될 가능성이 있음을 익히 알기에 그것을 배제하려고 가능한 한 보수적인 어형을 제시하려 하였다. 다만 제보자가 제한될 수밖에 없었던 육진 방언의 경우에는 어미 부류가 표준어형에 가깝게 제시될 수밖에 없었다.

2장, 3장 4장은 이전에 수행된 글쓴이의 동남 방언에 대한 연구 결과를 중심으로 서술하되 동북 방언과 영동 방언의 성조 현상을 보완하는 방식으로 이루어졌다. 1장, 5장, 6장은 새로 집필한 부분이 중심을 이룬다. 특히 5장에서 집필 시간이 꽤 소요되었는데 표를 50여 개 만들면서 더 지체되고 말았다.

이미 방대한 자료가 모아졌음에도 그것을 제대로 활용하기 어려운 것이 현 상황이다. 그래서 성조 표기를 하면서 특별한 기호를 두지 않으려 하였다. 위첨자, 아래첨자를 사용하지 않으면서 쉽게 풀어 쓴 성조 저술이 필요하다고 판단했기 때문이다. 성조를 음성학적으로 접근하다 보면 아무래도 기호들이 양산된다. 가급적 화자의 언어 능력을 토대로 음운론적으로 접근하는 작업이 중요했다. 쉽게 풀어 쓴다는 의식이 있었기에 술어도 거의 사용하지 않았지만 그나마 사용된 술어도 분절 음운 층위에서의 술어를 원용하려 하였다.

방언 자료는 글쓴이가 음성형을 실제로 확인한다는 원칙을 세웠다. 한국정신문화연구원에서 펴낸 경상남도, 경상북도, 강원도 편을 참고하고 실제 음성은 장서각 아카이브를 통해서 확인하려 하였다. 자연히 성조 표시가 제대로 된 방언 자료집이 나왔으면 하는 바람도 갖게 되었다. 2005년 이후 국립국어원의 지역어 조사 사업의 음성 자료 중 육진 방언, 경남 방언, 영동 방언 등도 활용할 수 있었다. 자연 발화를 먼저 듣고 거기에서 곡용형, 활용형의 표면성조를 확인하려 하였다. 그러니 작업은 자연스레 지체될 수밖에 없었다.

이 저서에 도움을 주신 많은 분들이 떠오른다. 동북 방언은 서강대에서 학위를 한 박진혁 선생님, 김수현 선생님, 서울대에서 학위를 한 박미혜 선생, 백금란 선생의 도움을 많이 받았다. 수시로 영동 방언, 경남 방언에 대해 알려 준 김봉국 선생님, 김한별 선생님, 김동은, 김고은, 배윤정 선생에게도 감사의 말씀을 드린다.

제보자 선정에서부터 적어도 3대 이상의 토박이 조건을 강조하시고, 나아가 정밀한 조사, 정밀한 분석만이 훌륭한 업적을 담보할 수 있다고 하신 최명옥 선생님께 누가 될까 무척 조심스럽다. 개정판이 나올 리는 없겠지만 기회가 된다면 고향 말에 대한 저서를 정밀히 다루면서 이번에 못한 작업을 체계적으로 보완하려 한다.

항상 급하게 원고를 넘기는데도 아낌없이 배려해 주시는 출판사 '역락'의 이대현 사장님, 박태훈 이사님, 이태곤 이사님, 권분옥 팀장님께 심심한 감사의 말씀을 드린다. 여름 방학 동안 가족 여행도 꿈꿀 수 없었던 터라 가족들에게 미안할 마음 금할 길이 없다. 뜻대로 작업이 안 되던 글쓴이를 애처로이 여기기도 하면서 걱정도 해 주고 응원도 해 준 아이들 엄마에게 고마움을 전한다.

2022년 9월 1일
신용벌에서 추적추적 내리는 가랑비를 쳐다보며
글쓴이 씀

차 례

1. 성조를 바라보는 관점

1.1. 동부 방언의 성조 언어적 특징

주지하듯이 한국의 동쪽 지역에 위치한 경상도, 함경도, 강원 영동 지방의 말은 성조가 유의미한 기능을 갖는다. 그런데 60년대부터 국어 방언 성조의 성격은 accent 정도로 규정되어 온 것이 사실이다.[1] 아래에서는 복합조가 첫 음절에만 놓이는 것이 아니라 모든 음절에 놓일 수 있음을 확인하면서 accent 그 이상의 의미를 부여하고자 한다. 경북 동부 지역에서 확인되는 4음절 기식군의 예를 제시한다. 2음절어를 제시하는 것보다는 성조형의 수가 많은 4음절어를 제시해 본다.

> (1) 가. H, L로만 구성되는 7가지: HLLL(이드레미), LHLL(고등학조),
> LLHL(도방구리/반짇고리), LLLH(미루나무), HHLL(오라바이),
> LLHH(전라북도/시커멓고/새파랗고), LHHL(나가서도/파랗지도/
> 하얗지도)
> 나. 상승 복합조[2] L·H가 각 음절에 나타나는 4가지: L·HHLL(위아지

---

1) 경북 서부 방언, 경남 서부 방언의 경우는 L로 시작하는 3음절 이상의 기식군에 적용되는 율동 제약으로 인해 성조형의 개수가 줄어들 수밖에 없다. 4음절의 경우 5-6개 정도로 확인된다. 율동 제약으로 파생되는 방언적 특징으로 기술될 수 있다.

매, 外叔母), LL·HHL(그후로도/디밀먼서/다듬꼬도), LLL·HH(만
두소가/가지마고/나가봐도/들이밀고/씨다듬꼬), LLLL·H(부지런해3))
다. 하강 복합조 H·L가 각 음절에 나타나는 4가지: H·LLLL(애늙은이),
LH·LLL(웃마사람), LLH·LL(저딴매이, 저 정도의 놈), LLLH·L(아
래웃마)

일반적으로 음절수(N)에 따른 성조형은 'N+2'개라 알려져 있다. 이에 근
거하면 4음절 성조형은 6개만 제시되어야 한다. (1)을 통해서 4음절 성조형
으로 무려 15가지를 확인할 수 있다. 특히 주의를 요하는 것은 (1나), (1다)
의 복합조이다. 그동안은 음장 방언과 마찬가지로 상승 복합조는 첫 음절에
만 놓이는 것으로 이해해 왔다.4) 그리고 비어두에서는 당연히 짧아지는 것
으로 기술해 왔다. '거짓말', '싸락눈' 등과 같은 경우는 비어두에 복합조가
실현되지 못한다. 이러한 자료에만 의지하다 보니 성조 방언의 상승 복합조
(저고복합조)는 비어두에서 실현될 수 없다고 하였다. 음장 방언과 같은 해석
이다.

(1나), (1다)를 다시 관찰할 때 비어두에 복합조가 실현되려면 그 앞 음절
의 성조는 모두 L이어야 함을 알 수 있다.5) 성조 배열이 LL·HH, LH·LL,

2) 복합조 앞에 '상승'이나 '하강'을 붙이는 이유는 저조에서 시작하여 고조까지 이른다는 오해
   를 사지 않기 위함이다. 복합조의 특징이 낮은 데에서 시작하여 어느 정도의 상승을 보인다
   거나 높은 데에서 시작하여 어느 정도 하강을 보인다는 것으로 파악한다.
3) '부지런해도(LLLL·HH)'를 토대로 하여 'LLLL·H(부지런해)'를 제시하였다. 마찬가지로 'LL·
   HH(가봐라)', 'LL·HH(가봐도)'를 토대로 하여 둘째 음절에서의 상승 복합조 '가봐(LL·H)'를
   확정할 수 있다.
4) 사실 글쓴이는 여러 번에 걸쳐서 비어두 상승 복합조에 대해 언급하였다. 임석규(1999)에서
   시작하여 임석규(2019)에 종합적으로 제시한 바 있다. 이 절에 제시된 자료는 임석규(2019)
   에서 가져온 것이다.
5) '거짓말', '군밤'에서의 '거짓(L·HH)', '군-(L·H)'은 L로 시작하는 어사가 아니기에 후행 성분
   에 상승 복합조가 실현되지 않을 뿐이다. 정연찬(1976:21)에서 국어는 진정한 성조 언어가
   아니라 하였다. 고성 지역어라면 경북 동부에 비해서는 다소 단순화되는 경향도 있으니
   그럴 만도 하다. Pike(1948:3-5)에 제시된 성조 언어의 기본 특질보다는 좀 더 유연한 접근
   이 필요하다. 특히 국어는 성조형 측면에서 상승 복합조 또는 하강 복합조가 어느 음절에나

LLL·HH, LLH·LL는 가능해도 HL·HH, HH·LL는 불가능하다는 것이다. 곧 복합조가 2음절 이하에 놓일 수 있는 것은 복합조 앞이 모두 L인 경우이며, 이론상 복합조 앞에 몇 음절이 저조로 실현되더라도 상관없다는 것이다. 이것이 바로 그동안 주목되지 않은 성조 방언의 한 특징일 것이다. 하강 복합조는 비어두에 실현될 수 있다고 일찍이 주장되었다. 하강 복합조가 비어두에 실현될 수 있는 것 또한 앞 음절 성조가 L이기 때문이다.[6] 지극히 간단한 논리이다. 음절별 성조형의 개수가 이 정도라면 국어는 충분히 성조 언어로서의 지위를 보장받아야 할 것이다.[7]

둘째 음절 이하에서 굴곡톤(복합조)이 음절마다 배치될 수 있는 언어가 과연 몇이나 될까? 이런 점만 보아도 국어의 성조는 일본어와는 차원이 다른 것이다. 그렇다고 중국어의 성조와 비견될 수는 없다. 중국어 2음절어와 비교해 보면 이론상으로도 차이가 확연하다.[8] 중국어는 이론상 1성에서 4성까지가 각 음절에 놓일 수 있으므로 '4×4'만큼의 성조형이 기대된다.[9] 두 언어에서 확인되는 성조형 개수의 차이는, 형태소에 성조가 실리는가 아니면 음절에 성조가 실리는가에 기인한다. 중국어는 하나의 음절이 하나의 형태소(또는 단어)인 경우가 지배적이므로 성조 언어로서의 지위가 확고

놓일 수 있다는 사실로 인해 성조 언어적 특질을 지닌다고 보는 것이 합리적일 듯하다. Pike(1948:14-15)에서도 성조 언어의 정의를 어떻게 하느냐에 따라 성조 언어냐 아니냐를 판단할 수 있다는 다소 유연한 태도를 보이기도 하였다. 이에 대해서는 박진혁(2013)에서 외국의 여러 관점까지 포함하여 면밀히 검토되었다.

6) 본고를 통해 성조형의 개수가 증가하였다는 것은 밝혀졌으나 비어두의 상승 복합조가 '그후 (LL·H)', '가지마고(LLL·HH)'처럼 단어 차원을 넘어선 환경에서 실현되는 경우가 많다는 점은 지적해 둘 만하다.

7) 저조 뒤에서만 상승 복합조와 하강 복합조가 놓인다는 제약을 포함해 몇몇 성조 배열 제약이 존재한다는 점이 바로 중국어와는 다른 국어의 성조적 특징일 것이다.

8) 2음절 기식군의 성조형으로는 7개, 3음절 기식군의 성조형으로는 11개가 확인된다. 다음은 2음절, 3음절 기식군에서 상승 복합조가 비어두에 실현되는 경우이다. '그후(LL·H, 그#후), 그디(LL·H, 그#뒤), 그후로(이하 LL·HH), 그디로, 잘가라, 가봐라, 디밀고, 김세진, 신진 식', '만두소/들이밀-(LLL·H)'

9) 실제로는 이보다 적은 성조형이 실현되는 것으로 알고 있다.

할 수 있다. 형태소(또는 단어) 단위로 성조가 실리는 것은 중국어나 국어나 같다.[10] 그런데 국어는 '미나리(LHL)'처럼 하나의 형태소가 다음절이 될 수 있기에 중국어와는 다른 양상을 보일 수밖에 없다. 국어도 형태소(또는 단어)가 한 음절이라면 중국어 성조와 같은 패턴을 보일 수 있다는 것이다.

이와 관련해 바로잡을 것이 또 있다. 성조 지역에는 성조 외에 음장도 변별적이라 주장하는 견해도 있다. 즉 동남 방언 특히 경북 방언은 성조와 음장을 동시에 갖는 것으로 보고하기도 했고 그것을 그대로 따르는 경우도 있다. (1)과 같이 복합조가 각 음절에 놓일 수 있다는 것 자체만으로 음장 방언과 성조 방언의 큰 차이를 확인할 수 있다. 성조 방언의 장음은 복합조에 따른 잉여적인 것임을 다시 강조해 둔다.

1.2. 가독성 있는 성조 논의

글쓴이는 국어의 성조 현상을 종합적으로 쉽게 집필하고자 한다. 여기에는 두 가지 유표적인 표현이 보인다. 바로 국어의 성조 현상에 대해 '종합적으로', 또 '쉽게' 접근하자는 것이다.

글쓴이가 성조 현상을 종합적으로 살피려는 이유는 바로 억양이 그 사람의 첫인상과도 밀접히 관련되기 때문이다. 짧은 발화를 듣고도 어느 지역 출신인지를 판단할 수 있다는 것인데 그것은 한두 단어의 음소 구성보다는 거기에 얹힌 억양이 우선적으로 작용한다는 것이다. 이익섭(1984/2006:42)에는 사람들은 대개 자기 고장 및 주변 지역의 방언에 대해 매우 민감하다고

---

10) 일본어는 저조와 고조만 존재하는 것으로 알고 있다. 상승 복합조를 논외로 한다면 삼척 지역어, 함경도 일부 지역어와 유사할 수 있겠다. 일본어의 악센트가 특정 패턴을 보인다는 점에 비추어 보면 일본어의 악센트는 경북 방언과는 매우 거리가 있는 것으로 이해된다.

하면서 어디에 가면 말이 달라지기 시작하며 어느 고장 사람들의 말은 어떤 특징이 있는지 등에 대해 상당히 정확한 수준으로 안다고 제시되어 있다. 이어 언중의 방언 의식은 인상적이고 주관적이기는 하나 종합적이라는 장점을 가지는바, 특히 억양이 그들의 판단에 큰 비중을 차지한다고 하였다. 글쓴이뿐만 아니라 많은 연구자들이, 억양은 방언차를 드러내는 데 필수적이라 인식한다. 어떤 사람과 대화를 할 때 어느 지역 출신인지를 아는 가장 손쉬운 방법이 억양을 확인하는 일일 것이다. 그것은 바로 방언 구획과도 밀접히 연관된다.[11] 이른바 종합적이라는 말은 이처럼 중요한 억양 요소를 성조 방언 전체에 걸쳐 체계적으로 고찰하겠다는 뜻이다.

성조 현상에 대해 '쉽게' 접근한다는 표현은 두 가지를 염두에 둔 것이다. 하나는 기호의 간소화이며 다른 하나는 음소론과 성조론의 연계이다.

성조 연구자끼리도 다른 연구자의 성조 논의가 어렵다고 한다. 간결한 기호 표시 방식이 오히려 독자의 이해를 가로막을 수도 있을 텐데 학문하는 관점에서는 이것이 전혀 문제되지 않는다. 간결하게 기술하기 위해서, 기호를 활용하여 규칙화하는 것은 생성음운론 이후 국어학의 분위기라고 할 수 있다. H^2L, L_1HL, L_0M^3 등이 가독성을 떨어뜨릴 수 있기에 특정 페이지에서 해당 부분만 읽고도 이해할 수 있도록 하는 것이 글쓴이가 추구하는 방식이다. H^2L^4로 간단히 표시할 수도 있겠지만 지면을 많이 차지하더라도 HHLLLL로 표현하는 방식을 취하고자 하는 것이다. 처음부터 정독을 하는 경우도 있고 몇 년 후에 다시 간독하는 경우도 있으니 어떤 경우든지 배려를 하는 것이 중요해 보인다. 이런 것이 이루어지지 않는다면 이내 성조 연구는 왜 이리 어렵냐는 비판 아닌 비판을 받을 수 있다. 이렇게 되면 국어학계는 큰 손실이다. 글쓴이도 'H_1', 'H_2'를 써 온 지 20여 년이 지나고 있다.

---

11) 이 절의 방언 의식 관련 부분은 임석규(2009)에서 가져온 것이다.

그것을 이번에는 과감히 포기한다. 누구나 성조 현상에 쉽게 접근할 수 있도록 하여 연구자의 저변이 확장되었으면 하는 바람이다.

쉽게 집필하자는 의도는 분절음 층위에서의 용어를 가져와서 성조론에 적용하는 것으로 이어진다. 음소론에서 표면형이라는 용어를 사용하는바 이는 성조론에서는 표면성조로 이어진다. 기저형과 기저성조도 마찬가지이며 음소 배열 제약과 성조 배열 제약도 마찬가지이다. 이런 연계성은 성조를 이해하는 데 큰 기여를 할 것이다.

방언권별 성조 현상을 종합적으로 쉽게 집필한다고 한다고 했다. 국어에서 성조가 확인되는 지역은 동부 지역이라고 할 수 있다. 동부 지역의 큰 두 방언권이 바로 동남 방언과 동북 방언이다. 그 사이 강원 영동 방언이 존재한다. 다시 동남 방언은 몇몇 하위 방언권으로 나뉜다. 동북 방언도 하위 방언권을 설정할 수 있겠으나 현재 우리의 사정은 그 하위 방언권을 설정하기 어려운 실정에 놓여 있다. 그러니 동남 방언에 비해 그 기술 및 설명이 간략해질 수밖에 없다.

1.3. 공시성과 성조 현상

기저형을 설정한다는 것은 생성음운론적인 바탕 위에서 이루어지는 것이다. 구체 음운론에서 복수 기저형을 설정하듯이 복수 기저성조가 설정되기도 한다. 아울러 공시성, 언어 능력도 고려된다. 이 글은 공시적인 성조 현상을 다루는 데 중점을 두는 것이기에 당연히 인간의 언어 능력도 그에 걸맞게 논증되어야 한다. 인간의 언어 능력과 동떨어진 기술은 가급적 배제한다. 평성과 측성 이 두 술어는 화자의 공시적 언어 능력과는 거리가 있다. 불규칙 동사의 기저형을 설정할 때 추상음소인 'ㅿ', 'ㅸ'를 동원하지 않듯이 성조론에서도 화자의 언어 능력과 거리를 두는 방식은 바람직하지 않아 보인다. 이는 공시론에서 줄곧 강조되는 관점이다.12)

글쓴이는 공시적인 성조 현상에 초점을 두므로 합성어와 파생어의 성조는 공시적인 성조 논의에 참고가 될 때에만 확인된다. '감나무', '사과나무', '시어머니', '시누이' 등에서의 선행 성분과 후행 성분이 결합할 때 확인되는 성조 현상은 원칙적으로 배제한다. 여기에서의 논의 대상은 '감나무+가', '감나무+도' 등에서의 '어간(선행 성분)'과 '어미(후행 성분)'가 결합할 때 확인되는 성조 변동 유형이다.

글쓴이는 선언적으로 합성어와 파생어의 성조 현상을 제외하였다. 그 근거를 몇 가지 마련하기로 한다. 분절 음운론에서의 공시성 판별 기준을 가져와 보자.13)

(2) 가. '아드님', '따님' 부류
　　 나. '달+님 → 달림', '별:+님 → 별:림' 부류
　　 다. '쓸+는 → 쓰는', '쓸+신다 → 쓰신다' 부류
　　 라. '밥+도 → 밥또', '밥+만 → 밤만' 부류

역순으로 접근해 보자. (2라)에 제시된 '밥+도 → 밥또, 밥+만 → 밤만' 부류는 모든 연구자들이 공시적 환경으로 인정한다. 조사 '-도'는 '-또'로 변동되기도 하고 어간 '밥'은 '밤'으로 변동되기도 한다.14) 이러한 변동이야말로 공시적 현상을 판가름하는 결정적 증거이다. (2다)에 제시된 부류, 즉 활용

---

12) 공시적 음운 규칙의 설정에서도 이런 관점은 유지되어야 한다. 활용 패러다임 '주고, 주니, 조도(경북 영주)'에서 '조도'를 해당 방언의 화자가 예측할 수 없다면 '주+어도 → 조도'를 공시적 규칙으로 설정할 수 없는 것이다. 패러다임 '꾸고, 꾸니, 꿔도'에서 확인되는 '꾸+어도 → 꿔도'의 과정과는 이질적이기 때문이다.

13) 임석규(2021가)의 내용을 간략히 제시한다.

14) 정확하게는 음소 ㅂ가 ㅁ로 대치되는 것이다.

형들의 경우, 어간과 어미가 의존적이라서 활용형 그 자체를 기억한다고 주장할 수도 있다. (3)에 제시된 경북 동부의 활용형을 보도록 하자.

(3) 주고, 주니, 조

'주-'에 어미를 결합하여 모음 어미 통합형 '조'를 이끌어내는 것은 매우 부자연스럽다. 그래서 활용형 그 자체는 어휘부에 등재된 것이라 주장할 수 있다. 그러면 '주고', '주니'도 화자들이 외고 있는 것인가에 대해서는 의문이 생긴다. 여기에서는 분명히 '주+고', '주+(으)니'와 같은 분석이 작용할 가능성이 크다. 또 모음 어미 통합형이라 할지라도 '죠다', '죠으니', '죠겠지', '죠겠는데', '조도', '조라', '조서' 등을 모두 화자들이 외고 있다고, 즉 어휘부에 등재된 것이라고 판단하는 것은 무리다. 적어도 어휘부에 등재되는 것은 '조(X)' 정도라고 해야지 모음 어미 통합형 수십 개가 모두 어휘부에 저장된다고 볼 수는 없다. 그래서 위 패러다임의 기저형은 '주-(자음 어미, 매개모음 어미와 통합됨)', '조-(모음 어미와 통합됨)', 복수 기저형인 셈이다.

(2다)에 제시된 부류(쓸+는, 쓸+신다)에 대해 보다 구체적으로 살펴보자. '쓸+고'에서의 '쓸'이 '쓸+는', '쓸+신다'에서는 '쓰'로 실현된다. 이와 같은 변동 역시 화자들이 인식할 수 있는 공시적 현상의 범주에 들어간다.

문제는 (2가), (2나) 부류이다. 어간과 어미의 결합은 아니지만 접사 '-님'은 생산성이 높은 편이다. 어미나 조사에는 미칠 수 없지만 그래도 생산성이 매우 높다고 판단해야 한다. 그런데 결국 어간은 항상 동일하게 실현될 뿐이다. 그 자체를 기저형으로 인식하게 된다. 첫 번째 부류의 유음이 탈락되지 않는 '달님', '별:님'과 대비해 보아도 변동 유무에 대한 화자의 판단은 매우 중요하다.

한편, 형태소 경계가 아니라도 공시적인 현상처럼 보이는 것이 있다.

(4) 가. 있+으니 → 이씨니 cf. 먹+으니 → 머그니
    나. 쓸개>씰개, 쓰다>씨다, 쓸데 없는 소리>씰데 없는 소리

(4가)의 '있+으니 → 이씨니' 유형은 형태소 경계이므로 변동이 있는 유형이다. '먹으니'에서의 '-으니'가 '이씨니'에서는 '이니'로 변동되었기 때문이다. 공시적 환경이다. (4나)에서는 변동을 확인할 수 없다. 이에 이전 시기에는 '쓰', '쓸'로, 현 시기에는 '씨', '씰'로 파악하여 통시적인 것으로 처리하여야 한다.[15]

지금까지의 입장을 성조 논의에 적용시켜 보자. 다음은 경북 동부 방언 자료이다.

(5) 가. 남산+도 → 남산도(LHL), 남산+은 → 남사는(LHL),
    나. 남산+부터 → 남산부터(LLHL), 남산+꺼정 → 남산꺼정(LLHL)

어간 '산'의 성조가 표면형에서 'H(5가)'와 'L(5나)'로 변동되었음을 확인할 수 있고 그 변동은 화자들이 인식할 수 있는 규칙적 변동이다.

(6) 감물(L·HH), 감나무(LLH)

(5)의 '남산'에서 말음절 성조가 고조와 저조로 변동된 것과 달리 (6)의 '감물', '감나무'에서는 선행 성분 '감'의 성조가 바뀌었음을 포착할 수 있다.

---

15) ≪표준국어대사전≫에는 '이놈아'의 준말로 '인마'가 등재되어 있다. 그런데 수용자가 느끼는 둘의 어감은 매우 다르다. 그 어감을 차치하더라도 이를 공시적 현상, '이놈아 → 인마'로 처리하기 어렵다. '이놈이'는 '인미', '이놈을'은 '인믈'로 변동할 수 없으니 말이다. 음운론적으로 설명할 수 없는 현상은 통시적 변화의 산물이다. 마찬가지로 '나물+이에요'에서의 '-이에요'도 공시적으로 설명할 수 없다. '나물이어야'는 '나물이에야'로 바뀌지 않기 때문이다. '이어요>이에요'와 달리 '이어야 → 이여야', '이어요 → 이여요', '이에요 → 이예요'류는 공시적인 활음(j) 첨가 규칙으로 이해할 수 있다(임석규 2021).

즉 '감'만을 대상으로 했을 때 '감물'에서는 복합조로 '감나무'에서는 저조로
변동되었다는 것이다. 그런데 (5)의 '남산'에서는 여러 어미(또는 조사)를 대상
으로 할 때 그 변동이 확인되는 것이고 후자는 특정 단어와 결합할 때에
그 변동이 확인되는 것이니 분명 차이가 있다. (6)의 후행 성분을 접사로
바꾸어 생각한다면 간단히 설명된다. 그 접사는 생산성이 매우 낮다고 해야
할 것이니 화자들은 규칙성을 확인할 방법이 없다. '감'이 저조로 실현될
때가 어느 경우냐며 고민할 때에도 언뜻 단어가 생각나지 않을 수 있다.[16]
반면에 언어 능력이 있는 사람이라면 전자는 어미를 바꿔치기하면서 충분
히 그 규칙성을 포착할 수 있다. 그러면서 '남산'과 같이 말음절이 고조와
저조로 변동되는 단어로 '앞산(LH)', '뒷산(LH)', '앞차(LH)', '옆차(LH)' 등을
생각해낼 수도 있다. 이렇듯 합성어는 공시적 연구의 대상이 될 수 없다.[17]

　　동북 방언에서도 곡용과 활용에서 확인되는 성조 현상이 합성어에 그대
로 적용되는 것은 아니다. 먼저 곡용의 경우를 보도록 한다.

　　(7)　낟(H)+이(H) → 나디(HL, 鎌)
　　　　야듧(LH)+이(H) → 야들비(LHL, 八)
　　　　버버리(LHL)+가(H) → 버버리가(LHLL, 啞)

　　동북 방언에서는 선행 성분에 고조가 놓일 경우 후행 성분의 고조가 저조
로 변동한다. '버버리'에서처럼 고조 뒤에 저조가 놓인 경우에도 어미의 고
조가 저조로 변동한다. 즉 선행 성분에 고조가 있으면 후행 성분은 모두
저조로 바뀐다는 것이다. 박진혁(2003)에 제시된 합성어 자료 몇 가지를 확

---

16) 이를 소수 규칙으로 처리하고자 하는 논자도 있으나 선행 성분이 '감'일 때 다르고 '대추
(L·HH)', '밤/귤(L·H)', '김(L·H, 고욤)'일 때 다를 수 있다. 후행 성분을 '상자', '농사', '밭',
'꽃'으로 두면 또 다른 양상이 확인될 수 있다.
17) 임석규(1999)에서는 곡용과 활용, 단어 경계 이외에는 공시적 연구의 대상이 아님을 ※
표시를 두는 방식으로 처리하였다.

인해 보자.

    (8) 콧물(/H/+/H/, HL)   눈물(/H/+/H/, HL)
        cf. 코이, 무리, 누니(이상 HL)

두 고조의 결합에서 후행 성분의 고조가 저조로 실현되어 있다. 다만 (9)
에서는 사정이 다르다. 선행 성분의 고조가 저조로 실현된다.

    (9) 밥통(/H/+/H/, LH)   낮잠(/H/+/H/, LH)
        cf. 바비, 통이, 나지, 자미(이상 HL)

이는 경북 방언에서는 다음과 같이 실현된다. 이해의 편의를 위해 김차균
교수의 표기 방식을 활용한다.

    (10) 콧물(/M/+/M/, MM), 눈물(/M/+/M/, MM)
        밥통(/M/+/M/, HM), 낮잠(/M/+/M/, MM)
        cf. 코이, 무리, 누니, 바비, 통이, 나지, 자미(이상 MM)

곡용의 경우는 모두 MM으로 실현되는데 합성어에서는 MM으로 실현되
지 않는 것도 있다(밥통 HM).[18] '좁쌀'과 '보리쌀'에서도, '살코기'와 '살점[쌀
찜]'에서도 공시론적 접근이 벽에 부딪힌다는 것을 잘 알고 있다. 이런 이유
로 합성어를 포함한 복합어는 논의에서 제외하는 것을 원칙으로 한다.
    다음으로 두 어절이 하나의 기식군을 형성할 때의 성조 변동에 대해 검토
하기로 한다. 곡용에서의 성조 변동 유형, 즉 선행 성분에 고조가 놓인 경우
후행 성분의 고조가 저조화한다는 동북 방언의 규칙은 곡용, 활용 이외의

---

18) 동남 방언의 '논뚜럭(LLH)', '밭뚜럭(LLH)'도 마찬가지이다. '논'은 '밭'과 다른 성조 패러다
    임을 보인다[논부터(HHL), 밭부터(LHL)].

기식군에서도 확인된다.[19]

> (11) 안(H)+써(H) → 안써(HL), 안(H)+넣구(LH) → 안너쿠(HLL)
> 뽑는(HL)+거(H) → 뽑는거(HLLL), 고르는(HLL)+거(H) → 고르는거(HLLL),
> 끄니구(LHL, 斷)+있다(LH) → 끄니구읻따(LHLLL), 뛰구(LH)+있다
> (LH) → 뛰구읻따(LHLL), 자구(LH)+있다(LH) → 자구읻따(LHLL)

이상의 자료를 통해 선행 성분의 고조가 표면형에 그대로 실현되어 있음
을 확인할 수 있다. 그런데 다음 예에서는 선행 성분의 고조가 실현되지
않는 것이 특이하다. 주로 관형 구성에서 이러한 양상이 빈번이 확인된다.

> (12) 모자라단마리(LLLLHL)
> cf. 모자라(HLL)+구(H) → 모자라구(HLLL)

'모자라-'는 첫 음절이 H인 어간이다. 그런데도 그것이 기식군의 선행 성
분으로 참여할 때에는 첫 음절의 H가 저조로 실현된다. 아래에서도 선행
성분의 H는 저조로 바뀌어 있다.

> (13) 마실물조처(LLHLL), 마실물꺼지(LLHLL), 여깃사람(LLHL)
> cf. 마시구(LHL), 여기르(LHL)

관형 구성에서의 성조 변동이 박진혁(2013)에서 집중적으로 검토된 바 있
다. 중세 국어에서도 어말평성화가 관형 구성에서 시작된 것으로 이해할
때 (13) 유형의 자료는 의미가 있어 보인다. 이러한 양상이 관형 구성에서만

---

19) ㄴ 첨가 과정은 하위 방언권마다 특이한 양상을 보이기는 하되 한 지역어로 한정할 경우,
어절 경계의 환경이 하나의 기식군으로 발화되면 공시적 틀 안에 들어오게 된다(할#일
→ 할닐 → 할릴, 먹은#약 → 머근냑).

확인되는 것은 아니다.

    (14) 파친가했더니(LLLHLL)
          cf. 파치(HL), 파츠(HL)

  '팣'의 곡용형, '파친가'는 첫 음절이 H인 어사이다. 그런데도 그것이 기식군의 선행 성분으로 참여할 때에는 첫 음절의 H가 저조로 실현된다.
  관형 구성을 포함한 일부 구성에서 이러한 혼란이 생기기는 하되 다른 많은 구성에서는 곡용, 활용에서의 양상과 같음을 알 수 있다. 이러한 관형 구성 등에서의 혼란은 동북 방언의 특수성, 삼척을 제외한 영동 방언의 특수성으로 정리될 만하다. 이에 어절 경계가 하나의 성조군[20](기식군)을 형성하는 경우도 공시적 과정으로 인정하고자 한다.

1.4. 표면성조 도출 방법론

  사실 경상도 서부 방언의 자료를 가장 먼저 접한 경우라면 어미의 기저성조를 인정하지 않는 방식이 가능할 수 있다. 경북 서부와 경남 서부는 상위의 율동 제약이 존재하기 때문이다. 끝에서 둘째 음절이 매우 유표적으로 작용하니 후행 성분인 어미의 기저성조는 인정될 필요조차 없었던 것이다. '말(馬)/잡-(捕)'이 저조로 변동하는 것을 2음절 이상의 자음 어미와 결합하는 경우라고 했으니 그 자음 어미만 명세해 주면 되는 것이었다. 다만 정연찬 (1977)에서도 관형사형 어미 '-는'을 특별한 것으로 간주한 것처럼 일반화하

---

20) 기식군의 개념을 성조 논의에 가져와서 성조군이라는 술어로 대치할 수 있다. 표면성조가 성조 배열 제약이나 율동 제약을 어기지 않는 단위라 하겠다. 즉 성조 변동 규칙이 적용될 수 있는 단위인 것이다.

는 데 다소 부담은 있었던 것으로 보인다. 관형사형 어미 '-던'은 '-는'과 동일한 선상에서 이해할 수 있다고 해도 2음절 이상의 자음 어미 '-치고'가 통합하는 '말치고(HLL) 너무 느리다' 같은 예도 생각해 볼 수 있겠다.

또한 어미의 기저성조를 인정하지 않으려는 관점에는 이른바 악센트 추이 규칙으로 설명하려는 1970년대의 학문 풍조가 크게 작용했을 수 있다. Ramsey(1978)에서는 악센트 추이 규칙을 통해 함남 방언과 동남 방언의 차이를 규명하려 하였다.21) 이는 정연찬(1976)에서 확인되는 바와 같이 중세 국어는 순수 성조 언어가 아닌 단어 성조 체계의 언어로 파악하는 관점과 닿아 있다. 그 방편으로 동남 방언, 특히 경남 방언이 활용된 것이므로 어미의 기저성조란 받아들일 수 없었을 것이다.22)

기저성조에서 표면성조를 도출하는 논의는 크게 두 가지로 대별된다. 하나는 분절 음운론의 방식을 원용하여 어간과 어미의 음절마다 기저성조를 부여하고 성조 변동 규칙을 통해서 표면성조를 이끌어내는 논의를 들 수 있다. 전자의 방식으로는 곽충구(1991/1994), 김성환(1987), 이동화(1990), 임석규(1999, 2007), 박진혁(2003, 2013), 김세환(2005), 김수현(2015), 백금란(2019) 등이 해당된다.23) 또 다른 하나는 어미의 성조는 어간에 따라 자동적으로 결정된다고 하여 어미의 기저성조를 인정하지 않는 논의를 들 수 있다. 문효근(1962), 문효근(1974), 정연찬(1977), 최명옥(1999), 최명옥 외(2002), 이혁화(1994) 등을 들 수 있다. 문효근(1962), 문효근(1974)를 제외하면 주로 경남 서부 내지 경북 서부 방언이 대상이 되었다. 명시적으로 성조형 기술 방식을

---

21) 글쓴이는 악센트 추이와 관련되는 양상 또한 어미의 기저성조를 인정하면서 방언 내적·외적 근거를 통해 설명해야 한다는 입장을 취한다.

22) 다만 김완진(1973/1977)은 여기에 동요되지 않고 어미의 기저성조까지 설정해 가면서 중세 국어 성조를 설명하였다.

23) 김해 지역어를 대상으로 한 허웅(1954:15)에서는 '-에서, -으로'를 '중조'라고 간단히 제시하고 있을 뿐이다. 김봉국(1998)은 일부 곡용 어미, 일부 활용 어미에는 기저성조를 인정해야 한다는 입장이다. 후자는 삼척 지역어의 특수성으로 말미암은 판단으로 이해된다.

표방한 이혁화(1994)의 경우는 'L형/H형/R형(글쓴이의 L·H)' 등으로 모든 성조형을 설명한다. 이른바 순수 성조형 논의이다.

이들은 성조론을 음소론과 별개로 인식하는데 다음에 제시되는 김차균 교수의 방식도 성조론 특유의 기술이라는 점이 특징이다. 김차균 교수의 방식은 국어 성조 연구의 전형적인 방식이다. 곡용과 활용 이외의 언어 단위가 대상이 되는 경우가 많다. 그래서 복합 명사 계열의 자료도 많이 제시된다. 김차균(1977/1980) 이후 일련의 논의들은 어간과 어미에 기저성조를 부여하되 그들의 결합을 다시 성조형의 관점으로 접근하는 방식이다. 어미에 기저성조를 부여하는 방식이니 임석규(1999)의 방식과 대동소이한 듯하지만 차원이 매우 다르다. 이문규(1998, 2011, 2017), 박숙희(2005), 김세진(2006), 최영미(2009), 강흥구(2010) 등이 이러한 관점을 택하고 있다.

'남산(LH)'+'꺼지(HL)'가 결합하면 임석규(1999)에서는 바로 성조 변동 규칙을 적용해 표면성조 LLHL을 이끌어낸다. 그런데 이들의 관점은 '남산꺼지'의 기저성조는 /HHHL/이 되고 여기에 규칙이 적용되어 LLHL로 바뀐다는 것이다. 기저성조가 /HHHL/로 제시되는 것을 납득하기 어렵다. 해당 논의의 체계에서는 이해가 되나 언중의 입장에서는 이해가 되지 않는다는 뜻이다. 표면성조가 [LH]를 보이는 '모르-' 등도 기저성조는 /HH/로 설정되며 경북 방언의 '미꾸라지'는 /HHHM/이 기저성조가 된다. 여기에 조정 규칙이 적용되어 LLHL로 바뀐다. '미꾸'가 HH에 대응된다는 것은 토박이 화자의 언어 능력과는 배치되는 것이 사실이다. 이문규(2017)의 방식도 용어를 달리한다는 점, M을 L로 표기하는 점 등을 제외하면 동일한 성조 기술 방법론으로 볼 수 있다.

이 글에서는 어간과 어미의 기저성조는 어간과 어미의 결합에서 나타나는 활용형과 곡용형들의 표면성조를 고려하여 설정된다. 분절 음운론에서 기저형을 설정하는 방식과 같은 것이다. 이를 바탕으로 성조 배열 제약과

성조 변동 규칙이 제시된다.[24)]

1.5. 분절음 층위를 고려한 성조 논의

분절음 층위와 성조 층위의 관련성에 대해 보다 구체적으로 언급해 보기로 한다. 성조 연구 그 자체에도 의의를 둘 수 있지만 음소 변동이 성조 층위에 어떻게 영향을 미치는지, 역으로 성조 변동이 음소 층위에 어떻게 영향을 미치는지에 대한 관심도 중요하다.[25)] 곧 성조 연구는 그 자체로도 의의 있는 작업이지만 나아가 해당 방언권의 음운론적 실체를 밝히는 데 기여할 수 있는 방향으로 진행되는 것이 바람직하다는 것이다. 기존의 성조 연구가 음소 층위의 규칙들을 거의 고려하지 않은 측면이 있다. 그래서 사실은 활용에서 완전순행동화, 활음화, 동음 탈락 등의 음운 과정이 성조 현상에 관련되는 측면을 깊이 있게 고찰해야 한다. 그래야 방언의 본질이 제대로 드러날 수 있다.

분절 음운론의 설명 방식을 원용하는 것은 여러모로 합리적이다. 이를 토대로 글쓴이 나름대로 간결한 성조 기술 방법론을 체계적으로 제시해 볼 것이다. 여러 연구자들이 좀 더 쉽게 접근할 수 있도록 연구 방법론을 체계화하는 것이 무엇보다 중요하기 때문이다.

기저형에 음운 규칙을 적용하여 표면형을 이끌어내듯이 기저성조에 성

---

24) 성조 배열 제약은 배주채(1996)에서 간단히 언급되었고 이를 성조 논의에 적용한 것은 김봉국(1998)이 처음이다. 배주채 교수는 외국 이론서를 참고한 것은 아니라고 하였다.
25) 이에 대한 논의는 임석규(1999), 임석규(2004), 임석규(2006), 임석규(2009) 등을 들 수 있다. 이를 종합적으로 확인할 수 있는 것이 임석규(2007)이다. 특히 2장, 3장, 4장에는 그동안 글쓴이의 견해가 들어 있는 몇몇 논저에서 많은 부분이 직접적으로나 간접적으로 또 보완되어 인용되어 있음을 밝힌다.

조 변동 규칙을 적용하여 표면성조를 이끌어내는 방식은 여러모로 합리적이다. 언어학자의 기술과 화자의 언어 능력이 별개의 영역에 머물러 있어서는 곤란하다. 화자의 언어 능력에 보다 접근해 보는 연구 방법론이 중요하게 된 시점에 이르렀다. 분절 음운론의 용어를 다음과 같이 원용한다. 그중 몇 가지를 제시해 본다.

  (15) 표면형 → 표면성조
      기저형 → 기저성조
      이형태 → 이성조
      음소 배열 제약 → 성조 배열 제약
      음소 변동 규칙 → 성조 변동 규칙

  동남 방언, 동북 방언은 성조 방언에 속하는 이상 음운론적 논의에서 성조를 제외한다면 그 논의는 허점을 보일 수도 있을뿐더러 음운론적 정밀화를 꾀하는 데에도 부족할 것이다. 임석규(2007)에서 강조한 바와 같이 최소 대립쌍을 통한 음소 목록의 확정에서 성조가 중요하게 인식되어야 함은 말할 필요도 없고, 활음화 과정, 완전순행동화 과정 등에서 표면형을 도출하는 데 성조 축약의 과정도 필수적으로 고려되어야 적절한 설명이 가능하다. 그런데도 분절음만을 대상으로 논의를 진행한다면 그 성과는 음운론적 실체를 규명하는 데 부족함에 틀림없다. 따라서 성조 방언을 연구할 때에는 성조에 대한 이해가 필수적일 수밖에 없다 할 것이다. 곽충구(1991/1994)에서 비롯된 음소론과 성조론을 균형 있게 다루려는 방식으로는 임석규(1999), 김세환(2005), 임석규(2007), 김수현(2015) 등을 들 수 있다. 특히 가장 최근의 업적이라 할 수 있는 김수현(2015)에서는 활음화와 성조 축약, 완전순행동화와, 성조 탈락 등 성조론의 서술에서도 분절 음운 규칙을 바탕으로 표면성조를 설명하려고 하였다. 이런 노력은 성조론만을 다룬 논의에 비해 자료에서도 선명성을 확보한 것으로 보인다. 분절 음운에 집중하다 보면 자연히 그 해당 지역의 방언형을 캐내는 작업에 몰두하게 된다. 반면 성조론만 다루다 보면 아무래도 전통 방언형이 소홀히 될 수도 있다. 이러한 비판은 필자도 벗어나기 어렵다. 십여 지역 이상을 대상으로 하다 보니 아무래도 분절 음운에 대한 집중력은 떨어질 수밖에 없다.[26]

1.6. 성조소 문제

허 웅(1954) 이후 방언 성조에 대한 연구는 여러 논자들에 의해 그 실체가 꽤 많이 밝혀졌다. 그러나 아직도 몇몇 문제에 대해서는 견해가 일치되지 않고 있다. 하나는 성조 논의에서 가장 핵심적인 성조소 설정의 문제이며 다른 하나는 표면성조를 이끌어내는 기술상의 문제이다.[27]

김영만(1997), 최명옥(1998가)에서 성조소에 대한 문제를 종합적으로 다룬 바 있다.[28] 그러나 이러한 논의에도 불구하고 성조소에 대한 문제는 여전히 과제로 남아 있는 듯하다. 글쓴이 또한 경북 영주 지역어의 의미 있는 몇몇 자료를 통해 성조소에 대한 그간의 견해차를 조금이라도 줄여보고자 임석규(2003)에서 성조소에 대한 고찰을 하였다. 성조소에 대한 기존의 연구는

---

26) 집필하는 과정에서 그런 부분은 부인할 수 없어 보인다. 다만 성조 연구 자체에 집중하는 것보다는 분절 음운론도 같이 다루어야 한다는 글쓴이의 이전 생각이 보다 더 공고히 된 상태라고 하겠다.

27) 사실 성조 기술상의 견해 차이 또한 성조소의 설정 문제와 무관하지 않은 측면이 있지만 여기서 말하는 기술상의 문제는 어간과 어미의 기저성조 설정 여부와 성조 변동 규칙 적용의 차이와 관계된다.

28) 이문규(1998)는 최명옥(1998가)에 대한 부분적인 반박 논문의 성격을 띤다. 주로 합성어의 성조 변동을 통해 '말(馬)'의 기저성조가 저조가 아님을 주장한다. 합성어의 성조 변동이 상당히 규칙적인 것은 사실이지만 불규칙한 것들도 많다. 공시적인 형성이라고 보기 어려운 몇몇 합성어를 토대로 반론을 제기하는 것이 타당한가에 대한 검토는 고려되어야 할 듯하다.

말(馬), 말(斗), 말(語) 세 단어를 중심으로 이루어졌다고 해도 과언이 아니다.[29] 여러 연구자의 견해를 간략히 소개하면 다음과 같다.[30] 역시 동남 방언의 경우 견해차가 심하다. '말(馬)/말(斗)'의 기저성조에 대한 견해는 크게 네 부류로 나뉜다.

① '고조/저조'로 파악하는 견해(문효근 1974, 정연찬 1977, Ramsey 1978, 김영만 1986,[31] 신기상 1987, 김성환 1987, 이동화 1990, 이문규 1998나 등)
② '고조/중조'로 파악하는 견해(최현배 1937, 허웅 1954, 김차균 1980, 정원수 1997 등)
③ '고조/고조'로 파악하는 견해(최명옥 1990[32], 이혁화 1994, 김주원 1995 등)
④ '저조/고조'로 파악하는 견해(문곤섭 1986, 최명옥 1998 등)

상승 복합조와 하강 복합조에 대한 문제도 여전히 난제로 남아 있다. 이는 경북 방언과 영동 방언에서 주로 확인된다. '말(語)'에 대해 그 기저성조

---

29) 김차균(1980:28~30)에서는 가장 낮은 음조에서 가장 높은 음조까지를 1~15등급으로 나누어 논의를 진행한다. 또한 성조형에 대해서는 기술의 편의를 위해 음절수를 초월하여 L₁Mn과 같이 유형화한다(김차균 1977). 이러한 견해의 발단은 김영만(1966), 김영만(1972), 김영만(1974)에 제시된다.
30) 방언 성조에 대한 연구사 정리는 이동화(1986), 이상억(1990), 김영만(1992), 김주원(1994), 최명옥(1998) 등을 참고할 수 있다. 일본 언어학계의 성조 연구사로는 김차균(1991)을 참고할 수 있다. 성조 연구사는 이들 논의로 돌린다.
31) 김영만(1997:14)에서는 기존 입장과 달리 경남 방언이나 경북 방언에서의 '말(斗)'을 '중조(U)'로 파악한다. 최저조로 설정했던 경남 방언의 '말(語)'에 대해서는 저조(w)로 파악한다.
32) '말(斗)'의 기저성조를 '중조'로 보지 않고, '고조'로 파악한 것은 최명옥(1990)이 처음일 것이다. 최명옥(1990)에는 '그림(HH), 그리미(HHL)' 등을 제시하여 '그림'의 기저성조가 LL이 아닌 HH인 것으로 보았으며, 김주원(2000)에서도 이러한 논지가 보인다. 정국(1980:160-161)에서는 기저성조를 조금 달리 표시하고 있으나 표면성조는 HH(마리 ← 말+이, 斗)로 표시해야 한다고 하였다. '말(馬)류'를 P(양극화 악센트)로, '말(斗)류'를 E(수평화 악센트)로 파악하므로 '고조/고조'로 파악하는 견해에 포함할 수 있겠다. 이는 오히려 김주원(1991나)와 입장을 같이 하는 것으로 보인다. 김주원(1991나:601)에서는 악센트를 표시한 고조, 악센트를 표시하지 않은 고조로 구분하기도 하였다.

를 독립된 성조소로 파악하는 경우(최명옥 1990, 이혁화 1994, 김주원 1995, 이문규 1998나, 최명옥 1999[33])), 저고복합조로 파악하는 경우(최명옥 1998가, 임석규 1999, 김세환 2005), 저장조로 파악하는 경우(문효근 1974, 김영만 1986, 김성환 1987, 이동화 1990[34]))로 나뉜다.[35] 또 '쌈(爭)'을 고저복합조로 볼 것인가, 아니면 높고 긴소리로 볼 것인가, '싸암(HL)' 두 음절로 해석할 것인가[36] 하는 문제에 대해서도 견해가 일치되지 않고 있다.

글쓴이는 이상의 논의를 진행하는 데 있어 가급적 방언 내적 근거를 활용하고자 한다.

1.7. 성조 혼란을 야기하는 율동 규칙과 준성조방언

방언 자료는 글쓴이가 음성형을 실제로 확인한다는 원칙을 세웠다. 한국정신문화연구원에서 펴낸 경상남도, 경상북도, 강원도 편을 활용하고 실제 음성은 장서각 아카이브를 통해서 확인하는 작업을 진행하였다. 2005년 이후 국립국어원의 지역어 조사 사업의 음성 자료 중 육진 방언, 경남 방언, 영동 방언 등도 활용할 수 있었다.[37] 자연 발화를 먼저 듣고 거기에서 곡용

---

33) '말(語)'의 성조를 R로 파악한 것은 최명옥(1990)이며, 이후 최명옥(1998)에서는 복합조로 파악하기도 하였으나 최종적으로는 최명옥(1999)에서 R로 하였다.

34) 이동화(1990:34~35)에 제시된 'LL(감, 柿)'은 저장조와 동일한 것이다. 이 절에서는 안동 지역어를 대상으로 한 이동화(1990)에 대해 자주 언급한다. 그 이유는 글쓴이가 주로 활용하는 자료가 안동 지역과 접해 있는 영주 지역의 것이기 때문이다.

35) 첫 번째, 두 번째 견해는 장음을 잉여적인 것으로 파악한다. 변광수 편(2003:602-604)에서는 '세르보크로아티아語'에 대해 길이와 성조를 주자질로 하는 강세 체계라 기술하고 있다. 이런 일반화에 대한 반대 견해도 있을 수 있겠다. 동남 방언의 경우, 상승 복합조와 하강 복합조를 잉여적 장음으로 처리하는 근거는 다음 장에 제시된다.

36) 하강 복합조는 장태진(1960:81), 이동화(1990:34-35), 김주원(1994:139), 김영만(1997:20-21), 임석규(2003:57-61)에서 단음절로 파악되었다.

37) 글쓴이가 미처 확보하지 못한 자료는 김차균 교수의 방대한 자료를 참고했고, 정선, 삼척

형, 활용형의 표면성조를 확인하려 하였다.

자연 발화를 통해 접근하는 것은 글쓴이의 오랜 관심사와 직결된다. 글쓴이의 가장 큰 관심사는 결국 기식군에 걸쳐 있는 율동 제약 및 율동 규칙을 포착하는 것이다. 중세 국어의 율동 규칙과 동일한 것은 찾을 수 없다는 것을 알면서도 그 아류의 율동이라도 확인하는 것이 중요했으니 자연히 음장 방언과 인접해 있는 지역 말들이 우선시되었다.

현대 방언의 율동 규칙과 관련해 중세 국어의 율동 규칙에 대해 간단히 확인해 보자. 김완진(1973/1977)에서 종합된 중세 국어의 율동 규칙은 김성규(1994), 차재은(1997/1999)으로 이어지면서 예외에 대한 설명이 다각도로 검토되었다. 여기에서는 율동 규칙을 자세히 검토하기보다는 율동 규칙의 강력한 영향 위주로 살펴보되 김성규(1994)에 제시된 자료를 활용한다.[38]

율동 규칙은 일반적으로 거성불연삼과 어말평성화로 대별된다. 그중에서 거성불연삼과 관련된 율동만을 살펴본다.

김성규(1994)에서는 첫 거성(去聲)의 위치만 알면 나머지 음절의 성조는 자동으로 예측된다고 하였다. 율동 규칙, 거성불연삼은 다음과 같은 논리이다.

去○○ → 去平去
去○○○ → 去去平去
去○○○○ → 去平去平去

은 최영미(2009), 김봉국(1999), 김봉국(2002) 등을 참고했다. 육진 방언의 경우는 곽충구(1991/1994), 전학석(1993), 박진혁(2003), 박미혜(2022) 등이 활용된바 박미혜(2022)는 노년층에서 청년층까지 성조 변이를 한눈에 파악할 수 있어서 글쓴이의 수의성에 대한 의문에 확신을 주기도 하였다. 다만 함남의 경우는 필자가 음성 자료를 입수하지 못해서 Ramsey(1978), 김수현(2015), 백금란(2019) 등의 자료가 활용될 수밖에 없었다.

38) 차재은(1997/1999)에서는 기존의 율동 규칙을 보완하기 위해 중세 국어 자료를 면밀히 검토하면서 네 가지 율동 규칙을 마련하였다. 그들 율동 규칙 간의 선후 관계도 제시하였다. 이 절의 일부 내용과 6장 일부 내용은 임석규(2022, 근간)에도 제시된다. 출판 교정이 거의 동시에 진행되고 있는데 '국어사학회'의 기획 주제와 맞물려 있는 상태임을 밝힌다.

平去○○ → 平去平去
平去○○○ → 平去去平去
平去○○○○ → 平去平去平去
上○○ → 上平去
上○○○ → 上去平去
上○○○○ → 上平去平去

'去○○○○ → 去平去平去', '平去○○○○ → 平去平去平去' 등을 통해서 말음절에는 거성이, 그 바로 앞 음절에는 평성이 놓이면서 이른바 '퐁당퐁당' 성조 연쇄가 보인다.[39]

율동 규칙이 강력했음을 보여 주는 몇몇 예를 제시하기로 한다. 김성규(1994)에서는 율동 규칙의 예외로 '뉘웃-'을 중요시하고 있다. '뉘으츠니이다'는 상성으로 시작하는 어사이기에 '上○○○○○ → 上去平去平去'가 기대되지만 실제로는 '上平去去平去'로 실현된다. '뉘웃-'의 15세기 활용형을 고려할 때 둘째 음절은 고정적 평성임을 알 수 있는데 이것이 16세기 문헌에 이르면 둘째 음절에 거성이 확인된다. 이는 그만큼 율동 규칙이 강력하다는 증거가 될 수 있다.

의존명사가 결합된 구성은 일반적으로 율동 규칙을 따르지 않는다.

(16) 쓸#씨라(去#去去, 훈민정음언해)
낼#씨니(上#去去, ≪석보상절≫ 24: 2)

그런데 ≪南明集諺解≫(1482)에서는 'ᄇ릴시라(平去平去, ≪南明集諺解≫ 上:31)', '업슬시라(上平去平, ≪南明集諺解≫ 上:23)와 같이 율동 규칙을 따르고

---

39) 이를 현대 방언 성조와 관련지어, 무점인 경우는 거성으로 보자는 연구자도 있었다. 거성 사이 음절을 모두 거성으로 본다면 '평거평거평거'인 경우 넷째 음절에 1점을 굳이 새길 필요는 없었을 것이다.

있다.

같은 문헌 속에서도 율동 규칙을 따르는 것이 있고 그렇지 않은 것도 있다.

    (17) 가. 어려우니라(平去平去去, ≪法華經諺解≫ 3: 29)[40]
         나. 어려우니라(平去去平去, ≪法華經諺解≫ 4: 141)

(17가)는 끝에서 둘째 음절이 거성이기에 율동 규칙의 예외로 처리된 것이지만 (17나)는 율동 규칙의 틀 속에 편입된 예이다. 마찬가지로 율동 규칙이 강력하다는 증거가 될 수 있다.

글쓴이는 자연 발화를 들으면서 율동 규칙에 집중하였다. 그러다 보니 성조 현상에 대한 학습은 더딜 수밖에 없었지만 그런 중에도 강릉 지역어와 함북 육진 방언에서 특별한 억양 패턴을 확인할 수 있었다. 현대 방언에서도 율동 규칙은 강력하다. 이미 잘 알려진 경북 서부 방언의 LLLHL, LLLLHL, 경남 서부 방언의 LHHHL, LHHHHL 패턴은 '단지(HH)'와 같은 HH 패턴까지도 L로 시작하는 패턴으로 바꾸어 버린다. 그만큼 율동 규칙이 강력하다는 것이다.

다음은 영동 방언에서의 율동이다. 경북 서부 방언만큼 강력한 것은 아니기에 율동 제약이라고 명명하지는 않는다. 강릉 지역어의 자료를 통해 영동 방언의 율동을 확인해 보자.

---

40) 김성규(1994)에서는 후자의 셋째 음절 평성에 대해서 '#ㄴ#이라'와 같이 휴지를 재구하여 설명한다. 휴지를 통해 율동 규칙의 예외를 설명하는 것으로는 '가시ᄂᆞ니라', '뮈우시리여', '뵈ᅀᆞᄫᅵ니'를 들 수 있는데 기원적인 동명사형 '-ㄴ', '-ㄹ' 뒤에 휴지를 재구할 수 있다는 것이다. 또 '뵈ᅀᆞᄫᅵ니'는 '-ᅀᆞᆸ-'의 기원적인 어간 '숣'의 성조와 관련짓고 있다. 이들은 하나의 어절 안에서 첫 거성이 주어져도 이후에 오는 형태소가 무엇인지 참조하지 않으면 그 기식군의 전체적인 성조를 예측할 수 없게 된다.

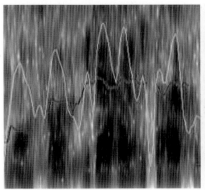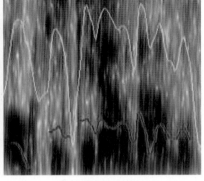

모솔'기'라'하기'도'하고   옥시'끼'라'고'도'하'고'

하단부 피치 곡선을 통해 확인할 수 있는 것은 첫 음절이 낮고 다음 음절부터는 고조로 실현되다가 특정 위치에서 하강하는 것이다. 중간 부분의 음절이 상당히 높다는 것이다. 단독형의 기저성조는 '모솔기(LHL, 모서리)'이다. 주격 어미가 통합할 때 LHHL로 실현되기도 하고 LHLL이 실현되기도 한다. 이런 점에 근거하여 준성조방언이라는 명명이 있었던 것으로 보인다. '아궁이(LHL)', '아궁이가(LLHL)'로 실현되는 정선 지역어는 ― 경북 서부 방언이나 경남 서부 방언과 달리 끝에서 둘째 음절이 항상 의미가 있는 것이 아니지만 ― 성조 방언으로서의 지위가 의심스러웠던 것이 사실이다. 이런 패턴에 더해 강릉에서는 '아궁이(LHL)', '아궁이가(LHHL~LHLL)' 특히 LHHL이 주류를 이룬다. 평창, 정선에 더해 강릉도 당연히 준성조방언에 소속되어야 한다. 저조로 시작하는 이런 패턴들을 보이는 지역어들의 공통점은 음장 방언과 접해 있다는 것이다. 강원도 강릉은 물론이고 인접한 평창, 정선, 영월, 심지어 성조 방언이 아닌 속초, 제천까지도 위 실험값과 유사한 패턴이 확인된다. 다음은 강릉 지역어와 제천 지역어에서 확보한 자료이다.

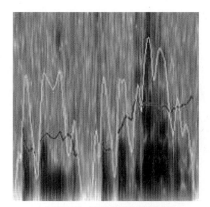
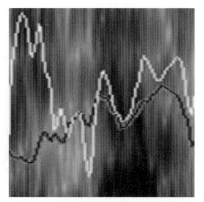

소꼬'기'도 소꼬'기'라'하'고'(강릉)   그륵이라하먼(제천)

　'-고'의 마지막 pitch는 명백히 억양에 의한 것이라 하더라도 중간 부분이 굉장히 높게 발화된다.

　음성 자료를 어떤 것을 활용하는가에 따라 실험값은 다소 차이가 있으나 다음은 각각 '보드'랍'더'라(진주)', '부드'럽'더'라'(창원), '부드럽더'라(영주)'의 측정값이다. 주지하듯이 경남 서부 방언에는 경북 서부만큼은 강력하지 않지만 LHHHL, LHHHHL과 같은 율동 제약이 존재한다.

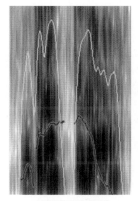
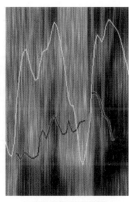
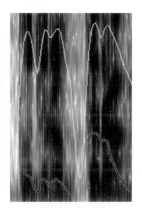

보드'랍'더'라(진주)   부드'럽'더'라(창원)   부드럽더'라(영주)

둘째 음절, 셋째 음절을 대비해 보면 경남 방언의 경우는 영주 지역어와 엄청난 차이를 보인다는 것을 알 수 있다.

다음은 육진 방언의 '어진것도애닌데', '가슬에뵈다'에 대한 측정값이다.

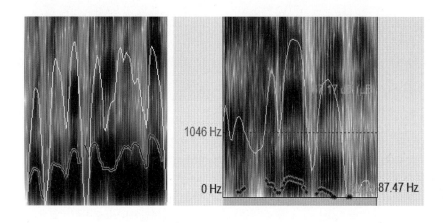

'어질-'은 HL형 어간인데 관형 구성이 되면서 저조로 시작하는 기식군이 되었다.[41] 이런 2음절 또는 3음절부터 높아지는 특별한 억양에 대해서는 성조 혼란과 관련해 앞으로의 과제로 남겨 둔다. '가슬에 뵈다'를 통해서는 주로 '가슬에(LLH)'로 성조 표기를 해 왔지만 2음절 높이와 3음절 높이가 차이가 거의 없음을 알 수 있다. 이런 유형은 다음에서도 확인된다.

(18) 가. 모르구(LHL), 모르무(LHL), 모른다(LHL), 몰라두(HLL)
　　　누르구(LHL), 누르무(LHL), 누른다(LHL), 눌러두(LHL)
　　나. 흐르구(LLH~LHH), 흐르무(LLH~LHH), 흐른다(LLH~LHH),
　　　흘러두(LHL)
　　　오르구(LLH~LHH), 오르무(LLH~LHH), 오른다(LLH~LHH),
　　　올라두(LHL)

---

41) 관형 구성에 대한 성조 실현은 박진혁(2013)에 면밀히 제시되었다.

그동안에는 (18나)에서 LLH와 같은 표면성조만 제시되었는데 글쓴이는 조심스럽게 LHH형도 화자에 따라 실현가능할 수 있다고 판단한다.[42] 필자가 이렇게 판단하는 이유는 경남 방언과도 관계된다.

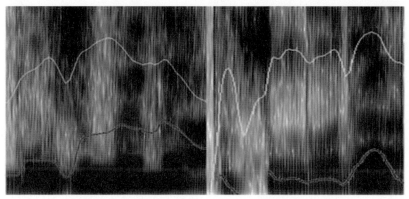

복숭보다(LHHH·L, 창원)   복쌍보다(LLLH·L, 영주)

전자는 창원의 '복숭보다(LHHH·L)', 후자는 영주의 '복상보다(LLLH·L)'이다. 전자는 2음절부터 명백히 고조로 실현되고 후자는 돋들리는 음 '다'에서만 고저복합조로 실현된다. 영주 지역어, 아니 경북 방언의 특징은 그 이전 음들이 거의 평탄하게 움직인다는 것이다. 이런 이유로 경북 출신 연구자의 일부는 경남 방언을 고찰할 때 경북의 LLLHL와 같은 유형을 LHHHL로 표시하려 하는 것이다.[43] 그렇다고 모든 경우의 실험값이 일치하지는 않는 듯하다.

---

42) 이것이 Ramsey(1978)의 '진달래(LHH)', '가마귀(LHH)'류 표기와 관련될 수 있다.
43) 창원 출신의 김차균 교수는 저조로 시작하는 4음절 유형(복숭꺼지, 복숭하고)에 대해 15급간을 기준으로 '5-13-14-4'로 발음하며(김차균 1999:1294-1295), 청장년 화자들은 '6-12-14-9' 등으로 발음한다고 한다(김차균 2015:75).

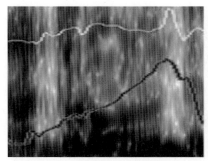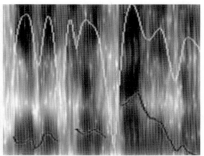

잘안돌아가'는'데(창원) 유리창까지도(영주)

전자는 창원의 '잘안돌아가는데', 후자는 영주의 '유리창까지도'이다. 전자의 경우, 급격히 높은 pitch가 보이는 '는'만 고조로 하여 LLLLLHL로 표면성조를 제시할 수도 있다. 영주 지역어의 경우 앞선 경우보다는 2음절, 3음절에서 약간의 상승이 보이다가 4음절에서 급격히 pitch가 올라간다. 이런 점이 바로 경북 방언과 경남 방언의 음성적 차이일 수 있다.

다시 영동 방언의 패턴으로 돌아와 본다. '동상'이', '동상'을', '아시'가', '아시'를'과 같이 발화하다가 이들이 후행 성분과 하나의 기식군을 이루면 '동상'을본'다'고'?', '아시'를'탄'다/아시'탄'다"와 같은 발화가 나타난다. 전자는 반문하는 어투이고 후자는 평서형이다. 전자의 예들(의문형)을 아래에 제시한다.

(19) 잠이'들'었'다'고'?, 여자'르'?, 안그'래'나'?,44) 자장'가'나', 엎어'졌'다'하'나'
　　 (cf. 자장'가, 엎'어졌다)

이런 유형들은 삼척 지역어에서는 극소수의 발화에서만 확인된다. 삼척을 제외한 영동 방언의 경우, 의문형에서는 그 어간이 어떤 성조형이든 우

---

44) 전형적인 패턴으로 둘째 음절은 첫째 음절보다 상당히 높고 셋째 음절보다는 다소 낮은 피치를 보인다. 이러한 양상은 김차균 교수의 서술에서도 드러난다.

리가 익히 들어온 패턴, 'LHH(아니나?)'가 확인되는 것이 일반적이다.[45]

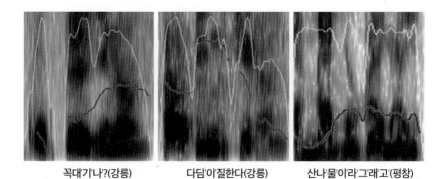

| 꼭대'기'나?(강릉) | 다딤'이'질한다(강릉) | 산나'물'이'라'그'래'고'(평창) |

'꼭대기나?'에서 관련 억양을 확인할 수 있다. 의문형이 아닌 경우에는 말음절이 하강하는 것이 일반적이다.[46]

의문형이 아닌 경우에도 특별한 율동을 보이는 후자의 예들을 아래에 제시한다.

(20) 오즘'을'자'주싸겠지
지지'개'를'쏟'다'(L·HHHHHH) cf. 지지개(L·HHL)
cf. 깨금'질'해'가주고 / 깨금'질'해가지고(깨금발)[47]

곡용형 '오즘을(LHL)/지지개를(L·HHL)'이 후행 성분과 하나의 기식군을 이룰 때 '-을/를'이 고조화되는 것이다. 후행 성분의 고조 위치까지 고조로 실현되기도 하고 끝에서 둘째 음절까지 고조로 실현되기도 한다.[48] '자주

---

45) 박진혁(2003)에도 이런 유형이 제시되어 있다. '-에(X)' 결합형이나 '-가(와/과)', 활용 어미 '-길래', '-은두' 결합형에서 이런 유형이 확인된다.
46) 평창 지역어의 실험값도 제시한다. 후술할 3-4음절의 율동 패턴과 관련된다.
47) 1초 사이의 발화가 차이를 보인 것이다.
48) 항상 끝에서 둘째 음절이 의미 있는 정형화된 패턴은 아니다.

(HL)'와 '쓴다(LH)'에서의 고조의 위치를 확인하면 위에 제시된 표면성조가 이해될 것이다.

경북의 LLLLLHL형과 대비해 볼 때 강릉, 속초, 고성, 평창, 영월 등에서의 LHHHHL형은 중간 음절 부분이 상당한 피치를 보인다. 이는 전형성의 정도에서는 경남 서부와 다르지만 성조 인접 지역의 특징이라고 감히 말할 만하다. 경북을 제외하면49) 경남 동부에서도 정도의 차이는 있지만 이런 패턴이 '부시럼꺼지/부시럼꺼지도(LHHHL/LHHHLL)'류에서 확인된다. 공통점은 중간 부분이 높아진다는 것이고 중부 화자들 입장에서는 경북에 비해 상대적으로 목청이 세다고 느낄 수 있는 요소이다. 동북 방언에서도 비슷한 패턴이 확인된다고 했다.

    (21) 키웠'단'애'기

2음절 이하가 상당히 높게 발화된다.

삼척을 제외한 영동 방언의 전형적인 율동은 앞서 제시한 실험값 '다듬'이'질', '산나물'이'를 통해서 확인할 수 있다. 3음절, 4음절 형태에 적용되는 율동이다. 기저성조에 특별한 율동이 적용되는 것인데 저조로 시작하는 어간이 LX 형태로 나타난다고 일반화하는 편이 나을 수도 있다. X 자리는 HHL, LHL, HLL 등이 올 수 있다.

    (22) 개구재'이 개구'재'이
        아궁'이가, 아궁'이'가50)

---

49) '부시럼꺼지(LLLHL)'의 경북 발화는 2음절, 3음절, 1음절의 높낮이가 크게 차이 없는 평탄한 흐름에 가깝다. 즉 2음절, 3음절이 경남보다 훨씬 낮다는 것이다. 음절수가 늘어날수록 그 차이는 극명하다. 육진 방언도 음절수가 늘어나면 경남과 같은 음성으로 실현되기도 한다.

50) 홍천에서는 강릉에서 보이는 전형적인 패턴은 보이지 않으나 마지막 음절만이 높은 '000

한가'지지, 한가'지'지

특별한 율동 때문에 기저성조를 면밀히 관찰하기에는 만만치 않지만 '개구재'이'가 기저성조이고 '개구'재'이'는 강릉 특유의 율동 패턴으로 인식된다. 마찬가지로 '아궁'이', '한가'지'가 기저성조이고 LHHL 패턴은 율동에 의한 것으로 이해함이 바람직해 보인다. 바로 이런 강릉 지역어에서의 율동 때문에 동남 방언만큼 높낮이가 두드러지지 않다는 인상을 줄 수 있다.

L·H 관련 배열도 L·HX로 표시하고 X 자리에는 H도 올 수 있고 L도 올 수 있는 것으로 파악할 수 있다. 삼척을 제외한 영동 지방이 모두 이런 패턴으로 인식된다. 영동 방언은 경북 방언의 HH가 없어서 일반적으로는 LH로 실현된다. 다만 삼척을 제외하면 영월, 정선, 태백 등지에서 HH 패턴의 발화도 무시할 수 없을 정도로 확인된다.[51]

강릉의 율동 패턴(LHH--류)은 영월에서도 확인된다. 심지어 성조 방언이 아닌 속초, 고성에서도 확인된다. 강릉의 전형적인 요소들은 속초, 평창에서 가장 활발하고 고성에서는 빈도가 다소 떨어진다. 정선은 그 빈도가 현저하게 줄어든다. (23)은 영월 지역어에서, (24)는 속초 지역어에서 수시로 확인할 수 있는 패턴이다.

가", '000을" 유형이 확인된다.

[51] 태백에는 특히 HH 패턴이 많이 보인다. 필자가 들은 대표적인 예, '양념", '간장", '똑같'다" 등을 들 수 있다. 다만 이들이 상황에 따라 다르게 실현될 가능성도 있어 보인다. 요즘 태백 토박이는 거의 찾을 수 없다고 한다. 외지 출신 중 경상도 출신이 가장 많은 비중을 차지하며, 경북 봉화군과 접해 있어 그런 HH는 물론, L·HH 발화 빈도가 매우 높은 편이다. 1981년 삼척에서 분리되었는데 주민들은 삼척 지역어와 다르다고 하는 경우가 많다. 글쓴이의 고교 시절에는 영주에 유학 온 태백 학생들을 더러 본 적도 있다.

정선의 화자는 '글이', '글을', '글또'(이상 HH)라고 발화하다가 '글씨는게(LHHL)', '글쓰고(LHL)'로 발화하기도 하였다. 경남 서부의 진주에서도 일부 단어들, 예를 들면 '사방(HH)'으로 발화하다가 곡용 어미가 결합하면 전형전인 패턴 '사방이(LHL)'로 발화하기도 한다.

(23) 깜부'기'지'는'거'는#밀밭'에'도'있'고, 보리'밭'에'도#깜부'기있고,
깜부'기'져'서', 깜부'기'라'는'게
된장을'담'궈'도'맛'있'고', 고사리'도'무'쳐, 도라지'도'#무'쳐
먹는'사'람'도'있'고

(24) 볏가'레'가'아'이'고, 농사일'은'#대강'만'알'지'뭐, 흰떡'이'라'는'거'는
뽁찌'게'라', 뽁찌게'를, 소두'베, 소두베'라, 소두베'를
그전에'는, 뚜가'리, 뚜가리'는, 뚜가리보'고

기저형의 통합에 음운변동 규칙을 적용하여 표면형을 이끌어내듯 기저성조의 통합에 성조 변동 규칙을 적용하여 표면성조를 이끌어내는 것으로 모든 과정이 완결되는 것이 정상이다. 저조로 시작하는 어사에 적용되는 율동 규칙은 다음에 비견된다고 할 수 있다. (25)에 지시된 예는 비음화의 과정으로 표면형을 도출할 수 있는 것이다.

(25) 잡+는 → 잠는 → *잔는
먹+는 → 멍는 → *먼는

그런데 이 경우 '모든 비음은 n으로 바꾸어라'라는 엄청난 제약이 존재한다면 어떨까. 바로 그 엄청난 제약이 앞에서 살펴본 율동 제약(또는 율동)과 유사하다고 할 수 있다.

어떻든 특별한 율동이 존재한다는 것은 그만큼 성조 혼란을 초래하는 것이고 이는 중세 국어의 성조 소멸과도 관련될 수 있다. 주지하듯이 중세 국어에도 율동 규칙이 존재했으니 말이다.

2. 성조소

개별 지역어의 면밀한 연구가 모여 국어 음운론의 실체를 드러내듯 성조론 또한 한 지역어의 면밀한 연구가 쌓여 그 실체를 드러낼 수 있다.[1] 허웅(1954), 허 웅(1955)에서 성조 연구가 닻을 올린 이후 성조소 설정 및 성조 기술 방법론은 여러 논자들에 의해 다듬어지고 체계화되기에 이르렀다.[2] 성조 기술 방법론에 대해서는 후술하기로 하고 이 장에서는 성조소 설정 방법론에 대해 검토하기로 한다. 임석규(2003), 임석규(2007)에 제시된 내용을 보완하여 아래에 제시하기로 한다.

2.1. 성조소 설정 방법론

글쓴이의 성조소 설정 방법론은 두 가지로 요약된다.

① 올바른 최소대립어를 통해 성조소가 확정될 것
② 설정된 성조소는 실체적 증거로 뒷받침될 것

---

1) 신기상(1999)에 수록된 일련의 논의와 신기상(2002) 등에서의 여러 주제들은 방언 성조를 연구하는 데 많은 도움을 줄 수 있다. 음운 과정과 관련한 성조 변동, 성명(姓名)의 성조, 축약에 의한 성조 변동, 'X하-' 활용형의 성조 실현 등 한 방언에 나타나는 여러 현상들이 면밀히 검토되고 있다.

2) 사실 성조 기술상의 견해차 또한 성조소의 설정 문제와 무관하지 않은 측면이 있지만 여기서 말하는 기술상의 문제는 어간과 어미의 기저성조 설정 여부와 성조 변동 규칙 적용의 차이와 관계된다.

　　분절 음운론에서 최소대립어를 통한 음소 설정이 의미가 있듯 성조소 설정에도 최소대립어의 기능은 매우 중요하다. 최소대립어를 통해서 성조소 논의가 이루어지지 않는다면 그에 따른 성조소 설정은 의의를 지닌다고 할 수 없다.[3] 성조소를 결정할 때 우리가 주로 사용해 오던 방식은 '말(馬)', '말(斗)', '말(語)' 등의 단음절 최소대립어를 제시하는 것이었다.[4] 이러한 노력에도 불구하고 연구자마다 성조소에 대한 견해가 조금씩 다르다면 우리는 다른 방법을 찾아야 한다. 단음절 최소대립어 외에, 2음절어 또는 3음절어 최소대립어를 제시하면서 성조소 설정 논의를 정밀화하는 방법이 있다. 또한 몇몇 성조 실현 양상을 성조소 설정에 실체적 증거로 활용할 수 있다면 그 논의는 보다 큰 의의가 부여될 수 있을 것이다. 즉 성조소 설정이 의의를 가지려면 방언 내적인 근거를 확보하는 작업이 중요하다는 것이다. 단어 경계에서의 성조 변동, 음절 축약에 의한 성조 변동 등과 같은 방언 내적 증거를 고려할 때, 성조소 설정은 비로소 보다 합당한 결론에 도달할 수 있다.

　　'말(斗)'의 기저성조를 L로 설정하고 그것을 다른 활용형 '차자도(LLL, 찾+아도)', '뜨더라도(LLLL, 뜨浮+더라도)' 등에까지 적용한 논의가 있다. 임석규(2003:45-46), 임석규(2004나:69)에서 반증례를 적극적으로 제시한 바 있다. '말(馬)', '말(斗)', '말(語)'을 넘어, 다른 환경에서도 대립을 찾으려 한 것이다.

　　(1) 자란다(LHH) - 잘한다

---

3) 김정대(1998:335)에서는 창원 지역어의 LM, MH에 대해서 대립쌍 '파이-(不好)', '파이-(被掘)'를 제시하고 있다. 두 음절의 성조가 모두 다르니 최소대립쌍은 아닌 것이 명백하다. 그런데 '파이-(被掘)'의 경우 창원 지역어를 대상으로 한 김차균(1980:256)은 '파이이-(글쓴이의 LH·L)'로 보고하고 있다.
4) 많은 연구자들이 견해를 제시했지만 한 지역어의 성조 실현 양상을 면밀히 고찰한 뒤에 결론을 내려야 한다. 몇 단어를 통해서 주장을 하는 것은 선행 연구로서 빛이 바랠 수도 있다.

　　　자란다(HHL) - 자(尺)라#한다(→ 자란다)

　'말(斗)'의 기저성조를 L로 설정하는 입장에서는 두 경우를 LLL로 파악한다. 토박이 화자는 무조건 둘이 다르다고 한다.

　성조소 설정 시 방언 내적 근거를 확보하는 것도 중요하다. 경북 울진 지역어를 포함한 동해안 방언을 대상으로 한 이문규(1997:42-43),[5] 김차균(1997:409), 박숙희(2005:53)에서는 중세 국어의 상성에 대응하는 어간 '곱-(麗)'류의 기저성조를 고장조로 파악한다.[6] 필자 또한 동해안 방언을 처음 조사할 때 매우 큰 어려움을 겪은 것이 사실이다. 상승 복합조 뒤 저조가 놓이는 환경에서 고장조의 실현을 부인할 수는 없다. 그러나 단어 경계에서의 성조 변동을 함께 고려한다면 음운론적으로는 고장조가 아님을 알 수 있다.[7] 다음의 (2가)는 경북 동해안 방언에서 보이는 '안+활용형'의 성조 실현이며 (2나)는 안동, 영주, 예천, 봉화 지역어 등에서 보이는 '안+활용형'의 성조 실현이다.

　　(2)　가. 안곱꼬/안뽑꼬/안잡'꼬
　　　　　　cf. 곱-(麗, H:)/뽑-(選, L)/잡-(捕, H)
　　　　　　[(2가)에 제시된 활용 어간의 기저성조는 이문규(1997)의 방식임]
　　　　나. 안곱꼬/안뽑꼬/안잡'꼬
　　　　　　cf. 곱-(麗, L·H)/뽑-(選, L)/잡-(捕, H)

---

5) 이문규(2017)에서 상승 복합조로 수정하였다.
6) '곱-(麗)'류를 상승 음가로 파악할 수 있는 근거는 김무식(1999:13~15)에 제시된 실험값으로 확인될 수 있다. 경북 동해안 방언에서와 유사한 음성값을 보이는 삼척 지역어를 대상으로 한 김봉국(1999:143~147), 최영미(2001:158~159)에서는 음성학적 실험을 통해 '곱-(麗)'류를 상승 음가로 파악하고 있다. 삼척 지역어는 음성적으로 'RL'과 'H:L'이 공존한다. 이른바 변이성조로 파악할 수 있다.
7) 음성적으로는 변이음이 있을 수 있다. 음운론적으로 고장조로 볼 수 없음은 방언 내적 근거로 확인될 수 있다.

(2가)와 (2나)를 대비해 보면 '안+활용형'의 성조 실현은 경북 동해안 방언에서나 다른 지역어(안동, 영주, 봉화, 예천)에서나 동일하다는 것을 확인할 수 있다. 그렇다면 경북 동해안 방언에서의 '곱-'을 고장조라 하는 것은 재고의 여지가 있다. 고장조로 파악하는 논의에 따르면 (1)에 제시된 '안잡꼬'에서의 어간 '잡-'의 기저성조는 고조이고, '안곱따'에서의 어간 '곱-'의 기저성조는 고장조이다. 같은 고조가 부사 '안'에 후행해 있는데도 '안'의 표면성조가 전자는 저조로, 후자는 고조로 나타난다. '곱-'의 기저성조를 고장조로 설정해서는 음운론적으로 적절한 해석을 할 수 없다. '곱-'을 최명옥(1990), 이기문 외(1990), 김주원(2000)에서처럼 R로, 글쓴이처럼 저고복합조로 파악하면 경북 동해안 방언에서나 다른 지역어에서나 '안+활용형'의 성조 실현은 완전히 동일해진다. 곧 고조를 기저성조로 하는 활용 어간이 뒤따를 때에는 '안'의 성조가 저조로 변동하고,[8] 그 외의 경우에는(저고복합조 또는 저조[9]) '안'의 성조가 그대로 고조로 실현된다고 일반화할 수 있다. '곱-'을 고장조로 설정하면 성조소도 두 하위 방언권에서 달라지며, '안+활용형'의 성조 실현도 두 하위 방언권에서 달라지게 된다. 이는 방언 구획론에서도 매우 중요한 문제이다. 성조 배열의 차이, 곧 L·HL(곱꼬, 경북 동해안 방언)과 L·HH(곱꼬, 다른 지역어)로 방언차를 드러내느냐, 아니면 성조소의 차이와 '안+활용형'에서의 성조 실현 차이로 방언차를 드러내느냐의 문제와 관련된다. 한 가지 기준으로 등어선의 값을 매기느냐 아니면 두 가지 기준으로

---

8) 물론 하강 복합조로 시작하는 활용 어간이 뒤따를 때에는 '안'은 저조로 실현된다. 하강 복합조가 고조에서 시작하여 낮아진다는 점을 고려하면 '안'의 성조 변동은 완전히 규칙적이라 할 수 있다. 곧 고조(글쓴이의 봉우리형 H)와 하강 복합조를 지닌 어간이 뒤따를 때에는 '안'은 저조로 변동한다는 것이다. '안+활용형'의 성조 실현에 대해서는 大江孝男(1978:105~111), 이문규(1997:38~63), 임석규(1999:112~114), 김주원(2000:108~109)을 참고할 수 있다.

9) 저조는 이문규(1997)의 체계이다. 글쓴이는 '뜀틀형 H(HH, HHL 등으로 실현되는 성조형)'로 파악한다.

등어선의 값을 매기느냐에 따라 방언 구획이 달라질 수 있기 때문이다.

부정부사 '안'의 성조 실현과 아울러 문경, 상주, 김천, 구미 지역어 등에서 나타나는 '유리라카'지', '유리라카지'요' 등과 같이 끝에서 둘째 음절 위치(penultimate position)에 고조가 놓이는 현상,[10] 경북 동부 방언에 나타나는 '마시-(飮)>마세-'류의 재구조화 양상은 복합조를 두 음절로 보아야 하는지 한 음절로 보아야 하는지에 대한 실체적 증거로 활용될 수 있다. 이에 대해서는 후술한다.

글쓴이가 다시 강조하고자 하는 바는 '말(馬), 말(斗), 말(語)'류의 음성적 특징에 근거하여 성조소를 설정하는 것이 아니라 그것을 뒷받침할 수 있는 여러 성조 현상을 실체적 증거로 제시해야 한다는 것이다.

1장에서도 언급하였지만 주요 견해를 표로 제시해 보자.

말(馬)	말(斗)	견해
H	L	문효근(1974), 정연찬(1974), 김성환(1987), 이동화(1990), 주상대(1989), 이문규(2007)
H	M	허웅(1954), 김차균(1980), 최영미(2009)
H	H	최명옥(1990), 이기문 외(1991), 김주원(2002), 이혁화(1994)
H_1	H_2	임석규(1999), 김세환(2005)
L	H	문곤섭(1986), 최명옥(1998)
H	H	김주원(1994)

10) 이러한 현상의 예는 김영만(1986:30), 이혁화(1994:51~52), 김주원(2000:108)에 제시되어 있다. Hyman(1975:204)에 의하면 폴란드어가, Katamba(1989:231)에 의하면 스와힐리어가 끝에서 둘째 음절(penultimate position)에 강세(stress)가 배당된다고 한다. 변광수 편(2003:533-588)에서는 폴란드어의 고정적인 강세에 대해, 공통슬라브어에서 자유이동형이었던 것이 언제 고정되었는지 불확실하다고 하였는데, 저조로 시작하는 성조군에서 끝에서 둘째 음절에 고조가 놓이는 경북 서부 방언의 율동 제약 연구에 도움이 될 듯하다. 이후 악센트 표지만을 갖는 체계로 변모할 가능성도 배제할 수 없기 때문이다.

먼저 '말(斗)류'의 기저성조부터 고찰해 보자.

2.2. '말(斗)류'의 기저성조

단음절 최소대립어인 말(斗), 말(馬), 말(語)[11] 대신 우선 2음절어로 된 최소대립어를 제시해 보자.[12]

 (3) 가지(HH, 枝) 가지(HL, 種) 가지(LH, 茄)

(3)에 제시된 최소대립어는, '말(斗)'의 기저성조를 저조로 파악하는 이동화(1990)에 기댄다면 (4)와 같이 표시된다. (3)에 제시된 '가지(枝)'의 HH를 LL로 바꾼다면 (4)와 동일해진다.

 (4) 가지(LL, 枝), 가지(HL, 種), 가지(LH, 茄)

HH가 LL이 될 수 없다는 것은 (5)를 통해 명확히 알 수 있다. (5)는 타지역 사람이라면 좀처럼 흉내 내기 어려운 예들이다. 조금이라도 다른 발화를 한다면 전혀 엉뚱한 의미로 받아들일 수 있다. 경북 동부(영주)의 자료이다.

---

11) 김영만(1986)을 비롯한 일련의 논의에서는 각각 '풀류', '꽃류', '별류'로 제시된다. 김주원(2000:110)에서는 '풀류'가 뜀틀형, '꽃류'가 봉우리형(HL, LHL, LHLL 등)으로 명명되어 있다.
12) 표면성조를 (3)처럼 표기하는 것은 정국(1980), 최명옥(1990), 이혁화(1994), 김주원(2000) 등 여러 논자들에게 채택되는 방식이다.

(5)[13] 가. 자란다(LHH, 잘한다)

나. 자란다(HHL, 자라고(尺)#한다)

다. 자란다(HLL, 자라고(睡)#한다, 長)

라. 자란다(L·HHL,[14] 저#아이란다)

마. 자란다(L:HH,[15] 부사 '잘'의 표현적 장음[16], 잘#한다)

바. 자란다(H·LLL, (실을) 자아내라고#한다)

앞 논의를 이어가기 위해서 (5가)와 (5나)에만 주목해 보기로 하자. '말(斗)'의 기저성조를 저조로 파악하는 김성환(1987), 이동화(1990)에서는 '마리'의 표면성조를 'LL(글쓴이는 HH)'로 파악하고, '말까지(斗)'도 'LLL(글쓴이는 HHL)'로 파악한다. 표면성조를 이와 같이 표시한다면 당연히 (5가)와 (5나)는 LLL로 표시될 수밖에 없다. '-HH-'를 모두 '-LL-'로 표시하기 때문이다. 그러나 이는 (5가)와 (5나)가 성조에 따라서 의미 차이가 명확히 드러난다는 점을 간과한 것이다. (5가)의 '잘한다'의 의미를 (5나)처럼 HHL로 발화할 경우라든가, (5나)의 '자라고 한다'의 의미를 (5가)처럼 LHH로 발화한다면 청자들은 이 발화자를 당연히 타지역 사람이라고 인식할 것이다. 이는 (5가)와 (5나)의 표면성조가 LLL이 아니듯이 '말까지(斗)'의 표면성조도 LLL이 아니다. 김성환(1987), 이동화(1990)에서는 곡용형, 활용형에서 표면성조가 LL, LLL 등으로 나타나는 것에 대해 그 어간의 기저성조를 저조로 설정

---

13) (5)에 제시된 자료가 최소대립어인지 아닌지에 관해서는 논자마다 생각이 다를 수 있다. 국어와 같이 어미가 발달한 언어에서는 통사적 구성이 다르더라도 최소대립어가 될 수 있는 어형이 꽤 많다. 즉 발화되는 분절음은 동일하며 성조에 의해 의미가 변별된다면 (5나)와 (5다)도 최소대립어가 될 수 있다는 것이 현재 글쓴이의 입장이다.

14) L·H와 같이 점을 찍은 것은 단음절임을 나타내기 위한 것이다. 단음절의 상승 복합조를 표기한 것이다.

15) L:HH, LHL, LHH 등 수의적으로 나타난다. 성조 방언의 자료일 경우 표현적 장음은 ':'로 표시한다.

16) 표현적 장음은 '꺼:멓-(黑)', '뜨시:하-(溫)', '듬:뿍(滿)' 등 상당히 많은 어형들에서 확인된다. 기존 논의에서는 '꺼:멓-'의 첫 음절을 상승 복합조로 파악하는 경우가 많았다. 임석규(1999:79,117)에서도 '꺼멓-'과 부사 '잘'의 표현적 장음을 제대로 인식하지 못했다.

한다. (5가)와 (5나)의 예에 비추어 볼 때, '말까지'의 표면성조가 LLL이 아
니라 HHL임이 명백하므로[17] '말(斗)'의 기저성조는 L이 될 수 없다.

여기에서 이문규(1998), 이문규(2017) 등의 논의를 다시 한 번 검토해 볼
필요가 있다. '말(斗)'의 기저성조를 저조로 설정하면서도 이동화(1990)과는
견해를 달리하기 때문이다. 이문규(1998), 이문규(2017) 등에서는 '말(斗, L)+
에서(LL)'를 규칙 $L^3 \rightarrow$ HHL로 설명한다. 곧 어절성조형 L^3가 성조형 실현
규칙에 의해 HHL로 도출된다는 것이다. 어절성조형이 L^4이면 HHLL이며
L^5이면 HHLLL로 도출된다. 이에 의하면 (5나)의 경우는 문제가 되지 않는
다. 그러나 (5가)의 예를 위해서는 또 다른 규칙을 설정해야 할 것이다. '잘
푼다(解)', '잘뽑는다(選)'의 경우는 L^3, L^4가 각각 HHL, HHLL로 나타나지
않고 LHH, LHHL로 나타나기 때문이다.[18] 또한 김철규(인명, LHH), 임철규
(인명, LHH) 등 성명에서 나타나는 성조형을 설명하기도 어렵다.[19] 특별한
성조형을 설명하기 위해 규칙의 수를 늘리는 것은 그다지 좋은 해결방법이
아니다. 그뿐만 아니라 '말(斗)'의 기저성조를 저조로 설정하면 추상적이라
는 비판을 받을 수도 있다. 왜냐하면 '말+이 → 마리(HH, 斗)', '말+도 → 말또

17) 표기 방식이 다른 것뿐이지 김차균(1980), 김영만(1986), 최명옥(1990), 김주원(1994), 이혁
화(1994) 등 많은 논자들이 첫 두 음절이 셋째 음절보다 높다는 것을 인정한다.

18) 이런 어려움을 극복하기 위해 이문규(2003), 이문규(2017)에서는 '나가도(LHH)'류와 관련
하여 복합어 경계 정도를 상정한다. 어휘부에 표시할 정보가 많아진 것이다. 박숙희(2003)
도 같은 관점이다. 경북 방언에서 확인되는 한 기식군 내에서의 특별한 성조형 LHH,
LLHH, LL·HH 등을 모두 경계 요소로 파악하기에는 어려움이 있어 보인다. '따듬(LH)'에
서 재구조한 '따듬-(LL·H)'의 예도 있다. 이는 복합어 및 경계 요소와 관련되는 것이 아니
라 음장 방언의 단음화에 대응하는 성조 현상을 역으로 적용한 재구조화이다. '따드머
(LHL)'를 재분석하여 '따듬꼬(LL·HH)'와 같은 표면성조를 생산하는 것이다. '심꼬(L·HH),
시머(HL)', '담꼬(L·HH), 다마(HL)'류에서 유추된 것이다.

19) 신기상(1999:338~341)에서 제시된 바와 같이, 성명의 경우 어떤 한자를 사용하는지 몰라
도 해당 방언권의 화자들은 대체로 동일한 성조형으로 발화한다. 김칠규(LHH), 김병현
(LL·HH), 김동길(LHL), 김동명(LLH)의 경우 각각 다른 성조형으로 나타나는데 아마 화
자들은 한자어의 음절 배열에 대한 성조 직관을 가지는 듯하다. 유추로 이해함이 좋을
듯하다.

(HH, 斗)', '말+하고 → 마라고(HHL, 斗)' 등과 같이 표면성조에서는 저조가 나타나지 않기 때문이다. 물론 정보 초점이 아니면 HH가 LL로 나타난다고 하지만(이문규 1997:45),[20] 정보 초점이 아닌 경우를 통해 기저성조를 설정하는 것이 문제로 남을 수 있다.

이상에서 '말(斗)'의 기저성조는 저조로 파악될 수 없음을 검토하였다. 그러면 남은 문제는 '말(斗)'의 기저성조는 고조인가 중조인가 하는 문제로 귀결된다. 다음은 김차균(2002가:27)에 제시된 안동지역어의 예이다.

(6) 가. 지개짝대기(M_3HM = MMMHM)
    나. 삼심만년(HM_3 = HMMM)

(6가)의 경우 넷째 음절이 가장 높다는 것, 또한 첫 음절부터 넷째 음절까지 단계적으로 높아진다는 것에 대해서는 김영만(1997:8), 김주원(2000:96) 등 대부분의 성조 연구자들이 동의하는 듯하다. 반면 (6나)는 그 음이 계단식으로 하강하게 된다(downstep).

경북 서부 방언의 다음 예를 검토해 보자. (7)은 김차균(2003)에 따라 표면성조를 표기한 것이다.

(7) 가. 그소리물르라고그래능가보구'면
      ($M^{12}HM$ = MMMMMMMMMMMHM)
    나. 영'더기라능고세서부터는(HM^{10} = HMMMMMMMMMM)
      (그 소리 묻느라고 그러는가 보구면/영덕이라는 곳에서부터는)

---

20) 김차균(1997:419)에 따를 때, 정보 초점이 놓이면 HH, 그렇지 않으면 MM이다. 이를 이문규(1997:45)에서는 HH와 LL로 표시한다. 정보 초점과 관련된 논의는 김차균 교수의 일련의 논문에서 시작된 것이며, 이는 박숙희(2005), 김세진(2006), 최영미(2009) 등으로 이어진다.

끝에서 둘째 음절 위치에 고조가 놓이는 (7가)는 13음절까지 단계적으로 상승하게 되는데 12음절까지 모두 M으로 표시되어 있다. 단계적으로 하강하는 (7나)에서는 마지막 음절 곧 12번째 음절이 극도로 낮아짐에도 불구하고 왜 L이 나타나지 않는가 하는 점도 의문이다. 음절이 아무리 길어지더라도 표면에 L이 나타나지 않는다는 것은 화자의 언어의식과도 맞지 않는다.

김차균(1980)을 따를 때 경남 방언에는 고조, 중조, 저조가 모두 성조 표기에 등장하지만 경북 방언 자료가 제시되어 있는 김차균(2003)에는 최종성조형(표면성조가 도출되기 이전의 성조형)이든 표면성조이든 저조는 보이지 않는다.[21] 경남 방언과의 통합 기술도 필요하지만 이 경우는 경북 방언만의 체계를 일단은 더 중시해야 할 것이다. 저조가 보이지 않는다는 것은 불합리한 것이다.

다음은 창원 지역어에서 확인되는 것이다(김차균 1999:676).

    (8) :대·추·마·다 $/L^4/$ $[LM^3]$
          cf. $[LM^3]$ = [LMMM/LMMm], 글쓴이 LHHL[22]

'대추마다'의 성조형은 L^4이며, 음조형은 LM^3이다. 성조형은 기저성조에 해당하고 음조형은 표면성조에 해당한다. 이러한 체계라면 '사람부터라도'와 같은 발화는 LMMMMM으로 표시될 텐데 실제 음성형은 4음절, 5음절이 3음절에 비해 낮다. '사람부터미라도'처럼 7음절이 되더라도 마지막 음절에는 L 표시가 나타나지 않는다. 10음절, 100음절을 가정하면 하강 기조(downstep)가 명백한데도 L 표시가 나타나지 않는 것은 문제로 남는다. 김차

---

21) 2000년대 중반 이후 '나가-'류의 LMM(나가도) 유형이 확인된다. '가-'류가 후행 성분으로 참여하는 복합 동사[김완진(1973/1977)의 후의적 성조형]에 L 표기가 등장한다. 발화가 15급간 중 아주 낮게 실현된다는 것이다.
22) 글쓴이는 아래의 '사람부터라도', '사람부터미라도'를 LHHLLL, LHHLLLL로 표시한다.

균 교수는 2000년대 중반 이후 소문자를 사용하여 음성적으로 정밀도를 꾀하고 있다. 그러면 LMMmmm와 같은 표기가 가능할 텐데 100음절이 되어도 m보다 낮은 L이 표기되지 않는 것은 여전히 문제이다. 100음절이 어떻게 성조군으로 기능할 수 있느냐고 할 수도 있지만 성조 표기는 그런 것까지 염두에 두고 하는 것이 체계적일 것이다.

　우리는 앞에서 최소대립어를 통해서 성조소를 설정해 보자고 제안하였다. 이와 관련하여 논의를 경남 방언으로 확대해 보자. '말(斗)'의 기저성조를 중조로 설정하는 입장에서는 의미차를 드러낼 수 있는 '말(馬)/말(斗)' 이외의 최소대립어를 제시하여야 한다. 바람(MH, 風)과 사람(LM, 人)은 분절음에서도 차이를 보이므로 최소대립어가 될 수 없다. 물론 MH와 LM의 음역이 다르다고 할 수도 있다. 그러나 음역과 성조는 마땅히 구분되어야 한다. (5)에서와 같은 최소대립어를 찾을 수 없다면 음운론적으로는 두 어형을 모두 LH로 파악할 수밖에 없다. 다음은 어떤 연구자에게서 도움을 받은 것인데, 김정대(2007:144), 김차균(2007:152)에 다음 두 대립쌍이 제시되었다.

　　(9) 모자(母子, LM) : 모자(帽子, MH)
　　　　이사(理事, LM) : 이사(移徙, MH)

　이들에 조사가 결합하면 '모자가(LMM)', '모자가(MHM)'류처럼 판이한 표면성조가 확인되는 것은 당연히 고려하였을 것이다.23) 이를 필자는 모두 LH로 파악해 왔는데 이들이 단독형 발화에서도 명백히 구분된다면 문제는 심각하다. 경남 화자들 중에서도 차이를 확인할 수 없다고 하는 이도 있다.

---

23) 고려치 않은 것으로 확인된다. 1쇄 출판 후 '조사가 결합된 대립쌍'임을 확인한바, 1쇄 작업 시 시간에 쫓긴 것이 못내 아쉬웠다. 결국 논의는 단독형의 최소대립쌍을 요구한 2003년으로 되돌아간 셈이다. (9)의 하단부 서술은 후고를 통해 수정하기로 한다.

다만 시대를 거슬러 올라가면 충분히 변별되었을 가능성은 있어 보인다. 음성적으로 수의성이 확인되는 것이 관찰될 따름이다. 각각의 전항은 첫 음절을 다소 길게 할 수 있어도 각각의 후항은 그런 일이 거의 없다고 하겠다.24) 수의적으로 같은 발화가 이루어지는 경우와 관련해 참고할 만한 논의가 있다. 김주원(2000:94)에서는 경남 방언자료의 음성학적 실험을 토대로 M의 존재를 굳이 인정하지 않아도 된다고 하였다.25)

음성적으로 차이가 있을 수 있지만 그것도 어느 정도 인정하지만 음운론적으로는 두 경우의 표면성조를 LH로 설정한다. 다만 '모자(母子)', '이사(理事)'의 경우는 LHH 성조 배열, 즉 어미의 기저성조와 관계없이 어미 첫 음절의 성조는 고조화되는 부류라는 것을 언급할 뿐이다. 후자는 후행 성분의 기저성조가 중요한 부류이다[이사(LH, 移徙)+보다가(LHL) → LHHHL]. 전자에는 LHH, LHHL, LHHLL 등이 포함되며 후자에는 LHLL, LHLLL은 물론 후행 성분에 따라 LHHL, LHHHL, LHHHHL 등도 포함된다. 이른바 중조나 최저조를 설정하지 않는 입장이다.26)

'말(斗)'의 기저성조가 저조나 중조가 아니라면 고조일 텐데, '말(馬)'의 기저성조를 검토한 후에 결론을 짓고자 한다.

---

24) 박숙희(2005)에서는 경남 고성의 LMM인 '말하고(語)'의 끝 음절이 증조보다 훨씬 낮게 실현되는 변이음조 LMm으로 나타날 때 MHM인 '말하고(馬)'와 매우 유사한 음조를 보이는데, 이 두 어절의 주파수 측정치를 조옮김에 의해 음운론적인 등급으로 환원하여 두 어절의 음조형이 서로 다름을 도출하는 것은 거의 불가능하다 하면서 두 어절의 음조형을 구별하기 위해서는, '말하고'에서 첫 음절의 길이가 둘째 음절보다 현저히 길게 실현된다는 점을 포착하는 길밖에 없다고 했다. 수의적으로 넘나드는 것이 문제가 된다. 일단은 음성적인 차이로 판단하고 자세한 것은 후고를 기약한다.

25) 김주원(2000:95)에서는 '바람'과 '사람'은 성조형이 다른 것인데 어미가 통합되지 않고 어간 2음절로만 나타날 때에는 그 성조형이 변별력을 상실하는 것으로 보았다. 오히려 '바람'의 첫 음절이 '사람'의 첫 음절에 비해 낮게 실현되기도 하며, '바람'이나 '사람' 모두 첫 음절이 낮고 둘째 음절이 높다는 점에서 둘 모두 LH로 기술될 수 있다고 하였다.

26) 최저조는 박숙희(2005), 이문규(2017)에서 확인된다. 김차균(1997/1980)의 저조이다.

2.3. '말(馬)류'의 기저성조

앞서 제시한 바와 같이 '말(斗)'의 기저성조에 대해서는 고조, 중조 또는 저조 세 견해가 있는 반면, '말(馬)'의 기저성조에 대해서는 고조 또는 저조 두 견해만이 있다. 먼저 (10)에 제시된 자료를 통해 '말(馬)'의 기저성조가 저조가 아님을 밝히고자 한다. (10)에서는 첫 음절의 표면성조가 H와 L로 변동되고 (11)에서는 셋째 음절의 성조가 H와 L로 변동된다. 사실은 변동되는 성조 H와 L 중 무엇을 기저형으로 설정할 것인가의 문제로 귀결된다. 경북 동부 방언 자료이다.

(10) 가. 마리, 말'또, 마'런
　　　　잡'꼬, 잡'찌, 자'바
　　 나. 말버'팀, 말꺼'지, 마란'테~마린'데, 말보담ˆ도
　　　　잠는', 잡떤', 잡떠'라, 잡꺼'던

(11) 가. 중간빠'이, 중간빵'도
　　 나. 중간빵꺼'지, 중간빵보담ˆ도

(10나)에 보이는 첫 음절 성조 L을 '말(馬)'의 기저성조로 설정할 경우, (8가)에 제시된 첫 음절 성조 H는 어간이 특정한 어미와 결합될 때 저조가 고조로 변동되는 것으로 파악해야 한다. 그러나 특정한 어미가 무엇인가는 문제로 남는다. 문효근(1962/1974:28-29), 최명옥(1998:9)에서는 어간이 '2음절 이상의 자음 어미'와 통합될 경우 해당 어간은 저조로 실현되고 그 이외의 어미와 통합할 때에는 어간이 고조로 실현되는 것으로 파악한다. 그러나 '말(馬)'의 곡용형과 동일한 패턴을 보이는 어간 '잡-(捕)'의 활용형들의 표면 성조를 관찰해 보면 '2음절 이상의 자음 어미'는 재고의 필요성이 있다.[27] (10나)의 '잠는'', '잡떤''에서 볼 수 있듯이 어간이 단음절 어미와 통합될 때

에도 어간 '잡-'의 성조는 저조로 나타나기 때문이다. (10나)의 '말보담도 (LLH·LL)' 또한 문제로 지적될 수 있다. '말(馬)'의 성조가 저조로 실현되는 것은 이해할 수 있지만 '말버'텀', '말꺼'지'에서와는 달리 어미 '-보담^도'의 첫 음절에 왜 고조가 놓이지 않는지는 설명하지 못한다.28) 최명옥(1998)의 논의는 사실 성조형 중심의 기술 태도와도 맞물려 있는바 위와 같은 문제에 대한 논의 보강도 필요해 보인다.

'말(馬)'의 기저성조를 '저조'로 설정하는 입장에서는 (11)에 제시된 '중간 빵'의 기저성조를 당연히 LLL로 설정해야 한다. 단음절 어간 '말(馬)'이 어미에 따라서 고조나 저조로 실현되는 것과 마찬가지로 어간 '중간빵'의 마지막 음절이 어미에 따라서 고조나 저조로 실현되기 때문이다. (11나)의 '중간 빵꺼지(LLLHL)'에서는 둘째 음절이 첫째 음절보다 높고, 셋째 음절이 둘째 음절보다 높으며 넷째 음절이 셋째 음절보다 높다. 어떤 경우든지 즉 단독형이든 어미와의 통합형이든 그 어간 '중간빵'만을 대상으로 했을 때에는 당연히 셋째 음절에 고조를 놓을 수밖에 없다. 말을 더듬는 경우 '중간방버터(LLLHL)'를 발화하려다가 3음절까지 발화하고 잠시 멈추었을 때, 멈춰진 3음절까지의 성조는 당연히 LLH로 나타날 수밖에 없다. 그러므로 화자의 언어의식과 배치되는 LLL의 설정은 검토의 여지가 있어 보인다. 이로 볼 때 '말(馬)'의 기저성조는 L이 될 수 없다. 앞서 언급한 바와 같이 '말(馬)'의 기저성조는 저조로 보는 관점과 고조로 보는 관점 둘로 나뉜다. 이상에서 '말(馬)'의 기저성조는 저조가 될 수 없음을 논하였으므로 그 기저성조는 고조가 되어야 할 것이다. '말'의 기저성조를 잠정적으로 고조로 보아야 한다고 전술한 바 있다. 문제는 '말(馬)', '말(斗)'로 대표되는 두 고조가 다른 성분

---

27) 이는 '3.1.2. 어미의 기조성조 설정 방법'에서 구체화된다.

28) '2음절 이상의 자음 어미'가 아니라 어미에도 기저성조를 부여하고 논의를 진행해야 할 것이다. 이에 대한 논의는 임석규(1999:72-73), 임석규(2004가:90)를 참조할 수 있다.

과 어울려 성조군을 형성할 때 성조 변동 측면에서 차이를 보인다는 것이
다. 두 고조가 구분되어야 한다는 것은 (12), (13)에서도 확인할 수 있다.
이를 통해, '말(馬)', '말(斗)'의 기저성조를 동일하게 고조로 보는 견해에 대해
결정적으로 반론을 제기할 수 있다. 다음은 경북 동부 방언에서 확인되는
성조 실현이다.

(12) 가. 뽑'꼬'(選, 뽀'바)　　잡'꼬(捕, 자'바)
　　　나. 안'뽑꼬　　　　　안잡'꼬

(13) 가. 소곰'+집(봉우리형 H)[29) - 소곰찝(LLH), 중간+방(봉우리형 H) -
　　　　중간빵(LLH)
　　　나. 소곰'+물(뜀틀형 H) - 소곰물(LHL), 중간'+길(뜀틀형 H) - 중간낄
　　　　(LHL)
　　　cf. 소고'미, 지'비, 중가'이, 바'이, 무'리', 기'리'

　(12가)의 '뽑-'과 '잡-'은 표면성조가 모두 고조로 실현되어 있다. 그런데
(12나)에서와 같이 부정부사 '안(봉우리형 H)[30)'과 활용형의 결합에서는 그
성조형이 다르게 실현되어 있다. '뽑꼬'에서의 성조형 HH는 '마리(斗)'에서
의 성조형 HH와 동일하며, '잡꼬(捕)'에서의 성조형 HL은 '마리(馬)'에서의
성조형 HL과 동일하다. 곧 전자는 '뜀틀형 H'에 해당하고 후자는 '봉우리형

29) 봉우리형 H는 HL, LH, LHL, LLHLL 등으로 실현되며, 뜀틀형 H는 HH, HHL, LHH
등으로 실현된다. 이는 김주원 교수의 용어를 받아들인 것이다. 좀 더 풀어쓰면 봉우리형
을 만드는 H, 뜀틀형을 만드는 H라고 해야 할 듯하다. 경남 동부 방언에서도 L은 두
부류가 있다. 하나는 봉우리형을 만드는 L이고, 하나는 뜀틀형을 만드는 L이다. 전자에는
'바람도(LHL, 風), 바램이라도(LHLLL)' 유형이, 후자에는 '사람도(LHH, 人), 사람마저도
(LHHLL)' 유형이 속한다.
30) '안(봉우리형 H)'이 저조로 변동되는 경우는 어미의 기저성조에 있는 '봉우리형 H' 때문이
다. 이는 김차균(1980)에서는 $H^2 \to MH$로 김영만(1986)에서는 $O \to o/\_\_O$로 기술되어 있
다. 이문규(1998)에서는 '$H^2 \to LH$'로 기술된다.

H'에 해당한다는 것이다. 두 고조를 동일한 것으로 파악해서는 부사 '안'과 활용형의 결합에서 나타나는 성조 실현을 올바로 설명하기 어렵다.

(13가)는 단어 경계에서 봉우리형 H(HL, LH, LHL, LLHLL 등)끼리 통합된 것이고, (13나)는 '봉우리형 H'와 '뜀틀형 H(HH, HHL, LHH 등)'가 통합된 것이다. 두 고조를 동일한 것으로 파악해서는 (13가)와 (13나)에 제시된 합성어의 성조가 달리 나타남을 설명할 수 없다.

글쓴이는 이 두 고조를 임석규(1999)에서 H₁과 H₂로 구분하였다.[31] 성조 논문이나 저서를 읽기 어렵다는 비판에 근거하여 이 글에서는 이 두 기호를 봉우리형 H, 뜀틀형 H로 구분한다. 이런 구분은 LHL, LLH, HLL / HHL, LHH 등과 같은 성조 배열 제약과 관련된다. 즉 성조 배열 제약을 토대로 두 고조는 구분이 되어야 하는데 '봉우리형 H'는 하나의 성조군 내에 홀로 나타날 수 있는 것이고, '뜀틀형 H'는 하나의 기식군 내에서 항상 다른 고조와 함께 나타나는 것이다.[32]

우리는 이상에서 '말(馬)'과 '말(斗)'의 성조를 각각 고조로 파악하고 성조 배열 제약과 방언 내적 근거를 고려하여 전자를 '봉우리형 H', 후자를 '뜀틀형 H'라고 명명하였다.[33]

---

31) '마리(馬, HL)'와 '마리(斗, HH)'에서 첫 음절의 피치(pitch)가 음성학적으로 조금 차이가 난다는 연구도 보인다. 김무식(1992:61), 김주원(2003:7)을 참조할 수 있다. 김주원(1991 나:601)에서는, '말(馬)'은 강세를 둔 고조, '말(斗)'은 강세가 없는 고조라고 하였으나 김주원(1995)에서는 이를 구분하지 않고 모두 고조로 보게 되었다.

32) 경남 동부 방언에서 L로 시작하는 성조형 중 '바람부텀(LHHL)', '기와집부텀(LHHHL)'은 후행 성분의 '기저성조(부텀 HL)'와 관계된 경남 방언 특유의 패턴이다. '바라메도(LHLL)'에서는 정상적인 봉우리형으로 실현된다. 즉 후행 성분의 기저성조에 따라 표면성조가 달라진 것이니 이는 봉우리형에 속한다. 김주원(2000), 이문규(2017), 김고은(2016)의 체계라면 '바람부텀(LLHL), 기와집부텀(LLLHL), 바라메도(LHLL)'로 표기된다.

33) 뜀틀형 H를 M으로 본다고 해도 김차균 교수의 논저에서 보이는 M과는 차이가 있다. 음성 등급을 고려하여 안동 지역어의 성조를 연구한 김차균(2002가)를 토대로 한다면 한 성조군 내에도 셋 이상의 M을 확인할 수 있다(어지럽더라도 HHMMMM, 꼬치까리부텀 MMMMHM). 그러나 글쓴이의 뜀틀형 H는 경북 방언에서는 오로지 둘만 놓일 수 있다(뜀틀형: 어지럽더라도 HHLLLL, 봉우리형: 꼬치까리부텀 LLLLHL).

우리는 앞 절에서 고조에 대하여 논의해 왔다. 문제는 경남 방언은 단음절 곡용 어간이나 활용 어간의 경우 고조와 저조의 대립을 보이지만 경북 방언은 고조와 저조의 대립을 보이지 않는다는 것이다. 경북 방언에서 저조를 기저성조로 하는 어형이 없는 것은 아니다. 부사 '더', '좀' 등은 기저성조를 저조로 설정해야 한다.34) 경북 동부(영주)에서는 특별한 경우가 아니면 이들 단음절 부사들은 대체로 저조로 실현된다.35) '더자바(더#자'바, 捕)', '좀자바(좀# 자'바)'는 모두 LHL로 실현되고, '더뽀바(더#뽀'바, 選)', '좀뽀바(좀#뽀'바)'는 LHH로 실현된다. 이로 볼 때 저조도 성조소로 설정될 수 있을 것이다.

2.4. 복합조의 문제

그동안 '말(語)'의 기저성조는 저장조(문효근 1974, 정철 1980, 김영만 1986, 신기상 1987, 김성환 1987, 이동화 1990), R(최명옥 1990, 이혁화 1994, 김주원 1995, 이문규 1998나, 최명옥 1999), 저고복합조(최명옥 1998, 임석규 1999, 김세환 2005)로 논의되어 왔다. 아래의 예를 통해 '말(語)'의 성조에 대해 접근해 보고자 한다.

　(14) 가. 자란다[L·HHL, 저 아이란다]
　　　　나. 자란다[L:HH, 부사 '잘'의 표현적 장음, 잘 한다]

'말(語)'의 성조를 저장조로 파악하는 이동화(1990)에서는 (14가)와 (14나)

---

34) 대부분의 동남 방언에서 부정부사 '안'의 기저성조는 저조로 설정될 수 있다. 글쓴이가 조사한 바에 의하면 영주, 봉화, 예천, 안동 등의 경북 북중부와 경북 동해안에서는 '안'의 기저성조가 고조(봉우리형 H)이다.

35) 부사의 경우 '더도(HL)', '잘도~잘또(HL)'가 문제로 남아 있다. 부사가 어미와 통합할 때에는 고조로 변동한다는 비음운론적 제약을 둔 규칙을 세울 필요가 있다. 주지하듯이 '밥또'(飯), 바비, 바'벌, 바'번, 바'베에서 보듯이 처격 어미와 통합하는 여러 곡용 어간이 특별한 성조 변동을 보인다. 이도 역시 비음운론적 제약으로 기술해야 한다.

의 표면성조를 모두 'L:LL'로 파악한다. 이 또한 (14가)와 (14나)가 성조에 따라서 의미 차이를 명확히 드러낸다는 점을 간과한 것이다. 표현적 장음은 수의적으로 나타나는 것인데, 평탄하면서 길게 나타날 뿐 상승은 전혀 동반되지 않는다. 이에 성조 방언에서의 장음 표시는 표현적인 장음에만 가능할 것이고 그 이외의 경우는 원칙적으로는 R 또는 L·H로 제시해야 한다. 이때의 장음은 상승 복합조나 하강 복합조가 실현되면서 나타나는 잉여적인 것이다.

상승 복합조를 저장조로 파악하는 경우에 한 가지 문제로 지적될 수 있는 것은 음장 방언에서는 2음절 이하에서 장음이 단음으로 변동하는데 같은 장음임에도 불구하고 성조 방언에서는 장음이 왜 단음으로 변동되지 않는가 하는 점이다. (15)는 2음절 이하에서도 상승 복합조가 실현되는 경우이다.

(15) 퍼담꼬36)(涵, LL·HH), 퍼다마도(LHLL) / 떠도고(徨, LL·HH),
    떠도라도(LHLL) / 따듬꼬(琢, LL·HH), 따드머도(LHLL)
    cf. 담꼬(涵, L·HH), 다마도(HLL)

단순히 성조 방언에서의 장음이기 때문에 둘째 음절 이하에서도 장음이 나타난다고 하는 것은 온당한 해결책이 아니다. 1장에서도 확인한 바와 같이 성조형 LL·HH는 '자룬다(잘#운다)', '잘론다(잘#논다)' 등에서도 나타나고 '추신수', '김병현', '김세진', '신진식', '차범근', '노무현' 등 성명(姓名)에서도 나타난다. 선행 성분이 고조인 경우는 뒤에 상승 복합조가 있더라도 그 상승 복합조는 실현되지 않는다. 단, 선행 성분이 저조로 실현된 경우에는

---

36) 성조형으로 'LL·H'이 있음을 보이기 위해 '안+활용형'의 성조 실현을 아래에 제시한다. 성조 변동에 대해서는 3장을 참고할 수 있다('안퍼담꼬:안퍼다'마도' / '안담꼬:안다'마도')

둘째 혹은 셋째 음절에서도 상승 복합조가 실현된다. 이론상으로는 L이 상승 복합조나 하강 복합조 앞에 몇 음절 연속으로 나타나도 상관없다. 이것이 바로 성조 방언의 한 특징일 수 있다.[37]

신기상(1999:42)에서는 저장과 저고복합조의 최소대립어를 제시하고 있다.

(16) 말(語): / 말(村)   감(柿): / 감(材)

신기상(1999)에서는 (16)에 제시된 두 대립어 중 전자를 저장조로, 후자를 저고복합조로 파악하고 있다. (16)과 같이 의미차를 드러낼 수 있는 최소대립어가 존재한다면 우리는 성조 방언에서 당연히 저장조도 인정하고 저고복합조도 인정해야 한다. 그러나 이를 달리 해결할 수 있는 방도도 신기상(1999:105)에 암시되어 있다. 그 부분을 인용해 본다.

> L:, L·H, H:, H·L조는 모두 2모라 음조이나 미세한 차이가 있다. L:, H:조는 1음절로 처리한 경우이고 L·H, H·L조는 1음절에서 2음절로 이행되는 과정이듯이 인식되는 경우이다. 마을(村, LH)~말(L·H), 다음(次, HL)~담(H·L) 등의 예가 그것인데 다분히 유동적이고 수의적이다.

여기에서 주목할 수 있는 것은 '1음절에서 2음절로 이행되는 과정인 듯하다'라는 인식이다. 해당 음성을 들어 본 결과 두 개의 음절임을 알 수 있었는데 '마을'에서의 둘째 음절 '을'을 '알'로 대치해 놓은 것과 같았다.

(14)와 동일하게 파악될 수 있는 것은 경북 동부 방언에서도 보인다. '누

---

37) LL·HH, LLL·HH 등도 성조형으로 제시해야 한다. 경북 동해안 방언에서는 LL·HL, LLL·HL이 나타난다. 김영만(1986:28), 김주원(2000:96)에서는, 음절수에 따른 성조형의 수는 '음절수+2'개라고 하였다. 일찍이 김영만(1972:154~155)에서도 이와 같은 식의 접근이 이루어졌는데, 이는 LL·HH, LLL·HH 등의 성조형을 고려하지 않은 결과이다.

우(姊, LH)[38]와 '누(弊, L·H)'의 음은 명확히 변별된다. 그러므로 전자는 복합조로 이해될 성질이 아니고 음절수의 문제로 이해되어야 한다. 즉 '姊'의 의미를 지닌 것은 '누우' 2음절 LH로 파악해야 하고, (16)에 제시된 '말(村)'은 2음절 '마알(LH)'로 파악해야 한다는 것이다. 그렇다면 (16)에 제시된 예는 최소대립어가 될 수 없다.

이상에서 '말(語)'의 성조는 저장조가 될 수 없음을 검토해 보았다.[39] 이제 남은 문제는 '말(語)'의 기저성조가 R인가 복합조인가 하는 것으로 귀결된다. 최명옥(1998:13-41)에서는 상승음가를 저고복합조로 파악한 바 있다. '말(語)'이 경남 방언에서는 저조로 실현되고, 동북 방언에서는 고조로 실현된다는 것을 그 근거로 제시하였다. 방언 외적 증거로도 충분히 저고복합조에 무게를 둘 수 있지만 방언 내적 증거를 찾을 수 있다면 이 논의에 더욱 힘을 실을 수 있을 것이다. 지금 글쓴이의 입장에서는 내적 증거를 찾기가 쉽지 않다. 다만 '말(語)'을 R로 기술하는 것보다 L·H 복합조로 기술하는 것이 편리하다. 이를 위해 (17)~(30)에서 경북 동부 방언 자료를 검토하기로 한다.

(17) 마리(語, L·HH) / 마리(斗, HH)

(17)에 제시된 '말(語)'과 '말(斗)'에 뒤따르는 음절의 성조 H를 고려할 때, '말(斗)'의 기저성조를 뜀틀형 H로 설정한 것과 같이 '말(語)'의 성조도 L·H로

---

38) 이는 '누우(姊, HL)'로도 더러 실현되는데 '누(姊, H·L) / 누(누워, H·L)'와는 음이 명확히 구분된다. 단음절이냐 2음절이냐가 명확하다. 마찬가지로 '추'우'(寒)가 난다"에서처럼 2음절 '추'우" 또한 '추^', '추'와 명확히 구분된다.

39) '말(語)'을 저장조로 볼 경우에는 '말(語)'과 음성 실현이 동일한 '가:(邊)'도 저장조로 파악할 수 있다. 그러면 '그#아이가'의 뜻인 고장조 '가:가'와 저장조 '가:가(邊)'가 대립쌍이 되는 문제가 생긴다. 그러나 이것은 글쓴이의 입장에서는 대립쌍이 아니다. '가가(H·LL)', '가가(L·HH)'와 같이 1, 2음절이 모두 성조 대립을 보이기 때문이다.

설정할 수 있다. 저고복합조로 설정할 경우 두 가지 이점이 있다. 하나는 '상승 복합조 또는 고조는 또 다른 고조를 요구한다'라는 제약보다는 '뜀틀형 H'는 뜀틀형 H를 요구한다는 제약'이 간결한 기술이라는 것이다. 다른 하나는 '말(語)'을 저고복합조로 파악하면 성조형 HHH, L·HHH가 나타나지 않는 이유를 高調不連三(김주원 1991나:602)으로 쉽게 설명할 수 있다는 것이다. 반면 복합조로 파악하지 않고 R로 파악하면 RHH가 나타날 수 없는 이유를 다른 방식으로 설명해야 한다.

또한 독립된 성조소로 보는 것보다 복합조로 보는 것이 부정부사 '안'의 성조 변동을 기술하는 데도 편리하다.

    (18) 가. 안'작떠라, 안싸더라, 안적떠'라
             cf. 안(봉우리형 H), 작'떠라(L·HHL, 小), 싸'더'라(HHL, 廉價),
                적떠'라(LHL, 記)
         나. 안'퍼담쩨, 안정는'다
             cf. 퍼담'쩨(LL·HH, 汲水), 정는'다(LHL, 記)

(18가)에서 '안'은 고조로 실현되기도 하고 저조로 실현되기도 함을 확인할 수 있다. 고조로 실현될 때에는 후행 성분의 성조에 HH(작떠라L·HHL, 싸더라HHL)가 있을 때이다. (18나)에서도 마찬가지이다. 후행 성분이 저조로 시작하더라도 HH가 뒤따른다면 '안'은 고조로 실현된다. 이러한 기술은 '안'이 고조로 실현되는 경우를 R이나 HH가 있을 때라고 하는 것보다 편리함을 알 수 있다.

이상에서 상승 복합조를 복합조로 처리하는 것이 유리하다는 것을 언급하였다. 아래에서는 하강 복합조에 대해서 검토하기로 한다.

상승 복합조는 두 음절로 표시하지 않는 것이 일반적인데 그 이유는 2음절 이하에서 짧아진다는 우리의 의식이 반영된 것이다. 상승 복합조와 하강

복합조가 환경에 따라 같은 모습을 보인다면 상승 복합조와 하강 복합조의
음절수를 달리 볼 필요는 없다.[40] 글쓴이가 강조하는 것은 하강 복합조의
음절수를 결정할 때 내성적 관찰에 의지하기보다는 여러 환경에서 나타나
는 하강 복합조의 변동 문제를 세심히 관찰해야 한다는 것이다. 아울러 다
른 음운론적 현상들을 실체적 증거로서 활용할 수 있다면 보다 확실한 결론
에 도달할 수 있다는 것이다. 상승 복합조와 하강 복합조는 일견 다른 것처
럼 보인다. '말(語)', '눈(雪)'과 같은 상승 복합조는 2음절 이하에서 짧아지는
데 반해, 쌈(爭), 감(喊), '맘(心)', '개미(H·LL)'와 같은 하강 복합조는 2음절 이
하에서도 짧아지지 않는다는 것이 일반적인 견해이기 때문이다. 아래의 자
료는 그 견해를 충분히 뒷받침할 수 있다.

(19) 가. 그마리(HLL)   cf. 그(其, 봉우리형 H), 말(語, 상승 복합조)
      나. 그싸미(LH·LL) cf. 쌈(爭, 하강 복합조)

두 예를 통해서 (19가)의 상승 복합조는 2음절 이하에서 짧아지고, (19나)
의 하강 복합조는 2음절 이하에서도 짧아지지 않는다고 결론 내릴 수 있다.
또한 '바까도(LH·LL)'와 같은 어형에서도 2음절 이하에서 하강 복합조가 실
현되므로 상승 복합조와 하강 복합조는 음성형은 대응되지만 음운론적으로
는 판이하게 차이를 보인다고 할 수 있다. 그러나 (19가)와 (19나)의 차이는
관형사 '그'의 기저성조 봉우리형 H 때문에 표면성조가 달리 나타난 것이
지, 상승 복합조와 하강 복합조 자체의 문제는 아니다.[41]

---

40) 앞서 언급한 바와 같이 하강 복합조는 장태진(1960:81), 이동화(1990:8-9), 김주원(1994:113),
   김영만(1997:20-21), 임석규(2003:57-61)에서 단음절로 파악되었다.
41) 앞서 밝힌 바와 같이 앞 성분의 성조가 '봉우리형 H'인 경우, 뒤따르는 상승 복합조와
   'HH(뜀틀형 H)'는 무조건 L로 변동되며, 만일 '봉우리형 H' 뒤에 '봉우리형 H'나 하강
   복합조가 따르는 경우는 선행 성분의 '봉우리형 H'가 저조로 변동된다. 전자가 (19가)의
   경우이며 후자가 (19나)의 경우이다. '개미(H·LL)'에 지시관형사 '그(봉우리형 H)'를 통합

(20)~(24)에 제시된 예는 임석규(2003), 임석규(2004가), 임석규(2007)에 제시된 예와 중복되기도 하지만 하강 복합조의 음절수는 분절 음운론에서도 매우 중요한 과제이기에 몇 예를 추가하여 논의를 보강하기로 한다.

(20)에 제시된 예는 경북 동부 방언의 자료인데 하강 복합조가 둘째 음절에서도 짧아지는 경우이다. (20)에서의 밑줄 부분은 하나의 성조군을 이룬다.

(20) 가. 틈 새ˆ새럴 깨끄지 딲재이.(틈 사이사이를 깨끗이 닦자.)
　　　나. 아까 우ˇ나넌 누구로?(아까 운 아이는 누구로?)
　　　다. 실ˇ쌔가42) 어예 인냐?(쉴 사이가 어떻게 있냐?)
　　　라. 크'나'가 애벤니더?(큰애가 야위었니너?)
　　　마. 이'마'미 너무 게롭니더.(이 마음이 너무 괴롭습니다.)
　　　바. 그마ˆ미 그리 대단니껴?(그 마음이 그리 대단합니까?)

방언형 '아(兒)', '새(間)', '맘(心)'이 단독형일 때에는 항상 하강 복합조로 실현된다. 그러나 (20가)~(20마)에서 확인할 수 있듯이 하강 복합조가 하나의 기식군에서 둘째 음절 이하에 놓이면 그 하강 복합조는 실현되지 못한다. 다만 (20바)에서와 같이 하강 복합조에 선행하는 성분의 성조가 저조이면 다음 음절의 하강 복합조는 제 성조로 실현될 수 있다. 여기에서의 지시

할 때와 지시관형사 '이(뜀틀형 H)' 또는 '저(뜀틀형 H)'를 통합할 때에 각각의 표면성조가 달리 실현된다. 전자는 '그개미(LH·LL)', 후자는 '이개미/저개미(HHL)'로 실현된다. 결국 2음절 이하에서의 하강 복합조 실현 여부는 상승 복합조에서와 마찬가지로 하강 복합조와 결합하는 선행 성분의 성조에 달려 있음을 알 수 있다. 한편, 중세 국어 시기의 2음절이 1음절로 변화하면서 하강 복합조로 바뀐 '벌-(得)', '쌀-(切)' '끌-(牽)' 등이 있다. 그러나 음절수가 줄어든다고 해서 모두 하강 복합조가 되는 것은 아니다. '가(하강 복합조, 그#아이)/자(상승 복합조, 저#아이)/야(상승 복합조, 이#아이)'에서의 성조 차이는 관형사 '이, 그, 저'의 기저성조 차이와 관련된다(이는 경남 방언에서는 달리 나타난다). '이'와 '저'의 기저성조는 '뜀틀형 H'임에 반해 '그'는 '봉우리형 H'이다. 적어도 경북 동부 방언권에서는, HH(이#아이 HHL, 이아 HH, 야 L·H)인 경우 음절수가 줄어들면서 상승 복합조로 변화하지만 그 이외의 환경(싸움 HL / 쌈 H·L, 마음 LH / 맘 H·L)에서는 음절수가 줄어들면서 하강 복합조로 변한다.

42) '실ˆ쎄'로도 나타난다.

관형사 '그'는 맘(H·L) 앞에서 저조화된 것이다. 그'자슥(HLL, 그#자슥, 자'슥'),
그아'들(LHL, 그#아들, 아'들)을 통해 볼 때 후행 성분이 HH형(자'슥')이면 '그'는
고조로 실현되고 후행 성분이 HL형(아'들, LH, LHL, HLL 등)이면 '그'는 저조로
실현된다. 이에 저조화된 '그' 뒤에서 '맘'의 하강 복합조는 제 성조를 유지
할 수 있는 것이다. 우리는 그동안 '바까도(LH·LL, 바꾸+아도)', '밀레도(LH·LL,
밀리+어도)' 등 (20바)에서와 같이 하강 복합조가 저조 뒤에서 실현될 때만을
주목하여 하강 복합조와 상승 복합조를 달리 파악하였다. 곧 하강 복합조는
상승 복합조와 달리 둘째 음절 이하에서도 실현된다고 일반화하였던 것이
다. 후술하겠지만 하강 복합조와 상승 복합조는 모두 둘째 음절 이하에서
실현될 수도 있고 실현되지 않을 수도 있다. 발화된 하나의 성조군이 형태
소 경계이든 단어 경계이든 상승 복합조와 하강 복합조 앞 음절의 성조가
무엇이냐에 따라 상승 복합조와 하강 복합조는 제 성조로 실현되기도 하고
짧아지기도 한다는 것이다.

(21), (22)를 통해서도 상승 복합조와 하강 복합조가 동일한 성조 변동을
겪는다는 것을 확인할 수 있다. (21)의 예, 각각에 부사 '못(상승 복합조)'을
그 앞에 결합시키면 그 기식군의 표면성조는 (22)와 같이 나타난다.

(21) 가. 산'다'(買)
　　　나. 산ˇ다(生)
　　　다. 싼'다'(包, 尿)
　　　라. 싼ˆ다(切)

(21) 가. 모ˇ싼다[43](買)
　　　나. 모ˇ싼다(生)

---

43) '못#싼다'의 통합은 배주채(1989:99)의 견해처럼 'ㄷ-ㅆ'의 연쇄를 인정하지 않기에 '몯싼다'
　　로 전사하지 않는다.

다. 모ˇ싼다(包, 尿)
라. 모ˇ싼다44)(切)

(22가), (22나)에서는 둘째 음절에 경음화가 적용되어 결국 (22)에 제시된 네 자료의 분절음 배열은 같아진다. 물론 표면성조도 동일하다. 이것은 상승 복합조와 하강 복합조가 동일하게 파악되어야 함을 보여 주는 것이다. 이로 볼 때 상승 복합조를 단음절로 파악한 것과 평행하게 하강 복합조도 단음절로 파악해야 할 것이다. 다음 자료 또한 하강 복합조가 2음절 이하에서 짧아지는 예이다.

(23) 가. 운마(LH·L, 윗마을), 아랜마(LLH·L, 아랫마을)
　　　나. 웅덩마(HLL, 지명), 한질마(HHL, 지명)
　　　다. 중마(LH·L, 중간 마을)
　　　라. 상마(L·HL, 윗마을), 하마(L·HL, 아랫마을)

(24) 가. 실래띠45)(LLH·L), 안동띠(LLH·L), 알람띠(LLH·L)
　　　나. 피끈띠(HHL), 골레띠(HHL), 오록띠(HLL), 디껄띠(L·HHL),
　　　　　한실띠(L·HHL)

(25) 가. 한디(LH·L, 수박 한 덩이)

---

44) 화자들이 글쓴이에게 세 가지가 동일하게 실현되는 것에 대해 그 이유를 물어 볼 정도로 화자들은 세 자료의 표면성조가 같다고 판단하고 있다. 우리는 관찰자의 판단을 중시하기보다 언중의 인식을 중시하는 태도를 취해야 한다. 관찰자의 판단이 제보자의 인식과 같은지를 다시 한 번 점검해 보아야 한다. 이에 대한 좋은 선례가 있다. 우리 국어에서 유성음화라는 것을 화자들이 인식하지 못하는 반면 일본 연구자들은 우리 국어에 유성음화 규칙을 설정하기도 하였다. 유성음화 규칙은 변이음 규칙이지 음운 규칙이 아니다.
45) 택호는 '실래땍(LLH)', '실래때'기', '실래뜨'기', '실래띠ˆ(LLH·L)'로 나타난다. '실래'는 이기문(1991:114-117)에서 종합적으로 논의된 바와 같이 '실(谷)'과 '내(川)'가 합하여 된 단어이다. '골'래'땍(谷골+川내+宅댁)'이라는 택호도 참조할 만하다. 그런데 성조측면에서 '시ˇ내'의 L·HH가 부담으로 작용할 수 있다. '피끈'은 세조 즉위 후 금성대군의 난이 일어났을 때, 핏물이 내를 흐르다가 끊긴 곳이라 한다.

나. 두디(L·HH, 다섣띠(HLL), 열디(HH)

(26) 가. 주둥이(LHL)~주디(LH·L), 몽둥이(LHL)~몽디(LH·L)
    나. 궁둥이(L·HHL)~궁디(L·HH), 문둥이(L·HHL)~문디(L·HH)

(27) 가. 먹띠^만(LH·LL, 먹더니만)
    나. 뽑띠만(HHL, 選), 우디만(L·HHL, 泣), 싸디만(H·LLL, 썰더니만)

　　(23다), (23라)는 김세환(2005)에서 가져온 청송 지역어 자료이며 나머지
는 모두 영주 지역어 자료이다. (23가), (23다)에서는 하강 복합조가 실현되
나, (23나), (23라)에서는 하강 복합조가 평판조로 변동되어 나타난다.
(24)~(27)에 제시된 자료 또한 마찬가지로 설명될 수 있다. 하강 복합조가
실현된 경우는 저조로 시작하는 경우라는 것을 알 수 있다.
　　(28)에 제시된 자료를 통해 볼 때 하강 복합조는 두 음절로 설정되어야
할 이유가 없다는 것을 알 수 있다. 보다 결정적인 증거는 (28)에 제시된
율동 규칙, (29)에 제시된 재구조화된 어간을 통해 확인될 수 있다.

(28) 가. 유리라카'지(琉璃), 유리라카던'지, 유리라카지'요
    나. 그새도모차마'여, 전자가이고인넝거지'여, 자란자피'요
       cf. 그 사이도 못 참아, 겨눠 가지고 있는 것이지, 잘 안 잡혀요

(29) 자피'이고>자페'에고(被獲)

　　경북 서부 방언을 포함한 경북 서부 방언에서는 저조로 시작하는 어간인
경우 어떤 어미와 통합하더라도 그 표면성조는 끝에서 둘째 음절 위치
(penultimate position)에 고조(또는 하강 복합조)가 놓이게 된다. 물론 어간과 어
미의 통합뿐만 아니라 한 성조군을 이루는 통합이라면 모두 이 규칙의 적용

을 받게 된다. 이는 앞서 제시된 (28)을 통해서 확인할 수 있다. (28가)는
어간과 어미가 통합한 경우이고, (28나)는 어절 경계를 넘어선 경우이다.
(28나)의 '새ˆ(聞)'는 하강 복합조로 실현되는데, 관형사 '그'와 통합하면서
율동 규칙의 적용을 받게 된다. 왜냐하면 '봉우리형 H'가 하강 복합조 앞에
서 저조로 변동되기 때문이다(3장의 저조화 규칙 참조). '새'를 두 음절로 본다면
(28나)에 제시된 것처럼 '새'가 단음절로 도출될 수는 없다. '전자가이고인녕
거지'요'에서 '전자ˆ' 또한 표면성조가 LH·L인데 율동 규칙의 적용을 받으면
서 단음절 평판조로 변동된다. 하강 복합조를 두 음절로 처리한다면 '그새
애도모차마'여', '전자아가이고인녕거지'여'로 나타나야 할 것이다.

(29)에 대해서도 같은 설명이 가능하다. 만일, 하강 복합조를 2음절로 보
면 '자란자피이요(잘#안#잡히이+아요, 不捕)'의 경우는 LLLLHL로 나타나야 하
지만 실제로 '자란자피이요'는 넷째 음절에 하강 복합조가 놓이게 된다. 그
러므로 '자란자피이요'가 아니라 '자란자피요'로 표기하고, 그 표면성조는
LLLH·LL로 나타내야 한다. 단음절로 파악해야만 끝에서 둘째 음절에 고조
(또는 하강 복합조)가 놓이는 규칙이 의미를 지니게 된다.

(29)에 제시된 '잡-(把)'의 피동형46) '자피-(LH·L)'에서 하강 복합조를 두 음
절로 파악하여 '잡히이-'로 보게 되면, 경북 동부 방언에 나타나는 재구조화
에 대해 설명할 수 없다. 이 지역어에서는 임석규(1999:27)에 제시한 대로
'Xi'로 끝나는 2음절 이상의 활용 어간이 'XE'로 재구조화되었다[마시-(飮)>
마세-, 던지-(投)>던제-].47) 이러한 재구조화를 고려할 때, 하강 복합조를 두

---

46) 이상억(1980), 서정목(1981), 신기상(1993)에서는 사피동 접사의 성조가 다르다고 하였다.
경북 영주 지역어에서는 미'기-('먹-'의 사동사), 머키ˆ-('먹-'의 피동사)로 나타나는 것이
일반적이지만 몇몇 어간의 경우는 수의적인 형태로 실현된다[신께ˆ고(使履)~신'께고, 미
게ˆ고(使食)~미'게고].

47) '2음절 이상의 어간'이라는 표현을 조금 수정해야 한다. 음절수도 중요하지만 경계 요소도
중요하다. '-어지-' 구성에서의 '지'는 이러한 재구조화를 겪지 않는다. '빠지-', '너머지-'는
'빠제-', '너머제-'로 재구조화되지 않는다. '점치-', '야단치-'도 재구조화되지 않지만, '넘치-',

음절로 파악하면 '잡-'의 피동사는 '자피에-'로 나타나야 할 것이다. 그러나 실제로는 하강 복합조를 두 음절로 표기한다고 해도 '자페에고'로 나타난다. 이 어려움은 하강 복합조를 단음절로 파악할 때 해소될 수 있다. 곧 이 어간 의 재구조화는 자피(LH·L)->자페(LH·L)-로 파악해야 한다는 것이다.[48] 이렇 게 본다면 성조 방언에서 어간 '쌓-(積)'과 어미 '-아도'가 통합하여 최종적으 로 도출될 수 있는 표면형은 '싸아도'가 아니라 '싸도'와 같이 두 음절로 나 타내야 한다. 그 음운 과정을 (30)에 제시하도록 한다.

(30) 쌓+아도 → 싸'아도 → 싸＾도(積)
　　　　후음탈락　　　　모음 축약과 성조 축약[9]

　지금까지 하강 복합조를 단음절로 보아야 함을 강조하였다. 그러면 하강 복합조를 독립된 성조소로 인정해야 하는 문제도 남게 된다. 앞서 살펴본 바와 같이 상승 복합조를 두 성조소의 결합인 복합조로 파악하는 것이 성조 기술에 편의를 제공하는 만큼 하강 복합조도 복합조로 파악한다.[50] 상승 복합조와 하강 복합조는 성조 변동에서의 양상이 동일하기 때문이다.

　요컨대 동남 방언은 고조와 저조의 두 성조소가 확인된다고 결론내릴 수 있다. 두 성조소가 병치되면 상승 복합조(L·H)와 하강 복합조(H·L)로 기능

'보이-', '가시-'처럼 접사나 선어말어미가 개재된 경우는 재구조화된다.

48) 일부 방언에서 나타나는 '맘(心, 하강 복합조)+이'의 움라우트형 '메미' 또한 하강 복합조를 두 음절로 설정할 수 없다는 근거로 활용될 수 있다. 김봉국(2004:48-49)에서는 중부 방언 의 움라우트가 된 '맴:(心)'형을 들어 '맘:'이 음운론적으로 이음절의 '매암'이 아니라 일음절 의 '맴:'으로 보았다. 이음절의 '마암'이라면 움라우트 되었을 때, '마앰이'로 실현되어야 한다는 것이다.

49) 서남 방언을 대상으로 한 배주채(1994:102)에서는 이런 음운 과정을 '동모음 축약'으로 파악하였다. 성조 방언이라면 당연히 '동모음 축약에 의한 성조 축약'이라고 해야 할 것이다.

50) 부정부사 '안'의 성조 변동이라든가, 어절 내에서의 성조 변동을 고려할 때 상승 복합조와 하강 복합조를 독립된 성조소로 설정하는 것보다는 복합조로 파악하는 것이 성조 배열 제약이나 규칙을 설명하는 데에도 여러모로 유리하다.

하게 된다. 이는 영동 방언에도 적용되는 것이다. 다만 동북 방언에서는 복합조 설정이 단순치 않은 문제이다. 글쓴이는 동북 방언의 경우 일부 어사를 제외하고 복합조의 고조화 규칙을 제안한다(5장에서 서술된다).

　아래에서는 경북 동해안 방언의 상승 복합조에 대해 구체화하기로 한다. 울진 지역어의 상승 복합조를 고장조를 파악하는 논의가 있다고 했다. 또 동해안 방언을 처음 접할 때 매우 큰 어려움을 겪었다고 했다. 상승 복합조 뒤 저조가 놓이는 환경에서 고장조로 실현되는 빈도가 매우 높기 때문이다. 곡용 어간 단독형만 발화하기를 요구하니 경북의 북부, 서부 방언의 '말(語)', '상(賞)', '가(邊)'와 차이를 전혀 인식할 수 없었다. 대구를 포함한 경북 내륙에서 발화되는 '말(語)'을 저장조로 파악하는 논자도 다수이다. 이들이 동해안에서 단독형을 듣는다면 당연히 저장조로 파악한다. 그처럼 다른 지역 말과 차이가 없다는 뜻이다.

　다음은 음성 수준의 전사이다. 음성적으로 상승을 다소 인식할 수 있기에 R(rising tone)로 표시한다. 어미가 결합한 경우는 고장으로 발화된다.

　　(31) 말[R], 마리[H:L]
　　　　상[R], 상이[H:L]
　　　　가[R], 가가[H:L]

　음절이 확장되면 어김없이 매우 유표적인 음성이 들린다. 그것이 고장조로 인식되는 것이다. 이는 음성적인 것이다. 글쓴이는 이 고장조 H:L을 L·HL의 변이성조로 파악한다. 다음의 청송 지역어, 삼척 지역어, 강릉 지역어, 육진 방언, 창원 지역어에서 '말(語)'과 관련된 어형이 그 근거가 될 수 있다.

　　(32) 청송: 말[R], 마리[L·HL]

삼척: 말[R], 마리[RL~H:L]
강릉: 말[R], 마리[RH~RL~H:L]
육진: 말[H~H:], 마리[HL~H:L]
창원: 말[L~L:], 마리[LH~L:H]

청송 지역어에도 H:L이 나타나지 않는 것은 아니나 대부분 L·HL로 실현
된다. 삼척 지역어는 두 가지 모두가 확인된다. 강릉 지역어는 'RH~RL~
H:L'과 같이 수의성이 높다.51) 육진에서는 마리[H:L]에서는 수의성이 확인
되나 고조 어간 '말(斗)+이 → 마리(HL)'에서는 수의성이 거의 확인되지 않는
다. 창원에서도 마찬가지이다. '사(:)기[L(:)H, 土氣]'에서는 수의성이 확인되
나 '사기(LH, 詐欺)'에서는 수의성이 거의 확인되지 않는다.

이렇게 수의성을 보이는 이유를 그 내적·외적 체계에서 설명해야 하고
특히 내적 체계를 통해 기저성조를 확정할 수 있어야 할 것이다. 이런 점에
서 경북 동해안 방언의 고장조는 음성적인 변이음으로 간주한다.

---

51) 삼척과의 접경을 고려하면 강릉의 [RL], [H:L]은 충분히 이해된다. 다만 동북 방언과 삼척
지역어 사이에 위치해 있는 환경에도 불구하고 경북 방언처럼 [RH]로 발화되는 경우가
많다. 이는 정선, 평창 등에서도 확인된다. 이를 통해 음장 방언과의 연관성으로 파악하고
자 한다. 음장 방언인 양양과 인접해 있는 것도 근거가 될 수 있다. 중부 방언의 '사:기(土
氣)'류는 적어도 경북 화자에게는 [RH]에 대응한다. 적어도 그런 높낮이가 강릉 화자들에
게는 [RH]로 인식되었을 가능성이 충분하다.

3. 성조 기술 방법론

3.1. 기저성조 설정 방법

3.1.1. 어간의 기저성조 설정 방법

음소 층위에서의 기저형 설정과 동일한 방법으로 변동되는 성조를 어떻게 설명하느냐에 따라 성조 층위의 기저형은 결정된다.

어간의 기저성조를 설정하기 전에 우리는 경북 동부 방언에서 실현되는 부정부사 '안'의 성조 변동에 대해 먼저 검토해 보기로 한다. 이를 먼저 검토하는 이유는 성조 변동 내지 기저성조에 쉽게 접근하고자 하는 의도인바 '안'의 성조 변동이 어간과 어미의 결합에서 나타나는 성조 변동과 일치하기 때문이다. 사실 이를 통해서 어간의 기저성조는 물론 어미의 기저성조까지 검토할 수 있다. 여기에서는 어간의 기저형에 초점을 맞추어 논의를 진행한다. (1)은 부정부사 '안'과 후행 성분이 통합하여 하나의 성조군을 이루고 있다.[1]

---

[1] 제시된 자료는 특별한 언급이 없는 한 경북 동부 방언의 영주 지역어 자료를 활용한다. 3장은 임석규(2007), 임석규(2013) 등에서 가져온 것이 많다.

(1) 안뽑꼬(HLL), 안자고(LHL), 안잠는(LHL)
　　cf. 뽑꼬(HH, 選), 자고(HL, 寢), 잠는(LH, 獲)

　(1)에서 '안'의 표면성조는 후행 성분의 성조에 따라 H와 L로 변동된다. 기저성조를 H로 설정하고 다른 변동 성조인 L을 설명하는 방안과 기저성조를 L로 설정하고 다른 변동 성조 H를 설명하는 방안이 있다. 기저성조를 L로 설정하게 되면 '안자고', '안잠는'에서는 기저성조가 그대로 실현된다고 하면 된다. (1)의 첫 번째 어형에 대해서는 기저성조가 그대로 실현되지 않고 H로 변동된다고 설명할 수 있다. 그런데 부사 '안'을 부사 '좀'으로 바꿔 본다면 사정은 달라진다. 부사 '좀'은 항상 저조로 실현되기 때문이다. '좀'은 HH 앞에서 고조로 변동되지 않는다. 곧 '좀뽑꼬'가 HLL로 실현되는 것이 아니라 LHH로 실현되므로 부사 '안'과는 차이를 보인다. 이렇듯 '안'의 기저성조를 저조로 설정할 경우에는 다시 '좀'과의 차이를 밝히기 위해 다른 장치를 두어야 한다. 그러기에 우리는 부사 '안'의 기저성조를 H로 설정하고2) 동남 방언에서 가장 일반적인 저조화 규칙, 두 고조의 통합은 선행 고조가 저조화한다는 규칙으로 설명한다.3) 그러면 'LHL(안자고), LLH(안잠는)'을 도출할 수 있다. '안뽑꼬'의 표면성조 HLL은 후행 성분에 H(봉우리형—LH, HL, LHL 등)가 없기에 '안'의 고조가 그대로 실현되고 후행 성분의 HH는 저조화하는 것이다.

　(2)에서는 부정부사 '안'을 2음절 부사 '너무'로 대치해 보고자 한다.4)

---

2) 사실 고조와 저조가 변동되어 나타나는 어형의 기저성조는 '말(馬)'류의 기저성조와 일치한다. '말'의 기저성조를 '봉우리형 H'로 설정한 것과 같이 '안'의 기저성조 또한 '봉우리형 H'로 설정할 수 있다.
3) 후행 성분에는 HL뿐만 아니라 LH, LLH, LHL, LLLH 등 L이 H에 몇 선행되어도 규칙은 적용된다.
4) '너무'와 통합한 '너무뽑꼬'는 LHLL로 확인된다. 그런데 더러 LLHH도 확인된다. '너무싸고(廉價)'의 경우도 마찬가지이나, LHLL이 보다 일반적인 듯하다.

(2) 너무뽑꼬(LHLL), 너무자고(LLHL), 너무잠는(LLHL)
　　cf. 뽑꼬(HH, 選), 자고(HL, 寢), 잠는(LH, 獲)

(2)에 제시된 예를 통해 '너무'의 기저성조를 LH로 설정하고 가장 일반적인 저조화 규칙으로 '너무자고(LLHL), 너무잠는(LLHL)'을 도출할 수 있다. 'LH(너무)+HL(자고) → LLHL', 'LH(너무)+LH(잠는) → LLLH'와 같은 과정이다. '너무뽑꼬(LHLL)'는 '안뽑꼬(HLL)'와 같이 후행 성분에 봉우리형 고조가 없기에 '너무'의 기저성조 LH가 그대로 실현된다.

우리는 (1), (2)를 통해 선행 성분의 성조가 변동된다는 것을 확인하였고 그 기저성조를 (1)에서는 봉우리형 H, (2)에서는 LH로 설정해 보았다. 이에 선행 성분의 기저성조형을 일반화한다면 바로 '봉우리형 H'로 끝난다는 것을 알 수 있었다. 만일 선행 성분에 성조 변동을 보이는 3음절어가 통합된다면 그 기저성조는 LLH가 될 것이다.

(2)와 같은 성조 실현은 (3)에 제시된 성조군에서도 확인된다. 도출 과정은 (2)에서와 같다.

(3) 나무(LH)#책쌍(HH) → 나무책쌍(LHLL)
　　나무(LH)#상자(HL) → 나무상자(LLHL)
　　나무(LH)#문짝(LH) → 나무문짝(LLLH)

이제는 선행 성분의 성조가 변동되지 않은 경우를 검토해 보자.

(4) 가. 중먹꼬(HHL, 죽(粥)#먹꼬), 중멍는다(HHLL)
　　나. 감먹꼬(L·HHL, 감(柿)#먹꼬), 감멍는다(L·HHLL)
　　다. 낼먹꼬(H·LLL, 내일(名日)#먹꼬), 낼멍는다(H·LLLL)
　　cf. 먹꼬(HL, 食), 멍는다(LHL), 주기(HH), 가미(L·HH), 낼또(H·LL)

(4가)에 제시된 예의 표면성조는 HHL(L)이다. 후행 성분의 성조 HL, LHL에 관계없이 선행 성분의 성조는 변동되지 않고 나타난다. 첫째 음절, 둘째 음절에 모두 고조가 놓인 것을 확인할 수 있는데 성조 배열 HH에서 H는 뜀틀형 H임을 의미한다. 그러므로 어간 선행 성분 '죽'의 성조는 뜀틀형 H로 확정될 수 있다. (4나)에서의 표면성조는 L·HHL(L)이다. (4가)에서와 같이 후행 성분의 성조 HL, LHL에 관계없이 선행 성분의 성조는 변동되지 않고 나타난다. 첫째 음절은 항상 L·H임을 확인할 수 있는데 변동을 보이지 않으므로 자동적으로 기저성조는 결정된다. 따라서 '감'의 기저성조는 L·H가 되는 것이다. (4다)에 제시된 어형의 표면성조는 'H·LL(L)'이다. (4가), (4나)에서와 같이 후행 성분의 성조 HL, LHL에 관계없이 선행 성분의 성조는 변동되지 않고 나타난다. 첫째 음절 H·L이 변동을 보이지 않으므로 우리는 변동을 보이지 않는 그것을 기저성조로 확정할 수 있다. 따라서 '낼'의 기저성조는 H·L이다.

지금까지 논의를 요약하면 (5)와 같다.

(5) A+B의 성조 변동에서
　가. A의 말음절이 고조와 저조로 변동되면 A의 기저성조는 '봉우리형 H'로 끝난다.
　나. A의 표면성조가 변동되지 않으면 그것이 바로 A의 기저성조가 된다.

(5)를 토대로 다른 어간의 기저형을 설정해 보기로 한다. A+B에서 A는 어간, B는 어미가 된다. 편의상 곡용 어간의 경우를 먼저 살펴본다. (6)에 제시된 곡용형의 표면성조를 통해 어간의 기저형을 설정해 보자.

(6) 가. 꽁부팀(LHL), 꽁꺼짐(LHL, 稚)

나. 꽁이(HL), 꽁도(HL)

(6)을 통해서 알 수 있듯이 어간 '꽁'의 성조는 어미에 따라 각각 L과 H로 변동된다. (6가)에서 A의 성조가 변동되어 나타나면 A의 기저성조는 '봉우리형 H'로 끝난다는 것을 확인하였다. '꽁'은 단음절 어간이므로 그 기저성조는 '봉우리형 H'로 설정할 수 있다.5)

(7) 가. 감재부터(LLHL), 감재꺼짐(LLHL, 苦)
    나. 감재가(LHL), 감재도(LHL)

(7)을 통해서 알 수 있듯이 어간 '감재.'의 성조는 어미에 따라 각각 LL과 LH로 변동된다. (5가)에서 A의 성조가 변동되어 나타나면 A의 기저성조는 '봉우리형 H'로 끝난다는 것을 확인하였다. '감재'는 2음절 어간이므로 그 기저성조는 LH로 설정할 수 있다.

(8) 가. 국씨부터(HLLL), 국씨꺼짐(HLLL, 麵)
    나. 국씨가(HLL), 국씨도(HLL)

(8)을 통해서 알 수 있듯이 어간 '국시'의 성조는 어미에 관계없이 HL로만 실현된다. (5나)에서 A의 성조가 변동되지 않고 나타나면 변동되지 않는 그 성조가 바로 기저성조라는 것을 확인하였으므로 '국시'의 기저성조는 HL로 설정될 수 있다.

(9) 적뿌터(HHL), 적꺼정(HHL), 저기(HH), 적또(HH, 煎)
    잔체부터(HHL), 잔체꺼정(HHL), 잔체가(HHL), 잔체도(HHL, 宴)

---

5) 이에 대해서는 2장에서 설명되었다.

첨부터(L·HHL), 첨꺼정(L·HHL), 처미(L·HH), 첨도(L·HH, 初)
가부터(H·LLL), 가꺼정(H·LLL), 가가(H·LL), 가도(H·LL, 厥兒)

(9)에 제시된 어간 '적'과 '잔체', '첨', '가'의 성조는 어미에 관계없이 각각 H, HH, L·H, H·L로만 실현된다. (5나)에서 A의 성조가 변동되지 않고 나타나면 변동되지 않는 그 성조가 바로 기저성조라는 것을 확인하였으므로 어간 '적', '잔체', '첨', '가'의 기저성조는 각각 뜀틀형 H, HH, L·H, H·L로 설정할 수 있다.

이상에서 우리는 어간의 기저성조를 설정하는 방법을 제시하였다. 한 가지 짚고 넘어갈 문제가 있다. 과연 곡용 어간 단독형의 성조는 기저성조가 될 수 있는가 하는 점이다. 이상을 통해 설정한 기저성조는 (10)에, 그 단독형은 (11)에 제시해 본다.

(10) 가. 감재(LH), 국시(HL), 잔체(HH), 첨(L·H), 가(H·L)
      나. 꽁(봉우리형 H), 적(뜀틀형 H)

(11) 가. 감재(LH), 국시(HL), 잔체(HH), 첨(L·H), 가(H·L)
      나. 꽁(?), 적(?)

(10가)와 (11가)는 완전히 일치됨을 알 수 있다. 그러면 어간이 2음절인 경우 단독형의 성조가 바로 기저성조가 될 수 있다고 할 수 있다.[6] 반면 어간이 단음절인 경우는 두 부류로 나뉜다. 복합조인 경우는 단독형이 기저성조가 될 수 있고, 복합조가 아닌 경우는 단독형으로 기저성조를 확인할 수 없다. 왜냐하면 Pike(1948:4)에서 지적된 바와 같이 성조는 상대적인 높이

---

[6] 경상도 서부 방언에서는 3음절 이상인 경우 율동 제약이 관여하기에 단독형의 성조가 그대로 표면성조가 되는 것은 아니다. 5장에서 확인할 수 있는데 동북 방언도 주의할 필요가 있다(LL, LLL 등).

에 의해 결정되는데 (10나), (11나)의 경우가 상대적 인식을 할 수 없는 경우이기 때문이다. 이 경우에는 상대적 높이를 인식하기 위해 반드시 어미와의 통합을 통해 기저성조를 설정해야 할 것이다.

지금까지는 곡용 어간의 기저성조를 설정하는 방법에 대해 서술하였다. 균형을 맞추기 위해 활용 어간의 경우도 검토해 보자. 기저성조를 설정하는 방법이 차이가 없기에 몇 어간만을 대상으로 한다.

(12) 가. 망는(LH), 막떠라(LH, 防)
    나. 막꼬(HL), 마가(HL), 마그먼(HLL)

(12)를 통해서 알 수 있듯이 어간 '막-(防)'의 성조는 어미에 따라 각각 L과 H로 변동된다. (5가)에서 A의 성조가 변동되어 나타나면 A의 기저성조는 고조(봉우리형 H)로 끝난다는 것을 확인하였다. '막-'은 단음절 어간이므로 그 기저성조는 '봉우리형 H'로 설정할 수 있다.

(13) 가. 처방는(LLH), 처박뜨동(LLHL, 覆)
    나. 처박꼬(LHL), 처바가(LHL), 처바그니(LHLL)

(13)을 통해서 알 수 있듯이 어간 '처박-'의 성조는 어미에 따라 각각 LL과 LH로 변동된다. (5가)에서 A의 성조가 변동되어 나타나면 A의 기저성조는 '고조(봉우리형 H)'로 끝난다는 것을 확인하였다. '처박-'은 2음절 어간이므로 그 기저성조는 LH로 설정할 수 있다.

(14) 뽐는(HH), 뽑떠라(HHL), 뽑찌(HH), 뽀바도(HHL, 選)
    지내는(HHL), 지내더라(HHLL), 지내도(HHL, 過, 奉祭)

(14)에 제시된 어간 '뽑'과 '지내-'의 성조는 어미에 관계없이 각각 H, HH로만 실현된다. (5나)에서 A의 성조가 변동되지 않고 나타나면 변동되지 않는 그 성조가 바로 기저성조라는 것을 확인하였으므로 어간 '뽑-', '지내-'의 기저성조는 각각 뜀틀형 H, HH로 설정할 수 있다.

지금까지 어간의 기저성조 설정 방법에 대하여 논의하였다. 그 설정 방법은 두 가지로 요약될 수 있다. 어간과 어미의 통합에서 어간에 해당하는 표면성조가 변동을 보이면 그 어간의 기저성조는 LH형의 H, LH, LLH 등이며, 어간의 표면성조가 변동을 보이지 않으면 그것이 바로 그 어간의 기저성조가 된다.

3.1.2. 어미의 기저성조 설정 방법

어느 방언권이나 곡용 어미의 기저성조는 다음 두 가지만 제대로 확인하면 된다. 어간 '말(馬)'과 곡용 어미가 결합한 어형을 제시한다.[7] 다음은 경북 동부 방언의 영주 지역어 자료이다.

> (1) 가. 마런(HL), 마리(HL), 마리사(HLL), 말또(HL),
> 나. 말처럼(LHL), 말매둥(LHL), 말맨치(LHL) ; 말부터(LHL), 말꺼지
> (LHL), 말보다(LLH·L), 말보다가(LLH·LL), 말매로(LH·LL)
> cf. 육진: 마리(LH), 말텨르(LHL) 말부터(LLH), 말꺼지(LLH)

(1가)처럼 곡용형이 H로 시작하는 경우, 둘째 음절 성조는 L로 실현되기에 어미의 기저성조를 확인할 수 없다. (1나)처럼 L로 시작하는 곡용형이라면 후행 성분인 어미에서 돋들리는 음이 확인되니 이런 환경에서 어미의

---

7) 음운 과정이 다소 복잡해지는 활용형보다는 곡용형이 성조의 이해에 도움이 되기에 곡용형부터 파악하기로 한다.

기저성조를 확인할 수 있다. 첫 음절의 L을 뺀 나머지가 어미의 기저성조이다. 이를 L로 시작하는 성조형으로 일반화할 수 없음은 어미 부분의 성조가 일치하지 않기 때문이다. 어미에 해당하는 음절의 성조는 'HL(처럼)'로 실현되기도 하고 'LH·L(보다)', 'H·LL(매로)'로 실현되기도 한다. 이를 음장으로 말한다면 장음이 어미의 첫 음절에서 실현되느냐 둘째 음절에서 실현되느냐 하는 것이기에 어미 고유의 기저성조를 인정할 수밖에 없다. 다른 어미들도 이와 같은 방식으로 기저성조에 접근하면 된다. 다만 (1나)에서의 '보다(가)'는 방언권별로 기저성조가 다르다. 동북 방언에서는 HL로 실현되는 것이 일반적인 듯하다.[8] 삼척에서는 수의적 경향을 보이며, 동남 방언에서도 방언권별로 HL 또는 LH·L로 차이가 있다. '-부터', '-꺼지'는 동남 방언(영동 방언 포함)과 달리 동북 방언에서는 LH로 실현되는 것이 일반적이다.[9] 육진 방언의 경우, 2음절 이상의 자음 어미로 시작하더라도 '-텨르'와 '-부터/꺼지'가 상이하다. 그러니 어미의 기저성조도 당연히 인정해야 한다.

(1)에 제시된 '말'의 곡용형을 통해 표면성조에서 어간에 해당하는 음절의 성조가 H와 L로 교체되는 것은 성조 배열 제약과 그에 다른 성조 변동 규칙으로 설명된다.

(2) 말(H, 馬)+처럼(HL) → 말처럼(LHL) : 동남 방언
    cf. 말(H, 斗)+텨르(HL) → 말텨르(HLL) : 동북 방언[10]

---

8) 김수현(2015:192)에는 '우리보'다', '내보'다~내보단'(나보다는) 등과 같이 두 가지가 다 보고 되어 있다. 함북 방언에서도 극소수이기는 하나 '보다'가 실현되기는 하였다. 대체로 '보'다'가 우세한 것으로 판단된다.

9) 함남 신흥(백금란 2019)에서는 '-꺼지'를 LH로, 함남 단천(김수현 2015)에서는 HL로 설정되었다. 곽충구(1991/1994)의 100여 년 전 kazan 자료(육진 방언)에서도 HL로 표시되어 있고 2000년 이후 육진 방언의 음성 자료를 대상으로 한 박진혁(2003), 박미혜(2022)에는 LH로 제시되어 있다.

10) 동북 방언에서는 '말(斗)'이 고조이고 '말(馬)'이 저조이기에 부득이 어간을 바꾸어 도출 과정을 제시한 것이다.

앞서 언급한 바와 같이 동남 방언에서는 앞의 고조가 저조로 변동된다. 이 성조 변동 규칙을 적용하여 표면성조 '말처럼(LHL)'을 도출할 수 있으므로 어간 '말(H)'과 어미 '-처럼(HL)'의 기저성조 설정은 문제가 없다. 반면 동북 방언은 두 고조가 연쇄될 경우 뒤의 고조가 저조화한다. 이런 차이로 인해 다음과 같은 성조 차이도 발생한다.

(3) 간지럽/미끄럽+다 → 간지럽따/미끄럽따(LLHL, 경북 방언)
     간지럽/미끄럽+다 → 간지럽다/미끄럽따(LHLL, 동북 방언)

해당 방언을 통시적으로 접근하면 접사 '-업'의 성조는 H인데, 어근 '간질', '미끌'은 LH이다. 'LH+H'에서 경북 방언은 앞의 고조가 저조로 변동하니 '간지럽-(LLH)'으로, 동북 방언은 뒤의 고조가 저조로 변동하니 '간지럽-(LHL)'으로 실현되는 것이다.[11]

곡용에서와 마찬가지로 어느 방언권이나 활용 어미의 기저성조도 다음 두 가지만 확인하면 된다. 먼저 어간 '잡(捉)'과 활용 어미가 결합한 어형을 제시한다. 다음은 동남 방언 자료이다.

(4) 가. 잡꼬(HL), 잡쩨(HL), 잡께(HL)[12], 잡노(HL), 자바도(HLL), 자밭
         따(HLL), 자부먼(HLL), 자부이(HLL), 자부신다(HLLL)
     나. 잡떠라(LHL), 잡껜노(LHL), 잡꺼라(LHL), 잡찌(LH, 잡찌마고
         LLL·HL),[13] 잡턴(LH), 잠는(LH), 잡는대이(LHLL), 잡껜니더
         (LLHL)

---

11) 이러한 복합어 유형에서 accent shift rule 및 see-saw rule을 적용해서는 안 된다.
12) 어미 '-게'는 '하게체'의 종결 어미이다. '-게 하다(사동문)'의 어미 '-게'는 이 지역어에서 '-기'로 나타난다. 통시적인 변화 'E>i' 과정을 거친 것이다. '하게체'의 어미나 사동문 형성 어미는 어간과의 통합 시 성조 패턴이 동일하다.
13) '잡찌마고(HLLL)'도 확인되나 매우 제한적이다.

(4가)처럼 활용형이 H로 시작하는 경우, 둘째 음절 성조는 L로 실현되기에 어미의 기저성조를 확인할 수 없다. (4나)처럼 L로 시작하는 활용형이라면 후행 성분인 어미에서 돋들리는 음이 확인되니 이런 환경에서 어미의 기저성조를 확인할 수 있다. 첫 음절의 L을 뺀 나머지가 어미의 기저성조이다. 이를 L로 시작하는 2음절 이상의 자음 어미와 통합하는 경우 어간의 성조가 L로 변동된다고 하는 것이 일반적이었다. 그런데 '잡떤(LH)', '잠는(LH)'과 같이 일부 어미가 단음절임에도 어간의 성조는 저조로 실현되기 때문이다. 정연찬(1977)에서처럼 관형사형 어미가 특이하다고 하기는 부담스럽다. (4나)에 마지막에 제시된 '잡껜니더(LLHL)'를 통해서도 어미의 기저성조가 인정되어야 함을 알 수 있다.[14] 여타의 2음절 이상의 자음 어미는 어미 첫 음절이 고조이지만 '잡껜니더(LLHL)'는 그렇지 않기 때문이다. 이에 '-겠니더'는 LHL로 설정되어야 한다. 또한 곡용 어미의 경우 'HL(-처럼)'로 실현되기도 하고 'LH·L(-보다)', 'H·LL(-매로)'로 실현되는 것을 상기한다면 활용 어미도 그 고유한 기저성조를 갖는 것으로 이해해야 한다. 다른 어미들도 이와 같은 방식으로 기저성조에 접근하면 된다.

(4)에 제시된 '잡-'의 활용형을 통해 표면성조에서 어간에 해당하는 음절의 성조가 H와 L로 교체되는 것은 다음과 같은 규칙으로 설명된다.

(5) 잡(H, 捉)+더라(HL) → 잡떠라(LHL) : 동남 방언
  cf. 뽑(H, 選)+더라(HL) → 뽑떠라(HLL) : 동북 방언[15]

---

14) '-겠니더'는 '잡껜노'와 '잠니더'를 고려하면 어미가 복합된 것이다. 표준어에 기대 수의적으로 확인되는 '잡씀미다(LLHL)'는 어미의 둘째 음절에 고조가 실려 있다. 이 또한 어미의 기저성조를 인정해야 하는 근거 자료이다. 형태음소표기인 '-겠니더(LHL)'와 달리 '-슴미다(LHL)'는 복합 어미가 아니기에 음소적 표기를 한 것이다. 이에 따르면 '잡껜씀미다(LLLHL)의 형태음소표기는 '잡겠씀미다(LLLHL)'이다. 동남 방언의 성조와 달리 삼척에서는 '잡슴니다(LHLL)', '잡겠슴니다(LHLLL)'로 실현된다.

15) 동북 방언에서는 '뽑-'이 고조이고 '잡-'이 저조이기에 부득이 어간을 바꾸어 도출 과정을 제시한다.

(5)는 동남 방언 자료이다. 이 경우 앞의 고조가 저조로 변동된다. 성조
변동 규칙을 통해 표면성조 '잡떠라(LHL)'를 도출할 수 있으므로 어간과 어
미의 기저성조 설정은 문제가 없다. 동북 방언에는 뒤의 고조가 저조로 변
동되는 규칙이 존재하므로 '뽑더라(HLL)'로 실현되는 것이다.

이상의 논의를 여러 어미에 적용해 보자.

(6) 말(馬)
  가. 말또(HL), 마런(HL), 마럴(HL), 마리(HL), 마리사(HLL), 마레
      (HL)
  나. 말한테(LHL), 말꺼짐(LHL), 말매치(LHL), 말매둥(LHL), 말처럼
      (LHL), 말버터(LHL), 말매로(LH·LL), 말보담도(LLH·LL), 말하고
      (LHL)

(7) 막-(防)
  가. 막께(HL), 막노(HL), 막쩨(HL), 막꼬(HL), 마가도(HLL), 마갇따
      (HLL), 마그먼(HLL), 마그이깨내(HLLLL), 마그신다(HLLL), 마
      글라이껴(HLLLL)
  나. 망는대이(LHLL), 막뜬동(LHL), 막끄래이(LHLL), 막씨더(LHL),
      망니더(LHL), 막끼다(LHL), 망니껴(LHL)

(6)을 통해 우리는 (6나)는 어간이 저조로 변동된 경우이고, (6가)는 어간
이 변동되지 않고 나타나는 경우라는 것을 알 수 있다. 활용 패러다임 (7가)
와 (7나)도 마찬가지이다. 위에서 살펴본 바와 같이 어간이 L로 변동된 경우
는 어간에 해당하는 곡용형, 활용형의 첫 음절을 제외한 나머지 부분의 성
조가 그대로 어미의 기저성조가 된다. 그래서 (6나), (7나)에 제시된 어미
'-한테, -꺼짐, -매치, -매로'의 기저성조는 'HL, HL, HL, H·LL'로 설정되고
'-는대이, -든동'의 기저성조는 'HLL, HL'으로 설정된다. 반면, (6가), (7가)
에서처럼 어간이 고조로 실현된 경우, 어간에 후행하는 어미의 기저성조에

는 모두 '뜀틀형 H(HH, HHL 등)'가 존재해야 한다. '뜀틀형 H'가 존재하는 성조형은 '뜀틀형 H'로 시작하는 것이 일반적이므로 곡용 어미 '-이사', 활용 어미 '-을라이껴'는 각각 HH, HHLL을 기저성조로 확정할 수 있다.[16]

3.2. 성조 배열 제약과 성조 변동 규칙

언어학자의 기술과 화자의 언어 능력이 별개의 영역에 머물러 있어서는 곤란하다. 화자의 언어 능력에 보다 접근해 보는 연구 방법론이 중요한 시점이다. 글쓴이는 가능한 한 분절 음운론과 성조론의 설명 방식을 대응시키려 한다. '기저형과 기저성조의 대응', '표면형과 표면성조의 대응'은 1장에서 이미 언급하였다. 이형태의 개념도 이성조에 대응시킬 수 있다.[17]

(1) 짐만, 집또, 지베(家)

(1)에서 확인할 수 있는 어간의 이형태는 '짐', '집' 두 가지이다. 주지하듯이 어느 하나의 이형태를 가지고 다른 이형태를 설명할 수 있다면 그 이형태가 바로 기저형이 되는 것이다. 이를 성조론에 적용시켜 보자.

(2) 가. 버리마(LHL), 버리도(LHL), 버리릴(LHL)
　　 나. 버리꺼정(LLHL), 버리매로(LLH·LL), 버리보담도(LLLH·LL)[18]

---

16) 경북 동부 방언에서는 한 성조군 또는 2음절 이상 어형의 기저형은 L만으로는 구성될 수 없음을 고려한 것이다('좀', '더' 등은 기저성조가 L인데 이는 단음절 부사이다).

17) 임석규(2008)은 '가-(往)'류의 기저성조 — 상승 복합조, 고정적 고조, 가변적 고조 — 를 설정하는 과정에서 '이성조'를 언급하였다. '가-'류의 기저성조는 김완진(1976)에서의 후의적 성조형과 그대로 대응된다. 그중 현대국어 관점에서 도저히 설명할 수 없는 가라(L·HH), 갈래(L·HH), 가마(L·HH)와 같은 상승 복합조의 실현은 중세 국어의 의도법 선어말 어미의 화석이라고 주장하였다.

(2가)에서는 어간 '버리'까지의 표면성조가 항상 LH로 나타나며 (2나)에
서는 항상 LL로 나타난다. 즉 LL과 LH가 이성조(異聲調) 관계에 있다는 것
이다. 두 이성조 중 어느 하나를 가지고 다른 이성조를 설명할 수 있다면
그 이성조가 바로 기저성조가 되는 것이다. 이 절에서는 이런 대응에 기초
하여 '음소 배열 제약과 성조 배열 제약의 대응', '음소 변동 규칙과 성조
변동 규칙의 대응'에 대해 살펴볼 것이다. 성조론을 음소론과 대응시키려는
목적은 성조론에 보다 쉽게 접근하기 위함이다.

3.2.1. 음소 배열 제약과 성조 배열 제약

우리는 (1)과 같은 음소 배열 제약을 잘 알고 있다. 국어에서 확인되는
대표적인 음소 배열 제약이다.

 (1) 가. 비음 앞에는 파열음이 놓일 수 없다.
   나. ㄹ-ㄴ은 나란히 놓일 수 없다.

(1)에서 제시된 제약으로 인해 각각 (2), (3)에 제시된 몇몇 규칙이 파생되
는 것이다.

 (2) 가. 입+는 → 임는(着)
   나. 믿+는 → 민는(信)
   다. 먹+는 → 멍는(食)

 (3) 가. 들+는 → 드는(擧)

---

18) 임석규(1999)에 제시된 '버리매애로(LLHLL)', '버리보다암도(LLLHLL)'는 임석규(2003)
  이후 '버리매로(LLH·LL)', '버리보담도(LLLH·LL)'로 제시된다. 하강 복합조를 한 음절로
  파악하는 근거는 2장을 참고할 수 있다.

　　나. 잃+는 → 일는 → 일른(失)

　(2)에서는 비음화 규칙을, (3)에서는 ㄹ 탈락 규칙이나 자음군단순화 과정 이후 유음화 규칙을 확인할 수 있다.

　이처럼 제약에 의해 파생되는 규칙 또한 성조론에 적극적으로 도입할 수 있다. 국어에서 확인되는 대표적인 성조 배열 제약으로는 다음을 들 수 있다.

　　(4) 한 성조군에는 고조가 둘이 놓일 수 없다.

　여기에서의 고조는 '봉우리형 고조(LH, LHL, LLHL, LLHLL 등)'이다. '버리'의 표면성조는 후행 성분에 따라 'LHL(버리가)', 'LLHL(버리망쿰)'과 같이 LL로도 LH로도 나타난다. 둘째 음절이 가변적인바, 후행 성분의 환경에 따라 앞 성분의 성조가 L과 H로 변동되는 유형이다. 관련된 성조 변동을 아래에서도 확인할 수 있다.

　　(5) 가. H꽃+HL부텀 → LHL
　　　　나. LH개꽃+HL하고 → LLHL

　+ 경계 양쪽 두 음절은 (5가), (5나) 모두 고조로 제시되어 있다. (5가)는 첫 음절과 둘째 음절이 고조이고 (5나)는 둘째 음절과 셋째 음절이 고조이다. 이 경우 (4)에 제시된 성조 배열 제약에 의해 하나의 고조는 저조로 변동되어야 한다. 앞의 H가 L로 변동되는 것이 일반적이다.

　이로써 음소 배열 제약을 통해 음소 변동을 예측할 수 있고 성조 배열 제약을 통해 성조 변동을 예측할 수 있음을 확인하였다.

　성조 배열 제약은 '봉우리형(HL, LH, LLH)'에 관련된 제약과 뜀틀형(HH,

HHL 등)에 관련된 제약, 상승 복합조에 관련된 제약, 하강 복합조에 관련된 제약 네 가지가 확인된다.

경북 방언에서 확인되는 성조 배열 제약은 (6)과 같이 나타낼 수 있다. 경북 방언의 경우 상승 복합조(저고복합조) 관련 제약이 다른 방언권과 다르다. 경북 동해안 방언과 삼척 지역어는 상승 복합조 뒤에 저조만이 올 수 있고 그 외 경북 지역은 상승 복합조 뒤에 고조가 따른다. 경북 방언의 상승 복합조는 경남 방언에서는 저조로 실현되는데 그 저조 다음에는 고조가 놓인다.[19]

(6) 성조 배열 제약
   ① 봉우리형 H 관련(HL, LH 등) 제약: 전 방언권 공통
      특정 음절의 성조가 H인 경우 나머지 음절의 성조는 무조건 L이어야 한다.
      예) 자바도(잡아도, HLL), 깜중예고(간추리고 整, LHLL)
   ② 뜀틀형 H 관련(HH, HHL 등) 제약: 동남 방언에만 존재
      어느 두 음절의 성조가 HH인 경우, 나머지 음절의 성조는 무조건 L이어야 한다.
      예) 어쩨다가(어쩌다가, HHLL), 가바써도(가봤어도, LHHL)
   ③ 상승 복합조(저고복합조)에 관련 제약
      – 경북 동해안 방언 외 경북 방언: 특정 음절의 성조가 L·H인 경우 다음 음절의 성조는 H이며 나머지 음절의 성조는 L이어야 한다.
      예) 안찌마는(안지마는, L·HHLL), 떠도고도(徨, LL·HHL)
      – 경북 동해안과 삼척: 특정 음절의 성조가 L·H인 경우 그 외 음절의 성조는 L이어야 한다.

---

19) 앞서 언급한 바와 같이, 경북 동부 방언은 다른 하위 방언권과 대비해 볼 때, 성조 측면에서 경북 서부 방언 혹은 경북 동해안 방언에 비해 특이한 규칙이나 제약이 보이지 않는다. 곧 경북 동부 방언은 다른 두 지역어에 비해 경북 방언의 일반적인 제약이나 규칙을 가졌다는 것이다. 하위 방언권에 따라서도 성조에 관한 제약이 조금씩 달라진다. 그 제약이 바로 방언 구획의 중요한 기준이 될 것은 자명하다.

예) 안찌마는(L·HLLL), 떠도고도(LL·HLL)
④ 하강 복합조(고저복합조)에 관련 제약(전 방언권 공통)
    특정 음절의 성조가 H·L인 경우 나머지 음절의 성조는 L이어야
    한다.
    예) 싸다가도(썰다가도 斷, H·LLLL), 바까도(바꾸어도, LH·LL)

여기서 경북 동해안 방언의 성조 특이성에 대해 언급하고 다음 절로 넘어
가고자 한다. 그 특이성은 성조 배열이 L·HH가 아니라 L·HL인 것으로 요
약된다. 사실 성조 배열 L·HL과 H·LL은 합류되어 의미 변별 기능을 잃어버
린 경우가 많다. 단독형인 경우 고저복합조(H·L) '가(그 아이)' '아(童)', '쌈(戰)'
등과 저고복합조(L·H) '가(邊)' '덜(少)', '다(諸)' 등이 명확히 구분되지만 복합
조에 한 음절이 덧붙는 '가ˇ가(그#아이가)/가ˇ가(邊+이)'와 '새ˆ가(間)/새ˇ가(鳥)'
에서는 그 대립이 확연하지 않다. 다음과 같은 단독형에서의 표면성조는
차이를 보이기도 한다. 이는 경북 방언에서는 일반적인 성조 실현이다.

(7) 가. 자ˇ(L·H 저#아이), 야ˇ(L·H 이#아이)
    나. 가ˆ(H·L 그#아이)

그런데 이들에 주격의 '가'가 통합될 때에는 성조 차이를 가늠하기 어려
운 경우도 많다.

(8) 가. 자ˆ가(H·LL), 야ˆ가(H·LL)
    나. 가ˆ가(H·LL)

한편 원래 저고복합조를 가진 어형이 '이'항년(2학년)', '오'개반(5개 반)', '사'
월(4월)', '영'구(硏究)'처럼 고조로 실현되기도 하는데, 동북 방언에서의 성조
실현과 동일하다.[20] 이 또한 L·HL과 H·LL 두 복합조의 합류와 무관하지

않을 듯하다. 합류된 두 복합조의 음성형이 오히려 H·LL에 가까워진 것이 H·LL과 HL의 수의적 실현으로 나타난다. 사실 고조와 고저복합조의 변별은 곡용에서 흔하지 않기 때문에 고저복합조를 고조로 발화해도 큰 문제는 없게 된다. 성조 배열 제약과 관련해 임석규(2013)의 설명 방식을 간결하게 제시한다. 아래의 도출 과정에서 어떠한 제약과 규칙이 적용되었는지 파악해 보자.

(9) 잃+는   →   일는   →   일른(失)
　　　종성 제약에 의한 자음군단순화　　ㄹ-ㄴ 연쇄 제약에 의한 유음화

첫 번째 과정에는 종성제약에 의해 자음군단순화 규칙이 적용되고 두 번째 음운 과정에는 ㄹ-ㄴ 연쇄 제약에 의해 유음화 규칙이 적용된다. 바로 2가지 제약과 2가지 규칙이 관여한 것이다. 아래에서도 2가지 제약과 그에 따른 규칙이 관여한다.

(10) 이번(LH, 今番)#집(H, 家) → 이번집(LLH) → 이번집(LHL)
　　　　성조 배열 제약에 따른 저조화　　율동 제약에 따른 변동 규칙(고조화/저조화)

경북 서부 지역 방언의 규칙으로 설명해 보자. '이번'과 '집'의 기저성조는 각각 LH, H이다.[21] 관련된 성조 배열 제약은 바로 한 성조군에 H가 하나만 놓일 수 있다는 것이다. 이때 적용되는 규칙이 '앞(H)+집(H) → 압찝(LH)'과 같이 선행 성분의 H가 저조로 변동하는 저조화이다. '이번집'의 경우 LH와 H의 결합이므로 LLH로 나타나게 된다. 바로 기저성조끼리의 통합으로 표

---

20) 경북 서부 방언에서 '자피'-(被獲)'와 '자피ᵔ-'가 공존하는 것은 율동 제약 때문이다. 끝에서 둘째 음절에 고조가 놓이는 제약이 일반적이고 수의적으로 하강조도 실현된다.
21) '이번'과 같은 2음절 어형인 경우에는 단독형의 성조가 그대로 기저성조가 되는 것이다. '집'의 H는 '봉우리형 고조'이다.

면성조가 도출된 것이다. 보통의 음운 과정이라면 이것이 최종 도출형이다. 그런데 L로 시작하는 것이 문제이다. L로 시작하는 경우 바로 율동 제약이 관여하게 된다. 이 율동 제약은 바로 끝에서 둘째 음절에만 H를 배당하는 것이다. 그래서 표면형은 LHL로 실현되는 것이다.

3.2.2. 음운 변동 규칙과 성조 변동 규칙

ㄹ-ㄴ은 나란히 올 수 없다는 제약으로 인해 우리는 두 가지 규칙을 상정할 수 있다고 하였다. 하나는 유음 탈락 규칙이고 다른 하나는 유음화 규칙이다. 마찬가지로 두 고조는 나란히 놓일 수 없다는 제약으로 인해 다음과 같은 규칙을 생각해 볼 수 있다.

    (1) H(꽃)+HL(맨치) → LHL

H와 HL의 통합 즉 두 고조의 연쇄인 경우, 동남 방언처럼 앞의 고조가 저조로 바뀔 수도 있고 동북 방언처럼 뒤의 고조가 저조로 바뀔 수도 있다.

공시적인 음운 과정을 대치(교체), 첨가, 탈락, 축약 네 부류로 나누듯이 성조론 또한 그와 같은 관점으로 접근한다는 것이다. 그러면 (1)에 제시된 규칙은 교체에 해당하는 저조화 규칙인 셈이다.[22]

이로써 제약에 의해 파생되는 성조 변동 규칙을 확인할 수 있었다. 이는 분절 음운론의 방식을 그대로 가져와서 성조론에 적용했다는 점에서 의의를 지닌다.

음소 변동 규칙이 음소 배열 제약을 어기는 음소 배열에 적용되는 것과 마찬가지로 성조 변동 규칙 또한 성조 배열 제약을 어기는 성조 배열에

---

22) 임석규(2007)에서는 성조 변동 규칙을 교체, 탈락, 축약으로 나누었다. 첨가 규칙은 없다.

적용된다. 곧 성조 변동 규칙은 성조 배열 제약을 어기는 성조소 연쇄에 적용되는 것으로 파악할 수 있다. 그러므로 성조 변동을 검토하기 위해서는 우선적으로 성조 배열 제약을 검토해 보는 것이 중요하다.

3.2.2.1. 교체

① <u>고조화</u>

고조화는 'HH(뜀틀형 H)' 관련 제약에 의한 것과 저고복합조 L·H 관련 제약에 의한 것이 있다. 먼저 HH 관련 제약에 의한 고조화를 검토해 보자.

어간 말음절의 성조가 'H(뜀틀형)', 또는 L·H로 끝나는 경우 어떤 어미와 통합하더라도 어미 첫 음절의 성조는 고조로 변동된다. 이는 경북 서부 방언과 경북 동부 방언에 적용될 수 있고, 경북 동해안 방언의 경우에는 어간이 'H(뜀틀형)'로 끝나는 경우로 한정된다. 앞서 성조 배열 제약에서 언급한 대로 경북 동해안 방언은 저고복합조 뒤에는 저조만이 올 수 있기 때문이다. 이러한 경북 동해안 방언의 저조화 규칙은 해당 자료에 간단히 명기하기로 한다. (2)는 어간 말음절의 성조가 'H(뜀틀형, HH류)'인 경우이며, (3)은 어간 말음절의 성조가 L·H인 경우이다.

(2) 가. 뽑(뜀틀형 H)+겠니더(LHL) → 뽑껜니더(選, HHLL)
  cf. 먹(봉우리형 H: HL, LHL류)+겠니더(LHL) → 먹껜니더(食, LLHL)

나. 물(뜀틀형 H)+보다(LH·L) → 물보다(水, HHL)
  cf. 배(봉우리형 H)+보다(LH·L) → 배보다(梨, LLH·L)

(3) 가. 담(L·H)+겠니더(LHL)→ 담껜니더(畓, L·HHLL)

나. 굴(L·H)+보다(LH·L) → 굴보다(窟, L·HHL)

(2가), (3가)에서는 활용에서의 고조화 과정을, (2나), (3나)에서는 곡용에
서의 고조화 과정을 확인할 수 있다. (2)에 제시된 어간 '뽑-', '물'의 기저성
조는 'H(뜀틀형)'이다. 어간의 성조가 'H(뜀틀형)'로 끝나기 때문에 어미 첫 음
절의 성조 H로 변동되었음을 알 수 있다. (3)에 제시된 어간 '담-', '굴'의
기저성조는 L·H이다. 어간의 성조가 L·H로 끝나기 때문에 어미 첫 음절의
성조가 제 성조로 실현되지 못함을 알 수 있다.[23)]

단어 경계에서의 변동을 살펴보자.

    (4) 이#대지(H·LL 豬) → 이대지(HHL), 저#대지 → 저대지(HHL), 그#대
        지 → 그대지(LH·LL)
        이#배차(L·HH 白菜) → HHL, 저#배차 → HHL, 그#배차 → HLL
        이#가지(HH 枝) → HHL, 저#가지 → HHL, 그#가지 → HLL
        이#가지(LH 茄) → HHL, 저#가지 → HHL, 그#가지 → LLH
        이#사과(HL 沙果) → HHL, 저#사과 → HHL, 그#사과 → LHL

관형사 '이', '저', '그'의 기저성조 '뜀틀형 H', '뜀틀형 H', '봉우리형 H'에
후행 성분 'H·LL(대지)', 'L·HH(배차)', 'HH(가지 枝)', 'LH(가지 茄)', 'HL(사과 沙
果)'가 통합하여 (4)에 제시된 표면성조를 도출할 수 있다. 고조화는 관형사
'그'를 제외한 '이', '저'와의 통합에서 확인된다.[24)] 곡용 어간의 첫 음절 성조

---

23) 제 성조로 실현되려면 그 앞 음절이 모두 저조로 실현되어야 하기 때문이다.
24) 관형사 '그'와의 통합은 저조화의 예이므로 다음 절에서 구체화되는데 그 대강을 제시하기
    로 한다. 관형사 '그'와의 통합에서는 두 가지의 저조화가 확인된다. 저조화 규칙 ①, 저조
    화 규칙 ②가 확인되는데, 저조화 규칙 ①은 선행 성분의 '봉우리형 H'가 저조화되는 것이
    고 저조화 규칙 ②는 후행 성분의 '봉우리형 H'가 저조화되는 것이다. 전자는 후행 성분에
    '봉우리형 H'나 H·L이 놓이면 선행 성분의 '봉우리형 H'가 저조로 바뀌는 것인데 '감재',
    '대지'의 기저성조에는 각각 '봉우리형 H'과 H·L이 존재하므로 관형사 '그'가 저조로 변동
    되어 있다. 반면 후자는 후행 성분에 '봉우리형 H'나 H·L이 존재하지 않아 선행 성분의
    '봉우리형 H'가 그대로 고조로 실현되는 것인바, '배차'의 기저성조 L·HH에는 '봉우리형
    H'나 H·L이 존재하지 않기 때문에 관형사 '그'가 고조로 실현될 수 있다.

가 저고복합조, 고저복합조, 저조인 경우 지시관형사 '이', '저'와 통합할 때 어간의 첫 음절은 모두 H로 변동된 것을 확인할 수 있다.25) 어간의 첫 음절이 고조인 'HH(가지 枝)', 'HL(사과 沙果)'와 통합하는 경우는 고조화 규칙의 공허한 적용으로 이해할 수 있다.

이상의 고조화 규칙은 'H 또는 L·H 복합조 뒤 음절의 임의의 성조는 H로 변동된다'로 일반화할 수 있다.

여기에 다음의 '나가-'류를 포함하면 다음과 같이 일반화된다.

　　(5) 가. 나가도(LHH), 나가서(LHH), 드와도(LHH), 드와서(LHH)
　　　　나. 나갈리(LL·HH), 나갈라꼬(LL·HHL), 드올리(LL·HH), 드올라꼬
　　　　　　(LL·HHL)

선행 성분이 'H(뜀틀형)' 또는 L·H로 끝나는 경우 후행 성분의 첫 음절 성조는 H로 변동되고, 그다음 음절이 있다면 그것은 모두 L로 변동된다.

일반적으로 경북 동해안 방언을 제외하면 동남 방언은 두 규칙이 모두 존재하는 반면26) 경북 동해안 방언에서는 '뜀틀형 H' 관련 규칙만 존재한다. 경북 동해안 방언이나 삼척 지역어에서는 저고복합조 다음에 저조가 놓이기 때문에 고조화 규칙이 아님을 알 수 있다. 경북 서부 방언이나 경남 서부 방언에는 위와 같은 표면형이 저조로 시작하는 어사이기 때문에 율동 규칙의 적용을 받아 LHL, LLHL(경북 서부), LHL, LHHL(경남 서부) 등으로 나타난다.

경북 서부 방언과 경북 동부 방언의 경우, 이론적으로 '뜀틀형 H', L·H

---

25) 김차균(1977/1980), 이문규(1997), 김주원(2000)을 포함한 각 연구자의 논저에서는 이를 중화로 파악하기도 한다. 이는 분절 음운론에서의 '꽃 → 꼳'을 중화로 보느냐 대치(음절말 평파열음화)로 보느냐 궤를 같이한다. 특정 음소가 ㄷ으로 대치된 것이듯 특정 성조가 고조로 대치된 것뿐이다. 적어도 프라그 학파의 중화와는 차원이 다르다.
26) 경북 서부 방언은 L로 시작하는 3음절 이상일 경우 표면성조가 달라진다.

관련 규칙의 개별적인 예는 (6)과 같이 나타낼 수 있다. 편의상 일부만을 제시하기로 한다. 경북 동해안 방언의 경우는 '뜀틀형 H' 관련 규칙은 나머지 방언권과 동일하고 L·H와 관련된 규칙만 표면형이 L·HL로 달라진다. 다음은 임의의 성조형이 결합한 경우이다.

(6) H로 끝나는 경우는 '뜀틀형 H(HH형을 만드는 H)'이다.
LH+LHL → LHHLL / LL·H+LHL → LL·HHLL
LH+HHL → LHHLL / LL·H+HHL → LL·HHLL
LH+L·HHL → LHHLL / LL·H+L·HLL → LL·HHLL
LH+H·LL → LHHL / LL·H+H·LLL → LL·HHLL
LH+LH·LL → LHHLL / LL·H+LH·LL → LL·HHLL

위의 경우를 잘 관찰해 보면 후행 성분의 성조는 두 성분이 통합된 표면형의 성조에 영향을 끼치지 않음을 알 수 있다. 곧 고조화 규칙에서 중요한 것은 후행 성분의 성조가 아니라 선행 성분의 성조가 '뜀틀형 H', 또는 L·H로 끝나는 경우이다.

② 저조화

저조화는 저조가 아닌 성조 즉 'H(봉우리형/뜀틀형)', L·H, H·L가 저조로 변동하는 규칙이다. 저조화 규칙은 고조화 규칙에 비해 다양한 양상을 보인다. 저조화 규칙을 체계적으로 알아보기 위해 선행 성분의 말음절이 'H(봉우리형, LHL, LH, HL 등)'이냐 아니냐에 따라 구분해서 논의를 진행하기로 한다.

선행 성분이 '봉우리형 H'로 끝나는 경우

다음 자료는 경북 방언에서 확인된다. 경북 서부 방언은 두 지역어와는 다른 특별한 율동 제약 ― 저조로 시작하는 경우에 한해 ― 이 존재하므로 이와 관련된 저조화 규칙은 후술하기로 한다. 이하 특별한 언급 없이 제시되는 자료는 경북 동부 방언과 경북 동해안 방언에서 확인된다.

(7) 여기에서의 H는 모두 봉우리형 H(LHL, LLH 등)이다.
　　가. 먹(H)+던(H) → 먹떤(LH)
　　나. 자꼬(LH)+먹떤(LH) → 자꼬먹떤(LLLH)

(8) 가. H+H → LH
　　나. LH+LH → LLLH

(7)에 제시된 과정 각각을 성조 층위만 고려한다면 (8)과 같이 나타낼 수 있다. 공통점은 선행 성분이든 후행 성분이든 모두 말음절에 'H(봉우리형)'가 놓여 있다는 것이다.

그러나 이 저조화 규칙을 제대로 파악하기 위해서는 다음 몇 자료를 더 검토해 보아야 한다. 아래의 자료는 하나의 성조군을 이룬 경우이다.

(9) 가. 자꼬(LH)+바꾸튼동(LLHL) → 자꼬바꾸튼동(LLLLHL)
　　　자꼬(LH)+바꾸터라도(LLHLL) → 자꼬바꾸터라도(LLLLHLL)
　　나. LH+LLHL → LLLLHL
　　　LH+LLHLL → LLLLHLL

(9가)에 제시된 과정 각각은 (9나)와 같이 나타낼 수 있다. (8)과 차이를 보이는 것은 후행 성분의 성조 H 뒤 음절에도 L이 놓여 있다는 것이다. 후행 성분의 H 뒤에 저조가 놓이더라도 결국 선행 성분의 H가 저조로 변동되었음을 알 수 있다. 선행 성분이든 후행 성분이든 고조 앞에 저조가 이론상 열이 놓이더라도 성조 변동 규칙은 동일하게 적용된다. 곧 그것이 하나의 성조군을 형성한다면 고조에 선행하는 저조의 수와는 관계가 없다는 것

이다. 마찬가지로 후행 성분의 고조 뒤에 놓이는 저조의 수와도 무관함을 알 수 있다. 단 선행 성분은 항상 고조로 끝나야 한다.

이론적으로는 하나의 성조군으로 발화된다면 다음과 같은 경우도 가능하다.

> (10) LLLLLLLLLH+LLLLLLLLLH → LLLLLLLLLLLLLLLLLLH
>   LLLLLLLLLH+LLLLHLLLLL → LLLLLLLLLLLLLLLHLLLLL

이상의 자료를 일반화하면 다음과 같다.

> (11) 저조화 규칙 ①: 선행 성분 H의 저조화 선행 성분의 성조가 봉우리형 H로 끝나고, 후행 성분에 봉우리형 H가 존재하기만 하면 선행 성분의 H는 L로 변동된다.[27]

앞서 언급한 바와 같이 이 저조화 규칙은 동남 방언, 영동 방언에서도 가장 일반화된 규칙인데 형태소 경계, 단어 경계는 물론 복합어 형성에까지 관여하는 순수음운론적 규칙이다. 전후 성분이 형태소든 단어든 어절이든 하나의 성조군을 형성한다면 저조화 규칙은 예외 없이 적용된다.

이상에서 '봉우리형 H'와 관련된 저조화 규칙을 검토하였다. (12가), (13가)는 위에 제시한 저조화 규칙 ①의 일면을 잘 보여 준다. 규칙을 여러 자료에 적용해 보면서 저조화 규칙 ①의 환경을 보완해 가도록 하자. 설명을 위해 어미의 기저성조를 다시 제시한다.[28]

---

27) 경북 서부 방언의 경우는 저조로 시작하는 경우에 한해 저조화 규칙 ①이 적용된 후 다시 율동 제약으로 인해 끝에서 두 번째 음절(penultimate position)에 고조가 놓이게 된다. 이를 율동 제약에 의한 성조 변동 규칙이라 명명한다.

28) 어미에도 기저성조를 부여함에 따라 그간의 연구에서 제기된 '자음으로 시작하는 2음절 이상의 어미' 앞에서의 'H→L' 또는 'L→H' 규칙은 의미를 갖지 못하게 되었다. 다른 하위 방언도 역시 어미의 기저성조를 설정할 수 있을 듯하며 그 활용형의 패턴이 삼척

(12) 막-(防)
    가. 망는대이(LHLL), 막뜬동(LHL)
    나. 막쩨(HL), 막꼬(HL), 마가도(HLL), 마그먼(HLL), 마글라이껴
        (HLLLL)

(13) 말(馬)
    가. 말버터(LHL), 말꺼짐(LHL), 말매로(LH·LL), 말보담도(LLH·LL)
    나. 말또(HL), 마리(HL), 마리사(HLL), 말치고는(HLLL)

(14) 가. -는대이(HLL), -든동(HL), ― (H=봉우리형 H)
    나. -쩨(H), 고(H), -아도(HH)[29], -으먼(HH), -을라이껴(HHLL) ―
        (H=뜀틀형 H)

(15) 가. -버터(HL), -꺼짐(HL), -매로(H·LL), -보담도(LH·LL)~-보다(LH·L)
        (H=봉우리형 H)
    나. -도(H), -이/가(H), -이사(HH), -치고는(HHL)[30] (H=뜀틀형 H)

어간 '막-'(봉우리형 H)과 각각의 어미를 통합시켜 보면 (12)에 제시된 활용
형 전체의 성조를 모두 얻을 수 있다. '막-'과 어미 '-는대이'는 'H+HLL'의
성조 통합으로 이루어진다. 따라서 그 표면성조는 '망는대이(LHLL)'로 나타
난다. 여기에는 저조화 규칙 ①이 적용된 것이다. 즉 봉우리형 두 고조의
통합은 성조 배열 제약에 의해 필연적으로 변동의 과정을 겪어야 한다. 이
에 앞의 고조가 저조로 변동된다.

지역어처럼(김봉국 1998:23) 수의적으로 나타나는가 아니면 경북 동부 방언처럼 정연한
변동을 보이는가에 따라 성조 방언의 생명력도 추측해 볼 수 있을 듯하다.
29) 일부 단음절 부사 '막', '탁', '딱', '좀', '더' 등을 제외하고 모든 형태(morph)의 성조는
L만으로는 구성될 수 없다(막뿐다LL·HL, 막끈다LH·LL, 막든다LHL, 막뜬다LHH). 그래
서 '-아도'의 성조를 LL로 보지 않고 HH로 설정한 것이며 '-고'의 성조도 L로 보지 않고
'뜀틀형 H'로 설정한 것이다.
30) 어미가 결합한 복합 어미도 여기에 제시한다. 이하 동일한 관점을 유지한다.

(13가)의 어간 '말(馬)' 또한 L과 H로 변동되어 나타나므로 그 기저성조는 봉우리형 H이다. 어간 '말(H)'과 각각의 어미를 통합시켜 보면 (13)에 제시된 곡용형 전체의 성조를 모두 얻을 수 있다. (13가)에서 확인할 수 있듯이 어미 '-버터'의 기저성조는 HL이다. 따라서 '말(H)+버터(HL)'는 LHL로 나타나는 것이다. 여기에도 저조화 규칙 ①이 적용된다.

어미의 기저성조에 H가 놓인 것이 아니라 H·L인 놓인 경우를 보도록 하자. '말과 어미 '-매로'가 통합할 때(H+H·LL), 그 표면형은 '말매로(LH·LL)'로 실현되고, '말과 어미 '-보담도'가 통합할 때(H+LH·LL), 그 표면형은 '말보담도(LLH·LL)'로 실현된다.31) 이로써 (10) 우변의 환경에 H 대신 H·L이 놓이더라도 선행하는 H는 저조로 변동하게 됨을 확인하였다. 이는 앞서 (4)에서 확인한 '그#대지 → 그대지(LH·LL)'를 통해서도 확인할 수 있는바, '그대지(LH·LL)'는 '봉우리형 H'인 '그'와 H·LL인 '대지'가 결합된 것이다. 역시 후행 성분에 H·L이 놓여 있음을 확인할 수 있다.

선행 성분의 H과 후행 성분의 H 또는 H·L의 결합과 관련된 도출은 저조화 규칙 ①을 보완한 것인바, 다음과 같이 일반화된다.

(16) 선행 성분의 성조가 H로 끝나고 후행 성분에 H 또는 H·L이 존재하면 선행 성분의 H는 L로 변동된다.

한편, (12나)에 제시된 '막-'과 어미 '-게, -아도'의 통합은 각각 '(봉우리형 H + 뜀틀형 H, 봉우리형 H + HH(뜀틀형)'이므로 각각 그 표면형은 HL, HLL로 나타난다. 후행 성분에 '봉우리형 H'가 존재한다면, 저조화 규칙 ①

---

31) '마란테~마린데'와 '말보담도'의 표면성조를 도출하는 과정에서, 전자(마린데)는 '봉우리형 H'과 '봉우리형 H'가 직접 통합한 것임에 반해 후자(말보담도)는 '봉우리형 H'와 '봉우리형 H' 사이에 L이 개재되어 있다. 후행 성분에 L이 '봉우리형 H' 앞에 놓이는 것은 성조 변동 규칙에 영향을 주지 않음이 여기서도 확인된다.

에 의해 선행 성분의 H가 L로 변동된다. 그러나 (12나)의 후행 성분에는 '봉우리형 H'가 없기 때문에 저조화 규칙 ①은 적용되지 않는다. (13나) 또한 후행 성분에는 '봉우리형 H'가 없기 때문에 저조화 규칙 ①이 적용되지 않는다. (13나)에 제시된 '말(馬)'과 어미 '-도', '말(馬)'과 어미 '-이사'의 결합은 각각 '봉우리형 H+띠틀형 H, 봉우리형 H+HH'이므로 그 표면형 각각은 HL 또는 HLL로 나타난다. 그래서 저조화 규칙 ②는 다음과 같이 일반화할 수 있다.

(17) 저조화 규칙 ② 여기서의 H는 봉우리형 H이다.
　　　선행 성분의 성조가 H로 끝나고 후행 성분에 H 또는 H·L이 존재하지
　　　않으면 후행 성분의 성조는 모두 L로 변동된다.

여기서 후행 성분에 H나 H·L이 존재하지 않는다는 조건을 단 이유는 후행 성분에 H나 H·L이 존재하면 저조화 규칙 ①이 적용되기 때문이다. 그러면 후행 성분이 복합조인 경우에도 적용되는지 다음의 예를 검토해 보자. 사실 후행 성분에 H나 H·L이 존재하지 않는 경우는 '띠틀형 H' 혹은 L·H 두 경우뿐인데 위에서 '띠틀형 H'가 결합한 '말또(HL)', '마리사(HLL)'는 확인한 바 있으므로 후행 성분에 L·H가 놓이는 경우만을 검토해 보자.

(18) 가. 그(봉우리형 H)#밤(L·H, 栗) → 그밤(HL)
　　　나. 마신는(LLH, 甘)#감(L·H, 柿) → 마신는감(LLHL)

이들 예의 후행 성분의 L·H는 표면형에서 모두 저조로 변동되어 있음을 확인할 수 있다. 이로써 저조화 규칙 ②는 더 이상의 수정이 필요 없음을 알 수 있다.

선행 성분이 '봉우리형 H'로 끝나지 않는 경우

지금까지 선행 성분이 'H(LH 유형, 봉우리형)'으로 끝나는 경우에 한해 저조화 규칙 ①, 저조화 규칙 ②를 검토해 보았다. 아래에서는 선행 성분의 말음절이 '봉우리형 H(LH, LLH 등)'가 아닌 경우에 한해 고찰해 보기로 한다. 선행 성분의 말음절이 '봉우리형 H(LH 유형)'으로 끝나지 않는다면 L·H, H·L, L, H(HH 유형, 뜀틀형 H)로 끝나는 네 가지 경우를 생각해 볼 수 있다.

사실 선행 성분이 혹은 L·H 혹은 'H(HH 유형)'로 끝나면 후행 성분의 첫 성조는 고조로 변동됨을 고조화 규칙에서 확인하였다.

(19) 가. 논(뜀틀형 H)+보담도(LL·HL) → 논보담도(畓, HHLL)
　　　나. 굴(L·H)+보담도(LL·HL) → 굴보담도(L·HHLL)

(19)에 제시된 어간 '논', '굴'의 기저성조는 각각 'H(뜀틀형 H)', L·H이다. 어간의 성조가 H, 또는 L·H로 끝나기 때문에 어미 첫 음절의 성조는 H로 변동되었음을 알 수 있다. 어미 첫 음절의 성조는 고조화 규칙으로 도출될 수 있고 어미 둘째 음절부터는 저조화 규칙으로 설명될 수 있다. 이는 '뜀틀형' 성조 배열 제약(HH로 배당된 성조 외에는 모두 저조화한다)에 근거한 것이다. 이는 다음과 관련하여 일반화될 수 있다.

선행 성분이 H·L로 끝나는 경우를 검토하기로 하자.

(20) 가. 쌀(H·L, 切)+드라도(HLL) → 쌀드라도(H·LLLL)
　　　　쌀(H·L, 切)+고도(HH) → 쌀고도(H·LLLL)
　　　　싼(H·L, 切)#감(L·H) → 싼감(H·LL)
　　　나. 바꾸(LH·L, 換)+드라도(HLL) → 바꾸드라도(LH·LLLL)
　　　　바꾸(LH·L, 換)+고도(HH) → 바꾸고도(LH·LLL)
　　　　바꾼(LH·L, 換)#감(L·H, 柿) → 바꾼감(LH·LL)

바까(LH·L)#나도(H·LL) → 바까나도(LH·LLL, 바꾸어#놓아도)

  (20가)는 단음절 어간, (20나)는 2음절어간의 경우로서, 두 경우 모두 선행 성분이 H·L로 끝난다. 두 경우에서 확인할 수 있는 바와 같이 후행 성분의 성조는 모두 저조로 변동되었음을 확인할 수 있다. 이로써 다음과 같은 일반화가 가능하다.

    (21) 저조화 규칙 ③: 선행 성분이 H·L로 끝나면 후행 성분의 성조는 모두 L로 변동된다.

  다음으로는 선행 성분이 L로 끝나는 경우를 확인해 보자. 경북 방언에서는 선행 성분이 L인 단음절 곡용 어간, 활용 어간은 확인되지 않는다.[32] 그러므로 선행 성분의 성조가 이상의 경우처럼 L·H, 'H(뜀틀형 H)' H·L로 끝나는 경우가 아니라면 선행 성분이 L이나 HH, L·HH로 끝나는 2음절 이상인 경우로 한정된다. 먼저 선행 성분이 L로 끝나는 경우를 보기로 하자.

---

[32] 다만 활용형과 통합할 때 항상 L로 실현되는 부사가 있다. 그 대표적인 예가 경북 서부 방언의 부정부사 '안'이다. 이 경우는 당연히 기저성조를 저조로 설정해야 할 것이다. 부사 '잘', '더' 등의 경우가 특이하다. 활용형과 통합할 때에는 항상 저조로 실현되는데 일부 곡용 어미와 통합할 때에는 '고조(봉우리형 H)'로 실현된다(cf. 잘또, 자른, 더도, 더는).

잘(L, 善)#우ᵛ네(泣) → 자루ᵛ네	잘(L)#띠도(H·L, 躍) → 잘띠도(LH·LL)
막(L, 强)#우ᵛ네(泣) → 마구ᵛ네	막(L)#띠도(H·L, 躍) → 막띠도(LH·LL)
더(L, 少)#우ᵛ네(泣) → 더우ᵛ네	더(L)#띠도(H·L, 躍) → 더띠도(LH·LL)
잘(L, 善)#간다(HH, 行) → 잘간다(LHH)	잘(L)#우러(HL) → 자루러(LHL)
막(L, 强)#간다(HH, 行) → 막깐다(LHH)	막(L)#우러(HL) → 마구러(LHL)
더(L, 少)#간다(HH, 行) → 더간다(LHH)	더(L)#우러(HL) → 더우러(LHL)

위에 제시된 모든 예에서 후행 성분의 성조는 그대로 표면성조로 실현되었음을 확인할 수 있다. 곧 후행 성분의 성조는 단음절 부사와 통합하더라도 그대로 실현된다는 것이다. 2음절 부사어는 LL을 기저성조로 하는 경우가 없기 때문에 더 이상 논의 대상이 되지 못한다.

(22) 가. 마시든동(HLLL)

　　나. 마실라이껴(HLLLL)

(23) 매미(H·LL)#자부로(HLL, 捕) → 매미자부로(H·LLLLL)

　　추저운(HLL, 汚)#대지(H·LL, 豚) → 추저운대지(HLLLL)

　　지내는(HHL, 過)#사람(L·HH, 人) → 지내는사람(HHLLL)

　　바래는(LH·LL, 希)#사람(L·HH, 人) → 바래는사람(LH·LLLL)[33]

　　무거운(LHL, 重)#대지(H·LL, 豚) → 무거운대지(LHLLL)

　(22)은 활용에서의 변동, (29)는 단어 경계에서의 변동이다. (14)에 제시된 어미의 기저성조는 'HL(-든동)' 또는 'HHLL(-을라이껴)'인데 위 활용형에서는 어미의 첫 음절의 성조가 모두 L로 변동되었다.

　(24가)는 선행 성분이 HH, (24나)는 L·HH로 끝나는 경우이다.

(24) 가. 살찐(HH, 肥)#사람(L·HH/L·HL, 人) → 살찐사람(HHLL)

　　　살찐(HH, 肥)#대지(H·LL, 豚) → 살찐대지(HHLL)

　　　더살찐(LHH, 肥)#대지(H·LL, 豚) → 더살찐대지(LHHLL)

　　나. 조운(L·HH, 好)#대지 → 조운대지(L·HHLL/L·HLLL)

　　　조운#사람 → 조운사람(L·HHLL)

　　　더조운#사람 → 더조운사람(LL·HHLL)

　　　cf.[34] 큰(뜀틀형 H, 大)#대지(H·LL) → 큰대지(HHL)

　　　　운(L·H, 泣)#대지(H·LL) → 운대지(L·HHL/L·HLL)

　　　　분(L·H, 吹)#사람(L·HH, 人) → 분사람(L·HHL/L·HLL)

　　　　그(봉우리형 H, 其)#대지(H·LL) → 그대지(LH·LL)

　　　　마른(LH, 其)#대지(H·LL) → 마른대지(LLH·LL)

---

33) 경북 서부 방언의 경우 이하 두 자료에 율동 제약이 적용된다.

34) '큰대지', '운대지'는 고조화의 예지만 고저복합조 전체의 변동을 확인하기 위해, '분사람' 또한 고조화의 예이지만 저고복합조 전체의 변동을 확인하기 위해 제시한 것이다. '그대지', '마른대지'는 앞서 살펴본 바 있는 선행 성분의 '봉우리형 H'가 저조화된 예이다.

(24가), (24나)의 모든 예들에서 후행 성분의 성조는 모두 L로 변동되었음을 확인할 수 있다.

우리는 이상의 예들과 (20)의 H·L로 끝나는 경우를 통합하여 (25)와 같이 저조화 규칙 ③으로 일반화할 수 있다. (20)-(24)에서 후행 성분의 성조가 모두 L로 변동된다는 점이 바로 일반화의 기반이다.

(25) 저조화 규칙 ③
   선행 성분의 성조가 H·L, L 또는 HH, L·HH로 끝나면 후행 성분의 성조는 모두 L로 변동된다.

앞서 살펴본 바와 같이 경북 방언 성조의 가장 큰 특징은 바로 한 성조군에는 'H(봉우리형 H 또는 H·L)이 하나만 놓인다는 것과, H(뜀틀형 H)가 둘 연속 놓인다는 것(또는 L·H 뒤에는 H가 놓인다는 것)이다. 그래서 앞서 '논보담도(HHLL)', '굴보담도(L·HHLL)'까지 도출될 수 있었다. 이를 통해 우리는 다음과 같은 사실을 확인할 수 있다.

(26) 형태소 경계이든 단어 경계이든 고조화, 저조화 규칙에 결과한 '봉우리형 H(또는 H·L)' 또는 'HH(또는 L·HH)'의 위치가 결정되면 나머지 음절의 성조는 모두 저조로 변동된다.

이상에서 살펴본 성조 변동 규칙에 대해 정리하는 차원에서 그 적용 영역을 단어 경계 이상으로 확대하여 논의해 보자. 먼저, (27), (28)을 통해 부정부사 '안(봉우리형 H)'과 활용형의 통합(어절 경계)에서의 성조 변동 규칙을 확인해 보자.35)

---

35) (28)~(42)에 제시된 자료는 임석규(1999:109-116)에서 가져온 자료를 보충하여 제시했음을 밝힌다.

(27) 가. 막-(防)   망는대이(LHLL), 마가도(HLL)
    나. 싸-(包)   싼대이(HHL), 싸도(HH)
    다. 뺏-(奪)   뺀는대이(L·HHLL), 빼사도(HLL)
    라. 쌀-(切)   싼대이(H·LLL), 싸라도(H·LL)

(28) 가. 안망는대이(LLHLL), 안마가도(LHLL)
    나. 안싼대이(HLLL), 안싸도(HLL)
    다. 안뺀는대이(HLLLL), 안빼사도(LHLL)
    라. 안싼대이(LH·LLL), 안싸라도(LH·LL)

(27)의 자료에 부정부사 '안'을 통합시키면 (28)과 같이 실현된다. 부정부사 '안'의 성조는 H로도 나타나고 L로도 나타난다. 곡용 어간 '말(馬)'의 성조를 결정할 때와 같은 방식으로 즉, '안'의 성조가 H와 L로 변동을 보이기 때문에 그 기저성조는 '봉우리형 H'로 설정한다고 하였다. (28가)와 (28라)에서처럼 후행 성분인 활용형에 고조나 고저복합조가 있으면 '안'의 성조는 (28)에서처럼 저조로 변동된다. 이는 저조화 규칙 ①로 설명된다. '안(봉우리형 H)+막는대이(LHLL) → 안망는대이(LLHLL)', '안(봉우리형 H)+빼사도(HLL) → 안빼사도(LHLL)', '안(봉우리형 H)+싼대이(H·LLL) → 안싼대이(LH·LLL)'의 과정은 '봉우리형 H'끼리의 통합, 또는 '봉우리형 H'과 고저복합조(H·L)의 통합이므로 즉 후행 성분에 '봉우리형 H' 또는 H·L이 존재하므로 선행 성분의 '봉우리형 H'가 L로 변동된 것이다. 반면, '안'에 후행하는 성분에 '뜀틀형 H'와 저고복합조가 있으면 이는 모두 저조로 변동된다. 이는 저조화 규칙 ②로 설명되는데. '안(봉우리형 H)+싼대이(HHL) → 안싼대이(HLLL)', '안(봉우리형 H)+뺀는대이(L·HHLL) → 암뺀는대이(HLLLL)'의 과정은 후행 성분에 '봉우리형 H'가 없으므로 앞 성분의 고조 '안(봉우리형 H)'이 제 성조를 유지할 수 있고, 또 후행 성분의 '뜀틀형 H'나 저고복합조는 저조로 변동되는 것이다.

경북 서부 방언에서는 '안'의 기저성조가 무조건 저조로 실현되기 때문에 '안' 통합형의 성조는 경북 서부 방언의 특유한 율동 제약의 적용을 받게 된다. (28)에 제시된 모든 예는 '안마가도(LLHL), 안빼사도(LLHL) 등에서처럼 끝에서 둘째 음절에 고조가 놓인다. 다만 경북 동해안 방언의 '안' 통합형의 성조는 경북 동부 방언에 비해 그다지 완벽한 모습을 보이지 못하고 '안'이 고조로 실현될 때 저조로 실현되는 경우도 더러 있다. 이는 다른 지역어, 특히 울진 이남 지역의 말이 간섭된 결과인 듯하다.

(29), (30)에 제시된 예 또한 단어 경계에서의 성조 변동을 보여 준다. 경북 서부 방언의 경우는 저조로 시작하는 (29)의 '산놉꼬'와 (30)의 예들에 율동 제약이 적용되어 끝에서 둘째 음절에 고조가 놓이게 된다.

(29) 가. 산놉꼬(LHL, 산이 높고 ← 봉우리형 H+HL)
　　　　 cf. 물말근(HHL, 물이 맑은 ← 뜀틀형 H+HL)
　　 나. 산곱꼬(HLL, 산이 곱고 ← 봉우리형 H+L·HH)
　　　　 할싸고(HLL, 활을 쏘고 ← 봉우리형 H+HH)

(30) 가. 노푼산(LLH, 높은 산 ← LH+봉우리형 H)
　　　　 노푼뚠덕(LLLH, 높은 언덕 ← LH+LH)
　　　　 노푼이자(LLHL, 높은 의자 ← LH+HL)
　　　　 인는집(LLH, 있는 집 ← LH+봉우리형 H)
　　　　 노푼집(LLH, 높은 집 ← LH+봉우리형 H)
　　 나. 노푼삑(LHL, 높은 벽 ← LH+뜀틀형 H)
　　　　 인는눔(LHL, 있는 놈 ← LH+뜀틀형 H)
　　　　 노푼눔(LHL, 높은 놈 ← LH+뜀틀형 H)

(29가), (30가)를 통해 선행 성분이 저조로 변동되는 저조화 규칙 ①을, (29나), (30나)를 통해 선행 성분의 '봉우리형 H' 뒤에서 후행 성분이 저조로

변동되는 저조화 규칙 ②를 확인할 수 있다.

　동일한 방법으로 우리는 지시관형사, 대명사가 성조군을[36] 이루는 경우에도 성조 변동 규칙을 확인할 수 있다.

(31) 이보담도(LLH·LL)　　그보담도(LLH·LL)　　저보담도(LLH·LL)
　　　이도(HL)　　　　　　그도(HL)　　　　　　저도(HL)
　　　cf. 고보담도(LLH·LL), 요보담도(LLH·LL)

(32) 이거는(LHL), 그거는(LHL), 저거는(LHL), 고거는(LHL), 요거는(LHL)[37]
　　　이거매치(LLHL), 그거매치(LLHL), 저거매치(LLHL), 고거매치(LLHL),
　　　요거매치(LLHL)

(33) 이무런(水, HHL)　　　이지번(家, HHL)　　　이사라먼(人, HHLL)
　　　그무런(LHL)　　　　그지번(HLL)　　　　　그사라먼(LH·LLL)
　　　저무런(HHL)　　　　저지번(HHL)　　　　　저사라먼(HHLL)
　　　고무런(LHL)　　　　고지번(HLL)　　　　　고사라먼(LH·LLL)
　　　요무런(HHL)　　　　요지번(HHL)　　　　　요사라먼(HHLL)

　(31)은 '이, 그, 저'가 대명사로 쓰인 경우이다. 해당 대명사가 각각 두 예에서 L과 H로 변동되어 나타난다('고', '요'도 이에 준한다). 이에 '말(馬)'의 기저성조 설정 방식을 적용하여 이들 대명사의 기저성조를 '봉우리형 H'로 파악한다. 아울러 '이거, 그거, 저거, 고거, 요거'의 기저성조는 모두 LH로 파악할 수 있다. 왜냐하면 대명사 '이거, 그거, 저거, 고거, 요거'의 표면성조는 어미에 따라 LH와 LL로 변동되어 나타나기 때문이다.

---

36) '형(兄)'이 접사로 쓰인 경우[학쑤'형도(HHLL)]와 '형'이 명사로 쓰인 경우[학쑤'#형도(HH#HL)] 또한 성조군의 수가 다르다.
37) 경북 동해안 방언에서는 특이하게도 이거, 저거, 그거 등이 LH로 나타나기도 하고 HL로 나타나기도 한다.

그러나 관형사로 쓰일 때의 성조는 대명사로 쓰일 때의 성조와 다르다. '그'와 '고'는 L과 H로 변동되어 나타나므로 그 기저성조를 '봉우리형 H'로 설정할 수 있다. 반면 '이'와 '저', '요'는 H로만 나타나고 또 후행 음절의 성조를 '뜀틀형 H'로 변동시키므로(고조화 규칙 ①), '이, 저, 요'의 기저성조를 '뜀틀형 H'로 설정할 수 있다. 또, 형용사 '이렇(HH)-, 저렇(HH)-, 요렇(HH)-, 그렇(HL)-, 고렇(HL)-',38) 동사 '이래(HH)-, 저래(HH)-, 요래(HH)-, 그래(HL)-, 고래(HL)-'39) 등의 기저성조도 지시관형사와 동일한 패턴을 보인다.

한편, 앞서 언급한 바와 같이 경북 서부 방언의 경우는, 율동 제약에 의해 (32)에 제시된 자료 중, 저조로 시작하는 성조군의 표면성조가 재조정을 받게 된다. 즉 끝에서 둘째 음절에 고조(또는 고저복합조)가 놓이게 된다. '이거매치', '그사라먼' 등은 표면성조가 LLHL로 나타나며, '그보담도', '이보담도'는 LLH·LL과 같이 끝에서 둘째 음절 위치에 고저복합조가 놓이게 된다.

다음을 통해 합성어에서도 성조 변동 규칙(저조화·고조화 규칙)을 확인할 수 있다. 예만을 제시한다.

(34)※ 유리(LH)+창(봉우리형 H): LLH, 사랑(LH)+방(봉우리형 H): LLH, 상가(LH)+집(봉우리형 H): LLH, 디안(LH)+문(봉우리형 H): LLH, 소굼(LH)+집(H): LLH, 중간(LH)+문(H): LLH, 중간(LH)+방(H): LLH, 중간(LH)+집(H): LLH, 강낭(LH)+콩(H): LLH, 버리(LH)+밭(봉우리형 H): LLH, 장미(LH)+꽃(H): LLH, 우리(LH)+집(H): LLH, 우유(LH)+벵(봉우리형 H): LLH

(35)※ 꼬무(LH)+신(뜀틀형 H): LHL, 버리(LH)+밥(뜀틀형 H): LHL, 마

---

38) 편의상 복수 기저형 모두를 제시하지는 않는다.
39) '이'레'고', '저'레'고' 등을 통해 볼 때 기저형 '이'레'-', '저'레'-'는 모음 어미와의 통합형을 기준형으로 하여 재구조화된 것이다. 물론 '이'러'-', '저'러'-', '요'러', '그'러', '고'러'' 패러다임도 확인된다.

당(LH)+비(뜀틀형 H): LHL, 소굼(LH)+물(뜀틀형 H): LHL, 중간
(LH)+질(뜀틀형 H): LHL

(36)※　서구(HH)+집(봉우리형 H): HHL, 양념(HH)+고기(HL): HHLL,
글(뜀틀형 H)+방(봉우리형 H)⁴⁰⁾: HH

(37)※　서구(HH)+통(뜀틀형 H): HHL, 양념(HH)+간장(HH): HHLL,
글(뜀틀형 H)+눈(뜀틀형 H): HH

　파생어를 통해서도 성조 변동 규칙을 확인해 볼 수 있다. 형용사파생접미
사 '-답-(봉우리형 H)/-다우-(HL)'가 2음절 어근과 결합한 용언의 표면성조는
몇 가지로 나뉜다.

(38)※　학쌩(HH)+답(봉우리형 H)-　─ 학쌩답꼬(HHLL, 學生)
　　　　농촌(HL)+답-　　　　　　　 ─ 농촌답꼬(HLLL, 農村)
　　　　어른(L·HH)+답-　　　　　　 ─ 어른답꼬(L·HHLL/L·HLLL, 丈)
　　　　아재(LH)+답-　　　　　　　 ─ 아재답꼬(LLHL, 친척 아저씨)

　LH 성조를 지닌 곡용 어간만이 '답(봉우리형 H)-'과의 통합에서 성조 변동

---

40) 그러나 합성어의 제1성분이 '뜀틀형 H' 단음절인 경우는 이러한 규칙의 예외가 더러 보인
다.

가. 안(뜀틀형 H)+방(봉우리형 H) - 안빵(HH, 안방)
나. 손(뜀틀형 H)+발(뜀틀형 H) - 손발(HH, 手足)
다. 밥(뜀틀형 H)+통(뜀틀형 H) - 밥통(HL, 밥통)
라. 밥(뜀틀형 H)+상(봉우리형 H) - 밥쌍(LH, 밥상)

글쓴이는 가, 나)와 같은 예를 규칙으로 설정하고 다, 라)와 같은 예를 예외적인 것으로
파악한다. 그러나 글쓴이와는 달리 이동화(1990:92-93)에서는 라)와 같은 예에 중점을 두
어 이를 규칙으로 설정하고 특히 가)류 예를 예외적 존재로 처리하고 있다. 그러나 두
방법 모두 완벽한 설명이라고는 하기 어렵다. 합성어이니 예외가 존재하는 것은 당연할
수 있다.

을 보인다. LH을 기저 어간으로 하는 어근이 성조 변동을 겪어야 함은 위에서 언급한 저조화 규칙 ①로 설명할 수 있다.

이 밖에도 '-시룹-(LH)', '-롭-(봉우리형 H)', '-하-(봉우리형 H)'에 통합하는 어근이 2음절이라면[41] LH의 성조를 지닌 어근은 전술한 접사 앞에서 LL로 변동되어 나타난다.

(39)※ 챙피(LH)+시룹(LH/HL) ― 챙피시룹따(LLLHL, 猖披)
       펭하(LH, 平和)+롭(H) ― 펭하롭따(LLHL, 平和)
       가난(LH)+하(봉우리형 H) ― 가난하다(LLHL, 艱難)

경북 동해안 방언을 포함한 경북 남부, 경남 등에서는 '-시룹따'의 성조가 HLL이므로 '챙피시룹따'는 LLHLL로 나타난다.

한자어에서도 성조 변동 규칙을 적용하여 개별 한자음의 기저성조를 파악할 수 있다.[42]

(40)※ 가. 金氏, 南氏, 林氏(이상 HL), 石氏, 朴氏(HH), 金哥, 南哥, 林哥(이
         상 LH), 石哥, 朴哥(HH)
         봉우리형 H ― 金, 南, 林, 哥
         뜀틀형 H ― 朴, 氏
       나. 文字(HL), 字典(이상 HH)
         봉우리형 H ― 文
         뜀틀형 H ― 字
       다. 國家, 國歌, 國民, 國文(이상 모두 HH)
         뜀틀형 H ― 國

---

41) '봉우리형 H'를 기저형으로 하는 단음절 어간도 '-답-, -시룹-, -롭-, -하' 접사 앞에서 모두 L로 변동되어 나타난다.(정답따/꼳땁따(LHL)
42) 하나의 한자가 여러 성조―단일기저성조가 아니라―로 실현되기도 하지만[예: 觀光(L·HH), 觀覽(LH), 觀客(HL), 觀相(HH)]. 성조 변동 규칙의 일면을 소개하기 위해 논의에 포함시킨다.

'金氏'의 성조가 HL로 나타나면 '봉우리형 H'과 '뜀틀형 H'의 통합임을 알 수 있다. '봉우리형 H'과 '뜀틀형 H'의 통합이 HL로 도출되는 것은 '저조화 규칙 ②'와 관련된다. 통합이 '봉우리형 H'끼리의 통합이라면 '저조화 규칙 ①'이 적용되어 '金哥'에서처럼 LH로 그 성조가 나타날 것이며, HH로 표면성조가 나타나면 첫 성분이 '뜀틀형 H'라는 것을 '고조화 규칙'을 통해 확인할 수 있다. '朴哥', '石哥'의 표면성조 HH를 통해 '朴'과 '石'의 기저성조가 '뜀틀형 H'라는 것을 알 수 있다. 마찬가지로 '文字'의 표면성조 HL을 통해 '文'의 성조는 '봉우리형 H'가며 '字'의 성조는 적어도 '봉우리형 H'가 아니라는 것을 알 수 있다. 이 경우 '뜀틀형 H', 저고복합조, 고저복합조 중 하나일 텐데 '字典'의 표면성조 HH를 통해 본다면 '字'의 기저성조는 당연히 '뜀틀형 H'가 될 것이다. 이런 방법으로 많은 한자음의 기저성조를 판단할 수 있다. '國家', '國民'에서도 표면성조를 통해 '國'의 기저성조를 예측할 수 있다. '國家', '國民'의 표면성조가 HH이므로 '國'의 기저성조는 당연히 '뜀틀형 H'가 될 것이다.

3.2.2.2. 탈락

성조의 탈락은 성조가 자음에는 놓이지 않기 때문에 모음 탈락의 과정에서 확인된다. 동남 방언뿐 아니라 동북 방언에서도 분절음이 탈락하면서 성조도 함께 탈락하는 것으로 이해해야 한다. 여기에서는 간단하게 그 대강을 제시하기로 한다.

(1) 가(뜀틀형 H)+아도/어도(HH) → 가도(HH)
　　　　　　　　어간말모음 탈락과 성조 탈락

　　서(뜀틀형 H)+아도/어도(HH) → 서도(HH)
　　　　　　　　어간말모음 탈락과 성조 탈락

(2) 긍(봉우리형 H)+으면(HH) → 그으면(HLL) → 그먼(H·LL)
　　　　　　　　　　　후음 탈락　　　　동모음 축약과 성조 축약

　(1)에서는 중간 과정을 확인할 수 없으며 (2)에서는 그 중간 과정을 확인
할 수 있다. (1)의 경우, 같은 성조 패턴을 보이는 '보-'의 활용형 중 수의적
으로 나타나는 '보아도(HHL)'의 경우를 참고해 볼 때, (2)에 제시된 그으면
(HLL)의 성조형과는 차이를 보인다.[43) 우연의 일치인지 동남 방언에서는
성조가 탈락하는 경우는 모두 HHL이라는 특징을 보인다.
　다음은 어간말모음 '으' 탈락에서의 성조 변동이다. 역시 분절음이 탈락
하면서 성조도 탈락한다. 이 경우 또한 성조형이 HHL이다.

(3) 뜨(뜀틀형 H)+아도/어도(HH)　→　떠도(HH)
　　　　　　　어간말모음 탈락과 성조 탈락

　이로 볼 때, 성조언어의 설명에서 활용되는 '부동성조(Floating Tone)', '성
조상존성(Tonal Stability)' 등은 적어도 한국의 성조 방언에는 확인되지 않
는다.

3.2.2.3. 축약

　성조의 축약은 크게 두 부류로 나누어 설명할 수 있다. 활음화로 인해
음절이 축약된 유형에서의 성조 축약,[44) 완전순행동화 이후 동모음이 축약
된 유형에서의 성조 축약이 그것이다. 넓게 본다면 이는 음절 축약이다.[45)

---

43) '그으면(HLL)'의 경우 동일 모음이 탈락하지 않는 이유는 임석규(2007)에서 '탈락 제약으
　　로 설명된 바 있다.
44) 이를 활음화로 파악한 최초의 논의는 최명옥(1982)이다. 이어 육진 방언을 비롯 주로 동쪽
　　지역 말에서 활음화가 보고되어 있다.
45) 배주채(2001:36)에 이런 의견이 제시되어 있다. 김성규·정승철(2005:95)에서도 '꾸+어 →

다음은 곡용에서 활음화를 보이는 경북 동해안 방언(울진)의 자료이다.[46]

(1) 가. 다리(LH, 脚)+에 → 다레(LH·L)
　　　버리(LH, 麥)+에 → 버레(LH·L)
　　나. 머리(HL, 頭)+에 → 머레(HL)
　　　소데끼(LHL, 누룽지)+에 → 소데께(LHL)

(1)에 제시된 자료들에 대해 어간말음 'ㅣ'가 탈락한 것으로 이해할 수는 없다. 그것은 바로 둘째 음절 이하에 고저복합조가 실현되기 때문이다. (1가)의 모음 탈락에서는 고저복합조가 실현되고 (1나)의 모음 탈락에서는 고저복합조가 실현되지 않는다는 것은 적절한 해석이 아니다. 분절 음운의 음운론적 환경으로 해결되지 않기 때문이다. 여기에 다시 성조의 중요성이 강조될 수 있다.[47] (1가)에서 고저복합조가 둘째 음절 이하에서 실현되는 것은 바로 곡용 어간의 기저성조와 밀접한 관련이 있다. 곧 곡용 어간의 마지막 음절 성조가 H일 때, 활음화 과정을 겪은 표면형에는 고저복합조가 나타날 수 있다. (1)에 제시된 바와 같이 '다리'와 '버리'의 기저성조가 LH이기 때문이다. 분절 음운 층위에서는 활음화가 일어나며 성조 층위에서는 성조 축약이 일어나서 고저복합조가 실현된다고 보아야 한다.

　사실은 (1나)의 예에서도 활음화가 확인되고 아울러 성조 축약이 있는 것으로 이해해야 한다. 성조 축약이 표면에 실현될 수 있는 것은 성조 배열 제약과 밀접한 관련이 있다.[48] 성조 배열 제약에 의해 H 다음에는 모든

　꿔:'를 음절 축약에 의한 장모음화로 기술하고 있다.
46) 경북 동해안 방언과 달리 경북 동부 방언에서는 '정지(LH, 廚)+에', '통시(便所, LH)+에' 등 일부 어간에서만 활음화 과정이 확인될 뿐 (1)에 제시된 예는 '다리예(LHL)', '머리예(HLL)' 등으로 나타난다.
47) 임석규(1999:29-30)에서는 활용에서의 활음화와 완전순행동화에 대해서도 성조를 고려하여 해석한 바 있다. 즉 성조 패턴 HHL(활음화), HLL(완전순행동화)과 관련짓고 있다.
48) 김차균(2002가), 이문규(2002)의 체계에서는 이를 중화로 처리하지만, 글쓴이는 이를 성조

성조가 L로 변동되기 때문에 축약된 성조 L·L은 표면성조로 실현될 수 없다. (1가)의 경우는 축약된 성조 앞에 놓이는 것이 L이기 때문에 고저복합조가 실현될 수 있는 것이다. 고저복합조와 저고복합조가 둘째 음절 이하에서 나타날 수 있는 환경은 그 앞 성조가 L인 경우라는 앞 장의 논의를 상기한다면 이해하는 데 큰 어려움이 없을 것이다. 이상에서 성조에 대한 인식의 중요성을 다시 한 번 강조할 수 있다.

다음은 활용에서의 활음화 과정을 나타낸 것이다.

(2) 놓(봉우리형 H)+아도 → 노'아도 → 놔^도 → 나ˆ도(放)
　　　　　　　　　　　후음 탈락　　활음화·성조 축약　활음 탈락

　　바꿍'+아도 → 바꾸'아도 → 바꽈^도 → 바까ˆ도(換)
　　　　　　　후음 탈락　　활음화·성조 축약　활음 탈락

　　차'구'우+아도 → 차구'와도 → 차'구'아도 → 차'과'도 → 차가ˇ도(冷)
　　　　　활음화·성조 축약　　활음 탈락　　활음화·성조 축약　활음 탈락

　　우ˇ수우+아도 → 우ˇ수와도 → 우ˇ수아도 → 우ˇ솨도 → 우ˇ사도(笑)
　　　　활음화·성조 축약　　활음 탈락　　활음화·성조 축약　활음 탈락

두 번째 음운 과정에서 음절이 축약되면서 동시에 성조도 축약됨을 확인할 수 있다. 이로써 국어의 성조는 완전히 자립적인 성격을 보여 주지 못하고 분절음에 의존적인 성격을 보인다는 것을 알 수 있다.

다음으로는 완전순행동화와 관련된 자료에서 성조 축약을 살펴보기로 한다. (3)은 경북 서부 방언에서 실현되는 곡용에서의 완전순행동화 과정이다.

(3) 가. 정지(LH)+에도 → 정지이도(LHLL) → 정지도(LH·LL)
　　　　　　　완전순행동화　　　　동모음 축약·성조 축약

　　머리(HL)+에도 → 머리이도(HLLL) → 머리도(HL·LL) → 머리도(HLLL)
　　　　　　완전순행동화　　　　동모음 축약·성조 축약　　저조화 규칙

───────────

배열 제약으로 설명한 바 있다. 임석규(2003:59)를 참조할 수 있다.

나. 푸대(LH)+에도 → 푸대에도(LHLL) → 푸대도(LH·LL)
　　　　　　　완전순행동화　　　　　　동모음축약·성조 축약

　　창가(HL)+에도 → 창가아도(HLLL) → 창가도(HL·LL) → 창가도(HLL)
　　　　　　　　완전순행동화　　　　　동모음축약·성조 축약　　　　저조화규칙

　두 번째 음운 과정에서 동모음축약이 확인된다. 끝에서 둘째 음절의 고저 복합조 실현 여부는 역시 기저성조가 관여함을 보여 준다. 동모음이 축약되면서 성조도 축약되는데 그 축약된 성조는 성조 배열 제약에 의해 나타날 수도 있고 그렇지 않을 수도 있다. 2음절 어간이라면 LH(또는 LH·L) 어간에서, 3음절 어간이라면 LLH(또는 LLH·L) 어간에서만 마지막 음절에 복합조가 실현될 수 있다.

　(4)에 제시된 자료 또한 경북 서부 방언에서 발견되는 완전순행동화이다.

　(4) 가. 놀'리+아도 → 놀리어도(HLLL) → 놀리이도(HLLL) →
　　　　　　　　어미 '아'의 '어'화　　　　완전순행동화　　　　동모음 축약·성조 축약

　　　　놀리도(HL·LL) → 놀리도(弄, HLL)
　　　　　　　　저조화 규칙

　　　나. 깔'리'+아도 → 깔리어도(HHLL) → 깔리이도(HHLL) →
　　　　　　　　어미 '아'의 '어'화　　　　완전순행동화　　　　동모음 축약·성조 축약

　　　　깔리도(HH·LL) → 깔리도(尿, HHL)
　　　　　　　　저조화 규칙

　　　다. 벌ˇ리+아도 → 벌ˇ리어도(L·HHLL) → 벌리이도(L·HHLL)
　　　　　　　　어미 '아'의 '어'화　　　　　완전순행동화

　　　　→ 벌리도(L·HH·LL) → 벌리도(列, L·HHL)
　　　　동모음 축약·성조 축약　　　저조화 규칙

　　　라. 싱키'+아도 → 싱키어도(LHLL) → 싱키이도(LHLL) → 싱키도(被履, LH·LL)
　　　　　어미 '아'의 '어'화　　　완전순행동화　　　동모음 축약·성조 축약

　(4)에 제시된 자료는 모두 'ㅣ'를 말음으로 가진 개음절 어간 각각에 어미 '아(x)'가 통합한 경우이다. 각각의 세 번째 음운 과정에서 성조 축약이 확인된다. 앞서 지적한 바와 같이 (4라)의 경우는, (4가)~(4다)의 경우와 비교해

볼 때, 형태소 경계에서는 그 분절음 환경이 같은데 그 표면형에서는 차이
를 보인다. 그 표면형의 차이는 분절음 층위에서는 해결하기 어렵다. 적절
한 해결책을 제시하기 위해, 또한 일관된 기술을 위해 성조를 고려해야 한
다. 활용 어간의 기저성조 차이가 표면형의 고저복합조 실현 여부와 관계될
수 있기 때문이다.49) (4)에 제시된 활용 어간 각각의 기저성조는 (4가)가
HL (4나)가 HH, (4다)가 L·HH, (4라)가 LH이다. 특히 어간의 기저성조가
LH인 (56라)에서 표면형에 고저복합조가 실현되어 있다. 이는 성조 배열
제약과 관계한다. 앞서 여러 번 언급한 바가 있기에 여기에서는 (4라)의 경
우만을 설명하기로 한다.50)

(5) 싱키(LH)+아도 → 싱키어도(LHLL) → 싱키이도(LHLL) → 싱키도(LH·LL)
　　　 어미 '아'의 '어'화　　　　 완전순행동화　　　　 동모음 축약·성조 축약

세 경우와 마찬가지로 첫 번째 도출 과정은 완전순행동화의 과정이다.
완전순행동화가 되면서 음절수는 4음절로 처음 통합에서와 차이가 없다. 마
찬가지로 동화된 모음은 음절 축약과 성조 축약의 과정을 거치게 된다. 그러
면 3음절 '싱키도(LH·LL)'가 도출되고, 이 3음절 어형은 해당 방언의 성조 배
열에 부합하게 된다. 그래서 그 자체로 표면에서의 실현이 가능해진다.
　다음과 같은 어간말 환경에서도 어간의 기저성조와 성조 배열 제약으로
인해 동일한 설명이 가능하다.

(6) 가. 만내(HL)+아도 → 만내어도(HLLL) → 만내에도(HLLL)
　　　　　 어미 '아'의 '어'화　　　　 완전순행동화

---

49) 어간 성조형과 관련하여 최명옥(1978:201)에 비슷한 언급이 보인다. 그러한 언급은 이병근
　　선생님의 조언이 있었음도 밝히고 있다. 다만, '왜 둘째 음절 이하에서 복합조가 실현되고
　　실현되지 않는가'에 대한 본격적인 논의로는 발전되지 않은 측면이 있다.
50) 경북 동해안 방언에서의 'yƎ>E' 축약 또한 같은 설명이 적용된다.

          → 만내도(HL·LL) → 만내도(遇, HLL)
      동모음 축약과 성조 축약   저조화 규칙

   나. 달래(LH)⁵¹)+아도 → 달래어도(LHLL) → 달래에도(LHLL)
                        어미 '야'의 '어'화   완전순행동화

          → 달래도(撫, LH·LL)
      동모음 축약과 성조 축약

(7) 가. 쌓+아도 → 싸아도(HLL) → 싸도(H·LL)
         후음 탈락   동모음 축약과 성조 축약

   나. 쌓+으먼 → 싸으먼(HLL) → 싸아먼(HLL) → 싸먼(H·LL)
         후음 탈락   완전순행동화   동모음 축약과 성조 축약

   (6나)의 경우는 (6가)와는 달리 음절 축약과 성조 축약 과정의 결과인 '달래ˆ도'가 해당 지역어의 성조 배열에 부합하기 때문에 축약된 표면형이 그대로 도출되는 것이다. (7)에서도 동모음축약과 성조 축약이 확인된다. (7)에서 축약된 성조 또한 성조 배열 제약과 부합하므로 표면형으로 실현될 수 있다.
   다음과 같은 비모음화에 이은 완전순행동화 과정에서도 성조 축약 과정이 확인된다.

(8) 가. 밥통(HL)+에 → 밥토오(HLL) → 밥토(HL·L) → 밥토(HL)
   나. 신통(HH)+에 → 신토오(HHL) → 신토(HH·L) → 신토(HH)
   다. 영동(L·HH)+에 → 영도오(L·HHL) → 영도(L·HH·L) → 영도(L·HH)
   라. 안동(LH)+에 → 안도오(LHL) → 안도(LH·L)

---

51) 둘째 음절이 경북 서부 방언에서는 주로 고조로 실현되고 낙동강 동쪽에 위치한 방언권에서는 복합조로 실현되기도 한다. 둘째 음절이 복합조로 실현되는 경우에는 (6나)에 대한 설명이 다소 복잡해진다. 일단 '달래어도(LH·LLL) → 달래어도(LHLL) → 달래에도(LHLL) → 달래도(LH·LL)'와 같이 첫 도출 과정에서 복합조의 고조화 규칙을 적용하는 것이 가장 합리적이다. 고저복합조의 고조화 규칙은 저고복합조의 고조화 경향과 달리 음운론적으로 예측할 수 있기 때문이다.

두 번째 제시된 음운 과정에서 성조 축약이 확인된다. 마찬가지로 축약된 성조가 그대로 나타날 수 있는가 하는 문제는 성조 배열 제약과 관계한다. 2음절 어간이라면 LH 어간에서, 3음절 어간이라면 LLH 어간에서만 마지막 음절에 복합조가 실현될 수 있다.

다음은 단어 경계에서 확인되는 성조 축약이다.

 (9) 이아이(HHL)/이아(HH)/야(L·H)[52]
   저아이(HHL)/저아(HH)/자(L·H)
   그아이(LHL)/그아(LH·L)/가(H·L)

(9)에 제시된 자료는 분절음 층위에서나 성조 층위에서 공시적으로는 설명하기 쉽지 않다. 글쓴이 나름대로 성조 층위에서의 규칙을 모색해 보려 한다. 어절 경계가 하나의 성조군이 되면서 앞 음절 성조 즉 관형사 '이', '저', '그'의 성조에 따라 저고복합조가 실현될 수도 있고 고저복합조가 실현될 수도 있는데, '그'의 성조만이 '아'이', 또는 '아^' 앞에서 저조로 실현된다. 반면 '이'와 '저'는 고조로 실현되는데, 그러면 후행 음절의 성조는 성조 변동 규칙으로 인해 당연히 고조로 변동된다. 결국 두 음절의 성조가 H-H로 동일해지는데 이런 경우에는 저고복합조가 실현된다. 이는 단어 내부에서의 축약이라 할 수 있는 '누구(HH)'의 또다른 1음절 어간 '누(L·H)'에서도 확인할 수 있다.[53] 반면 '그'가 통합된 경우는 첫 두 음절의 성조가 'L-H'이므로 — 두 음절의 성조가 'H-L'인 경우도 마찬가지이다 — 이때는 저고복합조가 실현되지 않고 고저복합조가 실현된다. 글쓴이의 부산 출신 지인이

---

52) '야(이 아이)'는 수식어인 '이'와 피수식어인 '아'가 밀착되어 하나의 복합어처럼 된 다음 단어 경계가 더욱 약화되어 음절 경계로 대치되면서 활음화가 일어난 것으로 볼 수 있다 (송철의 1995나:280-281).
53) '누라꼬~니라꼬(L·HHL, 누구라고?)' 등에서 확인할 수 있다.

'이아', '저아', '그아'를 모두 HL로 발화하고 그 축약형을 모두 고저복합조로 발화하는 것도 같은 측면으로 이해할 수 있다. 즉 두 음절의 성조가 다른 경우이기 때문에 고저복합조로 발화된다는 것이다.[54] 다음과 같은 단어 내부의 축약에서도 그러한 변동의 일면을 엿볼 수 있다. 단, '처음(L·HH)~첨 (L·H)', '주인(L·HH)~진(L·H)' 등에서와 같이 저고복합조로 시작하는 음절은 저고복합조가 그대로 나타난다.

(10) ※ 단어 내부에서의 축약
  가. 싸움(HL)~쌈(H·L), 마음(LH)~맘(H·L), 다음(HL)~담(H·L), 내일
  (HL)~낼(H·L), 아이(HL)~아(H·L), 너(H·L, cf. 너희HL)
  누우(LH, 姊)~누(H·L), 마을(LH)~마(H·L)
  나. 고함(HL)~고암(HL)~괌(H·L)~감(H·L), 무어(HL)~머(H·L)
  cf. 처음(L·HH/L·HL)~첨(L·H), 주인(L·HH/L·HL)~진(L·H), 사이
  (HL)~새(H·L)

(10가)는 완전순행동화를 겪은 '싸암', '다암', '마암'의 동모음이 축약되어 각각 단음절로 나타나는 예들이고, (10나)는 활음화되면서 음절이 축약된 예이다. (10가), (10나)에 제시된 예들의 특징은 원래 두 음절의 성조가 서로 상이하다는 것이다. 음절의 성조가 서로 상이한 경우는 축약될 때 고저복합조로 나타난다. 그 예는 '사이(HL)>새(H·L)'에서도 확인된다. 이처럼 표면형의 저고복합조와 고저복합조의 차이는 축약 이전의 표면성조에서의 차이 여부와 관계됨을 알 수 있다.

---

54) '피(뜀틀형 H)+아도 → 피'어도 → 피ˇ도'와 '띠(봉우리형 H)+아도 → 띠'어도 → 띠^도'를 대비해 보면, 그 차이를 확인할 수 있다.

3.3. 율동 제약에 따른 성조 변동 규칙

1장에서 언급한 바와 같이 경북 서부 방언에서는 '유리'지, 유리지'여, 유리라카'고, 유리라카고'요'와 같이 저조로 시작하는 3음절 이상은 어떤 어미와 통합하더라도 그 표면성조는 '끝에서 둘째 음절(penultimate position)'[55]에 고조가 놓이게 된다. 이것이 바로 율동 제약이다. 물론 어간과 어미의 통합뿐만 아니라 한 성조군을 이루는 통합이라면 모두 율동 제약의 적용을 받게 된다. 이러한 율동 제약에 의해 끝에서 둘째 음절은 고조화를 겪고 나머지 음절은 모두 저조화를 겪는다. 이것이 바로 율동 제약에 의한 성조 변동 규칙이다.

(1)에서 경북 서부 지역 방언의 율동 제약을 보다 확연히 관찰할 수 있다. 단독형 이외에는 모두 끝에서 둘째 음절에 고조가 놓여 있다.

    (1) 가. 유리'(琉璃), 유리'라, 유리라'도, 유리라카'고, 유리라카지'도, 유리
           라카더라'도
       나. 그소리물라라고그래능가보구'만
      cf. 그 소리 묻느라고 그러는가 보구먼

(1나)에 제시된 자료가 과연 하나의 성조군일까 의심될 정도로 한 성조군으로서는 매우 길게 나타나는바, 끝에서 둘째 음절에 고조가 놓인 것을 알 수 있다.

이를 경남 서부 방언의 발화로 바꾸면 다음과 같다.

    (2) 가. 유리'(琉璃), 유리'라, 유리'라'도, 유리'라'카'고, 유리'라'카'지'도, 유

---

55) 선어말어미(先語末語尾)를 참고하여 선어말음절(先語末音節)이라는 술어를 쓸 수도 있다. 辻野裕紀(2010)에서는 '次末音節', '次末악센트(끝에서 둘째 음절의 고조)'라는 술어를 사용한다.

리'라'카'더'라'도

나. 그소'리'물'르'라'고'그'래'능'가'보'구'만

경북 서부 방언이 끝에서 둘째 음절이 유의미한 것처럼 경북 서부 방언도 끝에서 둘째 음절이 유의미하다. 차이가 있다면 경남 서부 방언은 둘째 음절부터 끝에서 둘째 음절까지 고조화되는 것이다.

이를 제약으로 보지 않고 김차균 교수는 순행 평성 동화로 파악한다. 순행 동화라는 것은 일반적인 성조 변동 규칙이다. 글쓴이는 성조 변동 규칙을 파생시키는 강력한 제약으로 위 현상을 바라보는 것이다.

(3)을 통해서 율동 제약56)에 따른 성조 변동 규칙을 살펴보기로 하자. 기저성조끼리의 통합으로 인해 L로 시작하는 성조형이 도출되면 끝에서 둘째 음절에 배당된 성조는 고조로 변동하고(고조화 규칙), 나머지 음절에 배당된 성조는 저조로 변동하게 된다(저조화 규칙).

(3) 이번(LH)#장마(LH) → 이번장마(LLLH) → 이번장마(LLHL)
       성조 배열 제약에 따른 저조화 규칙   율동 제약에 따른 고조화/저조화 규칙

경북 서부 지역 방언에서는 저조로 시작하는 경우, 율동 제약을 어기지 않기 위해 성조가 변동되어야 한다. '장마(LH)'의 말음절 H가 L로 변동한 것은 율동 제약에 의한 저조화규칙이고, 장마(LH)의 첫 음절 L이 H로 변동한 것은 율동 제약에 의한 고조화 규칙이다. 이러한 일련의 과정은 '잃+는

---

56) 서론에서 언급한 억양은 율동 제약을 포괄하는 개념이다. 예를 들어 '(고모) 가나(往)?'에서의 표면성조는 HH이다. 그러나 억양의 관점에서는 영어의 의문문처럼 끝을 내리지 않고 발화하기도 한다. 글쓴이는 항상 손윗사람에게 끝을 내리지 않고 발화해 왔다. 동년배에게는 내림조로 발화하기도 한다. 이들은 표면성조 측면에서는 동일하지만 억양의 측면에서는 다르다고 해야 할 것이다. 경북 영주 사람에게 경북 서부 지역 방언을 들려주면 강원도 말을 듣는 듯하다 혹은 충청도 말을 듣는 듯하다는 반응을 보이기도 하는데 이러한 반응이 바로 율동 제약과 억양이 관련됨을 보여 주는 것이라 하겠다.

→ 일는 → 일른(失)'의 도출 과정과 유사해 보인다. 첫 번째 과정에는 종성 제약에 의해 자음군단순화 규칙이 적용되고 두 번째 음운 과정에는 ㄹ-ㄴ 연쇄 제약에 의해 유음화 규칙이 적용된다. (4)에서와 같이 두 가지 제약과 두 가지 규칙이 관여한 것이다.57)

이러한 율동 제약으로 인해 과연 단독형의 성조가 기저성조인가 하는 의문이 생긴다.

'유리창'은 경북 서부나 경남 서부에서 LHL로 실현된다. 그런데 그 동부 방언권인 경북 동부는 LLH로 실현된다. 비록 합성어이기는 하지만 동남 방언의 저조화 규칙이 적용되었다.

(4)※   유리(LH)+창(H, 봉우리형): 유리창(LLH)
　　　　cf. 창이(HL), 창도(HL)

가장 일반적인 저조화 규칙 두 고조의 결합은 앞 고조가 저조로 바뀌니 LLH로 도출된다. 그런데 여기에 율동 제약이 적용되면 당연히 LHL로 실현되어야 할 것이다. 위에서 살펴본 '이번(LH)#장마(LH)'의 경북 서부 지역 표면 성조 LLHL 또한 정상적인 성조 변동 규칙이 적용된 LLLH에서 율동제약이 관여한 것이라고 보는 것이 합리적이다. 그러면 '유리창'의 기저성조는 LLH로 설정되는 것이 바람직하다.

---

57) 성조 연구를 하는 관점은 여러 가지가 있을 수 있다. 글쓴이는 가능한 한 분절 음운론과 성조론의 설명 방식을 대응시키려 한다.

4. 성조 현상과 관련 등어선

어떤 화자로부터 다섯 개 정도의 기식군 발화를 듣고 적어도 저 화자는 경남 서부 출신이라고 단정할 수 있다면 그것은 무엇 때문인가? 특정 형태소라고 볼 수도 있고 억양이라고 볼 수도 있다.[1] 그러나 특정 방언의 특이한 형태소를 표준어 형태로 바꾸어서 발화한다고 해도 그 화자의 출신지는 대략 예측될 수 있다. 그 바탕은 바로 억양인 것이다. 몇몇 학자들이 언급한 것처럼 특정 지점에 이르면 말이 달라진다고 하는 판단은 억양에 기초할 가능성이 높다.

그동안은 억양이 방언 구획론에 본격적으로 도입되지 못한 것이 사실이다. 특히 동남 방언으로 한정한다면 그 억양은 성조가 많은 부분을 차지한다. 방언 구획론에 성조 관련 항목이 도입된 것은 최명옥(1994)가 처음이다.[2] 김주원(2000)은 동남 방언 성조의 발달과 특성에 관한 업적인바, 중세 국어 상성 대응형에 관한 성조 배열 'L·HHLL/L·HLLL/LHLL/LHHL(거머리가)'의 방언 대비, '안+활용형' 성조 현상의 방언 대비 등을 지도로 보여 주고

---

1) 이 장의 내용은 임석규(2014)에서 많은 부분을 가져왔다.
2) 최명옥(1994)에는 많은 성조형이 음절별로 항목화되어 있다. 박지홍(1983)에서는 장음이 존재하는 지역과 그렇지 않은 지역으로 구분한 정도이다. 한편, 김영송(1963)을 비롯하여 천시권(1965), 이기백(1969), 김영태(1975)에 이르기까지 도 단위의 방언 구획이 이루어졌으며 박지홍(1983)에 와서야 경상남북도 전체의 방언 구획이 이루어졌다. 도 단위의 방언 구획은 최명옥(1994)에서 큰 비판을 받은 바 있다. 대방언권에 대한 구획론이 이루어진 이후에야 가능한 것이 소방언권에 대한 구획론이라는 관점이다.

있다. 본격적인 방언 구획론 논의는 아니지만 몇 가지 성조 현상을 토대로 언어 지도를 그린 점이 주목된다.

이 장에서는 방언 구획론에 성조 현상이 구체적으로 도입되어야 함을 동남 방언의 성조 현상을 통해 강조한다. 일단 어떤 성조 현상들이 방언 구획론에 도입되어야 하는지 검토하는 작업이 중요할 것이다.

4.1. 율동 제약 관련 등어선

① 3음절 어간의 경우

L로 시작하는 3음절 어간의 곡용형의 표면성조를 통해 방언차를 언급해 보기로 한다.

특정 지역에서는 (1)에서와 같이 '미나리'와 '기와집'의 표면성조가 LHL 로 동일하다. 그럼에도 불구하고 4음절 곡용형에서는 '미나리가(LHLL)', '기와집이(LHHL)'처럼 다르게 나타난다. 이를 어떻게 이해할 수 있겠는가?

> (1) 가. 미나'리(LHL), 미나'리가(LHLL)
>   나. 기와'집(LHL), 기와'집'이(LHHL)

단독형의 성조를 기저성조로 파악하고 특정 성조 변동 규칙을 적용하여 해당 표면성조를 도출할 수 있겠는가? 단독형의 성조가 과연 기저성조인 가에 대한 문제로까지 귀결된다. 어떻든 3음절 단독형의 성조가 같음에도 4음절 곡용형의 성조가 다르다는 것이 문제이다. 이로 볼 때 단독형을 중심으로 방언 대비를 하는 것은 중요한 방언차를 간과할 수도 있다. 단독형의 표면성조와 관련된 서술을 보다 구체화할 필요가 있다. 다음을 보도록 하자.

	미나리	미나리가	미나리에서	미나리에서도
A 지역	LHL	LLHL	LLLHL	LLLLHL
B 지역	LHL	LHLL	LHLLL	LHLLLL
C 지역	LHL	LHHL	LHHHL	LHHHHL

'미나리'에 대한 단독형의 성조 LHL은 A, B, C 3지역이 동일하다. 그런데 '미나리'에 대한 4음절 곡용형으로 시야를 확대해 본다면 세 지역에서의 방언차는 명확히 드러난다. A 지역은 LLHL, B 지역은 LHLL, C 지역은 LHHL로 실현된다. 5음절 곡용형에서도 A, B, C 지역의 표면성조는 4음절에서의 유형과 동일하다. 즉, A 지역은 '끝에서 둘째 음절(penultimate syllable)'만이 H이고, B 지역은 둘째 음절만이 H이다. 반면 C 지역은 둘째 음절부터 끝에서 둘째 음절까지 고조가 놓이는 LHHL, LHHHL 패턴이다. 이처럼 단독형에서와는 달리 4음절 곡용형과 5음절 곡용형의 성조가 달리 나타난다는 사실에 주의를 할 필요가 있다.

이상을 통해 단독형의 성조로 방언 대비를 하는 것은 위험할 수 있다는 결론에 도달하였다. 기본적으로 4음절 이상의 성조형이 의미를 지닐 수도 있다. 아래 지도를 보면서 A 지역과 B 지역, C 지역의 위치를 확인할 수 있다.3)

---

3) 등어선의 굵기와 등어선의 값은 관계가 없다. 굵기는 차이를 드러내기 위한 방편일 뿐이다.

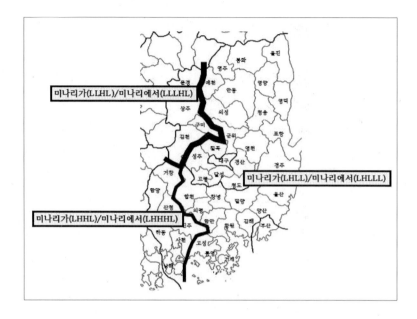

위 등어선은 3음절 '미나리' 외에 2음절 어간의 곡용형 '다리가(橋)/다리에
서/다리에서는/다리에서조차'와 같이 음절수가 늘어남에 따라 방언차가 보
다 확연해지는 매우 의미 있는 것이다. 즉 2음절 어간 중 LH를 기저성조로
하는 모든 어형(고추', 보리' 등)의 곡용형이 이 등어선으로 표시될 수 있다.
다음을 통해서도 4음절 이상의 곡용형에서 세 지역 간 방언차가 확연히 드
러남을 알 수 있다.

	다리가(橋)	다리에서	다리에서는	다리에서조차
A 지역	LHL	LLHL	LLLHL	LLLLHL
B 지역	LHL	LHLL	LHLLL	LHLLLL
C 지역	LHL	LHHL	LHHHL	LHHHHL

이상에서 단독형을 포함한 3음절 어형의 성조형보다 4음절 이상의 곡용

형 성조가 방언 대비에 있어 매우 큰 의미를 지닐 수 있음을 확인할 수 있다.

또 다른 경우를 보도록 하자. 지역어 조사 시 몇 음절까지 기본적으로 고려해야 하는지를 알 수 있는 좋은 자료가 있다.[4] 4음절, 나아가 5음절까지 조사되어야만 방언 대비가 명확해질 수 있음을 아래에서 확인하기로 하자.

	기와집	기와집이	기와집에서	기와집에서는	기와집부터는
A 지역	LHL	LLHL	LLLHL	LLLLHL	LLLLHL
B 지역	LLH	LLHL	LLHLL	LLHLLL	LLLHLL
C 지역	LHL	LHHL	LHHHL	LHHHHL	LHHHHL

'기와집' 유형에서는 단독형의 성조가 B 지역(LLH)에서만 다르다.[5] 또 4음절 곡용형에서는 C 지역만이 LHHL로 다르다. 그런데 5음절 곡용형에서 드디어 세 지역 간의 방언차가 확인된다.

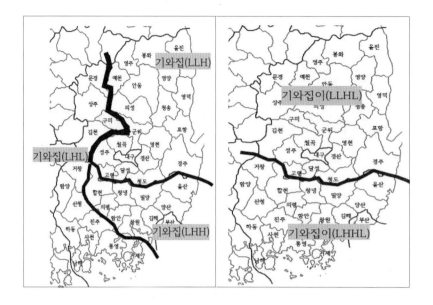

위 지도를 통해 단독형의 성조로는 3개 지역으로 구분이 가능하며 '기와
집이'라는 4음절 곡용형으로는 오히려 2개 지역만(남북도 간)이 구분됨을 알
수 있다. 경북 서부 지역에서의 율동 제약이 4음절에 적용된 결과 경북 동부
지역과 표면성조가 동일해진 것이며, 경남 서부 지역에서의 율동 제약으로
인해 경남 동부 지역과 표면성조가 동일해진 것이다.

다음의 5음절 곡용형과 6음절 곡용형에서는 4개 권역으로 구분이 이루어
짐을 알 수 있다.6)

---

6) '기와집에서는'의 등어선 지도는 생략하기로 한다. 대신 '기와집부터는'의 등어선 지도를
제시한다. '부터(는)'의 기저성조는 'HL(L)'이다. 그러므로 경북 동부와 경남 동부의 경우,
'기와집에서'와는 표면성조가 달리 나타난다. '기와집조차는', '기와집까지는', '기와집처럼
은' 관련 등어선은 '기와집부터는'과 동일하다. 제시된 여러 곡용 어미의 기저성조가 '-부터
는'과 일치한다는 뜻이다('-에서는'과는 다름).

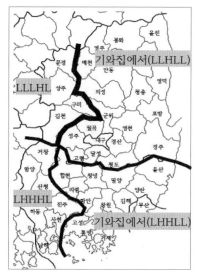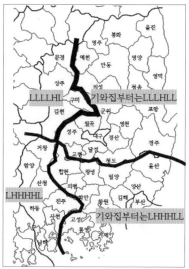

이 또한 경북 서부와 경남 서부의 율동 제약 때문이다. 다만 고성, 통영, 거제 지역의 경우, '기와집'에서는 서부 방언과 일치됨을, '기와집에서', '기와집부터는'에서는 그 동부 방언과 일치됨을 알 수 있다.

지금까지의 논의를 요약하면 단독형 및 4음절 곡용형, 나아가 적어도 5음절까지 고려되어야 방언 대비가 제대로 이루어질 수 있음을 확인할 수 있었다.

'미나리'나 '기와집'에서 A, B, C는 지역 나름의 특유한 유형으로 나타난다. 이 세 지역 중 B 지역을 제외하면 A, C 지역은 두 부류에서 동일한 유형을 보여 준다. B 지역은 나머지 두 지역에 비해 일단 단독형의 성조가 다르다. 또한 음절수가 늘어나더라도 어간의 성조는 그대로 유지되고 있다. 그 나름대로 매우 안정적인 패턴이라 할 만하다. 반면 A 지역은 끝에서 둘째 음절에 고조가 놓이는 패턴이고 C 지역은 둘째 음절부터 끝에서 둘째 음절까지 고조가 놓이는 패턴이다. 이것을 임석규(2013)에서는 L_1HL 율동 제약(LHL, LLHL, LLLHL, LLLLHL 등), LH$_1$L 율동 제약(LHHL, LHHHL, LHHHHL 등)으로 명명하였다.[7] '미나리' 유형과 '기와집' 유형은 두 지역에서 구분될 필요가 없다. 바로 저조로 시작하는 패턴이다. 저조로 시작할 경우에는 무조건 같은 패턴을 보여 준다. 저조로 시작한다면 그 성조형은 L$_1$HL(A 지역), LH$_1$L(C 지역)로 나타나야 하는 것이다.

율동 제약 관련 등어선을 아래에서 확인하도록 하자(임석규 2013).

그런데 위에서 보듯 율동 제약 관련 등어선은 경남의 경우 통영, 거제를 포함하지 않고 있다. 고성, 통영, 거제에서 확인되는 성조 패턴을 보도록 하자. 다음은 미나리에 대한 곡용형이다. B 지역과 동일하다. 전혀 문제될 것이 없어 보인다.

---

7) L$_1$, H$_1$ 등은 L이나 H가 하나 이상 존재한다는 뜻이다.

	미나리가	미나리가	미나리에서	미나리에서도
D 지역	LHL	LHLL	LHLLL	LHLLLL

그런데 '기와집'의 곡용형은 B 지역과 동일하지 않다.

	기와집	기와집이	기와집에서	기와집에서도
D 지역	LHL	LHHL	LHHLL	LHHLLL

단독형만 B 지역과 일치하고 나머지는 그 동쪽 지역과 일치된다. 곧 단독형은 그 서쪽 지역과 일치를 보이고 곡용형은 그 동쪽 지역과 일치를 보인다는 것이다. 이는 바로 고성, 통영, 거제가 성조 측면에서 접촉을 보인다고 할 수 있는 지역이다.

단독형의 성조가 바로 기저성조가 되지 않는다는 것이 문제이다.[8] '미나리'의 곡용형을 통해 '미나리'로 기저성조를 확정할 수 있다. 단독형이든 음절이 확대된 곡용형이든 제2음절에 고정적으로 고조가 놓인다. '기와집'의 곡용형에서는 사정이 다르다. 4음절, 5음절 곡용형에서 확인할 수 있는 바와 같이 2음절, 3음절에 고조가 놓인다. 음절이 확대되더라도 2음절, 3음절의 H는 변함이 없다. 바로 3음절 단독형에만 율동 제약 LH_1L이 적용된 것으로 이해하면 된다. 4음절, 5음절 곡용형에 적용된다면 LHHL, LHHHL로 나타나야 하기 때문이다. 반면 단독형 '미나리'에는 율동 제약이 적용되었다고 해도 '공허한 적용(vacuous application)'일 따름이다. 반면 '기와집' 유

---

8) 음절수에 따라 율동 제약과 그에 따른 성조 변동 규칙이 가해진다는 것은 의심의 여지가 없다. 지역에 따라 '미나리' 유형과 '기와집' 유형이 완전히 동일해지는가 하면 전혀 다른 양상을 보이기도 한다. 이것이 바로 율동 제약과 관련된 것이다. B 지역에서 단독형의 성조가 '미나리(LHL)', '기와집(LLH)'으로 다르다는 것은 율동 제약과 관련 없다는 뜻이다.

형에서는 율동 제약이 적용된 것이므로 기저성조 LHH는 단독형 LHL과 다르게 나타나는 셈이다. 바로 그 서부 지역의 율동 제약이 3음절어에 영향을 미친다는 것이다.[9] 고성, 통영, 거제 지역어에서는 단독형으로 LHH는 없는 셈이 된다. 3음절어에서 L로 시작하는 성조형은 오로지 하나 LHL뿐이라는 것이 특징이다. 3음절어 성조형은 그 서부 지역과 일치되고 있다. 그 영향권에 있음을 부인하기 어려운 것이다.[10]

이와 관련해 고성, 통영, 거제 우측, 즉 그 동부 지역에서 '미나리'의 곡용형이 어떻게 실현되는지 검토해 보자.

	미나리	미나리가	미나리에서	미나리에서도
E 지역	LHL	LHLL	LHLLL	LHLLLL

위 표를 통해 고성, 통영, 거제 지역어와 동일함을 알 수 있다. 그런데 '기와집'의 곡용형에서는 고성, 통영, 거제 지역어와 동일하지 않다. 아니 크게 다르지 않다. 바로 단독형의 성조만이 다르다는 것이다.

	기와집	기와집이	기와집에서	기와집에서도
E 지역	LHH	LHHL	LHHLL	LHHLLL

고성과 통영, 거제 지역에서는 단독형의 성조가 율동 제약이 적용된 'LHL(기와집)'이다. '기와집이'는 LHHL로 실현되므로 창원을 포함한 그 동

---

9) 경남 서부 지역의 율동 제약 LH_1L은 첫 음절과 마지막 음절만 저조이고 나머지 음절은 모두 고조라는 뜻인바, 그래서 3음절인 경우는 무조건 LHL로 실현될 수밖에 없다.

10) 반면 4음절어에서는 '조선무시'와 같이 LHHL로 나타남에 유의할 필요가 있다. 4음절어인 경우 L로 시작한다면 그 성조형은 오로지 하나 LHHL뿐이다. 이 또한 서부 방언의 영향임을 확인할 필요가 있다.

쪽 지역과 동일함을 알 수 있다. 관련 등어선은 몇몇 명사에만 국한된 지엽적인 것이 아니다. 3음절 명사 중 '미나리' 유형과 '기와집' 유형은 무수히 많다.

이상에서 두 방언의 단독형 대비라든가 단음절 어미 결합형 정도의 대비로는 그 방언의 실체를 제대로 드러내지 못함을 알 수 있었다. 4음절 어형, 5음절 어형의 체계적인 조사만이 방언차를 드러내는 데 의미가 있음을 다시 한 번 상기할 필요가 있다.

이상에서 동남 방언은 적어도 다섯 권역으로 구분되어야 함을 알 수 있다.

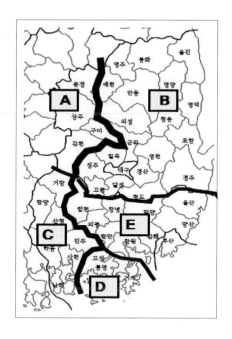

다만 통영과 거제를 특이한 접촉으로 간주한다면 경상남북도는 4개의 큰 권역으로 나누어짐을 확인할 수 있다. 4개의 권역이라면 경북의 율동

제약으로 인한 두 권역, 경남의 율동 제약으로 인한 두 권역으로 구분될 수 있겠다.

이상의 논의들과 대비하여 4음절 어간과 어미가 통합하는 어형의 표면성조를 관찰하는 것도 중요해 보인다.

② 4음절 어간의 경우

L로 시작하는 4음절 어간의 경우, 3음절 어간에서와 마찬가지로 다섯 권역으로 나뉠 수 있는지 검토해 보자. 본고에서 잠정적으로 설정한 B 지역, 곧 경북의 안동, 영주, 봉화, 예천 등에서의 성조형을 토대로 다른 지역과 대비하도록 한다. '고등학교(LHLL)', '미꾸라지(LLHL)', '조선무시/조선무꾸(LLLH)'처럼 L로 시작하는 어형 중 고조가 둘째 음절, 셋째 음절, 넷째 음절에 놓이는 어형을 다른 네 권역과 대비하여 각각 제시하기로 한다.

	고등학교	고등학교가	고등학교라도
A 지역	LLHL	LLLHL	LLLLHL
B 지역	LHLL	LHLLL	LHLLLL
C 지역	LHHL	LHHHL	LHHHHL
D 지역	LHLL	LHLLL	LHLLLL
E 지역	LHLL	LHLLL	LHLLLL

먼저 '고등학교'의 경우 단독형의 표면성조가 A, B, C 세 지역에서 달리 실현된다. D, E 지역은 B 지역과 동일함을 알 수 있다. 다음에 제시된 등어선으로 관련 방언차를 확인할 수 있다.

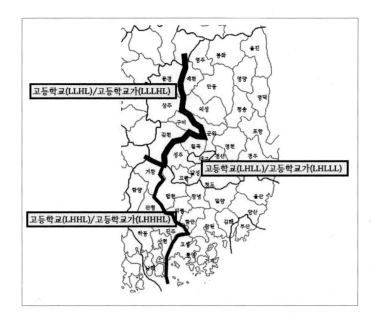

음절수가 늘어난 곡용형에서도 A, B, C 세 지역에서 달리 실현된다. 역시 D, E 지역은 B 지역과 동일함을 알 수 있다. 결과적으로 율동 제약(L1HL 율동 제약: LHL, LLHL, LLLHL, LLLLHL 등, LH1L 율동 제약: LHHL, LHHHL, LHHHHL 등)에 의한 등어선으로 동서가 갈린다는 것을 확인할 수 있다. 다만 서부 지역과 달리 동부 지역에서는 남북으로의 분기가 확인되지 않는다.

이제 미꾸라지의 경우를 살펴보기로 하자.

	미꾸라지	미꾸라지가	미꾸라지라도
A 지역	LLHL	LLLHL	LLLLHL
B 지역	LLHL	LLHLL	LLHLLL
C 지역	LHHL	LHHHL	LHHHHL
D 지역	LHHL	LHHLL	LHHLLL
E 지역	LHHL	LHHLL	LHHLLL

위 표에서 단독형인 경우에는 A, B 지역과 C, D, E 지역이 구분됨을 확인
할 수 있다. A, B 지역은 경북에 해당하고 C, D, E 지역은 경남에 해당한다.
D 지역인 고성, 통영, 거제는 그 동부 지역인 E 지역과 동일하게 실현된다.
5음절 곡용형에서는 4가지의 성조형이 확인된다. 경북에서 동서로 갈리고
경남에서도 동서로 갈림을 확인할 수 있다. 6음절에서도 4가지 성조형이
확인된다. 5음절, 6음절에서는 차이가 없으므로, '미꾸라지'에 대해서는 단
독형과 5음절 곡용형의 등어선 지도만을 제시하기로 한다.

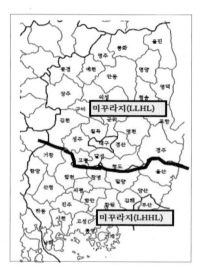
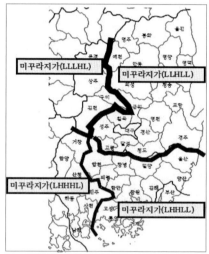

단독형으로는 2권역으로 구분되었지만 5음절, 6음절 곡용형은 4권역으
로 구분된다. 그 이유 또한 율동 제약(L1HL 율동 제약: LHL, LLHL, LLLHL,
LLLLHL 등, LH1L 율동 제약: LHHL, LHHHL, LHHHHL 등) 때문이다. 경상도 서부
지역은 L로 시작하는 어형인 경우 무조건 율동 제약이 관여하게 된다. 이것
이 방언차를 확연히 드러내는 것이다. 이렇듯 율동 제약은 표면성조에 끊임
없이 관여함을 알 수 있다.

다음으로 아래에 제시된 '조선무시/조선무꾸'의 경우를 보도록 하자.

	조선무시	조선무시가	조선무시라도
A 지역	LLHL	LLLHL	LLLLHL
B 지역	LLLH	LLLHL	LLLHLL
C 지역	LHHL	LHHHL	LHHHHL
D 지역	LHHL	LHHHL	LHHHLL
E 지역	LHHH	LHHHL	LHHHLL

B 지역은 끝 음절에 고조가 놓여 있다. 마지막 음절에 고조가 놓이는 '기와집' 유형처럼 단독형에서만 특이한 성조형으로 나타난다. '기와집'과 마찬가지로 D 지역의 경우, 단독형은 그 서쪽인 C 지역과 동일하게 실현되고 4음절 이상의 곡용형은 그 동쪽인 E 지역과 동일하게 실현된다. 차이가 있다면 3음절 어간은 LHL인 반면, 4음절 어간은 LHHL이라는 것이다. 5음절 어간이라면 당연히 LHHHL로 실현된다. 등어선이 고성, 통영, 거제를 포함하느냐 그렇지 않으냐 하는 차이이다. 단독형 '조선무시', 6음절 곡용형 '조선무시라도'에서 등어선 지도가 다소 차이를 보이는 이유 또한 단독형에 가해지는 고성, 통영, 거제 지역의 율동 제약 때문이다.11) 아래에 등어선 지도를 제시한다.

---

11) 김주원(2000)에서는 통영과 거제 사이를 동서로 분리하고 있다. 중세 국어 상성형에 대응하는 패턴이 거제에서는 다소 불규칙하게 나타날 수도 있으나 그것은 수의적 경향일 것이다. 다만 역사적으로 보아도 거제는 항상 고성, 통영과 생활권이 같았음을 알 수 있다 (≪한국민족문화대백과사전≫ 참조). 부산과의 소통은 극히 짧은 시간에 불과한 것이다.

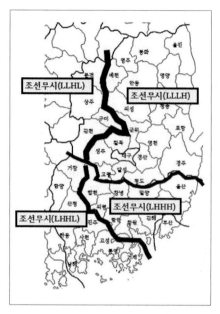

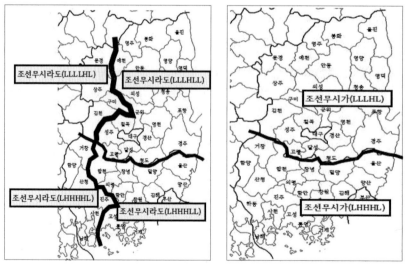

'조선무시가/조선무꾸가'와 같은 5음절에서는 남북을 가르는 등어선이
확인된다. 경북의 서쪽은 '조선무시가(LLLHL)'에서 율동 제약이 적용되었는

데 그것은 공허한 적용일 뿐이다. 경남의 서쪽 또한 '조선무시가(LHHHL)'에
서 율동 제약이 적용되었는데 역시 공허한 적용이다.

이상의 3음절 어간, 4음절 어간에서의 양상을 통해 우리는 5개 권역을
설정할 수 있었다. '조선무시'와 '조선무시라도'를 통한 등어선 지도에서 고
성, 통영, 거제가 하나의 권역으로 설정될 수 있음을 확인할 수 있었다.

4.2. 상승 복합조 관련 등어선

실제로 위에서 언급한 5개 권역에서만 성조 실현이 다른지 알아보기 위
해 상승 복합조와 관련하여 방언 대비를 시도해 보기로 하자. 먼저 단음절
어간 '밤(栗)'과 어미 '-이', '-하고'의 결합형에 대한 방언차를 확인해 보기로
하자.

먼저 경북에 속해 있는 A 지역과 B 지역을 보도록 하자.

	밤	밤이	밤하고
A 지역	L·H	L·HH	L·HHL
B 지역	L·H	L·HH	L·HHL
F 지역	L·H	L·HL	L·HLL

A, B 지역이 L·H로 시작할 때에는 방언차가 없음을 알 수 있다. F 지역은
A, B 지역에 비해 특이하다고 하겠다. F는 경북 동해안의 5개 지역인바,[12]
L·H 다음에 L이 배열되는 것이 특이하다.

---

12) 김주원(2000)에 제시된 지역과는 차이가 있다. 글쓴이는 영양과 청송에서도 L·HL을 확인
   하였다. 청송지역어를 논의한 김세환(2005)에서도 L·HL이 제시되었다.

주지하듯이 단음절로만 발화했을 때, '밤(栗)'과 '밤(夜)'은 경북 지역에서는 확연히 구분된다. 화자들은 보통 길고 짧다 정도로 인식한다. 문제는 경남 지역인데 대부분의 경남 지역에서는 '밤(栗)'의 길이가 음성적으로 길다고 하더라도,13) 경북만큼 길지가 않기에 바로 바로 인식하지 못한다. 같다고 대답하는 화자도 있고 뒤에 어미를 붙여 발음해 보고 다르다고 대답하는 화자도 있다. 뒤에 어미를 붙이게 되면 'LH(栗+이)', 'HH(眼+이)'로 차이를 보이기에 구분되는 것은 당연하다 하겠다. 어떻든 '밤(栗)'과 '밤(夜)'을 통해서 경상도는 동서가 아닌 남북으로 2대분될 수 있다. 곡용형이 2음절 이상인 경우를 통해, 대체적으로 남북을 가르는 등어선은 물론 경북 동해안 5개 지역을 가르는 등어선도 확인할 수 있다. 동해안 5개 지역은 L·H 뒤에 L이 배열되어야 하는 성조 배열 제약이 존재한다. L·HH에 비해 L·HL은 엄청난 차이를 보인다. 그것이 그 서쪽과의 차이를 확연히 드러낸다. 이 L·H과 관련해서는 크게 3개 권역을 확인할 수 있다. L·H로 실현되나 성조 배열이 L·HH인 지역(주로 경북), L·H로 실현되나 그 성조 배열이 L·HL인 지역(주로 경북 동해안), L·H가 실현되지 않는 지역(대부분의 경남14))이 그것이다.

---

13) 김차균(2002나:67)에서는 '진주에'의 첫 음절은, 1.3모라의 길이이며 뒤끝이 약간 올라간다고 하였다.

14) 경남 중 울산, 거창 지역은 제외된다, 울산 지역은 신기상(1999)를 참고할 수 있다. 김주원(2000), 이문규(2011), 이문규(2012) 등에서는 거창과 울산에서 상승 복합조를 언급하였다. 이문규 교수는 합천 지역에서도 L·H를 확인하였고, 창녕, 밀양에 대해 전이지대적 성격을 언급하기도 하였다. 그런데 울산, 거창을 제외한 합천, 창녕, 밀양 지역의 화자들은 최소대립쌍에 대해 반응을 하지 못했다. 음성적으로는 합천, 창녕, 밀양에서 경북적 요소가 나타난다. 그러나 화자들에게 최소대립쌍을 제시하면 반응을 하지 못한다. 음운론적으로 의미가 없음을 알 수 있다. 글쓴이에게 유의미한 성조 현상이 포착되기까지는 유보하고자 한다. 다만, 이들 음성적 차이를 방언 구획론에서 어떻게 처리할지가 문제로 남는다. 경남의 남북을 가르는 등어선으로 작용했으면 하는 생각도 있다. 분명 경남의 북부 이른바 경북의 접경에서는 그 남부에 비해 조금 다른 억양이 나타난다. 변이음 정도로 이해될 성질은 아닌 듯도 하다.

	밤	밤이	밤하고
C 지역	L	LH	LHL[15]
D 지역	L	LH	LHL
E 지역	L	LH .	LHH

    C, D, E 지역에서 확인되는 첫 음절 L은 경북의 L·H에 대응된다. 음절이 하나 늘어난 3음절 곡용형을 통해 중요한 차이를 확인할 수 있다. C, D 지역에서는 '밤하고(栗)'가 LHL로 실현되는 반면, E 지역에서는 LHH로 실현된다.[16] 이렇듯 경북의 상승 복합조와 대비해 경남 지역은 크게 2분되는

---

15) C 지역에서 LHHL이 확인되기도 하는데 이는 저조로 시작하는 '미나리' 유형의 율동 제약 LH₁L에 이끌린 것으로 이해될 수 있겠다. 1980년대에 비해 LHHL 유형의 실현 빈도가 더 높은 듯하다. 김차균(2002나:68)의 언급과도 관련되어 보인다. 경남 서부의 '진주에(晉州)'와 '전주에(全州)'에 대해 표면성조가 젊은 층에서 같아지는 것을 언급하였다. 즉 '진주에(晉州)'의 최저조가 다소 높다는 언급이다. 이와 관련하여 음성적으로 M:HLL과 같은 음성도 들리기도 한다. 첫 음절이 그 동쪽 지역만큼 낮지 않다는 뜻이다. 동쪽 지역의 LHLL과는 음성적으로 차원이 다르다.

데 서부는 LHLL, LHLLL, LHLLLL 등으로 나타나고 동부는 LHHL, LHHLLL,
LHHLLLL 등으로 실현된다. 이는 '개(犬)'의 3음절, 4음절 곡용형 등에서도,
'대추(棗)'의 3음절, 4음절 곡용형 등에서도 마찬가지이다. E 지역의 특징은
LHH로 시작한다는 것이다.

	개한테, 대추지	개한테도, 대추보다	개한테라도, 대추보다도
C, D 지역	LHL	LHLL	LHLLL
E 지역	LHH	LHHL	LHHLL

이상을 확인할 수 있는 등어선 지도를 아래에 제시하기로 한다.

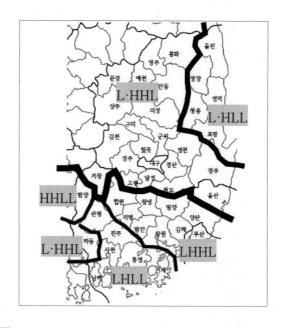

---

16) 창원을 포함한 동쪽 지역 중 경남 서부에 접해 있는 합천 지역에서 LHL 유형도 자주
등장한다. '외국의', '대추도', '밤하고', '개한테' 등의 예가 수의적으로 실현된다. 경남
동부 전체적으로도 이런 표면성조가 보이는 것이 사실이다.

위의 등어선 지도를 보면서 특이한 점을 확인할 수 있다. 바로 경남의 일부 지역이 경북과 같은 권역에 속해 있다는 것이다.

일단, 울산과 거창 지역이 특이해 보인다. 울산 지역에서는 '미나리', '기와집'과 같이 저조로 시작하는 어형에서는 경남 동부와 같은 패턴, LHL, LHH를 보이고,[17] L·H 대응형에서는 경북과 같은 패턴, L·HH 유형을 보인다. 하나의 독립된 권역으로 설정되어야 할 것이다. 거창 지역에서는 '미나리', '기와집'과 같이 저조로 시작하는 어형에서는 경남 서부와 같은 패턴, 공히 LHL(LHHL, LHHHL)으로 실현되고, L·H 대응형에서는 경북과 같은 패턴, L·HH로 실현된다. 역시 하나의 독립된 권역으로 설정되어야 할 것이다. 울산 지역과 차이가 있다면 L·H가 불안하다는 것이다. 사실 울산 지역에서의 L·H도 경북에 비해 불안한 것은 사실이다. 경북에서 일반적으로 L·H로 실현되는 '외국', '걸상' 등이 울산에서는 LH로 실현되기도 한다.[18] 거창에 비하면 울산의 L·H는 그래도 상당히 안정적이라 할 만하다.

아래에 단음절 여러 대립쌍이 있다. 거창과 함양, 하동 지역에서의 대립 여부를 검토하려 한다.

(2) 말(斗):말(言), 일(一):일(事), 벌(罰):벌(蜂), 밤(夜):밤(栗), 눈(眼):눈(雪), 줄(線):줄(道具), 배(腹):배(倍), 섬(單位):섬(島)

---

17) 주지하듯이 울산의 경우, 상승 복합조가 존재한다. 이는 경북과 같은 패턴을 보이는 것이다. 저조로 시작하는 경우 보충을 하려 한다. 저조로 시작하는 경우, '밀까'리', '꼬치'까'리', '배추'짐'치', '여러'가'지', '지름'종'지' 등을 통해서도 알 수 있듯이 경남 동부와 패턴이 동일하다. 물론 경남북 접경에서는 경북 쪽 패턴, 즉 봉우리형이 나타날 수도 있다. 그래도 울산에서는 뜀틀형(LHHL류) 패턴이 훨씬 우세하다. 경북 접경인 밀양, 합천, 창녕, 양산 등에서 상승 복합조도 나타날 수 있다. 그러나 최소대립쌍으로는 기능하지 못한다. 이들 지역에서는 '말(言)'과 '말(斗)'의 대립쌍은 의미가 없다. 단음절 성조가 다르기 때문이다. 화자들이 구분된다고 대답하는 것은 뒤에 어미를 붙인 까닭이다. 어미 '-이'를 통합한다면 'LH(言+이)', 'HH(斗+이)'로 그 차이는 확연하다.
18) 경남 방언의 특성이다. 경북의 상승 복합조는 북부 지방으로 갈수록 보다 많은 단어에서 안정적으로 구현되는 것으로 보인다.

문제는 하동 지역과 함양 지역이다. 함양에서는 전체적으로 대립되지 않는다. 전체적으로 대립되는 않는다는 것은 어미가 결합될 경우, 표면성조가 HH(斗+이, 들+이)로 동일하다는 것이다. 단독형에서 그 대립을 인식하지 못하는 결정적 이유이다. 반면 경북이나 울산에서는 웬만하면 단음절 상태에서도 대립을 분명하게 확인할 수 있다. 거창 지역에서는 '말', '밤', '배', '손'에서 대립이 확인되며, 하동에서는 '일', '밤', '배', '섬', '손'에서 대립이 확인된다. 지금까지 하동에서 L·H 내지 장음을 보고한 바는 없다. 글쓴이도 매우 조심스럽다. 하동의 화개, 적량 등 다수의 면 단위 지역에서 그 대립이 확인될 정도다. 이 정도라면 불안하나마 하동에서의 L·H를 주장해도 될 것이다. 다만 L·H로 실현되지 않는 것은 HH로 실현되는 경우가 많다. 특히 하동 지역에서는 상승 복합조로 시작하는 L·HH형과 HH형이 공존한다는 것을 확인하였으며 더러는 '사람'의 경우, L·HH, HH, 심지어는 LH로 실현되기도 하였다. 그만큼 상승 복합조가 불안하다고 해야 할 것이다. 불안한 것을 차치하면 일단 하동과 함양도 각각 다른 방언권으로 설정되어야 한다. 하동은 거창과 같이 묶일 수 있는 권역이지만 그 사이 함양이 끼어 있는 것이 특이하다.[19]

이제 지금까지의 언급을 '작은#집(小)'에서의 성조 실현과 대비해 보자.

---

19) 하동은 호남과 접촉이 용이하여 L·H가 실현될 가능성도 있어 보인다.

	작은집(小)	작은집이(小)	작은집에서(小)
A 지역(경북 동부)	L·HHL	L·HHLL	L·HHLLL
B 지역(경북 서부)	L·HHL	L·HHLL	L·HHLLL
F 지역(경북 동해안)	L·HLL	L·HLLL	L·HLLLL
C 지역(경남 서부)	LHL	LHLL	LHLLL
D 지역(경남 고성, 통영, 거제)	LHL	LHLL	LHLLL
E 지역(경남 동부)	LHH	LHHL	LHHLL
울산	L·HHL	L·HHLL	L·HHLLL
거창	L·HHL	L·HHLL	L·HHLLL
하동	L·HHL	L·HHLL	L·HHLLL
함양	HHL	HHLL	HHLLL

단독형 '작은집'이나 4음절, 5음절 곡용형, '작은집이', '작은집에서'를 통해 아래의 등어선 지도를 확인할 수 있다.

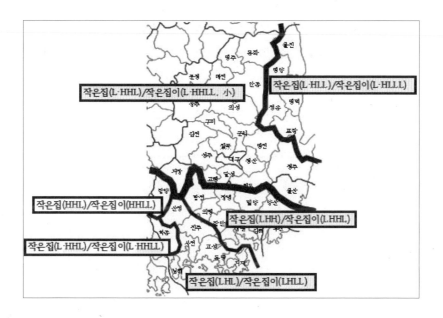

단독형에 비해 음절이 하나씩 더 늘어난 것 외에는 앞 3음절까지의 성조는 같다.[20] 이때 고성, 통영, 거제는 서부 지역에 편입되는 셈이다. 결국 나뉜 구획은 '밤하고'의 등어선 지도와 동일함을 알 수 있다.

상승 복합조 대비에 관한 한, 경북은 항상 2개 권역으로 나뉘며, 울산, 거창, 하동이 경북과 같이 L·HH로 시작함을 확인할 수 있다. 또 함양은 HH로 시작한다는 것에 주의할 필요가 있다.

중세 국어에서 상성에 대응하는 단어의 수효가 많은 것을 감안하면 위에 제시된 등어선 지도는 큰 의미를 지닐 수 있다.

앞 장에서 살펴본 바와 같이, 저조로 시작하는 곡용형에서 우리는 5개 권역을 설정할 수 있었다. 또 L·H(중세 국어 상성 대응형)로 시작하는 곡용형에서 경북 동해안의 F 지역과 경남의 울산 지역, 경남의 거창 지역을 따로 설정할 수 있었다. 이렇게 되면 8개 권역으로 늘어난 것이다. 문제는 경남의 하동과 함양 지역을 독립된 구획으로 설정하느냐는 것이다. 거창을 포함하여, 세 지역에서는 경북의 L·H 대당형이 더러는 HH, LH로 실현되는 공통점이 있고, 저조로 시작하는 '미나리+어미', '기와집+어미'에서의 성조 패턴이 동일하므로 거창, 함양, 하동을 하나의 권역으로 설정하는 것이 합리적일 듯하다. 이렇게 되면 8개 권역은 그대로 유지되는 것이다.

4.3. '안+활용형' 관련 등어선

부정부사 '안'은 일상생활에서 의외로 많이 쓰인다. 이 또한 방언 의식에서 매우 중요하게 작용한다. 부정부사 '안'이 고조로 실현되기도 하는 안동,

---

20) 5음절 곡용형의 등어선 지도는 구획이 동일하므로 생략한다.

4. 성조 현상과 관련 등어선 149

영주, 봉화, 예천, 영양, 울진, 영덕, 의성, 청송, 포항 등 10개 지역과 그 나머지 지역으로 이분될 수 있다.21) '안'이 고조로 실현되는 환경을 살펴보자. 바로 '안'과 통합하는 활용형의 표면성조가 L·H 또는 HH로 시작하면 그때의 '안'은 고조로 실현되고22) 그 외의 경우는 저조로 실현된다. 저조로 실현되는 경우는 '안' 후행 성분의 성조형이 LHL, LH, HL, LLHL, LHLL 등과 같은 경우이다. 김주원(2000)을 따르자면 '봉우리형'인 경우이다. '안 가', '안 갔는데'를 예로 들어보자. '가'와 '갔는데'는 어간에 '아(X)'가 통합된 형태이다. 이들은 '가고(HL)'와 달리 어간말모음이 탈락된 HH형(뜀틀형 고조) 이다. '안#가고'에서의 '안'은 경상도 전역에서 저조로 실현된다. 그 이유는 후행 성분이 HL이기 때문이다. 반면 '안#가(往)', '안#갔다'가 한 성조군(기식 군)을 이룰 때는 위에서 언급한 경북 동부 10개 지역에서 '안'이 고조로 실현 된다. 부정부사 '안'의 성조 실현을 통해 경상북도의 중부 지역을 남북으로 나눌 수가 있다.

	안#가고(HL)	안#가(HH형)	안#갔는데(HHL)
A 지역	LHL	LH	LLHL
C, D, E 지역, B 지역 중 남부	LHL	LH	LLHL23)
F 지역, B 지역 중 북부	LHL	HL	HLLL

경북 서부 지역(A 지역)는 율동 제약(L1HL)로 인해 부정부사 '안'과 통합하

---

21) 김주원(2000)에서와 달리 포항 지역이 포함된다. 포항 지역에서는 '안'이 '앤'으로도 실현된 다. '앤'갔다(往)', '앤난다(飛)', '앤씨지(用)' 등의 예를 추가로 제시한다.
22) '안#새(漏)'는 HL로 실현된다. '안' 후행 성분이 L·H이기 때문이다.
23) 지역에 따라 수의적으로 LHHL로 실현되기도 한다. 이는 '갔는데'의 성조 HHL과 관련된 다. 경남의 경우는 '안' 통합형의 성조는 LHL, LHHL, LHHHL, LHHHHL로 나타나는 것이 일반적이다. '안#심고'는 LHL, '안#먹었어'는 LHHL로 실현된다.

는 어형은 모두 '끝에서 둘째 음절(penultimate syllable)'에 고조가 놓인다. 부정부사 '안'이 항상 저조로 실현되기 때문이다. 이러한 현상은 경북 방언에서 지배적인 성조형으로 굳어가고 있다.24) 그것을 잘 보여 주는 것이 '안'과 관련된 '안갔는데(LLHL)', '안갔다는데(LLLHL)' 등이다. 대구 및 그 동쪽 지방의 특징이라 할 수 있다.

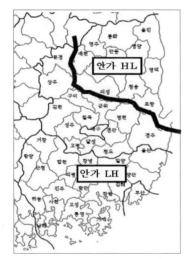
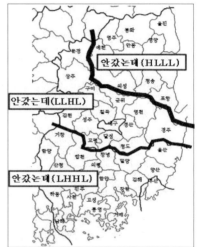

이상을 토대로 할 때, 경북 지역은 서부와 중북부, 중남부, 동부 등 4개 권역으로 나뉘고, 경남은 서부 지역과 고성·통영·거제 지역, 동부 지역, 울산 지역, 거창·함양·하동 지역 등 5개 권역으로 나뉨을 알 수 있다. 9개 권역을 보여 주는 구획 지도를 제시하기로 한다.

---

24) 임석규(2011)에서는 차용어에도 이러한 성조 패턴이 지배적이라고 하면서 성조형 LHL, LLHL, LLLHL 등 L₁HL의 의의에 대해 검토한 바 있다.

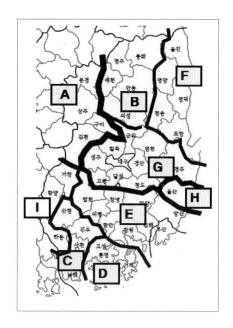

 이상에서 성조 현상을 바탕으로 몇몇 등어선 지도를 살펴보았다. 성조 관련 등어선 지도를 살펴본 이유는 그동안의 방언 구획론에서 성조 현상에 관한 항목들이 본격적으로 언급되지 못했기 때문이다. 억양이 중요함을 고려한다면 성조 현상을 등어선 항목으로 설정하는 것이 무엇보다 중요하다. 다만 그 억양과 관계된 등어선 값을 적절하게 책정하는 방안이 시급하다고 할 수 있다.

 이상에서 언급된 9개 권역을 제시하면서 이 장을 마무리하고자 한다.

- 경북: (1) 문경, 상주, 김천, 구미 (2) 영주, 안동, 예천, 봉화, 의성 (3) 영양, 청송, 울진, 영덕, 포항 (4) 군위, 칠곡, 성주, 대구, 고령, 달성, 영천, 경산, 청도, 경주
- 경남: (1) 거창, 함양, 하동 (2) 산청, 진주, 사천, 남해 (3) 고성, 통영, 거제 (4) 창원, 합천, 의령, 창녕, 함안, 밀양, 김해, 양산, 부산 (5) 울산

이들 권역이 음소 관련, 형태 관련, 통사 관련 등어선과 어느 정도 맞아떨어진다면 더 이상 바랄 것이 없겠다. 방언 구획론에서 큰 의미를 부여할 수 있는 성조 현상 중, 글쓴이가 놓친 부분도 있을 수 있다. 계속적인 보완으로 성조 현상이 방언 구획론에 적극적으로 도입되기를 바란다.

5. 방언권별 성조 실현 양상

김차균(2015)에서는 몇몇 규칙의 실현 양상을 토대로 경북 방언은 경남 방언에 비해 보수성이 강하고, 경북 방언들 중에서는 안동 지역어가 다른 지역어에 비해 보수성이 강하다고 하였다. 이어 경남에서는 창원이 보수성이 가장 강하고 진주는 개신의 특성을 많이 보인다고 했다. 다만 글쓴이는 안동 지역은 면적이 넓기도 하거니와 서부 방언과도 접해 있기에 가장 보수적인 지역은 영주와 봉화라고 생각하고 있다. 글쓴이의 경험상 영주에서도 부석사 가까운 동북부 지역이, 봉화에서는 서북부 지역이 보다 보수성을 띤다. 이런 점에 근거하여 경북 동부는 영주를 대상으로 하였다. 지리적으로 경북의 북단이라서 문제를 삼을 수 있겠지만 성조 실현 양상이 그 어느 지역어에 비해 체계적이라는 데 의의를 둔다. 경북 서부 방언도 영주처럼 북단에 위치한 문경을, 경북 동해안 방언 중에는 삼척 지역어와 대비할 수 있는 울진, 경남 동부는 창원, 경남 서부는 진주 위의 산청을 대상으로 하였다. 영동 방언의 경우 삼척과 강릉 지역을 주 대상으로 하였다. 동북 방언은 음성을 확보한 육진 방언을 중심으로 서술한다.[1]

---

1) 동남 방언 중에서 영주는 'ㅡ:ㅓ'의 대립을 확인할 수 있는 7모음 체계를 확인할 수 있다(임석규 2007). 산청도 'ㅔ:ㅐ'의 대립을 확인할 수 있는 7모음 체계가 확인되며(이현정 2008), 울진, 문경, 창원은 6모음 체계가 확인된다. 육진 방언은 전설원순모음이 없는 8모음 체계가 확인되고(박미혜 2022), 삼척과 강릉은 10모음 체계가 확인된다. 음운 체계와 관계없이 가급적 표준어 표기에 가깝게 전사한다. 동남 방언의 경우 '아덜딸(子女)'로 발화되더라도 '아들딸로 적는 관점이다.

이 장에서는 위에 제시된, 방언권을 대표할 수 있는 지역을 중심으로 곡용과 활용에서의 표면성조를 통해 어간과 어미의 기저성조를 설정할 것이다. 방언권별로 어간을 음절별로 나누어 제시하면서 어간과 어미의 기저성조를 확인한다. 어간만을 부류별로 제시하는 방식도 있으나 이해를 돕기 위해 기저성조를 설정하는 과정도 간단히 제시하기로 한다.

5.1. 동남 방언

5.1.1. 경북 동부

5.1.1.1. 곡용형에서의 성조 실현 양상

① 1음절 어간의 곡용형

단음절 곡용 어간은 아래 표에서 보는 바와 같이 네 부류가 확인된다. 상승의 저고복합조, 뜀틀형 고조(HH), 봉우리형 고조(HL, LH), 하강의 고저복합조가 차례로 제시되어 있다.

영주: 1음절 곡용 어간

눈 雪	눈/팥2) 目/豆	집 家	아 兒
누니 L·HH	누니 HH	지비 HL	아가 H·LL
누널 L·HH	누널/파철 HH	지벌 HL	아럴 H·LL
눈버팀 L·HHL	눈버팀 HHL	집뻐터 LHL	아버터 H·LLL

눈 雪	눈/팥 目/豆	집 家	아 兒
눈꺼지도 L·HHLL	눈꺼짐도 HHLL	집꺼짐도 LHLL	아꺼지도 H·LLLL
눈보다가 L·HHLL	눈보담도 HHLL	집뽀다가 LLH·LL	아보담도 H·LLLL
눈매둥 L·HHL	눈매둥 HHL	짐매둥 LHL	아매둥 H·LLL
누네 L·HH	누네/파테 HL/HH	지베 HL	아에3) H·LL
누누로 L·HHL	누누로/파트로 HHL/HHL	지부로 HLL	아로 H·LL

제시된 표에서 어간의 성조가 일정하지 않은 경우를 확인해 보자. 세 부류와 달리 '집'에서만 어미에 따라 어간의 성조가 H와 L로 교체되어 있음을 확인할 수 있다. 이러한 유형에서 기저성조를 설정할 수 있다면 다른 세부류는 일정하게 유지되는 성조, 바로 그것이 어간의 기저성조가 되는 것이다. '집'의 기저성조를 설정하기 위해 몇몇 어미와의 결합형을 추가하여 제시하기로 한다.

(1) 집
　　가. 집또(HL), 지번(HL), 지벌(HL), 지비(HL), 지비사(HLL)
　　나. 집꺼짐(LHL), 짐매치(LHL), 집매둥(LHL), 집버팀(LHL), 집매로
　　　　(LH·LL), 집뽀다가/집뽀담도(LLH·LL)

어간 '집'과 어미가 통합한 위 곡용 패러다임의 성조를 살펴볼 때 어간의

---

2) 복수 기저형 '팥~팣'이지만 편의상 '팥'으로 제시한다. 다른 방언권에서도 이런 복수 기저형 유형은 '팥'에 준해서 표기한다.
3) 나열의 '-에'이다(아에 어른에).

성조는 H 또는 L 두 이성조(異聲調)로 나타남을 확인할 수 있다. 이런 변동을 보이는 경우는 '말(馬, 말또HL)'과 같이 기저성조를 '봉우리형 H(HL, LH, HLL, LHL 등)'로 설정한다. (1)을 통해 어미의 기저성조를 다음과 같이 설정할 수 있다. 어간의 기저성조 H는 후행 어미의 기저성조 '봉우리형 H'와 결합할 때 저조화하는 규칙으로 설명할 수 있다.

> (2) 어미의 기저성조
> 　가. -도, -언, -얼, -이/가, -이사(HH) — 이상 뜀틀형 H[4]
> 　나. -꺼짐(HL), -매치(HL), -매둥(HL), -버팀(HL), -매로(H·LL), -보다
> 　　　가/보담도(LH·LL)/보다(LH·L) — 이상 봉우리형 H

다음으로는 어간의 성조가 일정하게 유지되는 세 부류에 대해 검토하기로 한다.

> (3) 눈(目)
> 　– 눈도(HH), 누넌(HH), 누널(HH), 누니(HH)
> 　– 눈꺼짐(HHL), 눈매치(HHL), 눈매둥(HHL), 눈처럼(HHL), 눈버터
> 　　(HHL), 눈매로(HHL), 눈보담도(HHLL)

제시된 어간 '눈'의 패러다임을 통해 어간에 해당하는 성조는 항상 H로 실현된다는 것을 확인할 수 있다. 어미의 첫 음절은 H, 그 이하 음절은 모두 L로 실현된다. 결과적으로는 뜀틀형 HH, HHL, HHLL 등으로 실현된다. 이에 어간 '눈'의 성조를 '말(斗, 말또HH)'과 같이 고정적 고조인 '뜀틀형 H'로 설정한다.

---

4) 이들을 뜀틀형 H(HH, HHL 등)으로 설정하는 것은 '안(봉우리형 H)#가서(HH) → 안가서 (HLL)', '안(H)#가(뜀틀형 H) → 안가'와 같이 봉우리형 H와 뜀틀형 H가 결합하면 후행 성분이 저조화하기 때문이다. '말(H)+이사(HH) → 마리사(HLL)'에서 후행 성분의 저조화를 확인할 수 있다.

표에 제시된 '팥'도 (3)과 동일한 패러다임을 보이나 처격 어미가 통합하는 경우, 표면성조에서 차이를 보인다. '누네'처럼 처격 통합형이 HL로 실현되는 어간이 있는가 하면 '파테'처럼 처격 통합형이 HH로 실현되는 어간도 있다. 이는 방언권마다 또 화자마다 약간의 차이를 보인다. HL 부류로 확대되는 경향(곽충구 1994)은 무시할 수 없다. 다만 환경을 명세화할 수 없기에 '-에(ㄹ)'가 통합하는 경우는 어휘부에 특별한 장치를 두어야 한다.5) 마치 음장 방언에서 '울:고. 우러(泣)', '적:꼬, 저:거(少)'를 규칙화할 수 없는 것과 같은 이치이다. 이른바 단음화 여부를 어휘부에 명세화하는 것과 같은 유형으로 처리해야 한다.

다음은 상승 복합조가 일정하게 유지되는 어간의 패러다임이다. 하강 복합조와 마찬가지로 단음절이지만 굴곡톤이므로 단독형의 성조도 제시한다.

(4) 눈(L·H, 雪)
  – 누넌(L·HH), 누널(L·HH), 누니(L·HH), 누니사(L·HHL), 누네(L·HH),
    눈도(L·HH)
  – 눈꺼짐(L·HHL), 눈매치(L·HHL), 눈매둥(L·HHL), 눈처럼(L·HHL),
    눈버터(L·HHL), 눈매로(L·HHL), 눈보다도(L·HHLL)

어간 '눈'과 어미가 결합한 패러다임의 표면성조를 살펴볼 때 어간에 해당하는 성조는 L·H로 일정하게 나타남을 확인할 수 있다. 이에 어간 '눈'의 성조를 L·H로 설정한다. 성조 배열을 살펴볼 때 어간 다음 음절의 성조가 H로 고정되는 것(L·HH)이 특징이다.

---

5) 이러한 경향은 화자에 따라 다른 듯하다. 삼척 지역어의 '팥+에'의 경우도, 김차균(2003)에는 LH, 최영미(2009)에는 HL로 제시한다. 이처럼 수의성도 높기에 특별한 경우가 아니면 다른 방언권에서는 생략한다. 사실 영주 지역어에서도 '-에'가 결합하는 경우와 '-에서/에게'가 결합하는 경우가 달리 실현되기도 한다. 후자가 다소 보수적인 경향으로 이해된다. '코에(HL)'로 발화하다가 '코에서(HLL~HHL)'처럼 수의성도 확인된다.

다음은 하강 복합조가 일정하게 유지되는 어간 패러다임이다.

 (5) 아(H·L, 兒)
  – 아도(H·LL), 아년(H·LL), 아릴(H·LL), 아가(H·LL)
  – 아꺼짐(H·LLL), 아매치(H·LLL), 아매둥(H·LLL), 아처럼(H·LLL),
   아버터(H·LLL), 아매로(H·LLL), 아보담도(H·LLLL)

어간 '아'와 어미가 결합한 패러다임의 표면성조를 살펴볼 때 어간에 해당하는 성조는 H·L로 일정하게 나타남을 확인할 수 있다. 이에 어간 '아'의 기저성조를 H·L로 설정한다. 성조 배열을 살펴볼 때 어간 다음 음절의 성조가 모두 저조화하는 것을 확인할 수 있다.

② 2음절 어간의 곡용형

1음절 곡용 어간에서의 서술 방식과 같이 먼저 표를 통해 그 실현 양상을 확인해 보기로 한다. '물팍'과 '여덟'의 경우는 결합형의 성조가 일치한다. 이는 동북 방언과의 대비를 위해 제시한 것이다.

영주: 2음절 곡용 어간

cf. 얼라도(LH·LL, 乳兒), 얼라부텀(LH·LLL)

꼰토 拳鬪	머구 蚊	감재 薯	물팍 膝	여덟 八	아들 兒輩
꼰토가 L·HHL	머구가 HHL	감재가 LHL	물파기 HLL	여덜비 HLL	아드리 H·LLL
꼰토럴 L·HHL	머구럴 HHL	감재럴 LHL	물파걸 HLL	여덜또 HLL	아덜또 H·LLL
꼰토버텀 L·HHLL	머구버텀 HHLL	감재버텀 LLHL	물팍뿌터 HLLL	여덜버텀 HLLL	아들버텀 H·LLLL

꼰토 拳鬪	머구 蚊	감재 薯	물팍 膝	여덟 八	아들 兒輩
꼰토꺼짐 L·HHLL	머구꺼짐 HHLL	감재꺼짐도 LLHLL	물팍꺼짐 HLLL	여덜꺼짐 HLLL	아들꺼짐도 H·LLLLL
꼰토보다 L·HHLL	머구보다 HHLL	감재보다넌 LLLH·LL	물팍뽀다 HLLL	여덜보다 HLLL	아들보다넌 H·LLLL
꼰토매둥 L·HHLL	머구매둥 HHLL	감재매둥 LLHL	물팡매둥 HLLL	여덜마다 HLLL	아들마다 H·LLLL
꼰토에 L·HHL	머구에 HHL	감재에 LHL	물파게 HLL	여덜베 HLL	아드레 H·LLL
꼰토로 L·HHL	머구로 HHL	감재로 LHL	물파그로 HLLL	여덜로 HLL	아들로 H·LLL

1음절 어간에서 살펴본 것처럼 제시된 표에서 어간의 성조가 일정하지 않은 경우를 확인해 보자. 나머지 부류와 달리 '감재'에서만 어미에 따라 어간의 성조가 LH와 LL로 교체되어 있음을 확인할 수 있다. '감재'의 기저 성조를 설정하기 위해 몇몇 어미와의 결합형을 추가하여 제시하기로 한다.

(1) 감재
　가. 감재도(LHL), 감재넌(LHL), 감재럴(LHL), 감재에/감재가(LHL)
　나. 감재꺼짐(LLHL), 감재맨치(LLHL), 감재매둥(LLHL), 감재처럼
　　　(LLHL), 감재버터(LLHL), 감재매로(LLH·LL), 감재보담도(LLLH·LL)

어간 '감재'와 어미가 통합한 곡용형의 표면성조를 살펴볼 때 어간인 2음절까지의 성조는 LH 또는 LL 두 부류로 나타남을 확인할 수 있다. 이러한 이성조가 나타나는 경우, 단음절 어간인 '집(家)'의 기저성조를 '봉우리형 H'로 파악한 것과 같이 어간 '감재'의 기저성조를 LH로 설정한다.

다음으로는 어간의 성조가 일정하게 유지되는 네 부류에 대해 검토하기로 한다.

(2) 물팍(膝)
- 물팍또(HLL), 물파건(HLL), 물파걸(HLL), 물파게/물파기(HLL)
- 물팍꺼짐(HLLL), 물팡매치(HLLL), 물팡매둥(HLLL), 물팍처럼(HLLL),
  물팍뻐터(HLLL), 물팡매로(HLLL), 물팍뽀다도(HLLLL)

어간 '물팍'과 어미가 통합한 곡용형의 표면성조를 살펴볼 때 어간에 해
당하는 2음절까지의 성조는 HL로 일정하게 나타남을 확인할 수 있다. 이에
어간 '물팍'의 기저성조를 HL로 설정한다.
다음은 '머구'의 곡용형과 그 표면성조를 제시한 것이다.

(3) 머구(蚊)
- 머구도(HHL), 머구넌(HHL), 머구럴(HHL), 머구에/머구가(HHL)
- 머구꺼짐(HHLL), 머구매치(HHLL), 머구매둥(HHLL), 머구처럼
  (HHLL), 머구버터(HHLL), 머구매로(HHLL), 머구보담도(HHLLL)

곡용 어간 '머구'와 어미가 통합한 곡용형의 표면성조를 살펴보면 어간
2음절까지의 성조가 HH로 일정하게 나타남을 알 수 있다. 이에 '머구'의
기저성조를 HH로 설정한다.
다음은 '꼰토'의 곡용형과 그 표면성조를 제시한 것이다.

(4) 꼰토(拳鬪)
- 꼰토도(L·HHL), 꼰토넌(L·HHL), 꼰토에/꼰토가(L·HHL)
- 꼰토꺼짐(L·HHLL), 꼰토매치(L·HHLL), 꼰토처럼(L·HHLL),
  꼰토버터(L·HHLL), 꼰토매로(L·HHLL), 꼰토보담도(L·HHLLL)

어간 '꼰토'에 어미가 통합한 곡용형의 표면성조를 살펴볼 때 어간에 해
당하는 2음절까지의 성조는 L·HH로 일정하게 나타남을 확인할 수 있다.

이에 어간 '꼰토'의 기저성조를 L·HH로 설정한다.

다음은 '아들(兒輩)'의 곡용형과 그 표면성조를 제시한 것이다.

    (5) 아들(아이들)

       – 아들또(H·LLL), 아드런(H·LLL), 아드럴(H·LLL), 아드레/아드리(H·LLL)

       – 아들꺼짐(H·LLLL), 아들매치(H·LLLL), 아들매둥(H·LLLL), 아들버
         터(H·LLLL), 아들매로(H·LLLL), 아들보담도(H·LLLLL)

어간 '아들(兒輩)'에 어미가 통합한 곡용형의 표면성조를 살펴볼 때 어간에 해당하는 3음절까지의 성조는 H·LL로 일정하게 나타남을 확인할 수 있다. 이에 어간 '아들'의 성조를 H·LL로 설정한다.

앞의 표에 공간적 제약이 있어서 어간 '얼라(兒)~알라~언나'는 제시하지 못했다. '얼라' 또한 어간의 성조가 일정하게 유지되는 부류이다.

    (6) 얼라(兒)

       – 얼라도(LH·LL), 얼라넌(LH·LL), 얼라럴(LH·LL), 얼라에/얼라가(LH·LL)

       – 얼라꺼짐(LH·LLL), 얼라매둥(LH·LLL), 얼라처럼(LH·LLL), 얼라버
         터(LH·LLL), 얼라매로(LH·LLL), 얼라보다도(LH·LLLL)

어간 '얼라'에 어미가 통합한 곡용형의 표면성조를 살펴볼 때 어간에 해당하는 3음절까지의 성조는 LH·L로 일정하게 나타남을 확인할 수 있다. 이에 어간 '얼라'의 성조를 LH·L로 설정한다.[6]

③ 3음절 어간의 곡용형

앞에서의 서술 방식과 마찬가지로 먼저 표를 통해 그 실현 양상을 확인해

---

6) '그후(LL·H 그#後), 그뒤(LL·H 그#뒤)'와 같은 기식군을 통해 비어두에서의 상승 복합조도 확인할 수 있다.

보기로 한다. '미나리'과 '버버리'의 경우는 결합형의 성조가 일치한다. 이는 다른 방언권, 특히 동북 방언에서 달라지기 때문에 대비를 위해 제시한 것이다.

영주: 3음절 곡용 어간

이얘기 話	무지개 霓	메누리 婦	부시럼 腫	미나리 芹	버버리 啞
이얘기가 L·HHLL	무지개가 HHLL	메누리가 HLLL	부시러미 LLHL	미나리가 LHLL	버버리가 LHLL
이얘기도 L·HHLL	무지개도 HHLL	메누리도 HLLL	부시럼도 LLHL	미나리도 LHLL	버버리도 LHLL
이얘기버텀 L·HHLLL	무지개버텀 HHLLL	메누리버텀 HLLLL	부시럼버터 LLLHL	미나리버텀 LHLLL	버버리버텀 LHLLL
이얘기꺼정 L·HHLLL	무지개꺼정 HHLLL	메누리꺼정 HLLLL	부시럼꺼정도 LLLHL	미나리꺼정언 LHLLLL	버버리꺼지 LHLLL
이얘기보다 L·HHLLL	무지개보다 HHLLL	메누리보다 HLLLL	부시럼보다넌 LLLLH·LL	미나리보다넌 LHLLLL	버버리보다넌 LHLLLL
이얘기매둥 L·HHLLL	무지개매둥 HHLLL	메누리마다 HLLLL	부시럼마다 LLLHL	미나리매둥 LHLLL	버버리매둥 LHLLL
이얘기에 L·HHLL	무지개에 HHLL	메누리에 HLLL	부시러메 LLHL	미나리에 LHLL	버버리에 LHLL
이얘기로 L·HHLL	무지개로 HHLL	메누리로 HLLL	부시러무로 LLHLL	미나리로 LHLL	버버리로 LHLL

앞에서 살펴본 것처럼 제시된 표에서 어간의 성조가 일정하지 않은 어간을 확인해 보자. 나머지 부류와 달리 '부시럼'에서만 어미에 따라 어간의 성조가 LLH와 LLL로 교체되어 있음을 확인할 수 있다. 이러한 유형에서 기저성조를 설정할 수 있다면 나머지 부류는 일정하게 유지되는 성조, 바로 그것이 어간의 기저성조가 되는 것이다. '부시럼'의 기저성조를 설정하기 위해 몇몇 어미와의 결합형을 추가하여 제시하기로 한다.

(1) 부시럼(LLH, 腫)⁷⁾
　　가. 부시럼도(LLHL), 부시러먼(LLHL), 부시러미(LLHL)
　　나. 부시럼매치(LLLHL), 부시럼매둥(LLLHL), 부시럼처럼(LLLHL),
　　　　부시럼버텀(LLLHL), 부시럼매로(LLLH·LL), 부시럼보담도(LLLLH·LL)

　어간 '부시럼'과 어미가 통합한 곡용 패러다임의 성조를 살펴볼 때 어간
3음절까지의 성조는 LLH 또는 LLL 두 계열로 나타남을 확인할 수 있다.
어간 '감재(薯)'의 기저성조를 LH로 파악한 것과 같이 어간 '부시럼'의 기저
성조를 LLH로 설정한다.
　다음은 어간의 성조가 일정하게 유지되는 패러다임이다.

(2) 무지개
　－무지개도(HHLL), 무지개넌(HHLL), 무지개럴(HHLL), 무지개가
　　(HHLL)
　－무지개꺼짐(HHLLL), 무지개매치(HHLLL), 무지개매둥(HHLLL),
　　무지개버터(HHLLL), 무지개매로(HHLLL), 무지개보담도(HHLLLL)

(3) 메누리
　－아지메도(HLLL), 아지메넌(HLLL), 아지메럴(HLLL), 아지메가(HLLL)
　－아지메꺼짐(HLLLL), 아지메매치(HLLLL), 아지메매둥(HLLLL), 아
　　지메처럼(HLLLL), 아지메버터(HLLLL), 아지메매로(HLLLL), 아지
　　메보담도(HLLLLL)

(4) 미나리⁸⁾
　－미나리도(LHLL), 미나리넌(LHLL), 미나리럴(LHLL), 미나리가(LHLL)
　－미나리꺼짐(LHLLL), 미나리매치(LHLLL), 미나리매둥(LHLLL), 미

7) 경북 방언뿐 아니라 영동 방언에서도 '헌디(L·HH)'로 많이 쓰인다. 삼척과 울진은 상승
　복합조 뒤에 L이 놓이는 성조 배열 제약으로 인해 '헌디(L·HL)'로 발화한다.
8) 수의적으로 LH·LL가 확인된다.

나리버터(LHLLL), 미나리매로(LHLLL), 미나리보담도(LHLLLL)

(5) 이얘기
- 이얘기도(L·HHLL), 이얘기럴(L·HHLL), 이얘기가(L·HHLL)
- 이얘기꺼짐(L·HHLLL), 이얘기매치(L·HHLLL), 이얘기매둥(L·HHLLL), 이얘기처럼(L·HHLLL), 이얘기매로(L·HHLLL), 이얘기보다(L·HHLLL)

어간 '무지개/메누리/미나리/이얘기'에 어미가 통합한 곡용형의 표면성조를 살펴볼 때 어간에 해당하는 3음절까지의 성조는 'HHL/HLL/LHL/L·HHL'로 일정하게 나타남을 확인할 수 있다. 이에 그 기저성조를 'HHL(무지개)/HLL(메누리)/LHL(미나리)/L·HHL(이얘기)'로 설정한다.

이 밖에도 2음절, 3음절에 복합조가 놓이는 '얼라들(LH·LL)', '지지바(계집아이)/머시마/저지레(LLH·L)'도 확인된다.

5.1.1.2. 활용형에서의 성조 실현 양상

① 1음절 어간의 활용형

곡용에서는 네 부류의 기저성조를 확인할 수 있었으나 활용 어간의 경우는 그리 단순치 않다.

영주: 1음절 활용 어간

cf. 싸고(斷, H·LL), 싸라도(斷, H·LLL)

잡- 捕	춥- 寒	서- 立	가- 往	울- 泣	적- 少
잡꼬 HL	춥꼬 HH	서고 HL	가고 HL	울고 L·HH	적꼬 L·HH
잠는다 LHL	춥따 HH	선다 HL	간다 HH	운다 L·HH	적따 L·HH

잡- 捕	춥- 寒	서- 立	가- 往	울- 泣	적- 少
잡떠라 LHL	춥떠라 HHL	서더라 LHL	가더라 HHL	우더라 L·HHL	적떠라 L·HHL
자부이 HLL	추우이 HHL	서이 HL	가이 HL	우이 L·HH	저그이 L·HHL
자부먼 HLL	추우먼 HHL	서면 HL	가먼 HL	우먼 L·HH	저그먼 L·HHL
자바도 HLL	추와도 HHL	서도 HH	가도 HH	우러도 HLL	저거도 L·HHL
자바라 HLL	추와라 HHL	서라 L·HH	가라 L·HH	우러라 HLL	저거라 L·HHL

어미 '-고'가 통합하는 경우만을 대상으로 하면 HL, HH, L·HH 세 부류가 확인된다. 일단 동음이 탈락된 '서도(HH)', '가도(HH)'의 경우를 어간의 고조 (봉우리형 H: HL, LHL 등)가 탈락한 것으로 처리하여 잠정적으로는 '잡-'류에 포함하여 논의를 진행해 보자.

    (1) 잡-(捕)/피-(伸)
        가. – 잡꼬(HL), 잡꼬서(HLL), 잡끼(HL), 잡쩨(HL), 잡께(HL), 잠노
            (HL), 자부신다(HLLL), 자부먼(HLL), 자부이깨내(HLLLL), 자
            불라이껴(HLLLL), 자바도(HLL), 자받따(HLL)
        – 잡떠라(LHL), 잡뜬동(LHL), 잡씨더(LHL), 잡끼에(LHL),9) 잡끼
            다(LHL), 잡껜나(LHL), 잡끄래이(LHLL), 잡찌(LH, 잡찌마고
            LLL·HH),10) 잡떤(LH), 잠는(LH), 잠니껴(LHL), 잠니더(LHL),
            잠는대이(LHLL), 잡껜니껴(LLHL), 잡껜니더(LLHL), 잡끄러

---

9) '잡끼(HL)'와 달리 '잡끼에(LHL)'로 실현되면서 곡용에서의 활음화가 활발한 경북 동해안 방언에서는 그 보상적 작용도 일어난다[잡기+에 → 잡끼에(LHL) → 잡계(LH·L) → 잡께 (LH·L)]. 경북은 동해안 방언을 제외하면 활음화가 공시적 현상은 아니다. '잡끼에(LHL)'로 실현되는 특이한 경우는 '잡찌도/잡찌만(HLH)#마(L·H)'과 대응될 수 있다[잡찌~잡쩨(HL)].
10) '잡찌마고(HLLL)'도 확인되나 매우 제한적이다.

(LHL), 잡뚜룩(LHL)
나. – 피고(HL), 피기(HL), 피제(HL), 피게(HL), 피노(HL), 피신다
(HLL), 피먼(HL), 피이깨내(HLLL), 필라이껴(HLLL), 피어도/
피도(HLL/H·LL), 피얻따/핃따(HLL/H·LL)
– 피더라(LHL), 피든동(LHL), 피시더(LHL), 피기에(LHL), 피기
다(LHL), 피겐나(LHL), 피그래이(LHLL), 피지(LH, 피지마고
LLL·HH), 피던(LH), 피는(LH), 피니더(LHL)

어간 '잡-/피-'와 어미가 통합한 활용형의 표면성조를 살펴볼 때 어간인
첫 음절의 성조는 H 또는 L 두 부류로 나타난다는 것을 알 수 있다. 이러한
이성조 부류가 있는 경우는, 단음절 곡용 어간인 '말(馬)/집(家)'의 기저성조
를 '봉우리형 H(HL, LH, LHL 등)'로 파악한 것과 같이 어간 '잡-', '피-'의 기저
성조를 '봉우리형 H'로 설정한다.

(1가)의 두 부류, 어간이 고조로 실현되는 '잡꼬(HL)'류, 어간이 저조로
실현되는 '잡떠라(LHL)'류를 통해 어미의 기저성조를 설정할 수 있다.

(2) 어미의 기저성조
가. 뜀틀형 고조: -고서(HH), -고(H), -기(H), -제(H), -게(H), -노(H),
-으신다(HHL), -먼(H), -으이깨내(HHLL), -을라이껴(HHLL), -아
도/어도(HH), -었다(HH)
나. 봉우리형 고조: -더라(HL), -든동(HL), -시더(HL), -기에(HL), -기
다(HL), -겐나(HL), -그래이(HLL), -지(H, 지마고LLL·HH), -던
(H), -는(H), -니더(HL), -그러(HL), -두룩(HL)

개음절 어간의 '피어도/피도(HLL/H·LL)', '피얻따/핃따(HLL/H·LL)'에서 확
인되는 하강 복합조에 대한 설명이 필요하다. 편의상 '피+어도'만을 제시하
기로 한다.

(3) 피(H)+어도(HH) → 피어도(HLL) → 피이도(HLL) → 피도(H·LL)
　　　　음절화/저조화　　　　완전순행동화　　　음절 축약/복합조화

　위에서 기저성조로 확정한 'H(봉우리형)'와 'HH(뜀틀형)'의 통합은 후행 성분이 저조화된다. 봉우리형 H가 선행 성분에 존재할 경우 성조군에서 H는 하나만 실현될 수 있기에 봉우리형이 아닌 성조는 모두 저조화된다. 이것이 첫 번째 '음절화/저조화' 과정이다. 다음으로 완전순행동화 과정을 거치는 바, 이 과정에서는 성조 변동이 없다. 최종도출 과정인 '음절 축약에 따른 복합조화' 과정을 통해 표면형 '피도(H·LL)'를 도출할 수 있다.

　다음으로는 '피-(伸)', '서-(立)'의 곡용형을 대비하면서 어간 '서-'의 기저성조를 확정해 보자.

(4) 서-(立)
　　– 서고(HL), 서제(HL), 서게(HL), 서노(HL), 서신다(HLL), 서먼(HL),
　　　서이깨내(HLLL), 설라이꺼(HLLL), 서도(HH), 섣따(HH)
　　– 서더라(LHL), 서든동(LHL), 서시더(LHL), 서기다(LHL), 서겐나
　　　(LHL), 서그래이(LHLL), 서지(LH, 서지마고LLL·HH),[11] 서던(LH),
　　　서는(LH), 서니더(LHL)

　'서도(HH), 섣따(HH)'는 다름 아닌 동음 탈락 과정을 거친 후의 표면성조이다. 패러다임 '피-'와 대비하면 완전순행동화의 과정을 거친 '피도(H·LL)', '핃따(H·LL)'와 동음 탈락의 과정을 거친 '서도(HH), 섣따(HH)'에서 차이가 있음을 확인할 수 있다.

(5) 서(봉우리형 H)+어도(HH)　→　서도(HH)
　　　　　　　　　　동음 탈락과 성조 탈락

---

11) '피지마고/서지마고/가지마고(HLLL)'도 확인되나 매우 제한적이다.

　중세 국어에는 '셔아셔(去去去)'처럼 동음 탈락이 안 된 형태가 실현되지만 현대 방언에서는 '서어도' 자체가 음절화된 형태는 전혀 관찰되지 않는다. 모음에 실린 봉우리형 H가 탈락되지 않는다면 후행 성분의 성조가 저조화하여 HL로 실현되어야 할 것인바[(3)에서의 도출 참조], '서도'의 표면성조는 HH이므로 어간모음에 실린 성조가 탈락한 것으로 파악해야 한다. 어간 모음의 탈락으로 그에 얹힌 성조가 탈락된 것이므로 결국 '서-'도 '잡-/피-'와 같은 유형인 것이다. 즉 탈락되지 않았다면 'HLL(서어도)'로 실현될 것이므로 'HLL(피어도)'와 표면성조가 같아지게 된다. 따라서 '서-'의 기저성조는 '봉우리형 H(HL, LHL 등)'로 설정할 수 있다.

　다만 방언권에 따라서는 '서라(L·HH)', '서마(L·HH)', '설래(L·HH)', '설라꼬(L·HHL)' 등과 같이 상승 복합조가 실현되기도 하기에 '피-(伸)'와 무조건 동일시하는 것도 문제이다. 미루어 온 어간 '가-(往)'와 대비하면서 그 해결책을 모색하도록 하자.

　　(6) 가-(往)
　　　－ 가고(HL), 가기(HL), 가제(HL), 가게(HL), 가먼(HL), 가이깨내(HLLL), <u>가노(HH), 가신다(HHL), 갈래/갈리(L·HH), 갈라이껴(L·HHLL), 갈라꼬(L·HHL), 가마(L·HH), 가라(L·HH), 가래이(L·HHL), 가도(HH), 갇따(HH), 간(H), 갈(H)</u>
　　　－ <u>가더라(HHL), 가든동(HHL), 간다(HH), 가던(HH), 가는(HH), 가는데(HHL), 가니더(HHL),</u> 가시더(LHL), 가시데이(LHLL), 가기에(LHL), 가기다(LHL), 가겐나(LHL), 가그래이(LHLL), 가지(LH, 가지마고LLL·HH)

　'서-'와 '가-'는 밑줄 친 부분에서 성조 차이가 난다. 밑줄 친 부분을 (7나), (7다)에 배열하되 HH로 시작하는 것을 (7나)에, 상승 복합조로 시작하는 것을 (7다)에 배치한다. (7가)는 어미에 따라 어간의 성조가 저조와 고조로 교체되는 경우이다.

(7) 가. 가고(HL, 往), 가기(HL), 가제(HL), 가게(HL), 가먼(HL), 가이깨내
(HLLL) ; 가시더(LHL), 가시데이(LHLL), 가기에(LHL), 가기다
(LHL), 가겐나(LHL), 가그래이(LHLL), 가지(LH, 가지마고LLL·HH),
간(H), 갈(H)
나. 가노(HH), 가신다(HHL), 가더라(HHL), 가든동(HHL),[12] 간다
(HH), 가던(HH), 가는(HH), 가는데(HHL), 가니더(HHL), 가도
(HH), 갇따(HH)
다. 갈래(L·HH), 갈라이껴(L·HHLL), 갈라꼬(L·HHL), 가마(L·HH), 가
라(L·HH), 가래이(L·HHL)

다음과 같이 세 부류의 복수 기저성조를 갖는 것으로 파악할 수 있다.
분절 음운론의 환경으로는 (7다)의 복합조를 설명할 방법이 없기 때문에
어미의 기저성조에 따라 어간의 기저성조 유형을 선택하는 것으로 파악
한다.

(8) 가. 봉우리형 H: 가고(HL), 가먼(HL), 갈(H),[13] 가거라(LHL) 등
나. 뜀틀형 H: 가더라(HHL), 간다(HH), 가는(HH), 가도(HH) 등
다. L·H인 경우: 갈라이껴(L·HHLL), 가마(L·HH), 가라(L·HH) 등

(8가)가 봉우리형인 이유는 후행 어미의 기저성조에 따라 어간의 성조가
H와 L로 교체되기 때문이다. '잡-(捕)'의 기저성조를 봉우리형 고조로 설정
할 때와 같은 방식이다. 이들 유형에 속하는 어간을 아래에 제시한다.

(9) 가-(往), 나-(現), 누-(泄), 두-(置), 보-(見), 사-(買), 오-(來), 자-(寢), 주-

---

12) 수의성을 보이는 활용형도 있다. 가더라(HHL~LHL), 가든동(HHL~LHL)
13) 간/갈#여자HH[간녀자/갈려자(이상 HLL)], 간/갈#남자HL[간남자/갈람자(이상 LHL)]

(與), 지-(敗, 落), 하-(爲)∽해ᵛ-14)

임석규(2007)에서는 중세 국어 후의적 성조의 대응형으로, '서-(立)', '이-(戴)'도 포함한 바 있다. 이러한 오류는 패러다임의 단일화와 관련지을 수 있다. 특히 '가-'와 반의 관계에 있는 '오-', '서-'를 같은 패러다임으로 통일화하는 경향이 있는 것이다. 그래서 설래(HL~L·HH), 서래이(HHL~L·HHL)라든가 '가든동(HHL~LHL)', '가더라(HHL~LHL)', '가던(HH~LH)'와 같이 발화하는 경우도 있는 것이다. 이는 패러다임 통일과 관련된 화자들의 대단한 언어 능력이라 이해할 만하다.

다만, 방언권에 따라서 '사-', '지-'는 이러한 부류에 속하지 않을 수도 있다. 관형사형 어미를 후행 명사와 통합시켜 보면 그 부류를 확인하는 데 도움이 될 수 있다. '서는(立)#이', '이는(戴)#이', '지는(荷)#이15)' 등은 하나의 성조군이 될 때 LHL로 발화가 되지만 '가는#늠 → 가는늠(*LHL)'은 HHL로 발화가 된다.

(10) 보(H, 見)+아도/어도(HH) → 보아도(HHL) → 봐도(L·HH)~봐도(HH)
　　　　　　　　　　　음절화에 따른 성조 변동　　　활음화에 따른 복합조화

(11) 지(H, 落)+아도/어도(HH) → 져도(HH) → 저도(HH)
　　　　　　　　　　활음화에 따른 성조 탈락　　활음 탈락

---

14) 2음절 어간, '나가-(나가다)', '나오-(出)', '덧나-(덧나다)', '드오(入)~들오~딜오-', '디가-(入)~드가-', '떠나-(離)', '인나(起)~일라-' 등과 3음절 어간 '들어가-', '들어오-', '일어나-' 등도 '가-'류에 포함된다.

15) '지는#이/진다/지고'는 짐(荷), 책임(任), 빚(債)'과 관련될 때는 'LHL/HL/HL'로 발화되고, '승부'와 관련될 때는 'HHL/HH/HL'로 발화되는 것이 일반적이다. 일반적이라 한 것은 그만큼 패러다임 단일화 경향을 무시할 수 없기 때문이다. '지는때/진다/지고'는 '일몰'의 뜻일 때나, '얼룩 제거'의 뜻일 때나 모두 'HHL/HH/HL'로 발화되는 듯하다. '승부', '일몰', '제거'의 뜻일 때는 '가-'류 어간에 포함된다.

(12) 찌(H, 蒸)+아도/어도(HH) → 쩌도(HH) → 쩌도(HH)
     _{활음화에 따른 성조 탈락   활음 탈락}

(13) 이(H, 戴)+아도/어도(HH) → 여도(HH)
     _{활음화에 따른 성조 탈락}

　　활음화 과정은 보상적 작용을 하느냐 여부에 따라 표면성조가 달라진다. 보상적 작용은 첫 번째 음운 과정인 음절화 여부와 관계되는데 '지어도', '찌어도', '이어도'는 음절화가 되지 않기에 보상적 작용이 봉쇄되는 것이다. 보상적 작용은 음장 방언에서는 장음화로, 성조 방언에서는 복합조화로 나타난다. 이 경우 경북 방언에서는 HH가 상승 복합조 L·H로 변동된다.

　　보상적 작용을 거치지 않는 경우는 표면성조가 HH로 실현되는데 이 경우, '가도'의 성조와 일치되면서 자음 어미 통합형까지 패러다임 단일화를 꾀하기도 한다. 그러다 보니 '가'류 어간이 방언권에 따라 그 수가 달라지기도 한다.

　　다음은 어간의 성조가 일정하게 유지되는 부류이다. 표에 제시된 불규칙 용언 '춥-∽추우-'를 규칙 용언 '뽑'으로 교체한다. 성조 패러다임은 동일하다.

(14) 뽑-(選)/치-(打)
　　가. – 뽑떠라(HHL, 拔), 뽑씨더(HHL), 뽑니더(HHL), 뽑끼다(HHL),
　　　　뽑는대이(HHLL), 뽑는다(HHL), 뽑는(HH), 뽑끼에(HHL)
　　　– 뽑끼(HH), 뽑쩨(HH), 뽑노(HH), 뽑꼬(HH), 뽀바도(HHL), 뽀
　　　　받따(HHL), 뽀부먼(HHL), 뽀부이깨내(HHLLL), 뽀불라이껴
　　　　(HHLLL)
　　나. – 친다(HH, 打), 친대이(HHL), 치시더(HHL), 치니더(HHL), 치는
　　　　(HH), 치기다(HHL), 치기에(HHL)
　　　– 치기(HH), 치노(HH), 치제(HH), 치고(HH), 쳐도(HH), 첟따
　　　　(HH), 치먼(HH), 치이깨내(HHLL), 치신다(HHLL), 칠라이껴(HHLL)

어간 '뽑-/치-'와 어미가 통합한 활용형의 표면성조를 살펴보면 어간에 해당하는 '뽑-/치-'의 성조는 항상 H로 일정하게 실현된다는 것을 알 수 있다. 앞 선 유형들과 달리 어미의 기저성조 또한 의미가 없어진다. 어미의 첫 음절은 H, 그 이하 음절은 모두 L로 실현된다. 결과적으로는 뜀틀형 HH, HHL, HHLL 등으로 실현된다. 이에 어간 '뽑'과 '치-'의 기저성조를 '뜀틀형 H'로 설정한다.

개음절 어간에서의 '처도(HH)'에 대한 도출 과정을 아래에 제시한다.

(15) 치(H, 打)+어도(HH)　→　처도(HH)　→　처도(HH)
　　　　　　　활음화에 따른 성조 탈락　　　　활음 탈락

여기에서도 어간에 얹혀 있던 성조가 탈락한다. 활음화에 따른 보상적 작용이 일어나지 않기에 어간 음절에 얹힌 성조가 탈락한다. 전술한 대로 '치어도'와 같이 음절화가 되지 않음으로써 보상적 작용이 봉쇄된다.

다음은 상승 복합조의 경우이다. 먼저 어간의 성조가 일정하게 L·H로 실현되는 경우를 보자.

(16) 튉-(澁)/뻬-(除)
　가. – 털떠라(L·HHL), 털니더(L·HHL), 털대이(L·HHL), 털뜬동(L·HHL), 털분(L·HH), 털끼다(L·HHL)
　　　 – 털노(L·HH), 털쩨(L·HH), 털꼬(L·HH), 털버도(L·HHL), 떨벋따(L·HHL), 털부먼(L·HHL), 털부이깨내(L·HHLLL)
　나. – 빼더라(L·HHL), 빼니더(L·HHL), 빼기에(L·HHL), 빼기다(L·HHL)
　　　 – 빼기(L·HH), 빼노(L·HH), 빼제(L·HH), 빼고(L·HH), 빼도(L·HH), 뺃따(L·HH), 빼먼(L·HH), 빼신다(L·HHL), 빼이깨내(L·HHLL), 빨라이껴(L·HHLL)

어간 '넓-/빼-'와 어미가 통합한 활용형의 표면성조를 살펴보면 어간에 해당하는 '넓-/빼-'의 성조는 L·H로만 나타남을 알 수 있다. 어미의 첫 음절은 H, 그 이하 음절은 모두 L로 실현된다. 결과적으로는 L·HH, L·HHL, L·HHLL 등으로 실현된다. 이에 어간 '넓-'과 '빼-'의 기저성조를 L·H로 설정한다.16) 성조 배열을 살펴볼 때 어간 다음 음절의 성조가 H로 고정되는 것(L·HH)이 특징이다. 표에 제시된 '적-(少)'의 패러다임은 '넓-'의 패러다임과 동일하다.

다음은 어간의 성조가 L·H와 H로 변동되는 경우이다. 음장 방언의 단음화하는 어간과 대응시킬 수 있다.

(17) 긿-(步)/울-(泣)
  가. – 걸떠라(L·HHL), 걸꺼던(L·HHL), 걸리더(L·HHL), 걸른(L·HH),
     걸른대이(L·HHLL), 걸끼에(L·HHL), 걸로(L·HH), 걸쩨(L·HH),
     걸꼬(L·HH)
   – 거르먼(HLL), 거르이깨내(HLLLL), 거르신다(HLLL), 거를라이
     껴(HLLLL), 거러도(HLL), 거러서(HLL)
  나. – 운대이(L·HHL), 우더라(L·HHL), 우거던(L·HHL), 우니더(L·HHL),
     우기다(L·HHL), 우노(L·HH), 우제(L·HH), 우고(L·HH), 우먼서
     (L·HHL),17) 우이깨내(L·HHLL)
   – 우러도(HLL), 우러서(HLL)

이는 중세의 유동적 상성류에 해당한다. 중세의 고정적 상성류에 해당하는 '넓-'에서와 달리 (17가)는 자음으로 시작하는 어미와 통합할 때에는 어간의 성조가 L·H로, 어미 '아X' 또는 '으X'와 통합할 때에는 H로 실현되어

---

16) '빼도'는 완전순행동화로 설명한다[빼(L·H)+어도(HH) → 빼애도(L·HHL) → 빼도(L·HH)]. 완전순행동화된 음절은 두 음절이 될 수 없기에 L·HH이 한 음절로 되는 과정에서 L·H로 성조 조정이 일어난 것으로 판단한다.
17) 영주, 안동, 봉화, 예천 등에서는 '-고', '-먼' 앞에서도 유음이 탈락된다.

있다.18) (17나)는 어미 '아X'와 통합할 때에는 어간의 성조가 H로, 그 밖의 어미가 통합할 때에는 L·H로 실현되어 있다. 유음 말음 어간을 제외한 폐음절 어간은 (17가)와 같은 패턴, 유음 말음 어간은 (17나)와 같은 패턴을 보인다.

다음은 하강 복합조의 경우이다. 어간의 성조가 H·L로 일정하게 유지된다.

> (18) 쌀-(斷)/이-(茨)
> 　　가. - 싸든동(H·LLL), 싸시더(H·LLL), 싸니더(H·LLL), 싸기다(H·LLL),
> 　　　　　싼다(H·LL), 싼대이(H·LLL)
> 　　　　- 싸노(H·LL), 싸제(H·LL), 싸고(H·LL), 싸먼(H·LL), 싸이깨내
> 　　　　　(H·LLLL), 싸신다(H·LLL), 싸라도(H·LLL), 싸랄따(H·LLL)
> 　　나. - 인다(H·LL), 이제(H·LL), 이고(H·LL), 이든동(H·LLL)
> 　　　　- 이어도/이도(HLL/H·LL), 이얻따/읻따(HLL/H·LL)

어간 '쌀-'에 어미가 통합한 활용형의 표면성조를 살펴보면 어간에 해당하는 '쌀'의 성조는 H·L로 항상 일정하게 실현된다는 것을 알 수 있다. 이에 어간 '쌀-'의 기저성조를 H·L로 설정한다. 다만 '이-'의 경우는 주의를 요한다. 수의적으로 확인되는 '이어도/이얻따(HLL)를 참고하면 H·L로 항상 일정하게 유지되는 것이 아님을 알 수 있다.19) 그런데 상승 복합조와는 달리 하강 복합조에서는 모음 어미와 통합할 때 고조화 과정을 설정할 수 있다.

---

18) 김성규(1987:71-74), 김성규(1988:35)의 제안을 토대로 이를 성조 차이를 보이는 복수 기저형으로 처리하고자 한다. 즉 자음 어미와 통합하는 어간의 기저성조는 저고복합조(L·H)로, 모음 어미 또는 매개모음 어미와 통합하는 어간의 기저성조는 봉우리형 H로 설정될 수 있다.

19) 수의적인 경우를 확인하지 않는다면 '쎄+어도 → 쎄도'와 같이 간결하게 어미초 모음의 탈락으로 처리할 수 있다. 글쓴이는 어미초 모음 '아/어'의 탈락을 인정하지 않는 입장이다.

개음절에서는 예외가 확인되지 않는다.

(19) 이(H·L, 茨)+어도(HH) → 이어도(HLL) → 이이도(HLL) → 이도(H·LL)
　　　　성조 변동(고조화/저조화)　　　완전순행동화　　　음절 축약과 복합조화

　이상의 도출 과정에 근거하면 어간 '이-'의 기저성조는 H·L로 설정할 수 있다. 모음 어미와 통합할 때만 복합조가 고조로 변동하는 것이다. 음장 방언의 단음화와 같은 것이다.

② 2음절 어간의 활용형

영주: 2음절 활용 어간

가찹-20) 近	곤체- 改	드물- 稀	더룹- 染	헤지-21)/깨지- 別/破	달리- 懸
가찹꼬 LHL	곤체고 HLL	드무고 HHL	더룹꼬 L·HHL	헤지고/깨지고 H·LLL	달레고 LH·LL
가찹따 LHL	곤첸다 HLL	드무다 HHL	더룹따 L·HHL	히진다 H·LLL	달렌다 LH·LL
가찹떠라 LLHL	곤체더라 HLLL	드무더라 HHLL	더룹떠라 L·HHLL	헤지더라 H·LLLL	달레더라 LH·LLL
가차우이께네 LHLLLL	곤체이 HLL	드무이 HHL	더루우이 L·HHLL	헤지이 H·LLL	달레이 LH·LL
가차우먼 LHLL	곤체먼 HLL	드무먼 HHL	더루우먼 L·HHLL	헤지먼 H·LLL	달레먼 LH·LL
가차와서 LHLL	곤체도 HLL	드무러도 HHLL	더루와도 L·HHLL	히저도/깨저도 H·LLL	달레도 LH·LL
가차왇따 LHLL	곤첻따 HLL	드무럳따 HHLL	더루왇따 L·HHLL	히젇따 H·LLL	달렏따 LH·LL

---

20) 복수 기저형 '가찹-(LH)~가차우-(LHL)', '더럽-(L·HH)~더러우-(L·HHL)'류는 이하에서는 편의상 자음 어미 결합형 '가찹-', '더럽-'으로 제시한다.
21) '해지다(裂)'도 성조 패턴이 같다.

제시된 표에서 어간의 성조가 일정하지 않은 어간을 확인해 보자. 첫 번째 제시된 '가찹-'의 활용형에서 LH로 시작하는 표면성조와 LL로 시작하는 표면성조가 확인된다. 아래에서 어미를 보충하여 구체적으로 살펴보자.

(1) 가찹-
   - 가찹따(LHL), 가찹노(LHL), 가찹쩨(LHL), 가찹꼬(LHL), 가차우먼
     (LHLL), 가차우이깨내(LHLLL), 가차와도(LHLL), 가차왇따(LHLL)
   - 가찹떠라(LLHL), 가찹뜬동(LLHL), 가찹니더(LLHL), 가찹끼다
     (LLHL), 가찹니껴(LLHL)

어간 '가찹-'과 어미가 통합한 곡용형의 표면성조를 살펴볼 때 둘째 음절까지의 성조는 LH 또는 LL 두 부류로 나타난다는 것을 알 수 있다. 이러한 이성조 부류가 있는 경우는, 단음절 어간인 '잡-(捕)'의 기저성조를 '봉우리형 H'로 파악한 것과 같이 어간 '가찹-'의 기저성조를 LH로 설정한다.[22]

앞에서 살펴본 단음절 어간 '가-'류에 속하는 어간으로는 '나가-', '떠나-' 등을 대표적인 예로 들 수 있다. 어간 '가-'를 세 가지의 복수 기저성조를 갖는 어간으로 파악한 것처럼 '나가-', '떠나-' 등도 세 가지의 복수 기저성조를 갖는 것으로 파악해야 한다. 둘째, 셋째 음절의 HH와 L·HH를 공시적 환경으로 설명할 수 없기 때문이다. 자세한 것은 1음절 '가-'류 용언으로 돌리고 여기에서는 '나가-', '떠나-'의 활용형의 표면성조를 세 부류로 나누어 제시하고자 한다. 편의상 '떠나-'의 경우는 활용형의 수를 줄여서 제시한다.

(2) 나가-(出)
   가. 나가고(LHL), 나가기(LHL), 나가제(LHL), 나가게(LHL), 나가먼
     (LHL), 나가이깨내(LHLLL) ; 나가시더(LLHL), 나가시데이

22) '가찹-'은 이른바 ㅂ 변칙 용언이기에 또 다른 어간 '가차우-(LHL)'를 설정해야 한다. 변칙 용언이 아닌 '맹글-', '자불-' 등은 LH를 기저성조로 한다.

　　　(LLHLL), 나가기에(LLHL), 나가기다(LLHL), 나가겐나(LLHL),
　　　나가그래이(LLHLL), 나가지(LLH, 나가지마고LLLL·HH), 나간
　　　(LH), 나갈(LH)

　나. 나가노(LHH),　나가신다(LHHL),　나가더라(LHHL),　나가든동
　　　(LHHL),[23] 나간다(LHH), 나가던(LHH), 나가는(LHH), 나가는데
　　　(LHHL), 나가니더(LHHL), 나가도(LHH), 나갇따(LHH)

　다. 나갈래(LL·HH), 나갈라이껴(LL·HHLL), 나갈라꼬(LL·HH), 나
　　　가마(LL·HH), 나가라(LL·HH), 나가래이(LL·HHL)

(3) 떠나-(離)

　가. 떠나고(LHL), 떠나기(LHL), 떠나제(LHL), 떠나먼(LHL), 떠나이
　　　(LHL) ; 떠나시더(LLHL), 떠나시데이(LLHLL), 떠나겐나(LLHL),
　　　떠난(LH), 떠날(LH)

　나. 떠나노(LHH), 떠나신다(LHHL), 떠난다(LHH), 떠나는(LHH), 떠
　　　나는데(LHHL), 떠나니더(LHHL),떠나도(LHH), 떠나야(LHH)

　다. 떠날래(LL·HH), 떠날라이껴(LL·HHLL), 떠날라꼬(LL·HH),[24]
　　　떠나마(LL·HH), 떠나라(LL·HH)

　　　cf. '가보-(가 보다)', '나두-(放)~내두-~내뚜-~냅뚜-~납뚜-',
　　　　'나오-(出)', '덧나-(덧나다)', '드오(入)~들오~딜오-', '디가-(入)~
　　　　드가-', '따주-(摘)', '떠가-', '떠나-(離)', '떠주-(떠주다)', '인나-
　　　　(起)~일라-', '잘하-(잘하다)', '케보-(켜보다)~써보-', '퍼오-(퍼
　　　　오다)', '해보-(해보다)', '해주-(해주다)'

　'가-'류의 기저성조를 셋으로 설정한 것과 같이 '나서-'류의 기저성조도
셋으로 제시한다. (2가)를 통해 '나가-(LH, 봉우리형)', (2나)를 통해 '나가-(LH,

---

23) 다음의 몇몇 활용형은 표면성조가 수의성을 보인다. '나가더라(LLHL), 나가든동(LLHL),
　　나가는데(LLHL), 나가니더(LLHL)'에 비해 '나가던(LLH), 나가는(LLH)'은 수의성이 다소
　　떨어져 보인다.
24) '나가-'의 활용형에서와 달리 '떠날라이껴(LL·HHLL), 떠날라꼬(LL·HH)'는 'LHLLL,
　　LHLL'로도 실현된다.

띰틀형 H[25])', (2다)를 통해 '나가-(LL·H)'를 설정할 수 있다. 성조 변동 규칙으로 다른 성조 패턴을 이끌어 낼 수 없기 때문에 복수 기저성조를 설정해야 한다.[26]

다음의 (4), (5), (6), (7)은 어간의 성조가 일정하게 나타난다.

> (4) 드무-
> 드무다(HHL), 드무대이(HHLL), 드무든동(HHLL), 드무니더(HHLL), 드무기다(HHLL), 드무노(HHL), 드무제(HHL), 드무고(HHL), 드무니꺼(HHLL), 드무먼(HHL), 드무이깨내(HHLLL), 드무러도(HHLL), 드무럳따(HHLL), 드물리껴(HHLL)

> (5) 곤체-
> 곤첸다(HLL), 곤첸대이(HLLL), 곤체든동(HLLL), 곤체거래이(HLLLL), 곤체시더(HLLL), 곤체니더(HLLL), 곤체기다(HLLL), 곤체니껴(HLLL), 곤체노(HLL), 곤체제(HLL), 곤체고(HLL), 곤체먼(HLL), 곤체이깨내(HLLLL), 곤첼리껴(HLLL), 곤체도(HLL), 곤첻따(HLL)

어간 '드무-/곤체'와 어미가 통합한 활용형의 표면성조를 살펴보면 어간에 해당하는 '드무-/곤체-'의 성조는 'HH/HL'로만 나타남을 알 수 있다. 이에 그 기저성조를 '드무-(HH)/곤체-(HL)'로 설정한다.

다음은 상승 복합조와 하강 복합조로 시작하는 어간 패러다임이다.

---

25) H 뒤에 H가 놓이는 LHH, LHHL, HHL, HH 등을 말한다.
26) 참고로 3음절 어간의 경우를 제시한다. 이 또한 '가-(往)'와 같이 세 기저성조를 설정해야 한다.
드러가고(LLHL), 드러가이(LLHL), 드러가먼(LLHL) ; 드러가더라(LLHHL), 드러가는동(LLHHL), 드러가는데(LLHHL) ; 드러가마(LLL·HH), 드러갈리~드러갈래(LLL·HH), 드러가라(LLL·HH)

(6) 더룹-

더룹따(L·HHL), 더룹때이(L·HHLL), 더룹뜬동(L·HHLL), 더룹니더
(L·HHLL), 더룹끼다(L·HHLL), 더룹노(L·HHL), 더룹쩨(L·HHL), 더
룹꼬(L·HHL), 더룹니껴(L·HHLL), 더루와도(L·HHLL)~더레도(L·HHL),
더루왇따(L·HHLL), 더루우먼(L·HHLL), 더루우이깨내(L·HHLLLL)

(7) 깨지-(破)

깨진다(H·LLL), 깨지든동(H·LLLL), 깨지기다(H·LLLL), 깨지노(H·LLL),
깨지고(H·LLL), 깨지먼(H·LLL), 깨지이깨내(H·LLLLL), 깨저도(H·LLL),
깨젇따(H·LLL)

어간 '더럽-/깨지-'과 어미가 통합한 활용형의 표면성조를 살펴보면 어간
에 해당하는 '더럽-/깨지-'의 성조는 'L·HH/H·LL'로만 나타남을 알 수 있다.
이에 어간 '더럽-'의 기저성조를 L·HH로, '깨지-'의 기저성조를 H·LL 설정
한다. 표에 제시된 '혜지-(刎)'의 패러다임은 '깨지-'의 패러다임과 동일하다.

(8) 달레-(懸)

  – 달렌다(LH·LL), 달레든동(LH·LLL), 달레기다(LH·LLL)
  – 달레노(LH·LL), 달레고(LH·LL), 달레먼(LH·LL), 달레이깨내(LH·LLLL),
    달레도(LH·LL), 달렏따(LH·LL)

어간 '달레-'와 어미가 통합한 활용형의 표면성조를 살펴보면 어간에 해
당하는 '달레-'의 성조는 LH·L로만 나타남을 알 수 있다. 이에 어간 '달레-'
의 기저성조를 LH·L로 설정한다.

다음 (9), (10)에 제시된 어간 패러다임은 기저성조를 하나로 파악하기
어려운 경우이다.

(9) 아푸-(痛)

　가. – 아푸다(LHL), 아푸노(LHL), 아푸제(LHL), 아푸고(LHL), 아푸
　　　 먼(LHL), 아푸이깨내(LHLLL), 아풀라나(LHLL)

　　　 – 아푸더라(LLHL), 아푸거던(LLHL), 아푸니더(LLHL), 아푸기다
　　　 (LLHL),

　나. – 아파도(HLL), 아팓따(HLL)

(10) 흐르-(流)

　가. – 흐른다(LHL), 흐르노(LHL), 흐르제(LHL), 흐르고(LHL), 흐르
　　　 먼(LHL), 흐르이깨내(LHLLL), 흐를라나(LHLL)

　　　 – 흐르더라(LLHL), 흐르거던(LLHL), 흐르니더(LLHL), 흐르기에
　　　 (LLHL)

　나. 흘러도(HLL), 흘런따(HLL)

　(9가), (10가)를 통해 어간 두 음절에 해당하는 성조가 LH와 LL로 교체되어 있음을 확인할 수 있다. '가찹-'의 기저성조 LH를 설정하는 과정과 같다. 어미에 따라 어간의 성조가 LH와 LL로 교체되는 것이다. '아푸(LH)+더라(HL) → 아푸더라(LLHL)'와 같이 봉우리형 두 고조 중 선행하는 고조가 저조로 변동된 것이다. 그러나 (9나), (10나)에서는 전혀 다른 표면성조가 확인된다. 모음 어미 통합형일 때 LH를 가진 기저성조가 HL로 바뀌는 것은 자연스럽지 하다. 이에 기저성조를 두 가지로 설정할 수밖에 없다. '아푸-(LH)'와 '아파-(HL)'를 복수 기저형으로, '흐르-(LH)'와 '흘르-(HL)'를 복수 기저형으로 갖는다.

　다음은 상승 복합조가 둘째 음절에 위치하는 패러다임이다.

(11) 따듬-(磨)

　　 – 따듬는다(LL·HHL), 따듬뜬동(LL·HHL), 따듬끄래이(LL·HHLL), 따
　　 듬니더(LL·HHL), 따듬끼다(LL·HHL), 따듬니껴(LL·HHL), 따듬노

(LL·HH), 따듬쩨(LL·HH), 따듬꼬(LL·HH)
- 따드무먼(LHLL), 따드무이(LHLL), 따드무신다(LHLLL), 따드머
도~따드마도(LHLL), 따드먿다~따드맏따(LHLL)

제시된 활용 어간 '따듬-'에 어미가 통합한 활용형의 표면성조를 통해 어
간 두 음절에 해당하는 성조는 두 부류로 실현되어 있음을 확인할 수 있다.
LL·H 계열과 LH 계열이 그것이다. 이는 단음절 어간 '곪-', '울-'에서의 기저
성조 설정 방식과 일치한다. 이른바 중세의 유동적 상성류에 해당하는 것이
다. '곪-', '울-'에서 언급한 것처럼 어간 성조 변동을 공시적으로 설명할 수
없다. 이에 기저성조를 둘(LL·H, LH)로 파악해야 한다. 음장 방언에서 '울:고,
우러(泣, cf. 적:꼬, 저:거 少)'의 단음화 과정을 규칙화할 수 없는 것과 같다.

패러다임 (11)은 어간 'LH(따듬-)'에서 재구조화한 것으로 이해된다. 음장
방언의 단음화 조건이 재구조화에 영향을 끼친 것으로 이해된다. '따드머',
'따드무먼'의 LHL, LHLL에서 둘째 음절의 고조가 상승 복합조에서 평판조
로 바뀐 것으로 파악할 수 있다는 것이다. 마치 '운꼬(L·HH), 우서(HL)'와
'비운꼬(LL·HH), 비우서(LHL)'와 같은 관계로 파악할 수 있는 것이다. 이에
'따드머(LHL)'를 통해 표면성조를 재분석하면 '따듬-(L·HH)' 어간이 형성될
수 있는 것이다.

다음은 색채 형용사, 어간말 ㅎ을 가진 어간의 패러다임이다. 동남 방언
권에서는 '노라코(LHL)', '노란데(LHL)'처럼 '노랗-(LH, 봉우리형 H)'으로 실현되
는 것이 일반적이나 영주 지역어에서는 뜀틀형이 수의적으로 실현된다.

(12) 노랗-(黃)[27]
- 노란데(LHH), 노란노(LHH), 노라체(LHH), 노라코(LHH), 노라먼

---

27) '노랗-'은 자음 어미와 통합하며, '노라-'는 매개모음 어미와, '노래-'는 모음 어미와 통합한
다(최명옥 1988). 편의상 '노랗-'을 대표형으로 제시한다.

(LHH), 노라이깨내(LHHLL), 노래도(LHH), 노래서(LHH), 노래야
(LHH), 노랜따(LHH)
- 노라터라(LHHL), 노라튼동(LHHL), 노란니더(LHHL), 노라키다
(LHHL)

(12)에 제시된 활용형에서는 둘째 음절과 셋째 음절에서 연속으로 HH가
보인다. '노라터라(LHHL)'에서는 이른바 제대로 된 뜀틀 형상을 확인할 수
있다. 둘째 음절 이하에서 HH가 확인되는 것이다.

'노랗-'의 활용형 표면성조는 3음절까지 LHH로 나타나기에 그 성조를
LH로 설정할 수 없다. LH로 설정하면 '노라터라'는 LLHL로 실현되어야
한다. 어미 '-더라'의 기저성조가 HL이기 때문에 어간 LH의 고조가 저조로
변동되어야 하기 때문이다. 'LHHL(노라터라)'로 실현되기에 그 기저성조를
LH(뜀틀형 H)'로 설정할 수밖에 없다.[28] 고조가 연속으로 나타나는 것은 봉
우리형이 아니라 뜀틀형이기 때문이다.

③ 3음절 어간의 활용형

1음절, 2음절 어간에서 살펴본 바와 같이 3음절 어간이라면 어간 말음절
의 성조가 H 또는 L로 변동되는 어간은 LLH로 기저성조를 설정할 수 있다.
즉 3음절 어간의 기저성조가 LLH인 경우는 어미에 따라 3음절까지의 성조
가 LLL 또는 LLH로 나타난다고 할 수 있다.

---

28) 영주 지역어에서도 '노라코(LHL)', '노라터라(LLHL)'와 같은 표면성조도 확인된다. 또 다
른 방언권의 표면성조를 고려할 때 이는 봉우리형 고조로 끝난 어간이 뜀틀형 고조로
끝나는 어간으로 재구조화되는 과정에 있는 것으로 보인다. 공통점은 어간말 'ㅎ'이 확인
된다는 것이다. 색채 형용사에서 이런 성조 측면의 재구조화가 확인된다. 이는 '하-'의 활
용형 '해도'의 성조와 관련되어 보인다. 이 방언권을 포함한 동해안 방언권에서는 '해도',
'핻따'가 HH로 실현되는 것이 일반적이기 때문이다. 이는 '봐도/바도(HH)'에서도 확인되
는데 '가도, 와도, 갔다, 왔다'에서의 HH가 기준형이 되어 단일화를 꾀하는 것이다. 화자
의, 통일을 꾀하는 대단한 언어 능력이다. '가'류 용언의 특징이다.

영주: 3음절 활용 어간

게그르- 怠	붉어지- 紅	뚜둘게/기다레- 敲/待	어지럽- 亂	더럽헤- 汚
게그르고 LLHL	불거지고 HLLL	뚜둘게고/기다레고 LHLL	어지럽꼬 HHLL	더러페고 L·HHL
게그르다 LLHL	불거진다 HLLL	뚜둘겐다/기다렌다 LHLL	어지럽따 HHLL	더러펜다 L·HHLL
게그르더라 LLLHL	불거지더라 HLLLL	뚜둘게더라 LHLLL	어지럽떠라 HHLLL	더러페더라 L·HHLLL
게그르이 LLHL	불거지이 HLLL	뚜둘게이 LHLL	어지러우이 HHLL	더러페이 L·HHLL
게그르먼 LLHL	불거지먼 HLLL	뚜둘게먼 LHLL	어지러우먼 HHLLL	더러페먼 L·HHLL
게글러도 LHLL	불거저도 HLLL	뚜둘게도/기다레도 LHLL	어지러와도 HHLLL	더러페도 L·HHLL
게글런따 LHLL	불거전따 HLLL	뚜둘겐따 LHLL	어지러왇따 HHLLL	더러펜따 L·HHLL

먼저 위 표에는 제시되지 않았지만 어간의 말음절 성조가 어미에 따라 변동되는 경우를 보도록 한다.

(1) 간지롭~간지룹-(痒)
  – 간지롭쩨(LLHL), 간지롭꼬(LLHL), 간지로우이께네(LLHLLLL), 간지로와서(LLHLL)
  – 간지롭뜬동(LLLHL), 간지롭니더(LLLHL), 간지롭끼다(LLLHL)

어간 '간지롭-'과 어미가 통합한 활용형의 표면성조를 살펴보면 어간에 해당하는 '간지롭-'의 성조는 LLH 또는 LLL 두 가지 계열로 나타남을 확인할 수 있다. 1음절 어간 '잡-'의 기저성조, 2음절 어간 '가찹-'의 기저성조를 설정하는 방식과 같다. 2음절 어간 '가찹-'의 기저성조를 LH로 설정한 것처럼 '간지롭-'의 기저성조를 LLH로 설정한다.

다음은 '간지롭-'과 부분적으로 일치되는 패러다임이다. 모음 어미 통합형에서만 표면성조가 달라진다.

> (2) 게그르-
>   가. – 게그르다(LLHL), 게그르노(LLHL), 게그르먼(LLHL), 게그르이
>   깨내(LLHLLL)
>   – 게그르든동(LLLHL), 게그르니더(LLLHL), 게그르기다(LLLHL)
>   나. 게글러도(LHLL), 게글런따(LHLL)

(2가)를 통해 어간 세 음절에 해당하는 성조가 LLH와 LLL로 교체되어 있음을 확인할 수 있다. '가찹-'의 기저성조 LH를 설정하는 과정과 같다. 어미에 따라 어간의 성조가 LLH와 LLL로 교체되는 것이다. '게그르(LLH)+더라(HL) → 게그르더라(LLLHL)'와 같이 봉우리형 두 고조 중 선행하는 고조가 저조로 변동된 것이다. 그러나 (2나)에서는 전혀 다른 표면성조가 확인된다. 모음 어미 통합형일 때 LLH를 가진 기저성조가 LHL로 바뀌는 것은 자연스럽지 못한 인위적인 것임에 틀림없으므로 기저성조를 두 가지로 설정할 수밖에 없다. 2음절 어간 '흐르-'의 기저성조를 'LH(흐르-)⌒HL(흘르-)'로 파악한 것처럼 (2)에 제시된 어간도 복수 기저성조 'LLH(게그르-)⌒LHL(게글르-)'로 설정한다.

다음은 어간의 성조가 일정하게 나타나는 패러다임이다. 각각의 기저성조를 '어지럽-(HHL)', '자빠지-(HLL)', '뚜둘게(LHL)'로 설정할 수 있다.

> (3) 어지럽-
>   – 어지럽따(HHLL), 어지럼노(HHLL), 어지럽쩨(HHLL), 어지럽꼬
>   (HHLL), 어지러우먼(HHLLL), 어지러우이(HHLLL), 어지러와도
>   (HHLLL), 어지러왇따(HHLLL)

  - 어지럽뜬동(HHLLL), 어지럽꺼턴(HHLLL), 어지럼니더(HHLLL),
  어지럽끼다(HHLLL),

(4) 자빠지-
  - 자빠지지(HLLL), 자빠지노(HLLL), 자빠지제(HLLL), 자빠지고(HLLL),
  자빠지먼(HLLL), 자빠지이깨내(HLLLLL), 자빠질라꼬(HLLLL), 자
  빠저도(HLLL), 자빠젇따(HLLL)
  - 자빠진대이(HLLLL), 자빠지든동(HLLLL), 자빠지그라(HLLLL), 자
  빠지니더(HLLLL), 자빠지기다(HLLLL)

(5) 뚜둘게-
  - 뚜둘게노(LHLL), 뚜둘게제(LHLL), 뚜둘게고(LHLL), 뚜둘게먼
  (LHLL), 뚜둘게이깨내(LHLLLL), 뚜둘게도(LHLL), 뚜둘겓따(LHLL)
  - 뚜둘겐다(LHLL), 뚜둘게든동(LHLLL), 뚜둘게그래이(LHLLLL), 뚜
  둘게니더(LHLLL), 뚜둘게기다(LHLLL)

다음은 상승 복합조로 시작하는 패러다임이다.

(6) 더럽헤-
  - 더러페노(L·HHLL), 더러페제(L·HHLL), 더러페고(L·HHLL), 더러
  페먼(L·HHLL), 더러페이깨내(L·HHLLLL), 더러페신다(L·HHLLL),
  더러페도(L·HHLL), 더러펟따(L·HHLL)
  - 더러펜다(L·HHLL), 더러페든동(L·HHLLL), 더러페그래이(L·HHLLLL),
  더러페기다(L·HHLLL)

  어간과 어미가 통합한 활용형의 표면성조를 살펴보면 어간 3음절에 해당
하는 '더러페-'의 성조는 L·HHL로만 나타남을 알 수 있다. 따라서 어간 '더
럽헤-'의 기저성조를 L·HHL로 설정할 수 있다.
  상승 복합조가 둘째 음절에 위치하는 패러다임이다.

(7) 떠벌쎄/떠벌레-(多辯)
  - 떠벌쎄노(LL·HHL), 떠벌쎄제(LL·HHL), 떠벌쎄고(LL·HHL), 떠벌
    쎄먼(LL·HHL), 떠벌쎄이깨내(LL·HHLLL), 떠벌쎄도(LL·HHL), 떠
    벌쎌따(LL·HHL)
  - 떠벌쎈대이(LL·HHLL), 떠벌쎄든동(LL·HHLL), 떠벌쎄니더(LL·HHLL),
    떠벌쎄기다(LL·HHLL)

  어간 '떠벌쎄-'와 어미가 통합한 활용형의 표면성조를 살펴보면 어간에
해당하는 '떠벌쎄-'의 성조는 LL·HH로만 나타남을 알 수 있다. 따라서 어간
'떠벌쎄/떠벌레-'의 기저성조를 LL·HH로 설정할 수 있다.
  다음은 하강 복합조가 둘째 음절에 위치하는 패러다임이다.

(8) 으개지-(粉)
  - 으개지노(LH·LLL), 으개지제(LH·LLL), 으개지고(LH·LLL), 으개지
    먼(LH·LLL), 으개지이깨내(LH·LLLLL), 으개저도(LH·LLL), 으개저
    서(LH·LLL)
  - 으개진다(LH·LLL), 으개지든동(LH·LLLL), 으개지기다(LH·LLLL)

  어간 '으개지-'와 어미가 통합한 활용형의 표면성조를 살펴보면 어간에
해당하는 '으개지-'의 성조는 LH·LL로만 나타남을 알 수 있다. 따라서 어간
'으개지-'의 기저성조를 LH·LL로 설정할 수 있다.
  다음은 하강 복합조가 셋째 음절에 위치하는 패러다임이다.

(9) 모자레-(寡)
  - 모자레노(LLH·LL), 모자레제(LLH·LL), 모자레고(LLH·LL), 모자레
    먼(LLH·LL), 모자레이깨내(LLH·LLLL), 모자레도(LLH·LL), 모자렌
    따(LLH·LL)
  - 모자렌다(LLH·LL), 모자레든동(LLH·LLL), 모자레기다(LLH·LLL)

어간 '모자레-'와 어미가 통합한 활용형의 표면성조를 살펴보면 어간에 해당하는 '모자레-'의 성조는 LLH·L로만 나타남을 알 수 있다. 따라서 어간 '모자레-'의 기저성조를 LLH·L로 설정할 수 있다.[29]

다음은 2음절 어간 '노랗-' 유형처럼 재구조화된 어간 패러다임이다. 색채 형용사나 성상 형용사들이 이 유형에 포함된다.

　(10) 똥그랗-(圓)
　　– 똥그란노(LLHH), 똥그라체(LLHH), 똥그라코(LLHH), 똥그라먼 (LLHH), 똥그라이깨내(LLHHLL), 똥그래도(LLHH), 똥그래서(LLHH), 똥그래야(LLHH), 똥그랟따(LLHH)
　　– 똥그라터라(LLHHL), 똥그라튼동(LLHHL), 똥그란니더(LLHHL), 똥그라키다(LLHHL)

(10)에 제시된 활용형에서는 특이한 성조형이 관찰된다. 셋째 음절과 넷째 음절에서 연속으로 HH가 보인다. 특히 '똥그라이깨내(LLHHLL)'에서는 이른바 제대로 된 뜀틀 형상을 확인할 수 있다. 3음절 이하에서 HH가 확인되는 것이다.

'똥그랗-'에 어미가 통합한 활용형의 표면성조는 4음절까지 'LLHH'로 나타나기에 그 성조를 LLH로 설정할 수 없다. LLH로 설정하면 '똥그라터라'는 LLLHL로 실현되어야 한다. 어미 '-더라'의 기저성조가 HL이기 때문에 어간 LLH의 고조가 저조로 변동되어야 하기 때문이다. 'LLHHL(똥그라터라)'로 실현되기에 그 기저성조를 LLH(뜀틀형 H)'로 설정할 수밖에 없다.[30] 고조

---

29) '모지레(LLH·L)', '모자레~모지레(L·HHL)'로도 실현된다.
30) 이 지역에서도 '똥그라코(LLHL)', '똥그라터라(LLLHL)'와 같은 표면성조도 확인된다. 또 다른 방언권의 표면성조를 고려할 때 이는 봉우리형 고조로 끝난 어간이 뜀틀형 고조로 끝나는 어간으로 재구조화되는 과정에 있는 것으로 보인다. 공통점은 어간말 'ㅎ'이 확인된다는 것이다. 색채 형용사, 성상 형용사 등에서 이런 성조 측면의 재구조화가 확인된다.

가 연속으로 나타나는 것은 봉우리형이 아니라 뜀틀형이기 때문이다.

다음은 2음절 어간 '따듬-' 유형처럼 재구조화된 어간 패러다임이다. 'LLH(씨다듬-/가다듬-)'에서 재구조화한 패러다임으로 이해된다. 재구조화와 관련된 설명은 '따듬-'의 활용형을 참고할 수 있다.

> (11) 씨다듬-(撫)
> – 씨다듬쩨(LLL·HH), 씨다듬노(LLL·HH), 씨다듬나(LLL·HH), 씨다듬꼬(LLL·HH), 씨다듬는대이(LLL·HHLL), 씨다듬뜬동(LLL·HHL), 씨다듬끄래이(LLL·HHLL), 씨다듬니대이(LLL·HHLL), 씨다듬끼다(LLL·HHL)
> – 씨다드머도(LLHLL), 씨다드멀따(LLHLL), 씨다드무먼(LLHLL), 씨다드무이깨내(LLHLLLL), 씨다드무신다(LLHLLL), 씨다드물라이껴(LLHLLLL)
> cf. 가다듬꼬(LLL·HH), 가다듬니대이(LLL·HHLL)
>   가다드무먼(LLHLL), 가다드머도(LLHLL)

어간 '씨다듬-'과 어미가 통합한 활용형의 표면성조를 관찰하면 앞선 '따듬-'과 동일한 양상을 보인다는 것을 알 수 있다. '씨다듬-'의 활용형에서 관찰되는 성조는 두 계열이 있다. 'LLL·H' 계열과 LLHL 계열이 바로 그것이다. 어간에 해당하는 셋째 음절까지의 성조만 고려한다면 'LLL·H' 또는 LLH임을 알 수 있다. 이로 볼 때 어간 '씨다듬-'은 1음절 어간 '울-', 2음절 어간 '따듬-'과 마찬가지로 이른바 중세 국어의 유동적 상성류에 해당하는 것으로 볼 수 있다. '긇-', '울-'에서 언급한 것처럼 어간의 성조 변동을 공시적으로 설명할 수 없으므로 어간 '씨다듬-'은 LLL·H과 LLH을 기저성조를 하는 어간으로 분류된다. 음장 방언에서 '울:고, 우러(泣, cf. 적:꼬, 저:거 少)'의 단음화 과정을 규칙화할 수 없는 것과 같다.

5.1.2. 경북 서부

전술한 바와 같이 경북 서부 방언의 가장 특징적인 요소는 바로 저조로 시작하는 어사에 적용되는 율동 제약이다.[31] 다음은 그 제약을 확인할 수 있는 예이다.

(1) 그소리물라라고그래능가보구'만[32]
　　 잘써는사라미라고할때'는
　　 그새도모차마'요
　　 헹이가튼거여논는거'는
　　 터라구라카는사람도읻'꼬
　　 전자가이고인능거지'요
　　 cf. 몯싸는거업써'요('못'은 저고복합조), 지낼라카'고[33]('지내-'는 HH)

제시된 자료는 과연 하나의 성조군일까 의심될 정도로 한 성조군으로서는 매우 길게 나타나는바, 끝에서 둘째 음절에 고조가 놓인 것을 알 수 있다. 그소리(LHL), 잘써는(LH·LL), 그새(LH·L), 행이(LH, 喪輿), 터라구(LHL, 毛), 전자(LH·L, 겨누+어)에서 알 수 있듯이 모두 L로 시작하는 어형들이기 때문에

---

31) 이혁화(1994:37-38)를 통해 김천 지역어에서 이런 현상을 확인할 수 있다. 그뿐만 아니라 김주원(2000:108)에는 경북 서부 및 경남 서부에서도 이런 현상을 제시하였다. 글쓴이의 성조 표기 방식으로는 경북 서부(LLLHL)와 경남 서부(LHHHL)는 차이가 있다.

32) 특이하게 '물라라고(問, 묻느라고)'로 나타난 예이다. '물라라고'는 사실 '물르라고'로 나타나야 할 예이다. 권인한(1987:35-36)에 '달알(月+을)'이 제시되어 있는데 이는 발화실수로 언급되어 있다. 글쓴이도 '물라라고'를 발화실수로 인정한다. 고형의 'ㅅ'와 관련 맺기는 어려울 듯하다. 다른 발화에서는 이런 형태가 잘 나타나지 않기 때문이다. 특히 한 제보자가 '잡'아라고', '뽂'안거'와 같은 형태를 제시하였다. 전자는 발화실수라 할 수 있고, 후자는 경북 서부 방언의 '뽂+았+는#걸'에 대당한다는 점에서 달리 볼 가능성도 있다. '뽂'안거'류는 경남의 여러 지역에서도 확인된다.

33) 율동 제약이 워낙 강력한 것이라서 그것이 적용될 수 없는 환경에서도 적용된 것이다. 외지인 특히 음장 방언을 사용하는 화자가 경북 서부 방언 성조를 흉내 낼 때 이런 유형의 발화가 곧잘 드러난다.

율동 제약이 적용되어 있다.34) 다음에서 경북 서부 방언의 율동 제약을 보다 확연히 관찰할 수 있다.

> (2) 유리', 유리'라, 유리라'도, 유리라'여, 유리라카고, 유리라카지'도, 유리
>   라카더라'도

단독형 이외에는 모두 둘째 음절에 저조가 놓여 있다. 저조화 규칙에 활용했던 자료들 중 몇몇에 경북 서부 방언의 율동 제약을 적용해 보기로 한다.

> (3) 가. 먹(봉우리형 H)+던(봉우리형 H) → 먹떤(LH)
>   나. 안(봉우리형 H)+먹떤(LH) → 안먹떤(LHL)
>   다. 자꾸(LH)+먹떤(LH) → 자꾸먹떤(LLHL)
>   라. 안마가여(LLHL), 안마긍깨(LLHL), 안마그신다(LLLHL), 안막씀
>   미까(LLLHL)
>   마. 안빼사도(LLHL), 안빼승깨(LLHL), 안빼스신다(LLLHL), 안빼씀
>   미까(LLLHL)

(3)에 제시된 예들을 통해 끝에서 둘째 음절에만 H가 놓인 것을 확인할 수 있다.35) 경북 동부 방언이나 경북 동해안 방언에서는 안먹떤(LLH), 자꼬먹떤(LLLH), 안마가요(LHLL), 안빼사도(LHLL), 안빼씀미까(HLLLL)36) 등으로

---

34) 율동 유형은 성조 지역 혹은 그 인접 지역에서 확인된다. 글쓴이의 경험 또는 그간의
   보고에 따르면 단양, 제천, 정선, 평창, 속초 등에서 경북 서부 방언과 동일하지는 않지만
   율동으로 파악해야 할 것이 확인된다. 성조 지역인 경우에 이러한 율동이 존재하는 쪽은
   음장 방언에 접해 있는 지역이라 할 수 있는데 이를 통해 성조 소멸에 대한 가설을 제기해
   볼 수 있다.
35) 경북 서부 방언이 아닌 경우에도, 4음절 어간의 기저성조로 LHLL형은 많지 않은 반면
   LLHL형은 그 수가 매우 많다. 이러한 사실이 말해 주는 바가 무엇인지 생각해 볼 필요가
   있다. 경북 서부 방언의 율동과 성조형이 유사하다는 특징을 보인다.
36) 이는 경북 동부 방언과 경북 동해안 방언에 존재하는 후행 성분의 저조화 규칙에 의해

나타남을 이미 확인하였다.

경북 서부 지역 방언에서는 다음과 같은 경우에도 율동 제약이 적용된다
는 것이 문제이다. 어간이 L로 시작하는 어형이 아니기 때문이다.

(4) 품팔이하로간'다/친구간에'는/논매기라캐'요/나락이'라/손으로맬때'는/
　　그'래#말하는사람도있'고

위 자료는 경북 서부 지역 방언의 율동 제약을 적나라하게 보여 주는
예라 하겠다. 자연 발화에서의 빈도도 무시할 수 없을 정도이니 그 율동
제약의 위력은 대단하다고 해야 할 것이다. 특히 마지막의 예는 '그래'라는
부사어를 앞에 두고도 갑자기 율동 제약을 적용한 특이한 예라 할 수 있다.
정상적인 발화에서 '그래'를 앞세우지 않는다면 또는 '그래' 뒤에 휴지를 둔
다면 당연히 L·H로 시작하는 표면성조를 보여야 한다. '말하는 사람도'와
'있고' 사이에 휴지를 둔다면 'L·HHLLLL#HL'로 발화될 것이고 휴지를 두
지 않는다면 'L·HHLLLLL'와 같이 발화된다. 어떻든 '말하는사람도있고
(LLLLLLHL)'로 발화될 수 있다는 것은 바로 경북 서부 지역 방언의 율동
제약이 그만큼 강력함을 보여 주는 것이라 하겠다.[37]

(14)에 제시된 예들이 정상적으로 나타난다면 다음과 같이 발화되어야
한다.

(5) 품'팔'이하로간다/친'구간에는/논'매'기라캐요/나'락이라/손'으로맬때

HLLLL로 나타난다.

[37] 글쓴이의 지인 중에는 구미, 문경에 거주하는 이도 있다. 그 지역 건설 현장에 일년에
　　몇 달 정도 다니는 우인도 있다. 이들은 경북 서부 지역의 율동 제약에 휩쓸려 영주 고유
　　의 성조를 상실해 가고 있는 실정이다. 글쓴이 또한 학위 논문을 준비하면서 문경 지역어
　　의 율동을 흉내 내다가 평상시에도 그쪽 억양으로 말하는 경우가 있다. 발화 실수 차원을
　　넘어선 것으로 인식된다. 그만큼 그 율동 제약이 강력함을 시사한다고 하겠다.

는/말ˇ하는사람도있고

(5)와 같이 실현되어야 하는 이유는 다음에 제시된 곡용형에서 알 수 있다. 곡용형을 살펴보면 L로 시작하는 경우가 없다는 것을 알 수 있다.

(6) 품'팔'이도/친'구도/논'매'기도/나'락도/손'도'/말ˇ이

그렇지만 L로 시작하더라도 이러한 율동 제약이 적용되지 않는 경우도 있다. 그것은 바로 'LHH-'로 시작하는 경우이다. 다음을 보도록 하자.

(7) 똑가'테'요, 딜와'따'가도, 잘가'는'사람이라도

위에 제시된 예들이 율동의 적용을 받지 않는 것은 바로 'LHH-'로 시작하기 때문이다. 또한 똑가'꼬'(同一), 디라'도'(들어와-), 잘가'도'(善往) 등에서도 LHH는 확인된다.[38]

그런데 위에서 살펴본 율동 제약이 적용되어야 하나 실제로는 그렇게 나타나지 않는 경우가 있다.

(8) 들끼'에도(듣기에도), 시알'리라(세라), 가은장'이라요(가은장이에요),
     연퐁떼'기지(宅號+이지), 토비라카'지요(퇴비라 하지), 들안'잔는(들어
     앉아 있는), 깐중거'리라(정리하다)
     cf. 비틀연장하곤'(베틀연장하고는), 나뿌다칼때ˆ(나쁘다 할 때)

위 예는 발화실수로 보이기도 하지만 그보다는 사실 기저성조와 관련해서 논의될 성질의 것이 대부분이다. 경북 동부 방언 화자나 경북 동해안

---

38) 물론 '들오고', '잘가고' 등에서는 LHL로 나타난다. 후행 성분이 바로 후의적 성조형이기 때문이다.

방언 화자인 경우 (8)에 제시된 예와 같이 발화하는 것이 일반적이다. '나쁘 다칼때ˆ'의 경우도 이 두 지역어의 화자들은 '잘때ˆ', '할때ˆ'처럼 발화하기도 하니[39] 경북 서부 방언에서만 확인되는 특별한 예는 아니다. 다만 '비틀연 장하곤ˆ'에서는 설명이 꽤 어려워 보인다.[40]

여기에서 우리는 단독형으로 나타나는 '버리'밭', '버리'밥', '마라'톤', '티 리'비'를 그대로 기저성조로 정할 수 있는가 하는 의문에 봉착하게 된다. 2음절 단독형 '유리', '마리' 등은 항상 LH로 실현되고 3음절 단독형 '버리' 밥', '다리'비', '까마'구' 등은 항상 LHL로 실현된다. 반면 '버리'밭', '마라'톤', '티리'비' 등은 '버리밭ˆ', '마라톤ˆ', '티리비ˆ'로도 실현된다. 물론 빈도수에서 는 당연히 전자가 월등히 높게 나타난다. 이것은 시사하는 바가 있는 듯하 다. 사실은 후자가 기저형이고 전자는 L로 시작하는 어간에 율동 제약이 관여된 것으로 파악하고자 한다. 이는 방언 구획론에서도 매우 중요한 문제 이다. 경북 서부 방언과 그 동쪽 지역어 간의 방언 구획을 논할 때 많은 어형에 기저성조의 차이도 적용하고 율동 제약의 존재 여부 차이도 적용할 수 있다. 그러나 기저성조의 차이는 없고 율동 제약의 차이만 있는 것으로 기술할 수도 있다. 두 가지 기준이 논자에 따라서는 한 가지 기준으로 바뀔 수 있다는 점에서 경북 서부 방언의 기저성조와 관련된 문제는 심각하게 고려해 볼 여지가 있어 보인다. 한 가지 기준으로 등어선의 값을 부여하느 냐 아니면 두 가지 기준으로 등어선의 값을 부여하느냐에 따라 방언 구획이 달라질 수 있기 때문이다. 아래의 예를 통해 글쓴이는 경북 서부 방언의

---

39) '때ˆ'로 나타나는 또 다른 경우는 '아직때ˆ', '저녁때ˆ' 등이다. '때+에'의 완전순행동화된 형태로 볼 수 있다.

40) 더러 몇 음절까지 발화한다고 하면서도 음절이 더 길어지는 경우도 있고 줄어드는 경우도 있다. 영주 화자들이 '해고(하고)'라고 하는 것과 동궤의 발화실수인 듯하다. 예를 들어 모음 어미 통합형으로 발화하려다 갑자기 다른 연속적인 동작을 이야기하려 할 때 더러 접할 수 있는 발화실수이다.

표면성조를 도출하는 관점을 취하고자 한다. 제시된 예는 단어 경계를 두고 있는 한 성조군이다.

(9) 가. 노푼(LH)#산(봉우리형 H) → 노푼산(LLH) → 노푼산(LHL)
　　　　　　 성조 배열 제약과 변동 규칙　　　　율동 규칙 적용

　　 나. 버리(LH)#밭(봉우리형 H) → 버리밭(LLH) → 버리밭(LHL)
　　　　　　 성조 배열 제약과 변동 규칙　　　　율동 규칙 적용

　　 다. 버리(LH)#밥(뜀틀형 H) → 버리밥(LHL)
　　　　　　 성조 배열 제약과 변동 규칙

결국 첫 도출형에서의 성조는 선행 성분 말음절 '봉우리형 H'의 저조화 규칙으로 동일하게 설명되며, 그 이후의 과정은 경북 서부 방언에서 존재하는 율동 제약에 의한 것으로 파악하고자 한다. 특정 어사의 기저성조가 다르다면 경북 서부 방언과 그 동부 방언권은 기저성조의 차이가 매우 심하다고 결론지어야 할 것이나, 글쓴이의 관점으로 접근한다면 사실 기저성조의 차이는 거의 없되, 율동 제약의 유무로 두 방언권의 표면성조가 차이를 보인다고 말할 수 있다.

경북 서부 지역은 그 동부 지역과 오로지 이러한 율동 제약에서만 차이를 보인다. 단순한 성조 변동 규칙이 아니다. 다만 몇몇 어간의 성조 '무섭(HL)-'과 같이 몇몇 어간의 성조가 달리 실현된다는 점을 지적해 둔다.[41]

대비를 위해 경북 동해안의 울진 지역어의 자료를 음절별 패러다임 끝부분에 제시하기로 한다.

---

41) 그 동부 지역은 '무섭-(HL)'으로 실현된다.

5.1.2.1. 곡용형에서의 성조 실현 양상

① 1음절 어간의 곡용형

아래에 제시된 표에서 어간의 성조가 일정하지 않은 경우를 확인해 보자.

문경: 1음절 곡용 어간

눈 雪	눈/팥 目/묘	집 숨	아 兒
누니 L·HH	누니/파치 HH	지비 HL	아가 H·LL
누널 L·HH	누널/파철 HH	지벌 HL	아럴 H·LL
눈버터라도 L·HHLLL	눈버터라도 HHLLL	집뻐터라도 LLLHL	아버터라도 H·LLLLL
눈꺼짐도 L·HHLL	눈꺼짐도 HHLL	집꺼짐도 LLHL	아꺼짐도 H·LLLL
눈보다도 L·HHLL	눈보다도/팥뽀다도 HHLLL	집뽀다도 LLH·LL	아보다도 H·LLLL
눈매둥 L·HHL	눈마당 HHL	짐마당 LHL	아매둥 H·LLL
누네 L·HH	누네/파테 HL/HH	지비 HL	아에 H·LL
누누로 L·HHL	누누로/파츠로 HHL/HHL	지부로 HLL	아로 H·LL

세 부류와 달리 '집'에서만 어미에 따라 어간의 성조가 H와 L로 교체되어 있음을 확인할 수 있다. 이러한 유형에서 기저성조를 설정할 수 있다면 다른 세 부류는 일정하게 유지되는 성조, 바로 그것이 어간의 기저성조가 되는 것이다. '집'의 기저성조를 설정하기 위해 몇몇 어미와의 결합형을 추가하여 제시하기로 한다.

(1) 집

    가. 집또(HL), 지번(HL), 지베서(HLL), 지비(HL), 집에서버텀도
      (HLLLLL), 지빌끼라요(HLLLL)

    나. 집꺼짐(LHL), 집꺼지라도(LLLHL), 짐매치(LHL), 집매둥(LHL),
      집뻐텀(LHL), 집뻐텀도(LLHL), 집버터라도(LLLHL), 집매로
      (LHL~LH·LL), 집뽀다(LHL), 집뽀담도(LLHL~LLH·LL)

어간 '집'과 어미가 통합한 위 곡용 패러다임의 성조를 살펴볼 때 어간의 성조는 H 또는 L 두 이성조(異聲調)로 나타남을 확인할 수 있다. 이런 변동을 보이는 경우는 '말(馬, 말또HL)'과 같이 기저성조를 '봉우리형 H(HL, LH, HLL, LHL 등)'로 설정한다. '집뻐텀(LHL)', '집뻐텀도(LLHL)', '집뻐터라도(LLLHL)' 등에서 전형적인 율동 제약을 확인할 수 있다. '집뻐텀(LHL)'에서의 어미 '-버텀(HL)'의 첫 음절 H는 '집뻐텀도(LLHL)'에서 저조로 변동되었다. 이것이 다른 방언에서는 없는 율동 제약에 의한 저조화 규칙이다.

관련하여 (1)에 제시된 패러다임을 통해서 어미의 기저성조를 확인할 수 있다.

(2) 어미의 기저성조

    -꺼짐(HL), -매치(HL), -매둥(HL), -버텀(HL), -매로(H·LL), 보담도
    (LH·LL)/보다(LH·L)[42]
    -에서(HH), -도, -언, -얼, -이/가(이상 띰틀형 H)[43]

---

42) 율동 제약으로 인해 '집뽀다(LHL)'로 실현되니 다른 하위 방언권(특히 경북 동부 방언권)의 기저성조 '-보다(LH·L)'를 고려한 조치이다. 개별 어사의 기저성조 차이보다는 율동 제약의 차이를 강조하기 위함이다.

43) 이들을 띰틀형 H(HH, HHL 등)으로 설정하는 것은 '안(봉우리형 H)#가서(HH) → 안가서(HLL)', '안(H)#가'(띰틀형 H) → 안가'와 같이 봉우리형 H와 띰틀형 H가 결합하면 후행 성분이 저조화하기 때문이다. '말(H)+이사(HH) → 마리사(HLL)'에서 후행 성분의 저조화를 확인할 수 있다.

'집뻐팀도(LLHL)', '집뽀담도(LLHL)'를 통해서는 '-버팀도', '-보담도'의 기저성조를 설정하기가 애매하다. 다만 '집버팀(LHL)', '집뽀담도(LLH·LL)'를 통해서 '-버팀'의 성조는 HL, '-보다도'의 성조는 LH·LL임을 알 수 있다. '-보다도'를 동부 방언과의 접촉으로 이해하여 경북 서부 방언의 경우 어미의 기저성조는 어간의 성조에 따라 자동으로 결정된다고 할 수 있다(이혁화 1994). 수의적으로 실현되는 '집뽀담도(LLH·LL)'가 어미의 기저성조 설정에 자산이 될 수 있다. 경남 서부나 경북 서부에서 어미의 기저성조를 인정할 수 없다고 하는 입장은 '잡+는 → 잠는(LH)', '잡+던 → 잡떤(LH)', '잡+은 → 자분(HL)' 등에서 암초를 만난다. 관형사형 어미 '-는/던'과 '-은'이 결합한 경우 표면성조가 다른 것을 설명할 수 없다.

다음으로는 어간의 성조가 일정하게 유지되는 세 부류에 대해 검토하기로 한다.

   (3) 눈(目)
     – 눈도(HH), 누넌(HH), 누널(HH), 누니(HH)
     – 눈꺼짐(HHL), 눈매치(HHL), 눈매둥(HHL), 눈처럼(HHL), 눈버터
      (HHL), 눈매로(HHL), 눈보담도(HHLL)

제시된 어간 '눈'의 패러다임을 통해 어간에 해당하는 성조는 항상 H로 실현된다는 것을 확인할 수 있다. 어미의 첫 음절은 H, 그 이하 음절은 모두 L로 실현된다. 결과적으로는 뜀틀형 HH, HHL, HHLL 등으로 실현된다. 이에 어간 '눈'의 성조를 '말(斗, 말또HH)'과 같이 고정적 고조인 '뜀틀형 H'로 설정한다.

주지하듯이 처격 통합형의 성조가 다르다는 것을 표를 통해서 확인할 수 있다. '눈'과 같이 처격 통합형이 HL로 실현되는 어간이 있는가 하면 '팥'과 같이 처격 통합형이 HH로 실현되는 어간도 있다. 이는 방언권마다

약간의 차이를 보인다고 했다. HL 부류로 확대되는 경향이 있어 보인다. 다만 환경을 명세화할 수 없기에 '-에(x)'가 통합하는 경우는 어휘부에 특별한 장치를 두어야 한다.

　다음은 상승 복합조가 일정하게 유지되는 어간의 패러다임이다.

　　(4) 눈(雪)
　　　– 누넌(L·HH), 누널(L·HH), 누니(L·HH), 누니사(L·HHL), 누네(L·HH),
　　　　눈도(L·HH)
　　　– 눈꺼짐(L·HHL), 눈매치(L·HHL), 눈매둥(L·HHL), 눈처럼(L·HHL),
　　　　눈버터(L·HHL), 눈매로(L·HHL), 눈보다도(L·HHLL)

　어간 '눈'과 어미가 결합한 패러다임의 표면성조를 살펴볼 때 어간에 해당하는 성조는 L·H로 일정하게 나타남을 확인할 수 있다. 이에 어간 '눈'의 성조를 L·H로 설정한다.

　다음은 하강 복합조가 일정하게 유지되는 어간 패러다임이다.

　　(5) 아(兒)
　　　– 아도(H·LL), 아넌(H·LL), 아럴(H·LL), 아가(H·LL)
　　　– 아꺼짐(H·LLL), 아매치(H·LLL), 아매둥(H·LLL), 아처럼(H·LLL),
　　　　아뻐터(H·LLL), 아매로(H·LLL), 아보담도(H·LLLL)

　어간 '아'와 어미가 결합한 패러다임의 표면성조를 살펴볼 때 어간에 해당하는 성조는 H·L로 일정하게 나타남을 확인할 수 있다. 이에 어간 '아'의 기저성조를 H·L로 설정한다.

　대비를 위하여 경북 동해안 방언(울진 지역어) 자료를 아래에 제시한다.

울진: 1음절 곡용 어간

눈 雪	눈/팥 目/豆	집 舍	아 兒
누니 L·HL	누니/파치 HH	지비 HL	아가 H·LL
누널 L·HL	누널/파토~파털 HH	지벌 HL	아럴 H·LL
눈버텀 L·HLL	눈버텀 HHL	집뿌터 LHL	아버텀 H·LLL
눈꺼지도 L·HLLL	눈꺼지도 HHLL	집꺼지도 LHLL	아꺼지도 H·LLLL
눈보다도 L·HLLL	눈보다도 HHLL	집뽀다도 LLH·LL	아보다도 H·LLLL
눈마이로 L·HLLL	눈매로 HHL	짐마이로 LHLL	아마이로 H·LLLL
누네 L·HL	누네/파테 HL/HH	지베 HL	아에 H·LL
누누로 L·HLL	누누로/파트로 HHL	지부로 HLL	아로 H·LL

경북 동부 자료에서 L·HL 성조 배열을 보이는 자료만이 달라진다. 청송 지역이나 울진 및 영덕 지역은 영주 지역과 오로지 이 부분에서만 차이를 보인다. 경북 서부 방언도 복합조는 L·HH이므로 동해안 방언과 차이를 보인다. 또 하나 큰 차이가 있다면 표에 제시된 것처럼 저조로 시작하는 '집처럼도'에서 알 수 있듯이 끝에서 둘째 음절이 고조가 아니라는 것이다. 즉 동해안 방언도 율동 제약이 없다는 것을 확인할 수 있다.

② 2음절 어간의 곡용형

문경: 2음절 곡용 어간

껀투 拳鬪	머구 蚊	감재 薯	물팍 膝	여덟 八	아들 兒輩
껀투가 L·HHL	머구가 HHL	감재가 LHL	물파기 HLL	여더리 HLL	아드리 H·LLL
껀투럴 L·HHL	머구럴 HHL	감재럴 LHL	물파걸 HLL	여덜또 HLL	아덜또 H·LLL
껀투버텀 L·HHLL	머구버텀 HHLL	감재버텀도 LLLHL	물팍뻐텀 HLLL	여덜버텀 HLLL	아들버텀 H·LLLL
껀투꺼짐 L·HHLL	머구꺼짐 HHLL	감재꺼짐도 LLLHL	물팍꺼짐 HLLL	여덜꺼짐 HLLL	아들꺼짐 H·LLLL
껀투보다 L·HHLL	머구보다 HHLL	감재보다가넌 LLLLHL	물팍뽀다 HLLL	여덜보다 HLLL	아들보다 H·LLLL
껀투마당 L·HHLL	머구마당 HHLL	감재매둥 LLHL	물팡마당 HLLL	여덜마당 HLLL	아들마당 H·LLLL
껀투에 L·HHL	머구에 HHL	감재에 LHL	물파게 HLL	여더레 HLL	아드레 H·LLL
껀투로 L·HHL	머구로 HHL	감재로 LHL	물파그로 HLLL	여덜로 HLL	아들로 H·LLL

어간의 성조가 일정하지 않은 경우만을 확인해 보자. '감재'에서만 어간의 성조가 LH, LL로 교체된다는 것을 알 수 있다. 자료를 보충하여 구체적으로 검토해 보자. 아래에서 (2), (3), (4)는 영주 지역어의 성조와 완전히 동일하다. (1)만이 차이를 보인다. (1)이 바로 L로 시작하는 어간이다. 2음절 곡용 어간을 아래에 제시하기로 한다.

    (1) 감재
        – 감재(LH), 감재도(LHL), 감재넌(LHL), 감재라서(LLHL), 감재라요
          (LLHL),[44] 감잴끼라요(LLLHL), 감재가(LHL)
        – 감재꺼짐(LLHL), 감재꺼짐도(LLLHL), 감재매치(LLHL), 감재매둥

(LLHL), 감재처럼(LLHL), 감재버터(LLHL), 감재버터도(LLLHL),
감재버터라도(LLLLHL), 감재매로(LLHL~LLH·LL), 감재보다(LLHL),
감재보다도(LLLHL~LLLH·LL)
cf. 경북 영주: 감재꺼짐(LLHL), <u>감재꺼짐도(LLHLL)</u>, <u>감재버터</u>
<u>(LLHL)</u>, <u>감재버터도(LLHLL)</u>, 감재보다(LLLH·L)

어간 '감재'와 어미가 통합한 곡용형의 표면성조를 살펴볼 때 어간인 둘
째 음절까지의 성조는 LH 또는 LL 두 부류로 나타남을 확인할 수 있다.
이렇게 이성조가 나타나는 경우, 단음절 어간인 '집(家)'의 기저성조를 '봉우
리형 H(LH, HL, LLH 등)'로 파악한 것과 같이 어간 '감재'의 기저성조를 LH로
설정할 수 있겠다. 다만 3음절 곡용형들은 모두 율동 제약에 의한 것이다.
경북 동부의 영주 지역어와 대비해 보면 밑줄 친 부분에서 차이를 확인할
수 있다. 경북 동부의 경우 어미의 기저성조를 철저히 유지하면서 성조 실
현이 이루어짐에 반해 경북 서부 지역은 음절이 늘어남에 따라 끝에서 둘째
음절에서만 고조가 놓이는 것이다. 경북 서부 방언의 '감잴끼라요(LLLHL)',
'감재꺼짐도(LLLHL)', '감재버터도(LLLHL)'는 경북 동부에서는 '감재꺼짐도
(LLHLL)', '감재버터도(LLHLL)'로 실현되는데 이는 방언 의식 측면에서 엄청
난 차이를 가져온다고 할 수 있다.

(2) 물팍
– 물팍(HL), 물파건(HLL), 물파걸(HLL), 물파기(HLL)
– 물팍꺼짐(HLLL), 물망맹쿰(HLLL), 물망마둥(HLLL), 물팍빼끼
(HLLL), 물팍뻐터도(HLLLL), 물팡매로(HLLL), 물팍뽀다(HLLL)

---

44) 이 경우 '감재라y요'로 실현되기도 한다. 이른바 하향이중모음이다.(이혁화 2017). 표면성
조는 LLH·LL이다. 이로써 율동 제약은 둘째 음절에 H만 허용하는 것이 아니라 H·L도
허용한다는 것을 알 수 있다. '學校'의 방언형 [haykk'yo H·LL]에서도 첫 음절의 하향이중
모음을 확인할 수 있다.

어간 '물팍'에 어미가 통합한 곡용형의 표면성조를 살펴볼 때 어간에 해당하는 둘째 음절까지의 성조는 HL로 일정하게 나타남을 확인할 수 있다. 이에 어간 '물팍'의 성조를 HL로 설정한다.

(3) 머구(蚊)
  - 머구(HH), 머구넌(HHL), 머구럴(HHL), 머구가(HHL), 머구인테 (HHLL)
  - 머구꺼짐(HHLL), 머구만침(HHLL), 머구마둥(HHLL), 머구처럼 (HHLL), 머구버터도(HHLLL), 머구매로(HHLL), 머구보다(HHLL)

곡용 어간 '머구'와 어미가 통합한 곡용형의 표면성조를 살펴보면 어간 둘째 음절까지의 성조가 HH로 일정하게 나타남을 알 수 있다. 이에 '머구'의 기저성조를 HH로 설정한다.

(4) 껀투(拳鬪)
  - 껀투(L·HH), 껀투넌(L·HHL), 껀투가(L·HHL)
  - 껀투꺼짐(L·HHLL), 껀투매치(L·HHLL), 껀투처럼(L·HHLL), 껀투 버터도(L·HHLLL), 껀투매로(L·HHLL), 껀투보다(L·HHLL)

어간 '껀투'에 어미가 통합한 곡용형의 표면성조를 살펴볼 때 어간에 해당하는 둘째 음절까지의 성조는 L·HH로 일정하게 나타남을 확인할 수 있다. 이에 어간 '껀투'의 기저성조를 L·HH로 설정한다.

(5) 아들(아이들)
  아들또(H·LLL), 아드런(H·LLL), 아들꺼짐(H·LLLL), 아들매로(H·LLLL)

어간 '아들(兒輩)'에 어미가 통합한 곡용형의 표면성조를 살펴볼 때 어간에 해당하는 3음절까지의 성조는 H·LL로 일정하게 나타남을 확인할 수 있다. 이에 어간 '아들'의 성조를 H·LL로 설정한다.

앞서 제시된 표에 공간적 제약이 있어서 어간 '얼라(兒)~알라~언나'는 제시하지 못했다. '얼라' 또한 어간의 성조가 일정하게 유지되는 부류이다.

(6) 얼라(兒)
    얼라도(LH·LL), 얼라넌(LHL), 얼라꺼짐(LLHL), 얼라버팀(LLHL)

'얼라'의 단독형을 고려할 때 그 기저성조를 LH·L로 설정할 수 있다. 다만 3음절 이상에서는 그 표면성조에 율동 제약이 적용되어 2음절의 하강조가 실현되지 않는다.

대비를 위해 경북 동해안 방언 자료(울진)를 제시한다.

울진: 2음절 곡용 어간

껀투 拳鬪	모구 蚊	감재 薯	물팍 膝	여덟 八	아들 兒輩
껀투가 L·HLL	모구가 HHL	감재가 LHL	물파기 HLL	여더리 HLL	아드리 H·LL
껀투를 L·HLL	모구럴 HHL	감재럴 LHL	물파걸 HLL	여덜또 HLL	아덜또 H·LL
껀투버팀 L·HLLL	모구버팀 HHLL	감재버팀 LLHL	물팍뻐팀 HLLL	여덜버팀 HLLL	아들버팀 H·LLLL
껀투꺼짐도 L·HLLLL	모구꺼짐도 HHLLL	감재꺼짐도 LLHLL	물팍꺼짐도 HLLLL	여덜꺼짐도 HLLLL	아들꺼짐도 H·LLLLL
껀투보다넌 L·HLLLL	모구보다넌 HHLLL	감재보다넌 LLLH·LL	물팍뽀다넌 HLLLL	여덜보다넌 HLLLL	아들보다넌 H·LLLLL
껀투마당 L·HLLL	모구매둥 HHLL	감재마당 LLHL	물팡매둥 HLLL	여덜마당 HLLL	아들매둥 H·LLLL
껀투에 L·HLL	모구에 HHL	감재에 LHL	물파게 HLL	여더레 HLL	아드레 H·LLL
껀투로 L·HLL	모구로 HHL	감재로 LHL	물파그로 HLLL	여덜로 HLL	아들로 H·LLL

'감재꺼짐도(LLHLL)'를 통해 율동 제약이 적용되지 않음을 알 수 있고 상승 복합조 뒤 L이 놓임을 확인할 수 있다. 둘째 음절에 하강 복합조가 놓이는 경우를 통해서도 율동 제약을 확인할 수 없다[얼라(LH·L, 兒), 얼라도(LH·LL), 얼라넌(LH·LL), 얼라꺼짐(LH·LLL), 얼라버팀(LH·LLL)].

③ 3음절 어간의 곡용형

다음은 3음절 어간과 어미가 결합된 패러다임을 성조 패턴별로 보인 것이다.

문경: 3음절 곡용 어간

이얘기 話	무지개 霓	미느리 婦	부시럼 腫	버버리/미나리 啞/芹
이얘기가 L·HHLL	무지개가 HHLL	미느리가 HLLL	부시러미 LLHL	버버리가/미나리가 LLHL
이얘기도 L·HHLL	무지개도 HHLL	미느리도 HLLL	부시럼도 LLHL	버버리도/미나리도 LLHL
이얘기버팀 L·HHLLL	무지개버팀 HHLLL	미느리버팀 HLLLL	부시럼버팀 LLLHL	버버리버팀 LLLHL
이얘기꺼짐 L·HHLLL	무지개꺼짐 HHLLL	미느리꺼짐 HLLLL	부시럼꺼짐도 LLLLHL	버버리꺼짐 LLLHL
이얘기보다 L·HHLLL	무지개보다 HHLLL	미느리보다 HLLLL	부시럼보다넌 LLLLHL	버버리보다 LLLHL
이얘기매동 L·HHLLL	무지개마당 HHLLL	미느리매동 HLLLL	부시럼마당 LLLHL	버버리마다 LLLHL
이얘기에 L·HHLL	무지개에 HHLL	미느리에 HLLL	부시러메 LLHL	버버리에/미나리에 LLHL
이얘기로 L·HHLL	무지개로 HHLL	미느리로 HLLL	부시러무로 LLLHL	버버리로/미나리로 LLHL

어미를 보충하여 구체적으로 접근해 보자. 율동 제약이 존재하기에 저조

로 시작하는 3음절 어간은 기저성조 설정에 특히 주의를 요한다.

(1) 부시럼
  – 부시럼도(LLHL), 부시러먼(LLHL), 부시러멀(LLHL), 부시러미(LLHL),
    부시러밀끼라요(LLLLLHL)
  – 부시럼꺼지도(LLLLHL), 부시럼만침(LLLHL), 부시럼버텀도(LLLLHL),
    부시럼매로(LLLHL~LLLH·LL), 부시럼보다도(LLLLHL~LLLLH·LL)

어간 '부시럼'과 어미가 통합한 곡용 패러다임의 성조를 살펴볼 때 어간 3음절까지의 성조는 LLH 또는 LLL 두 계열로 나타남을 확인할 수 있다. 1음절 어간 '집(家)'의 기저성조를 '봉우리형 H(HL, HLL, LH 등)'로 파악한 것과 같이 어간 '부시럼'의 기저성조를 LLH로 설정할 수 있어 보인다. 그런데 '부시러밀끼라요(LLLLLHL)', '부시럼꺼지도(LLLLHL)', '부시럼만침(LLLHL)', '부시럼버텀도(LLLLHL)'에서 율동 제약을 확인할 수 있다. 이 율동 제약 때문에 3음절 어간 '부시럼'의 기저성조를 확정하기 어려워진다. (1)에 제시된 곡용형을 잘 관찰해 보면 모두 율동 제약에 기인한 표면성조라는 것을 알 수 있다. 그러니 기저성조를 따로 설정할 수 없는 L로 시작하는 어간이라고 하면 문제는 발생하지 않을 수 있다. 그런데 단독형이 'LHL(부시럼)'인 것이 문제이다. 그러면 기저성조는 LHL로 설정해야 한다는 입장이 강할 것이다. 그런데 수의적으로 실현되는 '부시럼(LLH)'이 바로 율동 제약이 적용되기 전의 보수성을 띤 기저성조의 실현이라고 볼 가능성도 염두에 두어야 한다. 그렇지 않으면 수의적으로 나타나는 LLH에 대해 설명할 수가 없다. 다른 방언권과의 대비를 통해서도 '부시럼(LLH)'으로 기저성조를 설정할 수 있는 가능성을 열어 두자는 뜻이다.

이해를 돕기 위해 합성어 '보리밭'을 가져와 보자. 단독형은 LHL로 발화되지만 '보리(LH)'와 '밭(봉우리형 H: 밭+부터 → LHL)'이 결합하여 합성어 '보리밭(LLH)'이 생성되고 이어 'LHL(보리밭)'로 변동한다. 마지막 과정이 율동 제약에 의한 것이다.

사정이 이러하니 많은 발화에서 확인되는 'LHL(부시럼)' 자체도 율동 제약이 적용된 것이라는 점이다. 이렇게 본다면 기저성조가 LLH일 텐데 이는 화자의 언어 의식과 배치되는 문제가 발생한다. 그래서 이 경우는 기저성조를 LHL~LLH 수의적인 것으로 판단할 수도 있다.45) '보리밭(LLH→LHL)'과의 관련성을 검토하여 보수적 관점이라면 LLH로 설정하는 것이 합리적으로 보인다. 세대가 많이 지날수록 기저성조는 율동 제약에 의해 LHL로 고착될 것이다.

전술한 바와 같이 이렇게 기저성조를 LLH로 파악하면 이점이 있다. 다른 방언권과 기저성조의 차이는 없는 것이고 오로지 율동 제약에만 매우 큰 등어선값을 책정하면 되는 것이다. 개별 어간의 기저성조의 차이로 작은 등어선값을 책정하는 것은 합리적이지 않아 보인다.

    (2) 무지개
        – 무지개도(HHLL), 무지개넌(HHLL), 무지개럴(HHLL), 무지개가
          (HHLL)
        – 무지개꺼지(HHLLL), 무지개매치(HHLLL), 무지개매로(HHLLL),
          무지개맹쿰도(HHLLLL)

어간 '무지개'에 어미가 통합한 곡용형의 표면성조를 살펴볼 때 어간에

---

45) 4음절 어간 '미추리알'도 마찬가지로 이해할 수 있다. 단독형은 LLHL로 발화되지만 '미추리(LHL)'와 '알(뜀틀형 H: HH, HHL 등)'이 결합하여 합성어 '미추리알(LHLL)'을 생성하고 이어 율동 제약에 의해 '미추리알(LLHL)'로 변동한다. 단독형 '사과나무(LLHL)'도 기저성조 LLLH에서 율동 제약이 적용된 것으로 파악하는 관점이다. 이 경우 또한 그 동부 방언권과 기저성조가 동일하다. 이런 예들은 단독형이 기저성조가 될 수 없다는 근거이다. 반면, '콩나물밥'이나 '까끄래기'는 그 동부 방언에서도 LLHL로 실현되기에 단독형 LLHL 자체를 기저성조로 확정할 수 있다.

해당하는 3음절까지의 성조는 HHL로 일정하게 나타남을 확인할 수 있다. 이에 어간 '무지개'의 성조를 HHL로 설정한다.

(3) 미느리
   - 미느리도(HLLL), 미느리넌(HLLL), 미느리릴(HLLL), 미느리가(HLLL)
   - 미느리꺼지도(HLLLLL), 미느리매치(HLLLL), 미느리인테(HLLLL),
     미느리버터(HLLLL)

어간 '미느리'에 어미가 통합한 곡용형의 표면성조를 살펴볼 때 어간에 해당하는 3음절까지의 성조는 HLL로 일정하게 나타남을 확인할 수 있다. 이에 어간 '미느리'의 성조를 HLL로 설정한다.

(4) 미나리
   - 미나리도(LLHL), 미나리넌(LLHL), 미나리릴(LLHL), 미나리가(LLHL),
     미나릴끼라요(LLLLHL)
   - 미나리꺼지도(LLLLHL), 미나리만침(LLLHL), 미나리빼이(LLLHL),
     미나리버터도(LLLLHL)

어간 '미나리'와 어미가 통합한 곡용 패러다임의 성조를 살펴볼 때 어간 3음절까지의 성조는 LLH 또는 LLL 두 계열로 나타남을 확인할 수 있다. '부시럼'과 완전히 동일한 패턴을 보이는 것이다.

단독형 '미나리'의 성조까지 LHL로 실현되기에 기저성조는 LHL로 설정하는데 부담이 없다. 또한 '부시럼'과 달리 단독형 '미나리'는 항상 LHL로 실현된다는 것도 중요하다. 수의성을 보이는 '부시럼(LLH)'이 율동 제약이 적용되기 전의 보수적인 기저성조의 실현이라고 보았지만 '미나리'에서는 수의성이 확인되지 않으므로 단독형의 성조 LHL를 그대로 기저성조로 설정하는 것이 바람직하다. 상위의 제약인 율동 제약의 공허한 적용이다. 즉

LHL 기저성조에는 율동 제약이 적용되어도 LHL이라는 것이다. 공허한 적용이 의외로 많이 확인되는 이러한 양상이 바로 경북 서부 방언의 큰 특징이라 할 수 있다.

(5) 이얘기
 – 이얘기도(L·HHLL), 이얘기넌(L·HHLL), 이얘기럴(L·HHLL), 이얘기가(L·HHLL)
 – 이얘기꺼지도(L·HHLLLL), 이얘기매치(L·HHLLL), 이얘기빼이(L·HHLLL), 이얘기보다도(L·HHLLLL)

어간 '이얘기'에 어미가 통합한 곡용형의 표면성조를 살펴볼 때 어간에 해당하는 3음절까지의 성조는 L·HHL로 일정하게 나타남을 확인할 수 있다. 이에 어간 '이얘기'의 성조를 L·HHL로 설정한다.

대비를 위하여 경북 동해안 방언에 속하는 울진 지역어 자료를 제시한다.

울진: 3음절 곡용 어간

이얘기 話	무지개 霓	메누리 婦	부시럼 腫	버버리/메나리 啞/芹
이얘기가 L·HLLL	무지개가 HHLL	메누리가 HLLL	부시러미 LLHL	버버리가/메나리가 LHLL
이얘기도 L·HLLL	무지개도 HHLL	메누리도 HLLL	부시럼도 LLHL	버버리도/메나리도 LHLL
이얘기버팀 L·HLLLL	무지개버팀 HHLLL	메누리버팀 HLLLL	부시럼버팀 LLLHL	버버리버팀 LHLLL
이얘기꺼짐 L·HLLLL	무지개꺼짐 HHLLL	메누리꺼짐 HLLLL	부시럼꺼짐도 LLLHLL	버버리꺼짐도 LHLLLL
이얘기보다 L·HLLLL	무지개보다 HHLLLL	메누리보다 HLLLL	부시럼보다너 LLLLH·LL	버버리보다너 LHLLLL
이얘기매로 L·HLLLL	무지개매로 HHLLL	메누리매로 HLLLL	부시럼매둥 LLLHL	버버리마이로 LHLLLL

이얘기 話	무지개 霓	메누리 婦	부시럼 腫	버버리/메나리 啞/芹
이얘기에 L·HLLL	무지개에 HHLL	메누리에 HLLL	부시러메 LLHL	버버리에 LHLL
이얘기로 L·HLLL	무지개로 HHLL	메누리로 HLLL	부시러무로 LLHLL	버버리로/메나리로 LHLL

'부시럼꺼짐도(LLLHLL)'를 통해 율동 제약이 적용되지 않음을 알 수 있고 상승 복합조 뒤 L이 놓임을 확인할 수 있다.

5.1.2.2. 활용형에서의 성조 실현 양상

① 1음절 어간의 활용형

문경: 1음절 활용 어간

잡- 捕	춥- 寒	서- 立	가- 去	울- 泣	적- 少
잡꼬 HL	춥꼬 HH	서고 HL	가고 HL	울고 L·HH	적꼬 L·HH
잡는다 LHL	춥따 HH	선다 HL	간다 HH	운다 L·HH	적따 L·HH
잡떠라도 LLHL	춥떠라도 HHLL	서더라도 LLHL	가더라도 HHLL	우더라도 L·HHLL	적떠라도 L·HHLL
자붕깨 HLL	추웅깨 HHL	성깨 HL	강깨 HL	웅깨 L·HH	저금깨 L·HHL
자부만 HLL	추우만 HHL	서먼 HL	가먼 HL	우먼 L·HH	저그먼 L·HHL
자바도 HLL	추와도 HHL	서도 HH	가도 HH	우러도 HLL	저거도 L·HHL
자받따 HLL	추왇따 HHL	섣따 HH	간따 HH	우럳따 HLL	저걷따 L·HHL

어미 '-고'가 통합하는 경우만을 대상으로 하면 HL, HH, L·HH 세 부류가
확인된다. 일단 동음이 탈락된 '서도(HH)', '가도(HH)'의 경우를 어간의 고조
(봉우리형 H: HL, LHL 등)가 탈락한 것으로 처리하여 잠정적으로는 '잡-'류에
포함하여 논의를 진행해 보자.

(1) 잡-(捕)/피-(伸)
　　가. – 잡꼬(HL), 잡끼(HL), 잡쩨(HL), 잡께(HL), 잠노(HL), 자부신다
　　　　　(HLLL), 자부만(HLL), 자붕깨(HLL), 자바도(HLL), 자받따
　　　　　(HLL)
　　　　– 잡떠라(LHL), 잡떤가(LHL), 잡떤가요(LLHL), 잡꾸로(LHL), 잡
　　　　　끼에(LHL), 잡끼다(LHL), 잡껜나(LHL), 잡던(LH), 잠는(LH),
　　　　　잠니라(LHL), 잠니라꼬(LLHL), 잡습미까(LLHL)
　　나. – 피고(HL), 피기(HL), 피제(HL), 피게(HL), 피노(HL), 피신다
　　　　　(HLL), 피만(HL), 핑깨(HL), 피어도/피도(HLL/H·LL), 피얻따/
　　　　　핃따(HLL/H·LL)
　　　　– 피더라(LHL), 피덩가(LHL), 피기에(LHL), 피기다(LHL), 피겐
　　　　　나(LHL), 피거라(LHL), 피던(LH), 피는(LH), 피구로(LHL), 피
　　　　　두룩(LHL), 피느라(LHL), 피느라꼬(LLHL), 핌미다(LHL)

어간 '잡-/피-'와 어미가 통합한 활용형의 표면성조를 살펴볼 때 어간인
첫 음절의 성조는 H 또는 L 두 부류로 나타난다는 것을 알 수 있다. 이러한
이성조 부류가 있는 경우는, 단음절 곡용 어간인 '집(家)'의 기저성조를 '봉우
리형 H(HL, LH, LHL 등)'로 파악한 것과 같이 어간 '잡-', '피-'의 기저성조를
'봉우리형 H'로 설정한다. '잡떤가요(LLHL)', '잠니라꼬(LLHL)' 등은 저조로
시작하는 3음절 이상의 어사이므로 율동 제약으로 인해 '잡떤가요(LLHL)',
'잠니라꼬(LLHL)'로 실현된다. 이런 관점에 의거 어미의 기저성조를 아래에
제시한다. (1가)의 두 부류, 어간이 고조로 실현되는 '잡꼬(HL)'류, 어간이

저조로 실현되는 '잡떠라(LHL)'류를 통해 어미의 기저성조를 설정할 수 있다.

(2) 어미의 기저성조
- 뜀틀형 고조: -고서(HH), -고(H), -기(H), -제(H), -게(H), -노(H), -으신다(HHL), -만(H), -응깨(HH), -을라꼬(HHL), -아도/어도(HH), -었다(HH)
- 봉우리형 고조: -더라(HL), -덩가(HL), -기에(HL), -기다(HL), -겠나(HL), -거라(HL), -던(H), -는(H), -느라/느라(꼬)[HLL],46) -구로(HL), -두룩(HL), -습미까(LHL), -습미다(LHL)

개음절 어간의 '피어도/피도(HLL/H·LL)', '피얻따/핃따(HLL/H·LL)'에서 확인되는 하강 복합조에 대한 설명이 필요하다. 편의상 '피+어도'만을 제시하기로 한다.

(3) 피(H)+어도(HH) → 피어도(HLL) → 피이도(HLL) → 피도(H·LL)
　　　　음절화/저조화　　　　　완전순행동화　　　　음절 축약/복합조화

위에서 기저성조로 확정한 'H(봉우리형)'와 'HH(뜀틀형)'의 통합은 후행 성분이 저조화된다. 봉우리형 H가 선행 성분에 존재할 경우 성조군에서 H는 하나만 실현될 수 있기에 봉우리형이 아닌 성조는 모두 저조화된다. 이것이 첫 번째 '음절화/저조화' 과정이다. 다음으로 완전순행동화 과정을 거치는 바, 이 과정에서는 성조 변동이 없다. 최종도출 과정인 '음절 축약에 따른 복합조화' 과정을 통해 표면형 '피도(H·LL)'를 도출할 수 있다.

---

46) 율동 제약이 적용된 '피느라꼬(LLHL)'에서 어미의 기저성조를 설정하는 것은 주의를 요한다. '-느라꼬(HLL)'는 그 동부 방언과의 대비를 통해서 '-느라꼬(LHL)'로 설정하지 않는다. 곡용 어미 '-보다(LHL)'의 기저성조를 설정하는 방식과 같다. 또 '부시럼(LLH)', '미나리(LHL)'의 기저성조를 설정하는 과정이 참고된다.

다음으로는 '피-(佛)'와 '서-(立)'의 활용형을 대비하면서 어간 '서-'의 기저
성조를 확정해 보자.

> (4) 서-
> – 서고(HL), 서제(HL), 서게(HL), 서노(HL), 서신다(HLL), 서만(HL),
>   성깨(HL), 서도(HH), 섣따(HH)
> – 서더라(LHL), 서든가(LHL), 서기다(LHL), 서겐나(LHL), 서거라
>   (LHL), 서던(LH), 서는(LH), 서느라꼬(LLHL)

밑줄 친 '서도(HH), 섣따(HH)'는 다름 아닌 동음 탈락을 거친 후의 표면성
조이다. 패러다임 '피-'와 대비하면 완전순행동화의 과정을 거친 '피도
(H·LL)', '핃따(H·LL)'와 동음 탈락의 과정을 거친 '서도(HH), 섣따(HH)'에서
차이가 있음을 알 수 있다.

> (5) 서(봉우리형 H)+어도(HH) → 서도(HH)
> 동음 탈락과 성조 탈락

모음에 실린 봉우리형 H가 탈락되지 않는다면 후행 성분의 성조가 저조
화하여 HL로 실현되어야 할 것인바[(3)에서의 도출 참조], '서도'의 표면성
조는 HH이므로 어간모음에 실린 성조가 탈락한 것으로 파악해야 한다. 어
간 모음의 탈락으로 그에 얹힌 성조가 탈락된 것이므로 결국 '서-'도 '잡-/피-'
와 같은 유형인 것이다. 즉 탈락되지 않았다면 'HLL(서어도)'로 실현될 것이
므로 'HLL(피어도)'와 표면성조가 같아지게 된다. 따라서 '서-'의 기저성조는
'봉우리형 H(HL, LHL 등)'로 설정할 수 있다.

이제 중세 국어에서의 후의적 성조형의 반사형 '가-(往)'와 대비해보자.
HH-로 시작하는 것을 (6나)에, 상승 복합조로 시작하는 것을 (6다)에 배치한
다. (6가)는 어미에 따라 어간의 성조가 저조와 고조로 교체되는 경우이다.

(6) 가-

가. 가고(HL, 去), 가기(HL), 가제(HL), 가게(HL), 가먼(HL), 강깨(HL)
; 가기에년(LLHL), 가기다(LHL), 가겐나(LHL), 가거라(LHL), 간
(H), 갈(H)

나. 가노(HH), 가신다(HHL), 가더라(HHL), 가든가(HHL), 간다(HH),
가떤(HH), 가는(HH), 가는데(HHL), 가도(HH), 갈따(HH)

다. 갈래(L·HH), 갈람미다(L·HHLL), 갈라꼬(L·HHL), 가라(L·HH)

다른 방언권과 같이 경북 서부 방언에서도 세 부류의 복수 기저성조를
확인할 수 있다. 분절 음운론의 환경으로는 (6나)의 HH, (6다)의 복합조를
설명할 방법이 없기 때문에 어미의 기저성조에 따라 어간의 기저성조 유형
이 선택되는 것으로 파악한다.

(7) 가. 봉우리형 H: 가고(HL), 가먼(HL), 갈(H), 가거라(LHL) 등
나. 뜀틀형 H: 가더라(HHL), 간다(HH), 가는(HH), 가도(HH) 등
다. L·H인 경우: 갈라꼬(L·HHL), 갈래(L·HH), 가라(L·HH) 등

(7가)가 봉우리형인 이유는 후행 어미의 기저성조에 따라 어간의 성조가
H와 L로 교체되기 때문이다. '잡-(捕)'의 기저성조를 봉우리형 고조로 설정
할 때와 같은 방식이다. 이들 유형에 속하는 어간을 아래에 제시한다.

(8) 가-(往), 나-(現), 누-(泄), 두-(置), 보-(見), 사-(買), 오-(來), 자-(寢), 주-
(與), 저-(敗, 落), 하-(爲)∽해ˇ-

'보-'와 관련해 다음 어간에서의 성조 변동을 확인해 보자.

(9) 보(H, 見)+아도/어도(HH) → 보아도(HHL) → 봐도(L·HH)~바도(HH)
음절화에 따른 성조 변동　　활음화에 따른 복합조화

(10) 저(H, 落)+아도/어도(HH) → 저도(HH)
동음 탈락에 따른 성조 탈락

(11) 이(H, 戴)+아도/어도(HH) → 여도(HH)
활음화에 따른 성조 탈락

활음화 과정은 보상적 작용을 하느냐 여부에 따라 표면성조가 달라진다. 보상적 작용은 첫 번째 음운 과정인 음절화 여부와 관계되는데 '이어도'는 음절화가 되지 않기에 보상적 작용이 봉쇄되는 것이다. 보상적 작용은 음장 방언에서는 장음화로, 성조 방언에서는 복합조화로 나타난다. 이 경우 경북 방언에서는 HH가 상승 복합조 L·H로 변동된다.

중부 방언의 '지-(落)'는 경북 서부 방언에서는 '저고(HL)', '저제(HL)', '저는 데(HHL)'처럼 실현되어 기저형이 '저-'이므로 활음화 과정이 봉쇄된다. 동모음 탈락이 적용된 '저도'는 HH로 실현된다.

다음은 어간의 성조가 일정하게 유지되는 부류이다. 표에 제시된 불규칙 용언 '춥-∽추우-'를 편의상 규칙 용언 '뽑'으로 교체한다.

(12) 뽑-(拔)/처-(打)
가. 뽑떠라(HHL), 뽑끼다(HHL), 뽐는다(HHL), 뽑씸미다(HHLL), 뽑끼(HH), 뽑끼에(HHL), 뽐는(HH), 뽑쩨(HH), 뽐노(HH), 뽑꼬(HH), 뽀바도(HHL), 뽀받따(HHL), 뽀부만(HHL), 뽀붕깨(HHL), 뽑꾸로(HHL), 뽐는갑따(HHLL)
나. 천다(HH), 첨미다(HHL), 첨미까(HHL), 처기다(HHL), 처기(HH), 처기에(HHL), 처노(HH), 처제(HH), 처고(HH), 처도(HH), 철따(HH), 처만(HH), 청깨(HH), 처신다(HHL), 첨미까(HHL)

어간 '뽑-/처-'와 어미가 통합한 활용형의 표면성조를 살펴보면 어간에 해당하는 '뽑-/처-'의 성조는 항상 H로 일정하게 실현된다는 것을 알 수 있다.

어미의 첫 음절은 H, 그 이하 음절이 있다면 그 음절들은 모두 L로 실현된다. 결과적으로는 뜀틀형 HH, HHL, HHLL 등으로 실현된다. 이에 어간 '뽑-'과 '처-'의 기저성조를 '뜀틀형 H(고정적 고조)'로 설정한다. '처도(HH)'에 대한 도출 과정은 앞에서 제시한 '저-', '쪄-'에서와 같은바 동음 탈락에 따른 성조 탈락의 과정이 동시에 일어난다.

(13) 처(H, 打)+어도(HH) → 처도(HH)
활음화에 따른 성조 탈락

여기에서도 어간에 얹혀 있던 성조가 탈락한다. 활음화에 따른 보상적 작용이 일어나지 않기에 어간 음절에 얹힌 성조가 탈락한다. 전술한 대로 '처어도'와 같이 음절화가 되지 않음으로써 보상적 작용이 봉쇄된다.

다음은 상승 복합조의 경우이다. 먼저 어간의 성조가 일정하게 L·H로 실현되는 경우를 보자.

(14) 떫-(澁)/빼-(除)
　　가. 떨떠라(L·HHL), 떨따(L·HH), 떨뜽가(L·HHL), 떨끼다(L·HHL), 떨분(L·HH), 떨노(L·HH), 떨쩨(L·HH), 떨꼬(L·HH), 떨버도(L·HHL), 떨벋따(L·HHL), 떨부만(L·HHL), 떨붕깨(L·HHL), 떨붕갑따(L·HHLL)
　　나. 빼더라(L·HHL), 빼기(L·HH), 빼기에(L·HHL), 빼기다(L·HHL), 빼노(L·HH), 빼제(L·HH), 빼고(L·HH), 빼도(L·HH), 뺃따(L·HH), 빼먼(L·HH), 빼신다(L·HHL), 뺑깨(L·HH), 뺌미까(L·HHL)

어간 '떫-/빼-'와 어미가 통합한 활용형의 표면성조를 살펴보면 어간에 해당하는 '떫-/빼-'의 성조는 L·H로만 나타남을 알 수 있다. 이에 어간 '떫-'과 '빼-'의 기저성조를 L·H로 설정한다.

다음은 어간의 성조가 L·H와 H로 변동되는 경우이다. 음장 방언의 단음
화하는 어간과 대응시킬 수 있다.

(15) 걿-(步)
　가. – 걸떠라(L·HHL), 걸꺼던(L·HHL), 걸른(L·HH), 걸른다
　　　(L·HHLL), 걸끼에(L·HHL), 걸로(L·HH), 걸쩨(L·HH), 걸꼬
　　　(L·HH), 껄씀미다(L·HHL)
　　– 거르만(HLL), 거릉깨(HLL), 거르신다(HLLL), 거러도(HLL), 거
　　　러서(HLL)
　나. – 우더라(L·HHL, 泣), 울거던(L·HHL), 우는(L·HH), 운다(L·HH),
　　　울기에(L·HHL), 우노(L·HH), 우제(L·HH), 울고(L·HH), 움미다
　　　(L·HHL), 울만(L·HH), 웅깨(L·HH), 우신다(L·HHL)
　　– 우러도(HLL), 우러서(HLL)

이는 중세의 유동적 상성류에 해당한다. 중세의 고정적 상성류에 해당하
는 '떫-'에서와 달리 (15가)는 자음으로 시작하는 어미와 통합할 때에는 어
간의 성조가 L·H로, 어미 '아X' 또는 '으X'와 통합할 때에는 H로 실현되어
있다. (15나)는 어미 '아X'와 통합할 때에는 어간의 성조가 H로, 그 밖의
어미가 통합할 때에는 L·H로 실현되어 있다. 유음 말음 어간을 제외한 폐음
절 어간은 (15가)와 유형을 같이한다. 유음 말음 어간은 (15나)와 유형을
같이한다.

다음은 하강 복합조의 경우이다. 어간의 성조가 H·L로 일정하게 유지
된다.

(16) 썰-(斷)/이-(茨)
　가. – 써든지(H·LLL), 써거라(H·LLL), 써기다(H·LLL), 써구로(H·LLL),
　　　썬다(H·LL), 써노(H·LL), 써제(H·LL), 써고(H·LL), 써먼(H·LL),
　　　썽깨(H·LL), 써신다(H·LLL), 써러도(H·LLL), 써런따(H·LLL)

나. – 이든가(H·LLL), 임미다(H·LLL), 인다(H·LL), 이제(H·LL), 이고
　　(H·LL)
　　– 이어도/이도(HLL/H·LL), 이얻따/읻따(HLL/H·LL)

　어간 '썰-'에 어미가 통합한 활용형의 표면성조를 살펴보면 어간에 해당
하는 '썰-'의 성조는 H·L로 항상 일정하게 실현된다는 것을 알 수 있다. 이에
어간 '썰-'의 기저성조를 H·L로 설정한다. 다만 '이-'의 경우는 주의를 요한
다. 수의적으로 확인되는 '이어도/이얻따(HLL)를 참고하면 H·L로 항상 일정
하게 유지되는 것이 아님을 알 수 있다. 그런데 상승 복합조와는 달리 하강
복합조에서는 모음 어미와 통합할 때 고조화 과정을 설정할 수 있다. 개음
절에서는 예외가 확인되지 않기 때문이다.

(17)　이(H·L)+어도(HH) → 이어도(HLL) → 이이도(HLL) → 이도(H·LL)
　　　성조 변동(고조화/저조화)　　완전순행동화　　음절 축약과 복합조화

　이상의 도출 과정에 근거하면 어간 '이-'의 기저성조는 H·L로 설정할 수
있다. 모음 어미와 통합할 때만 복합조가 고조로 변동하는 것이다. 음장
방언의 단음화와 같은 것이다.
　동해안 방언과의 대비를 위해 울진 지역어 자료를 제시한다.

울진: 1음절 활용 어간

잡- 捕	춥- 寒	서- 立	가- 去	울- 泣	적- 少
잡꼬 HL	춥꼬 HH	서고 HL	가고 HL	울고 L·HL	적꼬 L·HL
잠는다 LHL	춥따 HH	선다 HL	간다 HH	운다 L·HL	적따 L·HL

잡- 捕	춥- 寒	서- 立	가- 去	울- 泣	적- 少
잡떠라도 LHLL	춥떠라도 HHLL	서더라도 LHLL	가더라도 HHLL	우더라도 L·HLLL	적떠라도 L·HLLL
자부이 HLL	추우이 HHL	서이 HL	가이 HL	우이 L·HL	저그이 L·HLL
자부먼 HLL	추우먼 HHL	서먼 HL	가먼 HL	우먼 L·HL	저그먼 L·HLL
자바도 HLL	추와도 HHL	서도 HH	가도 HH	우러도 HLL	저거도 L·HLL
자받따 HLL	추왇따 HHL	선따 HH	간따 HH	우럳따 HLL	저걷따 L·HLL

‘잡떠라도(LHLL)’를 통해 경북 서부 방언에서와 같은 율동 제약이 존재하지 않음을 알 수 있고 상승 복합조 뒤에는 L이 놓임을 확인할 수 있다.

② 2음절 어간의 활용형

아래 표를 통해 어간의 성조가 변동되는 경우를 확인해 보자.

문경: 2음절 활용 어간

가깝- 近	곤치- 造	드물- 稀	더럽- 染	깨저- 破	달리- 懸
가깝꼬 LHL	곤치고 HLL	드물고 HHL	더럽꼬 L·HHL	깨저고 H·LLL	달리고 LHL~LH·LL
가깝따 LHL	곤친다 HLL	드무다 HHL	더럽따 L·HHL	깨전다 H·LLL	달린다 LHL
가깝떠라 LLHL	곤치더라 HLLL	드무더라 HHLL	더럽떠라 L·HHLL	깨저더라 H·LLL	달리더라 LLHL
가까웅깨 LLHL	곤칭깨 HLL	드뭉깨 HHL	더러웅깨 L·HHL	깨정깨 H·LLL	달링깨 LHL

가깝- 近	곤치- 造	드물- 稀	더럽- 染	깨저- 破	달리- 懸
가까우만 LLHL	곤치만 HLL	드물만 HHL	더러우만 L·HHLL	깨저만 H·LLL	달리모 LHL
가까와서 LLHL	곤치도 HLL	드무러도 HHLL	더러와도 L·HHLL	깨저서 H·LLL	달리도 LHL~LH·LL
가까왇따 LLHL	곤칟따 HLL	드무럳따 HHLL	더러왇따 L·HHLL	깨젇따 H·LLL	달맅따 LHL~LH·LL

어미를 추가하여 2음절 어간의 성조 패턴별 패러다임을 아래에 제시한다.

   (1) 가깝-(LH, 近)
     – 가깝떠라도(LLLHL), 가깝꾸로(LLHL), 가깝씸미까(LLLHL)
     – 가깝노(LHL), 가깝꼬도(LLHL), 가까와도(LLHL), 가까와설라메
       (LLLLHL), 가까옹깨(LLHL), 가까우만(LLHL)

  어간 '가깝-'과 어미가 통합한 곡용형의 표면성조를 살펴볼 때 어간인 둘
째 음절까지의 성조는 LH 또는 LL 두 부류로 나타난다는 것을 알 수 있다.
이러한 이성조 부류가 있는 경우는, 단음절 어간인 '잡-(捕)'의 기저성조를
'봉우리형 H'로 파악한 것과 같이 '가깝-'의 기저성조를 LH로 설정할 수 있
다. 이때 '가깝떠라도(LLLHL)', '가까우만(LLHL)' 등은 다른 방언과의 대비를
통해 '가깝떠라도(LLHLL)', '가까우만(LHLL)'에서 율동 제약이 적용되어 끝에
서 둘째 음절이 고조로 실현된 것으로 이해할 수 있다.

   (2) 드무-
     – 드물덩가(HHLL), 드무더라도(HHLLL), 드무기에(HHLL)
     – 드무노(HHL), 드무고도(HHLL), 드무네(HHL), 드무러도(HHLL),
       드뭉깨(HHL), 드물만(HHL)

어간 '드무-'와 어미가 통합한 활용형의 표면성조를 살펴보면 어간에 해당하는 '드무-'의 성조는 HH로만 나타남을 알 수 있다. 이에 어간 '드무-'의 기저성조를 HH로 설정한다.

(3) 곤치-
　　– 곤치던지(HLLL), 곤치더라도(HLLLL), 곤치구로(HLLL)
　　– 곤치노(HLL), 곤치고설라메(HLLLLL), 곤치도(HLL), 곤칟따(HLL),
　　　곤치씰낀데(HLLLL),47) 곤치만(HLL), 곤칩씨다(HLLL)

어간 '곤치-'와 어미가 통합한 활용형의 표면성조를 살펴보면 어간에 해당하는 '곤치-'의 성조는 HL로만 나타남을 알 수 있다. 이에 어간 '곤치-'의 기저성조를 HL로 설정한다.

(4) 더럽-
　　– 더럽떵가(L·HHLL), 더럽떠라도(L·HHLLL), 더럽끼에(L·HHLL)
　　– 더럽노(L·HHL), 더럽꼬도(L·HHLL), 더러와도(L·HHLL), 더러웅갑
　　　따(L·HHLLL), 더러우만(L·HHLL)

어간 '더럽-'과 어미가 통합한 활용형의 표면성조를 살펴보면 어간에 해당하는 '더럽-'의 성조는 L·HH로만 나타남을 알 수 있다. 이에 어간 '더럽-'의 기저성조를 L·HH로 설정한다.

(5) 깨저-(破)
　　– 깨저던지(H·LLLL), 깨저더라도(H·LLLLL), 깨저기에(H·LLLL)
　　– 깨저구로(H·LLLL), 깨저두룩(H·LLLL), 깨저서로(H·LLLL), 깨젇따
　　　(H·LLL), 깨정깨(H·LLL), 깨저만(H·LLL)

────────

47) 중북부는 '곤체씰껜데', 동해안은 '곤체씰껜데~곤체씰낀데', 두 형태가 모두 실현된다. 동
　남 방언에서는 '곤체씰--~곤체씨--'처럼 ㄲ 앞에서 ㄹ 탈락형도 일반적이다.

어간 '깨저-'와 어미가 통합한 활용형의 표면성조를 살펴보면 어간에 해당하는 '깨저-'의 성조는 H·LL로만 나타남을 알 수 있다. 이에 어간 '깨저-'의 기저성조를 H·LL로 설정한다.

다음은 경북 동부 방언에서는 둘째 음절이 하강 복합조로 실현되는 예이다. 둘째 음절이 하강 복합조라면 당연히 첫 음절이 저조이기에 경북 서부 방언의 율동 제약이 적용되지 않을 수 없다. 결과적으로 (1)에 제시된 '가깝-'류와 기저성조가 일치할 것으로 예상된다.

(8) 달리-(懸)
　　달리고(LHL), 달린다(LHL), 달리도(LHL), 달리두룩(LLHL), 달리더
　　라도(LLLHL)
　　cf. 달리고(LHL~LH·LL)류

어간 '달리-'와 어미가 통합한 활용형의 표면성조를 살펴보면 어간에 해당하는 '달리-'의 성조는 LH와 LL로 나타남을 알 수 있다. 이에 어간 '달레-'의 기저성조를 LH로 설정할 수 있겠다. 다만 수의적으로 실현되는 '달리고(LHL~LH·LL)', '달린다(LHL~LH·LL)' 등을 통해, 그 동부 방언과의 일치도 확인할 수 있다. 하강 복합조가 보수적인 기저성조로 이해된다. 둘째 음절의 하강 복합조는 3음절 활용형에서는 실현될 수도 있지만 4음절 이상의 활용형에서는 실현되기 어려운 것이 율동 제약이다. 이러한 율동 제약으로 인해 경북 서부 방언이나 경남 서부 방언에서는 비어두에서 하강 복합조가 봉쇄되기도 한다.

동해안 방언과의 대비를 위해 울진 지역어 자료를 제시한다.

울진: 2음절 활용 어간

개찹- 近	곤치- 造	드물- 稀	더럽- 染	깨지- 破	달리- 懸
개찹꼬 LHL	곤치고 HLL	드무고 HHL	더럽꼬 L·HLL	깨지고 H·LLL	달리고 LH·LL
개찹따 LHL	곤친다 HLL	드무다 HHL	더럽따 L·HLL	깨진다 H·LLL	달린다 LH·LL
개찹떠라 LLHL	곤치다라 HLLL	드무다라 HHLL	더럽다라 L·HLLL	깨지더라 H·LLL	달리더라 LH·LLL
개차우이 LHLL	곤치이꺼네 HLLLL	드무이 HHL	더러우이 L·HLLL	깨지이꺼네 H·LLLLL	달리이 LH·LL
개차우먼 LHLL	곤치모 HLL	드무모 HHL	더러우먼 L·HLL	깨지모 H·LLL	달리모 LH·LL
개차와도 LHLL	곤체사 HLL	드무라도 HHLL	더러와사 L·HLL	깨저사 H·LLL	달레사 LH·LL
개차왈따 LHLL	곤첼따 HLL	드무랄따 HHLL	더러왈따 L·HLL	깨절따 H·LLL	달렬따 LH·LL

'개차우이(LHLL)', '개차와도(LHLL)' 등을 통해 경북 서부 방언에서와 같은 율동 제약이 존재하지 않음을 알 수 있고 상승 복합조 뒤에는 L이 놓임을 확인할 수 있다.

③ 3음절 어간의 활용형

다음은 3음절 어간과 어미가 결합한 성조 패턴별 패러다임이다.

문경: 3음절 활용 어간

기으르-48) 悥	붉어지- 紅	뚜드리/기다리- 敲/待	어지럽- 亂	더럽히- 汚
기으르고 LLHL	불거지고 HLLL	뚜드리고/기다리고 LLHL	어지럽꼬 HHLL	더러피고 L·HHLL
기으르다 LLHL	불거진다 HLLL	뚜드린다/기다린다 LLHL	어지럽따 HHLL	더러핀다 L·HHLL
기으르더라 LLLHL	불거지더라 HLLLL	뚜드리더라 LLLHL	어지럽떠라 HHLLL	더러피더라 L·HHLL
기으릉깨 LLHL	불거징깨 HLLL	뚜드링깨 LLHL	어지러웅깨 HHLLL	더러핑깨 L·HHLL
기으르만 LLHL	불거지만 HLLL	뚜드리만 LLHL	어지러우만 HHLLL	더러피만 L·HHLL
기을러도 LLHL	불거저도 HLLL	뚜드리도/기다리도 LLHL	어지러워도 HHLLL	더러피도 L·HHLL
기을럳따 LLHL	불거젙따 HLLL	뚜드릳따/기다릳따 LLHL	어지러월따 HHLLL	더러핃따 L·HHLL

1음절, 2음절 어간에서 살펴본 바와 같이 어간의 성조가 (L)H 또는 (L)L로 변동되는 어간은 (L)H로 기저성조를 설정할 수 있다. 마찬가지로 3음절 어간에서는 기저성조가 LLH인 어간이 LLL 또는 LLH로 변동된다고 예측할 수 있다.

(1) 간지럽-
  – 간지럽떤지(LLLHL), 간지럽떠라도(LLLLHL), 간지럽꾸로(LLLHL)
  – 간지럽노(LLHL), 간지럽꼬도(LLLHL), 간지로와서(LLLHL), 간지로와라(LLLHL), 간지러웅깨(LLLHL), 간지러우만(LLLHL), 간지러웅감네(LLLLHL)

---

48) '기이르-'로도 실현된다.

어간 '간지럽-'과 어미가 통합한 활용형의 표면성조는 LLL 또는 LLH 두 가지 계열로 나타남을 확인할 수 있다. 1음절 어간 '잡-'의 기저성조를 '봉우리형 H'로 파악한 것처럼 어간 '간지럽-'의 기저성조를 LLH로 설정할 수 있다. 이때 '간지럽떠라도(LLLLHL)', '간지러웅깨(LLLHL)' 등은 다른 방언과의 대비를 통해 '간지럽떠라도(LLLHLL)', '간지러웅깨(LLHLL)'에서 율동 제약이 적용되어 끝에서 둘째 음절이 고조로 실현된 것으로 이해할 수 있다. '간지럽-'이 'LHL-'로 실현되는 경우는 없으므로 LLH로 설정하는 것이 바람직하다.[49]

다음의 패러다임도 (1)과 같은 유형이다.

> (2) 뚜둘기-
> – 뚜둘기던지(LLLHL), 뚜둘기더라도(LLLLHL), 뚜둘김미까(LLLHL)
> – 뚜둘기노(LLHL), 뚜둘기고도(LLLHL), 뚜둘기도(LLHL), 뚜둘긷따
>   (LLHL), 뚜둘기만(LLHL)

어간 '뚜둘기-'와 어미가 통합한 활용형의 표면성조는 LLL 또는 LLH 두 가지 계열로 나타남을 확인할 수 있다. 1음절 어간 '잡-'의 기저성조를 '봉우리형 H'로 파악한 것처럼 어간 '뚜둘기-'의 기저성조를 일견 LLH로 설정할 수 있어 보인다.[50] 율동 제약이 존재하는 경북 서부 방언의 경우, 기저성조 설정에 어려움을 겪을 수 있다. 여기에서 다른 방언권과의 대비도 중요하다. 다른 방언권에서 '뚜둘기더라도(LLLLHL)', '뚜둘기만(LLHL)' 등은 '뚜둘기더라도(LHLLLL)', '뚜둘기면(LHLL)'으로 실현된다. 이에 '뚜둘기더라도

---

49) 보다 구체적인 것은 곡용에서의 3음절 어간 '부시럼(LLH)', '미나리(LHL)'의 기저성조 설정 과정을 참고할 수 있다.
50) 여기에서도 LHL로 보는 관점이 있을 수 있다. 옆 방언권의 어형을 고려하면 '뚜둘기-'의 기저성조는 LHL로 설정될 수도 있다. '뚜둘기+어'가 통합된 '뚜둘기(LHL)'도 참고할 수 있다.

(LLLLHL)', '뚜둘기만(LLHL)' 등은 '뚜둘기더라도(LHLLLL)', '뚜둘깅깨(LHLL)'
에서 율동 제약이 적용되어 끝에서 둘째 음절이 고조로 실현된 것으로 이해
할 수 있다. 그래서 '뚜둘기-'의 기저성조는 LHL로 설정하는 것이 합리적으
로 보인다.

(3)~(5)에 제시된 패러다임에서 어간을 기저성조를 설정하는 일은 매우
간단하다. 어떤 어미와 결합하든지 어간의 성조는 고정되어 있다.

(3) 어지럽-
   – 어지럽던지(HHLLL), 어지럽떠라도(HHLLLL), 어지럽뚜룩(HHLLL)
   – 어지럼노(HHLL), 어지럽꼬도(HHLLL), 어지러와도(HHLLL), 어지
     러와서(HHLLL), 어지러우만(HHLLL)

어간 '어지럽-'과 미가 통합한 활용형의 표면성조를 살펴보면 어간에 해
당하는 '어지럽-'의 성조는 HHL로만 나타남을 알 수 있다. 이에 어간 '어지
럽-'의 기저성조를 HHL로 설정한다.

(4) 자빠저-
   – 자빠저던지(HLLLL), 자빠저더라도(HLLLLL), 자빠저기에(HLLLL)
   – 자빠저노(HLLL), 자빠저고설라메(HLLLLLL), 자빠저도(HLLL), 자
     빠젇따(HLLL), 자빠정깨(HLLL), 자빠저만(HLLL)

어간 '자빠저-'와 어미가 통합한 활용형의 표면성조를 살펴보면 어간에
해당하는 '자빠저-'의 성조는 HLL로만 나타남을 알 수 있다. 따라서 어간
'자빠저-'의 기저성조를 HLL로 설정할 수 있다.

(5) 더럽히-
   – 더러피덩가(L·HHLLL), 더러피더라도(L·HHLLLL), 더러피구로

(L·HHLLL)
 – 더러피는구나(L·HHLLLL), 더러피고(L·HHLL), 더러피도(L·HHLL),
   더러핀따(L·HHLL), 더러핑깨(L·HHLL), 더러피만(L·HHLL)

  어간과 어미가 통합한 활용형의 표면성조를 살펴보면 어간 3음절에 해당
하는 '더러피-'의 성조는 L·HHL로만 나타남을 알 수 있다. 따라서 어간 '더
럽히-'의 기저성조를 L·HHL로 설정할 수 있다.
  대비를 위해 경북 동해안의 울진 지역어의 자료를 제시한다.

울진: 3음절 활용 어간

게그르- 怠	붉어지- 紅	뚜두리- 敲	기다리- 待	어지럽- 亂	더럽히- 汚
게그르고 LLHL	붉어지고 HLLL	뚜두리고 LHLL	기다리고 LHLL	어지럽꼬 HHLL	더러피고 L·HLLL
게그르다 LLHL	붉어진다 HLLL	뚜두린다 LHLL	기다린다 LHLL	어지럽따 HLLL	더러핀다 L·HLLL
게그르더라 LLLHL	붉어지더라 HLLLL	뚜두리더라 LHLLL	기다리더라 LHLLL	어지럽떠라 HLLLL	더러피더라 L·HLLLL
게그르이 LLHL	붉어지이 HLLL	뚜두리이 LHLL	기다리이 LHLL	어지러우이 HLLLL	더러피이 L·HLLL
게그르먼사 LLHLL	붉어지먼사 HLLLL	뚜두리머 LHLL	기다리머 LHLL	어지러우모 HLLLL	더러피모 L·HLLL
게글라사 LHLL	붉어저사 HLLL	뚜두레야 LHLL	기다레야 LHLL	어지러와도 HLLLL	더러페도 L·HLLL
게글랄따 LHLL	붉거전따 HLLL	뚜두렌따 LHLL	기다렌따 LHLL	어즈러왈따 HLLLL	더러펜따 L·HLLL

  '개그르먼사(LLHLL)', '개글라사(LHLL)' 등을 통해 경북 서부 방언에서와
같은 율동 제약이 존재하지 않음을 알 수 있고 상승 복합조 뒤에는 L이
놓임을 확인할 수 있다.

대구를 포함한 경산 등의 경북 중남부의 경우 대부분의 성조가 경북 동부
와 일치하나 특별한 어형 몇몇에서 기저성조가 달라진다. 특별한 어형이라
함은 '사과(LH)'와 같은 경우이다. 이것이 경북 북부에서는 HL로 실현된다.

참고로 동남 방언 내에서도 역전 현상을 잘 보여 주는 '사과'와 '어디'의
방언지도를 제시한다.51)

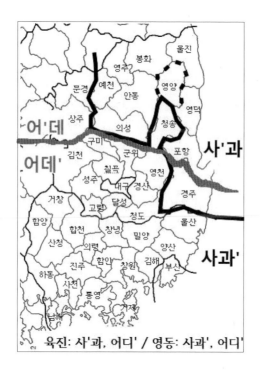

육진: 사'과, 어디' / 영동: 사과', 어디'

'시소(see-saw)', '예기 발화', '악센트 추이(accent Shift)' 등으로 '사가(HL)',

'사가(LH)'류의 성조 역전 현상을 설명하려는 경향도 있었다. 그러나 이들 주장은 내적 근거를 마련하기 어렵다. 경북 서부 방언에서 '사가(LH)'라고 하고 영주와 경북 동해안 방언에서 사가(HL)라고 하는 등 대방언권이 아니라 소방언권마다 달리 나타나는 것은 나름대로 내적 이유가 있을 듯하다. 사가나무(LLLH)에서 '사과'를 떼어내면 사가(LH)가 된다. 음성형은 마지막 음절 고조까지 점진적으로 상승하기 때문이다. 합성어의 성조 변동이 그 구성요소의 기저성조까지 지배하게 되는 것이다. 이러한 내적 근거를 통해서 성조 분화를 설명하는 방식도 가치 있을 듯하다.

부정부사 '안'의 성조 변동 또한 경북의 북중부 및 경북 동해안 방언과 다르다. 여타 동남 방언권에서는 부정 부사 '안'이 항상 저조로 실현된다. 항상 저조로 실현되기에 이와 결합하는 어사는 당연히 율동 제약이 적용된다. 그래서 끝에서 둘째 음절에 고조가 놓인다.

> (5) 가. 안갔는데, 안뽑아도, 안뽑더라도(경북 영주)
>   나. 안갔는'데, 안뽑아'도, 안뽑더라'도(경북 서부)

이러한 서부 방언의 율동 제약이 그 동쪽지역까지 확대되고 있다.[52] 문효근(1974:93-95)에서도 '깎더라도(LLHL)', '다듬더라도(LLLHL)', '뚜드레기(LLHL)', '성가시고(LLH·LL)', '어지럽히고(LLH·LL)', '기막히고(LLH·LL)'와 같은 경북 서부 방언의 율동에 영향 받은 표면성조가 확인되는데 김차균(1999가)의 자료, '기막히고(HHLL~LLH·LL)'류와 대비해 볼 때 수의성을 보이는 듯하다. 어떻든 이러한 수의성은 경북 북부에서는 확인되지 않는다.[53] 특정 단

---

52) 이문규(1997:57~63)에서 논의한 대구 지역어의 '안+활용형'의 성조 실현은 제시된 자료를 통해 볼 때, '안잡더라'도, 안잡는갑습니'더'와 같이 끝에서 둘째 음절 위치(penultimate)에 고조가 놓이는 것으로 이해할 수 있다.
53) 영남대 김세환 교수는 경북 서부 방언 같은 율동이 대구에서도 꽤 많이 확인된다고 한다.

어의 기저성조 측면에서도 이문규(2017:300)에 따르면 예상치도 못한 대구방언의 성조 실현이 확인된다. 이 또한 수의적인 실현으로 이해되지만 수의적이라 해도 북부 방언에 비하면 정도가 심한 편이다.[54]

5.1.3. 경남 동부

경남 동부 방언은 저조로 시작하는 4음절 이상의 기식군에 대해 성조 표기가 두 부류로 나뉜다. 실험값이야 어느 재료를 대상으로 하느냐에 따라 조금씩 달라지기도 하지만 경남의 패턴과 경북의 패턴을 현저하게 보여 주는 전형적인 그래프가 아래에서 확인된다.[55]

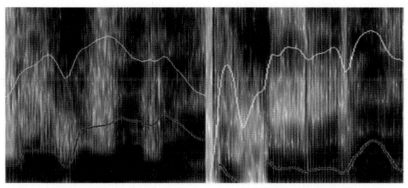

복숭보다(LHHH·L, 창원)   복쌍보다(LLLH·L, 영주)

창원 출신의 김차균 교수는 위와 같은 저조로 시작하는 4음절 유형(복숭꺼지, 복숭하고)에 대해 15급간을 기준으로 '5-13-14-4'로 발음한다고 한다(김차균

---

54) 김차균 교수의 여러 논저에서 보인 지역이 간 '불일치' 항목을 토대로 한 것이라 하더라도 대구 지역의 수의성의 정도는 심해 보인다. 청송 지역을 대상으로 한 김세환(2005:109)에는 '큰누니(HHH, 큰#눈이)', '큰누늘(HHH)'과 같은 성조형도 제시되어 있다.
55) 실험 재료에 따라 창원의 경우 가파른 상승을 보이는 패턴도 있고 영주의 경우 창원에는 미치지 못하더라도 점진적 상승을 보이기도 한다.

1999:1294-1295). 이러한 점이 좌측 그래프를 통해서도 확인된다. 둘째 음절이 셋째 음절에 근접해 있다는 것을 알 수 있다. 이런 점에 근거하여 글쓴이는 경남 방언의 4음절 성조 표기를 LLHL로 하지 않고[56] LHHL로 한다.[57] 영주 지역어의 경우를 보면 마지막 음절의 하강 복합조만 유독 높다는 점을 확인할 수 있다. 사실은 7음절, 8음절 아니 하나의 기식군이 10음절 등으로 늘어나면 분명한 차이를 인지할 수 있다.

주지하듯이 경남 방언에서 또 다른 문제는 최저조의 설정 여부이다.[58] 아래의 대립쌍이 곡용 어미가 결합되지 않은 채로 명쾌히 구분되어야 한다.

(1) 사기(沙器, 詐欺):사기(士氣, 史記)
삼성(기업):3성(三城)
도로(原來, 부사)/도로(道路)

글쓴이는 아직까지도 위 유형을 최소대립쌍으로 확정하지 못했다. 젊은 층은 말할 것도 없고 노년층 제보자들도 명쾌한 대립을 인식시키지 못했다. 이에 최저조 설정은 보류한다.

경남 서부 방언에 대해 기술할 경우, 각 항에서 후자는 봉우리형을 만드는 유형(LHLL, LHLLL 등), 전자는 뜀틀형을 만드는 유형(LHHL, LHHHL 등)으로 구별하고자 한다. 경북 방언에서 상승 복합조에 대응되는 후자의 유형에 대해 다소 길다는 것을 핵심적 차이로 주장하지만(박숙희 2005) 이 또한 음운

---

56) 김주원(2000)에서는 둘째 음절이 높기는 하지만 그래도 LLHL로 표기할 것을 제안했고 김고은(2016)에서도 LLHL로 제시되었다. 3음절어 '부시럼'의 경우도 둘째 음절의 높이가 경북보다는 경남이 높다. 그 차이를 크게 두면 LHH로 제시하는 것이고 그 차이를 크게 두지 않으면 LLH로 제시하는 것이다. 글쓴이는 '부시럼', '기와집'을 LHH로 표시한다. 다만 다른 방언권을 고려하면 LLH를 기저성조로 하고 LHH로 표면성조화하는 특정 제약을 설정할 가능성도 열어 둔다.

57) 기저성조가 'LH·L(-보다)'이 아닌 '-꺼지(HL)'인 경우에 LHHL로 표시한다는 뜻이다.

58) 최저조는 박숙희(2005), 이문규(2017)에 제시된 견해이다.

론적인 것이 아니라 음성적인 것으로 판단한다. 경남 서부 방언에서는 두 유형이 섞이기도 한다. 두 유형이 모두 L로 시작하는 어사이다 보니 그만큼 언어 수행에 장애를 보인다고 할 수 있다.

경남 동부 방언을 대상으로 기술한다면 4음절인 경우, 전자는 통합하는 어미의 기저성조에 따라 LHLL(沙器에서), LHHL(沙器맨치)로, 후자는 LHHL(史記에서/史記맨치)형으로 실현된다. 5음절인 경우, 전자는 통합하는 어미의 기저성조에 따라 LHLLL(沙器에서도), LHHLL(沙器맨치도)로, 후자는 LHHLL(史記맨치도)로 실현된다. 후자는 무조건 LHH-처럼 H가 둘이 연속된다. 기저성조가 '-부다도(LH·LL)'인 경우는 'LHHHL~LHHH·LL(沙器부다도)', 'LHHLL(史記부다도)'처럼 차이를 보인다.

이처럼 후자의 L은 그 이후 음절에 연속으로 HH가 놓이는 성조 배열 제약이 경남 동부 방언에 존재하는 것이다. 경남 서부 방언은 후자의 L 이후 고조가 하나만 배당되는 성조 배열 제약이 존재하는 것이다. 이들의 성조 배열 제약을 단어 경계에서 확인하도록 하자. (2)는 경남 서부 방언 자료이고 (3)은 경남 동부 방언 자료이다.

(2) 사람(LH)#잡씸미더(LHHL) → LHLLLL
   사람(LH)#잡꼬서는(HLLL) → LHLLLL

(3) 사람(LH)#잡씸미더(LHHL) → LHHLLL
   사람(LH)#잡꼬서는(HLLL) → LHHLLL

(4)를 통해서는 경남 서부 방언의 율동 제약이 잘 드러난다. 경남 서부 방언에서는 저조로 시작하는 3음절 이상의 기식군에서는 '둘째 음절'에서부터 '끝에서 둘째 음절'까지가 고조로 실현된다. (5)의 경남 동부 방언의 경우는 후행 요소의 고조 위치가 중요하다.

(4) 다리(LH)#잡씸미더(LHHL) → LHHHHL
    다리(LH)#잡꼬서는(HLLL) → LHHHHL

(5) 다리(LH)#잡씸미더(LHHL) → LHHHHL
    다리(LH)#잡꼬서는(HLLL) → LHHLLL

5.1.3.1. 곡용형에서의 성조 실현 양상

① 1음절 어간의 곡용형

1음절 곡용 어간에서의 성조 실현 양상을 아래 표에서 확인해 보자.

창원: 1음절 곡용 어간

눈 雪	눈/팥 目/豆	집 舍	아 兒
누니 LH	누니/파치 HH	지비 HL	아가 H·LL
누널 LH	누널/파털 HH	지벌 HL	아럴 H·LL
눈부터 LHH	눈부터 HHL	집뿌터 LHL	아부터 H·LLL
눈꺼정도 LHHL	눈꺼정도 HHLL	집꺼정도 LHLL	아꺼정도 H·LLLL
눈부다도~눈뿌다도 LHHL	눈부다도 HHLL	집뿌다도 LHHL	아부다도~아뿌다도 H·LLLL
눈마다 LHH	눈마다 HHL	짐마다 LHL	아마다 H·LLL
누네 LH	누네/파테 HL/HH	지베 HL	아에 H·LL
누누로 LHH	누누로 HHL	지부로 HLL	아로 H·LL

위에 제시된 표에서 어간의 성조가 일정하지 않은 어사를 확인해 보자. 세 부류와 달리 '집'에서만 어미에 따라 어간의 성조가 H와 L로 교체되어 있음을 확인할 수 있다. '집'의 기저성조를 설정하기 위해 몇몇 어미와의 결합형을 추가하여 제시하기로 한다.

(1) 집
 - 집또(HL), 지번(HL), 지벌(HL), 지비(HL), 지베서(HLL)
 - 집꺼정(LHL), 집꺼지라도(LHLLLL), 짐매로(LHL), 집빼끼(LHL), 집부터(LHL), 집부팀도(LHLL), 집뿌다(LHH·L), 집뿌담도(LHH·LL)

어간 '집'과 어미가 통합한 위 곡용 패러다임의 성조를 살펴볼 때 어간의 성조는 H 또는 L 두 이성조(異聲調)로 나타남을 확인할 수 있다. 이런 변동을 보이는 경우는 '말(馬, 말또HL)'과 같이 기저성조를 '봉우리형 H(HL, LH, HLL, LHL 등)'로 설정한다.

(1)에 제시된 패러다임을 토대로 어미의 기저성조를 설정할 수 있다.

(2) 어미의 기저성조
 • 뜀틀형 고조: -도(H), -언(H), -얼(H), -이(H), -에서(HH)
 • 봉우리형 고조: -꺼정(HL), -매로(HL), -배끼(HL), -부팀(HL), -부당(HL), -부다~뿌다(LH·L)[59]

다음으로는 어간의 성조가 일정하게 유지되는 세 부류에 대해 검토하기로 한다.

(3) 눈(目)
 - 눈도(HH), 누넌(HH), 누널(HH), 누니(HH)

---

59) 후행 성분의 '고조 앞 저조'도 H로 변동하는 규칙이 적용된다.

　　　－ 눈꺼정(HHL), 눈꺼정도(HHLL), 눈배끼(HHL), 눈마다(HHL), 눈처
　　　럼(HHL), 눈부터(HHL), 눈매로(HHL), 눈부담도(HHLL)

　제시된 어간 '눈'의 패러다임을 통해 어간에 해당하는 성조는 항상 H로
실현된다는 것을 확인할 수 있다. 어미의 첫 음절은 H, 그 이하 음절은 모두
L로 실현된다. 결과적으로는 뜀틀형 HH, HHL, HHLL 등으로 실현된다.
이에 어간 '눈'의 성조를 '말(斗, 말또HH)'과 같이 고정적 고조인 '뜀틀형 H'로
설정한다.

　주지하듯이 처격 통합형의 성조가 다르다는 것을 표를 통해서 확인할
수 있다. '눈'과 같이 처격 통합형이 HL로 실현되는 어간이 있는가 하면
'배'와 같이 처격 통합형이 HH로 실현되는 어간도 있다. 이는 방언권마다
약간의 차이를 보인다. HL 부류로 확대되는 경향이 있어 보인다. 다만 환경
을 명세화할 수 없기에 '-에(x)'가 통합하는 경우는 어휘부에 특별한 장치를
두어야 한다.

　다음은 경북 방언의 상승 복합조 유형이다.

　　(4) 눈(雪)
　　　－ 누넌(LH), 누널(LH), 누니(LH), 누네(LH), 눈도(LH)
　　　－ 눈꺼정(LHH), 눈꺼지라도(LHHLL), 눈매로(LHH), 눈처럼(LHH),
　　　　눈부터(LHH), 눈부다도(LHHL)

　어간 '눈'과 어미가 결합한 패러다임의 표면성조를 살펴볼 때 어간에 해
당하는 성조는 L로 일정하게 나타남을 확인할 수 있다. 이에 어간 '눈'의
성조를 L로 설정한다.

　경북 방언에서의 복합성조 대응 어사들은 저조로 실현되는데 그 이후
음절은 HH 즉 고조 둘만이 놓일 수 있다는 것이다.

다음은 하강 복합조가 일정하게 유지되는 어간 패러다임이다.

(5) 아(H·L, 兒)
  – 아도(H·LL), 아넌(H·LL), 아럴(H·LL), 아가(H·LL)
  – 아꺼정(H·LLL), 아배끼(H·LLL), 아처럼(H·LLL), 아부터(H·LLL),
    아부담도(H·LLLL)

어간 '아'와 어미가 결합한 패러다임의 표면성조를 살펴볼 때 어간에 해당하는 성조는 H·L로 일정하게 나타남을 확인할 수 있다. 이에 어간 '아'의 기저성조를 H·L로 설정한다.

② 2음절 어간의 곡용형

2음절 곡용 어간에서의 성조 실현 양상을 아래 표에서 확인해 보자.

창원: 2음절 곡용 어간

권투 拳鬪	모구 蚊	감자 薯	물팍 膝	여덟 八	아들 兒輩
건투가 LHH	모구가 HHL	감자가 LHL	물파기 HLL	여덜비 HLL	아드리 H·LLL
건투럴 LHH	모구럴 HHL	감자럴 LHL	물파걸 HLL	여덜또 HLL	아덜또 H·LLL
건투부터 LHHL	모구부터 HHLL	감자부터 LHHL	물팍뿌터 HLLL	여덜부터 HLLL	아들부터 H·LLLL
건투꺼정도 LHHLL	모구꺼정도 HHLLL	감자꺼정도 LHHLL	물팍꺼정도 HLLLL	여덜꺼정도 HLLLL	아들꺼정도 H·LLLLL
건투부다도 LHHLL	모구뿌다도 HHLLL	감자부다도 LHHHL	물팍뿌다도 HLLLL	여덜뿌다도 HLLLL	아들뿌다도 H·LLLLL
건투마다 LHHL	모구마다 HHLL	감자마다 LHHL	물팡마다 HLLL	여덜마다 HLLL	아들마다 H·LLLL

권투 拳鬪	모구 蚊	감자 薯	물팍 膝	여덟 八	아들 兒輩
건투에 LHH	모구에 HHL	감자에 LHL	물파게 HLL	여덜베 HLL	아드레 H·LLL
건투로 LHH	모구로 HHL	감자로 LHL	물파그로 HLLL	여덜로 HLL	아들로 H·LLL

위에 제시된 표에서는 어간의 성조가 모두 변동 없이 실현된다. 몇몇 어미와의 결합형을 추가하여 제시하기로 한다.

    (1) 물팍
       – 물팍또(HLL), 물파건(HLL), 물팍까(HLL), 물파기(HLL),
       – 물팍꺼정(HLLL), 물팍쪼차(HLLL), 물팡마다(HLLL), 물팍빼끼(HLLL),
        물팍뿌터도(HLLLL), 물팍매로(HLLL), 물팍뿌다도(HLLLL)

어간 '물팍'에 어미가 통합한 곡용형의 표면성조를 살펴볼 때 어간에 해당하는 둘째 음절까지의 성조는 HL로 일정하게 나타남을 확인할 수 있다. 이에 어간 '물팍'의 기저성조를 HL로 설정한다.

    (2) 감자
       – 감자도(LHL), 감자년(LHL), 감자럴(LHL), 감자가(LHL), 감자에서
        (LHLL)
       – 감자꺼정(LHHL), 감자꺼정도(LHHLL), 감자매로(LHH·LL), 감자
        하고(LHHL), 감자빼끼(LHHL), 감자부터(LHHL), 감자부터도(LHHLL),
        감자뿌다가(LHHHL)
      cf. 영주: 감재꺼정도(LLHLL), 산청: 감재꺼정도(LHHHL)

어간 '감자'와 어미가 통합한 곡용형의 표면성조를 살펴볼 때 어간인 둘째 음절까지의 성조는 LH로 일정하게 나타남을 확인할 수 있다. 이에 어간

'감자'의 기저성조를 LH로 설정한다.

경북 동부의 영주 지역어와 대비해 보면 여러 곡용형에서 큰 차이는 없어 보인다. 경남의 동부는 경북의 동부는 어미의 기저성조가 제대로 유지되는 곡용형이 많기 때문이다. 차이가 있다면 '둘째 음절에서 고조로 시작하는 방언권'과 '어미의 고조만이 실현되는 방언권'으로 나뉜다는 점을 들 수 있다. 전자가 바로 경남 동부이며 후자가 바로 경북 동부이다. 경남 동부의 경우 어미의 기저성조를 철저히 유지하면서 성조 실현이 이루어짐에 반해 경남 서부 지역은 경북 서부 지역과 마찬가지로 음절이 늘어남에 따라 끝에서 둘째 음절까지 고조가 놓이는 것이다. 경남 서부 방언의 '감재꺼정(LHHL)', '감재꺼정도(LHHHL)', '감재부터(LHHL)' '감재부터도(LHHHL)'의 경우 경남 동부에서는 '감재꺼정(LHHL)', '감재꺼정도(LHHLL)', '감재부터(LHHL)' '감재부터도(LHHLL)'로 실현되는바 특히 어미 '-도'가 통합한 경우에서 차이가 난다. 이러한 차이는 율동 제약에 근거하지만 '-꺼정', '-부터'의 기저성조와도 밀접하게 관련되어 있다. 이들 어미의 기저성조는 HL이기 때문이다. '감재부다가(LHHHL)'를 통해서는 어미의 기저성조를 '-LHL'로 설정할 수 있는데 이때 'LH+LHL → LHHHL'로 변동하는 규칙을 상정할 수 있다(231쪽 참조). 이는 '사과(LH)+나무(LH) → 사과나무(LHHH)'를 통해서도 확인된다.

    (3) 모구
       – 모구도(HHL), 모구년(HHL), 모구럴(HHL), 모구가(HHL), 모군기
         요(HHLL)
       – 모구꺼정(HHLL), 모구매로(HHLL), 모구마다(HHLL), 모구처럼
         (HHLL), 모구부터도(HHLLL), 모구뿌다(HHLL)

곡용 어간 '모구'와 어미가 통합한 곡용형의 표면성조를 살펴보면 어간

둘째 음절까지의 성조가 HH로 일정하게 나타남을 알 수 있다. 이에 '모구'의 기저성조를 HH로 설정한다.

다음은 경북 방언에서 상승 복합조로 실현되는 어사들이다. 이들은 간단하다. 경북의 상승 복합조가 저조로 대응되는 것으로 이해하면 된다. 다만 서부 방언과 달리 LHH- 형태로 나타난다.

> (4) 건투(拳鬪)
> – 건투도(LHH), 건투넌(LHH), 건투가(LHH), 건투꺼정(LHHL), 건투하고(LHHL), 건투처럼(LHHL), 건투부터도(LHHLL), 건투부다(LHHL)

어간 '건투'에 어미가 통합한 곡용형의 표면성조를 살펴볼 때 어간에 해당하는 둘째 음절까지의 성조는 LH로 일정하게 나타남을 확인할 수 있다. 이에 어간 '건투'의 기저성조를 LH로 설정한다.

여기에서 문제는 (2)에 제시된 자료이다. (2)나 (4)나 L로 시작한다. (2)의 경우는 LHL, LHLL 등으로 나타난다고 하면 (4)의 경우는 LHH, LHHL로 나타난다는 것이 다르다. 이를 공시적으로는 L을 두 부류로 파악할 수밖에 없다. 마치 중세 국어에서 계사 어간이 순수한 ㅣ가 아닌 것처럼 기능하는 것과 같다(말쏨미고>말쏨미오, 스싀고>*스싀오).[60] 화자들은 어떻든 그 둘을 머릿속에서 구분한다.

다음은 하강 복합조의 경우이다.

> (5) 아들(아이들)
> 아들또(H·LLL), 아드런(H·LLL), 아들꺼정(H·LLLL), 아들부터(H·LLLL)

어간 '아들(兒輩)'에 어미가 통합한 곡용형의 표면성조를 살펴볼 때 어간에 해당하는 3음절까지의 성조는 H·LL로 일정하게 나타남을 확인할 수 있다. 이에 어간 '아들'의 성조를 H·LL로 설정한다.

표의 공간적 제약 때문에 제시하지 못한 '얼라(兒)~알라~언나' 또한 어간의 성조가 일정하게 유지되는 부류이다.

(6) 얼라(兒)
    얼라도(LH·LL), 얼라넌(LH·LL), 얼라꺼정(LH·LLL), 얼라부터(LH·LLL)

어간 '얼라'에 어미가 통합한 곡용형의 표면성조를 살펴볼 때 어간에 해당하는 3음절까지의 성조는 LH·L로 일정하게 나타남을 확인할 수 있다. 이에 어간 '얼라'의 성조를 LH·L로 설정한다.

② 3음절 어간의 곡용형

3음절 곡용 어간에서의 성조 실현 양상을 아래 표에서 확인해 보자.

창원: 3음절 곡용 어간

이얘기 話	무지개 霓	메느리/버부리 婦/啞	부시럼 腫	미나리 芹
이얘기가 LHHL	무지개가 HHLL	메느리가/버부리가 HLLL	부시러미 LHHL	미나리가 LHLL
이얘기도 LHHL	무지개도 HHLL	메느리도/버부리도 HLLL	부시럼도 LHHL	미나리도 LHLL
이얘기부터 LHHLL	무지개부터 HHLLL	메느리부터 HLLLL	부시럼부터 LHHHL	미나리부터 LHLLL
이얘기꺼정도 LHHLLL	무지개꺼정도 HHLLLL	메느리꺼정도 HLLLLL	부시럼꺼정도 LHHHLL	미나리꺼정도 LHLLLL

이얘기 話	무지개 霓	메느리/버부리 婦/啞	부시럼 腫	미나리 芹
이얘기부다도 LHHLLL	무지개부다도 HHLLLL	메느리뿌다도 HLLLLL	부시럼뿌다도 LHHHHL	미나리뿌다도 LHLLLL
이얘기마다 LHHLL	무지개마다 HHLLL	메느리마다 HLLLL	부시럼마다 LHHHL	미나리마다 LHLLL
이얘기에 LHHL	무지개에 HHLL	메느리에 HLLL	부시러메 LHHL	미나리에 LHLL
이얘기로 LHHL	무지개로 HHLL	메느리로 HLLL	부시러무로 LHHLL	미나리로 LHLL

다음은 3음절 어간과 어미가 결합된 패러다임을 성조 패턴별로 보인 것
이다.

    (1) 부시럼
       – 부시럼(LHH), 부시러먼(LHHL), 부시러멀(LHHL), 부시러미(LHHL),
         부시러민감네(LHHLLL)
       – 부시럼꺼지도(LHHHLL), 부시럼매로(LHHH·LL), 부시럼조차
         (LHHHL), 부시럼부터도(LHHHLL)

어간 '부시럼'과 어미가 통합한 곡용 패러다임의 성조를 살펴볼 때 어간
3음절까지의 성조는 LHH로 일정하게 나타남을 확인할 수 있다. 이에 어간
'부시럼'의 기저성조를 LHH로 설정한다.[61]

    (2) 무지개(HHL, 霓)
       – 무지개도(HHLL), 무지개넌(HHLL), 무지개럴(HHLL), 무지개가
         (HHLL)

---

61) 다른 방언권과 대비해 볼 때 기저성조를 LLH로 설정하고 여기에 둘째 음절을 고조화하는
    특정 제약을 설정할 수 있는 관점도 있을 수 있다. 후고를 기약한다.

– 무지개꺼지도(HHLLLL), 무지개매로(HHLLL), 무지개배끼(HHLLL),
무지개부터도(HHLLLL)

어간 '무지개'에 어미가 통합한 곡용형의 표면성조를 살펴볼 때 어간에 해당하는 3음절까지의 성조는 HHL로 일정하게 나타남을 확인할 수 있다. 이에 어간 '무지개'의 성조를 HHL로 설정한다.

(3) 메누리
– 메누리(HLL), 메누리년(HLLL), 메누리럴(HLLL), 메누리가(HLLL)
– 메누리꺼지도(HLLLLL), 메누리배끼(HLLLL), 메누리하고(HLLLL),
메누리부터도(HLLLLL)[62]

어간 '메누리'에 어미가 통합한 곡용형의 표면성조를 살펴볼 때 어간에 해당하는 3음절까지의 성조는 HLL로 일정하게 나타남을 확인할 수 있다. 이에 어간 '메누리'의 성조를 HLL로 설정한다.

(4) 미나리
– 미나리(LHL), 미나리도(LHLL), 미나리럴(LHLL), 미나리가(LHLL)
– 미나리꺼정(LHLLL), 미나리매로(LHLLL), 미나리조차(LHLLL), 미
나리부터도(LHLLLL)

어간 '미나리'에 어미가 통합한 곡용형의 표면성조를 살펴볼 때 어간에 해당하는 3음절까지의 성조는 LH로 일정하게 실현되어 있음을 알 수 있다. 이에 어간 '미나리'의 성조를 LHL로 설정한다.

다음은 경북 방언에서는 L·HHL로 실현되고 경남 서부 방언에서는 LHL로 실현되는 유형이다.

---

62) 임석규(2016)에서는 '작은아버지부터'를 LHHHHHL로 파악하는 오류를 범했다. LLLHLLL이다. '부터' 앞의 매우 짧은 휴지를 인식하지 못하고 하나의 기식군으로 파악했기 때문이다.

(5) 이얘기
 – 이얘기도(LHHL), 이얘기마(LHHL), 이얘기릴(LHHL), 이얘기가
 (LHHL)
 – 이얘기꺼정도(LHHLLL), 이얘기조차(LHHLL), 이얘기처럼(LHHLL),
 이얘기부터도(LHHLLL)

어간 '이얘기'에 어미가 통합한 곡용형의 표면성조를 살펴볼 때 어간에 해당하는 3음절까지의 성조는 LHH로 일정하게 나타남을 확인할 수 있다. 이에 어간 '이얘기'의 성조를 LHH로 설정한다.

문제는 LHH인 '부시럼' 유형과 기저형에서는 차이가 없다는 것이다. 다만 표면형에서는 '이얘기' 유형은 '이얘기꺼지도(LHHLLL)'처럼 4음절부터는 고조를 허용하지 않지만 '부시럼꺼지도'에서는 LHHHLL처럼 4음절 이하에서도 고조가 실현된다는 것이다. 이런 점에서 공시적으로는 두 부류로 나눌 수 있다.

5.1.3.2. 활용형에서의 성조 실현 양상

① 1음절 어간의 활용형

1음절 활용 어간에서의 성조 실현 양상을 아래 표에서 확인해 보자.

창원: 1음절 활용 어간

잡- 捕	춥- 寒	서- 立	가- 去	울- 泣	적- 少
잡꼬 HL	춥꼬 HH	서고 HL	가고 HL	울고 LH	적꼬 LH
잠는다 LHL	춥따 HH	선다 HL	간다 HH	운다 LH	적따 LH

잡- 捕	춥- 寒	서- 立	가- 去	울- 泣	적- 少
잡떠라 LHL	춥떠라 HHL	서더라 LHL	가더라 HHL	우더라 LHH	적떠라 LHH
자부이꺼네 HLLL	추부이깨 HHLL	서이깨 HLL	가이꺼네 HLLL	우이꺼네 LHHL	저그이깨 LHHL
자부모 HLL	추부모 HHL	서모 HL	가모 HL	우모 LH	저그모 LHH
자바도 HLL	추버도 HHL	서도 HH	가도 HH	우러도 HLL	저거도 LHH
자받따 HLL	추벌따 HHL	섣따 HH	갇따 HH	우릳따 HLL	저걷따 LHH

　　어미 '-고'가 통합하는 경우만을 대상으로 하면 HL, HH, L·HH 세 부류가
확인된다. 다른 방언권과 마찬가지로 일단 동음이 탈락된 '서도(HH)', '가도
(HH)'의 경우를 어간의 고조(봉우리형 H: HL, LHL 등)가 탈락한 것으로 처리하
여 잠정적으로는 '잡-'류에 포함하여 논의를 진행해 보자.

　　(1) 잡-(捕)/페-(伸)
　　　　가. – 잡꼬(HL), 잡끼(HL), 잡쩨(HL), 잠노(HL), 자부신다(HLLL), 자
　　　　　　부모(HLL), 자부이꺼네(HLLLL), 자붕갑따(HLLL), 자불라고
　　　　　　(HLLL), 자부입써더(HLLLL), 자바도(HLL), 자받따(HLL)
　　　　　　– 잡떠라(LHL), 잡뜬지(LHL), 잡디(LH·L), 잡두룩(LHL), 잡껜나
　　　　　　(LHL), 잡던(LH), 잠는(LH), 잡씸미더(LHHL)
　　　　나. – 페고(HL), 페기(HL), 페제(HL), 페게(HL), 페노(HL), 페신다
　　　　　　(HLL), 페모(HL), 페이꺼네(HLLL), 페어도/페도(HLL/H·LL),
　　　　　　페얻따/핃따(HLL/H·LL)
　　　　　　– 페더라(LHL), 페든가(LHL), 페기에(LHL), 페기는(LHL), 페겐
　　　　　　나(LHL), 페능갑따(LHLL), 페던(LH), 페는(LH)

어간 '잡-/페-'와 어미가 통합한 활용형의 표면성조를 살펴볼 때 어간인 첫 음절의 성조는 H 또는 L 두 부류로 나타난다는 것을 알 수 있다. 이러한 이성조 부류가 있는 경우는, 단음절 곡용 어간인 '집(家)'의 기저성조를 '봉우리형 H(HL, LH, LHL 등)'로 파악한 것과 같이 어간 '잡-', '페-'의 기저성조를 '봉우리형 H'로 설정한다. '잡씸미더(LHHL)'에는 율동 제약이 적용된 것이 아니다. 곡용에서와 같이 어미의 기저성조가 그대로 실현된 것이다. 이런 관점에 의거 어미의 기저성조를 아래에 제시한다. (1가)의 두 부류, 어간이 고조로 실현되는 '잡꼬(HL)'류, 어간이 저조로 실현되는 '잡떠라(LHL)'류를 통해 어미의 기저성조를 설정할 수 있다.

(2) 어미의 기저성조
  • 뜀틀형 고조: -고(H), -기(H), -제(H), -게(H), -노(H), -으신다(HHL), -으모(HH), -으이꺼네(HHLL), -을라꼬(HHL), -아도(HH), -았다(HH)
  • 봉우리형 고조: -더라(HL), -든지(HL), -디(H·L), -겠나(HL), -거라(HL), -던(H), -는(H), -는갑다(HLL), -심미더(LHL)

개음절 어간의 '페어도/페도(HLL/H·LL)', '페얻따/펟따(HLL/H·LL)'에서 확인되는 하강 복합조에 대한 설명이 필요하다. 편의상 '페+어도'만을 제시하기로 한다.

(3) 페(H)+어도(HH) → 페어도(HLL) → 페에도(HLL) → 페도(H·LL)
        음절화/저조화   완전순행동화   음절 축약/복합조화

위에서 기저성조로 확정한 'H(봉우리형)'와 'HH(뜀틀형)'의 통합은 후행 성분이 저조화된다. 봉우리형 H가 선행 성분에 존재할 경우 성조군에서 H는 하나만 실현될 수 있기에 봉우리형이 아닌 성조는 모두 저조화된다. 이것이

첫 번째 '음절화/저조화' 과정이다. 다음으로 완전순행동화 과정을 거치는 바, 이 과정에서는 성조 변동이 없다. 최종도출 과정인 '음절 축약에 따른 복합조화' 과정을 통해 표면형 '페도(H·LL)'를 도출할 수 있다.

다음으로는 '페-(佛)'와 '서-(立)'의 곡용형을 대비하면서 어간 '서-'의 기저 성조를 확정해 보자.

(4) 서-
　– 서고(HL, 立), 서제(HL), 서노(HL), 서모(HL), 서이깨(HLL), <u>서도</u>
　　<u>(HH), 섣따(HH)</u>
　– 서더라(LHL), 서든가(LHL), 서겐나(LHL), 서거라(LHL), 서던(LH),
　　서는(LH), 서느라꼬(LHLL)

밑줄 친 '서도(HH), 섣따(HH)'는 다름 아닌 동음 탈락을 거친 후의 표면성 조이다. 패러다임 '페-'와 대비하면 완전순행동화의 과정을 거친 '페도 (H·LL)', '펟따(H·LL)'와 동음 탈락의 과정을 거친 '서도(HH), 섣따(HH)'에서 차이가 있음을 알 수 있다.

(5) 서(봉우리형 H)+어도(HH) → 서도(HH)
　　　　　　동음 탈락과 성조 탈락

모음에 실린 봉우리형 H(가변적 고조)가 탈락되지 않는다면 후행 성분의 성조가 저조화하여 HL로 실현되어야 할 것인바[(3)에서의 도출 참조], '서 도'의 표면성조는 HH이므로 어간모음에 실린 성조가 탈락한 것으로 파악 해야 한다. 어간 모음의 탈락으로 그에 얹힌 성조가 탈락된 것이므로 결국 '서-'도 '잡-/페-'와 같은 유형인 것이다. 즉 탈락되지 않았다면 'HLL(서어도)' 로 실현될 것이므로 'HLL(피어도)'와 표면성조가 같아지게 된다. 따라서 '서-' 의 기저성조는 '봉우리형 H(HL, LHL 등)'로 설정할 수 있다.

이제 중세 국어에서의 후의적 성조형의 반사형 '가-(往)'와 대비해보자. HH-로 시작하는 것을 (6나)에, 저조(경북의 상승 복합조)로 시작하는 것을 (6다)에 배치한다. (6가)는 어미에 따라 어간의 성조가 L과 H로 교체되는 경우이다.

> (6) 가. 가고(HL, 去), 가제(HL), 가모(HL), 가이깨(HLL) ; 가기는(LHL),
> 가겐나(LHL), 가거라(LHL), 간(H), 갈(H)
> 나. 가노(HH), 가더라(HHL), 가든지(HHL), 간다(HH), 가턴(HH), 가
> 는(HH), 가는데(HHL), 가도(HH), 갇따(HH)
> 다. 갈래(LH), 갈람미더(LHHL) 갈라꼬(LHH), 갈라모(LHH)

다른 방언권과 같이 경남 동부 방언에서도 세 부류의 복수 기저성조를 확인할 수 있다. 분절 음운론의 환경으로는 (6나)의 HH, (6다)의 저조를 설명할 방법이 없기 때문에 어미의 기저성조에 따라 어간의 기저성조 유형이 선택되는 것으로 파악한다.

> (7) 가. 봉우리형 H: 가고(HL), 가먼(HL), 갈(H), 가거라(LHL) 등
> 나. 뜀틀형 H: 가더라(HHL), 간다(HH), 가는(HH), 가도(HH) 등
> 다. L인 경우: 갈라꼬(LHH), 갈람미더(LHHL), 갈래(LH) 등

(7가)가 봉우리형인 이유는 후행 어미의 기저성조에 따라 어간의 성조가 H와 L로 교체되기 때문이다. '잡-(捕)'의 기저성조를 봉우리형 고조로 설정할 때와 같은 방식이다.

'보-(見)'와 관련해 성조 변동 과정을 확인해 보자.

> (8) 보(H)+아도/어도(HH) → 보아도(HHL) → 봐도/바도(H·HL)
> 음절화에 따른 성조 변동　　　　활음화에 따른 복합조화

　　(9) 지(H, 落)+아도/어도(HH)　→　저도(HH)
　　　　　　활음화에 따른 성조 탈락

　‘가-’류 어간이 모음 어미와 통합할 때에는 기저성조로 봉우리형 H인 어간이 선택되는데 이미 (7나)에서 확인할 수 있다. 활음화 과정은 ‘보아도’, ‘*지어도’와 같이 음절화의 여부에 따라 표면성조가 달라진다. 즉 첫 번째 음운 과정 에서 ‘지어도’는 음절화가 되지 않기에 보상적 작용이 봉쇄되는 것이다. 보상적 작용은 음장 방언에서는 장음화로, 성조 방언에서는 복합조화로 나타난다. 이 경우 경북 방언에서는 HH가 상승 복합조 L·H로 변동되나 경남 방언에서는 상승 복합조가 체계에 존재하지 않기 때문에. 활음화되면서 HH, 그 자체가 하나의 음절, 복합 성조로 실현된다. 즉 그 자체가 하나의 음절인 복합조인 것이다.63)

　다음은 어간의 성조가 일정하게 유지되는 부류이다.

　　(10) 뽑-(拔)/치-(打)
　　　　가. 뽑떠라(HHL), 뽑끼는(HHL), 뽐는다(HHL), 뽑씸미더(HHLL), 뽑끼(HH), 뽐는(HH), 뽑디(HH), 뽐노(HH), 뽑꼬(HH), 뽀바도(HHL), 뽀받따(HHL), 뽀부이깨(HHLL), 뽀부모(HHL), 뽐는갑따

---

63) 김차균 교수, 이문규 교수는 '바아도(HHL)'로 표시한다. 해당 음운 과정 은 이문규(2017)에 제시되어 있기는 하되 설명 과정이 다소 인위적일 수 있다. 글쓴이는 ‘바아’가 2음절이라는 인식은 없다. 수의적으로 실현되는 ‘바도(HL), 바서(HL)’의 존재도 무시할 수 없기에 복합조로 파악한다. 寒를 뜻하는 2음절 곡용 어간 ‘추우(HH)’와는 음절 경계가 확연한 차이를 보인다. 박진혁(2003)에서는 음성형 ‘개:오-(H:L, 가져오-)’에 대해서는 H·H를 설정하지 않았다. 짧아지는 수의성도 고려하였다. 사실 육진 방언에는 음성적으로 H·H를 많이 확인할 수 있다. 전학석(1993)에도 음성적으로 고장조를 확인하였다. 이들이 고정적인 것이 아니라 짧아질 수 있다면 변이음으로 파악할 여지가 있다. 다만 다른 방언권에서도 HL인 것은 육진에서 H:L로 실현되지 않는 듯하다. 후고를 기약한다. L·L 복합조도 육진 방언에서 확인된다. 박진혁(2003)에서는 ‘수르(L·LH, 술+을)’를 제시한다. 글쓴이도 해당 음성을 들어 본 결과 L·L에 동의하게 되었다. 이에 용기를 얻어 경남 방언에서 H·H를 설정해 본다. 산청 지역어를 대상으로 한 이현정(2008)에서는 ‘바아도튰, 노오도尿’로 표시되었는데 상승 복합조 정도로 생각한 듯하다.

(HHLL)
나. 친다(HH), 침미더(HHL), 치기는(HHL), 치기(HH), 치기에(HHL),
치제(HH), 치고(HH), 치도(HH), 첬따(HH), 치모(HH), 치이깨
(HHL)

어간 '뽑-/치-'와 어미가 통합한 활용형의 표면성조를 살펴보면 어간에 해
당하는 '뽑-/치-'의 성조는 항상 H로 일정하게 실현된다는 것을 알 수 있다.
어미의 첫 음절은 H, 그 이하 음절이 있다면 그 음절들은 모두 L로 실현된
다. 결과적으로는 뜀틀형 HH, HHL, HHLL 등으로 실현된다. 이에 어간
'뽑-'과 '치-'의 기저성조를 '뜀틀형 H(HH, HHL 등)'로 설정한다.

다음은 경북 방언의 상승 복합조에 대당하는 경우이다. 먼저 어간의 성조
가 일정하게 L로 실현되는 경우를 보자.

(11) 떫-(澁)
떫떠라(LHH), 떫따(LH), 떫떤가(LHH), 떫끼다(LHH), 떫분(LH), 떫
노(LH), 떫쩨(LH), 떫꼬(LH), 떫버도(LHH), 떫벋따(LHH), 떫부모
(LHH), 떫부이꺼네(LHHLL), 떫붕갑따(LHHL), 떫붕갑떠라(LHHLL)

어간 '떫-'과 어미가 통합한 활용형의 표면성조를 살펴보면 어간에 해당
하는 '떫-'의 성조는 L로만 나타남을 알 수 있다. 이에 어간 '떫-'의 기저성조
를 L로 설정한다.

다음은 어간의 성조가 L과 H로 변동되는 경우이다. 음장 방언의 단음화
하는 어간과 대응시킬 수 있다.

(12) 겷-(步)
– 걸떠라(LHH), 걸꺼든(LHH), 걸른(LH), 걸른다(LHH), 걸끼는(LHH),
껄뚜룩(LHH), 걸쩨(LH), 걸꼬(LH), 걸씸미더(LHH), 걸씸미꺼(LHHL),

걸릉갑떠라(LHHLL)
– 거르모(HLL), 거르신다(HLLL), 거러도(HLL), 거러서(HLL)

(13) 울-(泣)
– 우더라(LHH), 울거든(LHH), 우는(LH), 운다(LH), 울기에(LHH),
우노(LH), 울고(LH),64) 우심미더(LHHL), 울모(LH), 우이꺼네
(LHHL), 우신다(LHH), 우능갑떠라(LHHLL)
– 우러도(HLL), 우러서(HLL)

(12), (13)에 제시된 패러다임은 중세 국어의 유동적 상성류에 해당한다. 중세의 고정적 상성류에 해당하는 '떫-'에서와 달리 (12)는 자음으로 시작하는 어미와 통합할 때에는 어간의 성조가 L로, 어미 '아X' 또는 '으X'와 통합할 때에는 H로 실현되어 있다. (13)은 어미 '아X'와 통합할 때에는 어간의 성조가 H로, 그 밖의 어미가 통합할 때에는 L로 실현되어 있다. 유음 말음 어간을 제외한 폐음절 어간은 (12)와 유형을 같이한다. 유음 말음 어간은 (13)과 유형을 같이한다.

다음은 하강 복합조의 경우이다. 어간의 성조가 H·L로 일정하게 유지된다.65)

(14) 이-(茨)
– 이든지(H·LLL), 이거라(H·LLL), 이기는(H·LLL), 임미더(H·LLL),
인다(H·LL), 이노(H·LL), 이고(H·LL), 이모(H·LL), 이이꺼네(H·LLLL),
이신다(H·LLL)
– 이어도/이도(HLL/H·LL), 이얻따/인따(HLL/H·LL)

---

64) 경남 방언(동북 방언, 제주 방언)의 경우, 어간을 '신-(履)'으로 교체하면 '싱꼬(LH)'로 실현되는 것이 아니라 비경음화형 '싱고(LH)'로 실현된다. '젊잖-'과 함께 영동 방언에서나 동남 방언의 여러 하위 방언권에서 확인되는 '모싱기(모내기)'도 비경음화형이다.
65) 경북의 '쌀/쌀-(H·L)'은 산청에서는 '써리-(HL)', 창원에서는 '쌍글-(HL)'로 나타나서 활용 어간을 '이-'로 교체한다.

어간 '이-(炎)'에 어미가 통합한 활용형의 표면성조를 살펴보면 어간에 해당하는 '이-'의 성조는 H·L로 항상 일정하게 실현된다는 것을 알 수 있다. 이에 어간 '이-'의 기저성조를 H·L로 설정한다.

(15) 이(H·L)+어도(HH) → 이어도(HLL) → 이이도(HLL) → 이도(H·LL)
     성조 변동(고조화/저조화)   완전순행동화   음절 축약과 복합조화

cf. 이(H, 戴)+아도/어도(HH) → 여도(HH)
                     활음화에 따른 성조 탈락

이상의 도출 과정에 근거하면 어간 '이-(炎)'의 기저성조는 H·L로 설정할 수 있다. 모음 어미와 통합할 때만 복합조가 고조로 변동하는 것이다. 음장 방언의 단음화와 같은 것이다.

다만 '이-(戴)'의 경우 모음 어미 결합형은 '여도(HH)'로 실현되는데 '이어도'로 음절화가 되지 않기에 활음화되면서 어간에 실려 있던 고조가 탈락한다.

② 2음절 어간의 활용형

1음절 활용 어간에서의 성조 실현 양상을 아래 표에서 확인해 보자.

창원: 2음절 활용 어간

가찹- 近66)	곤치- 造	드물- 稀	더럽- 染	깨지- 破	달리- 懸
가찹꼬 LHL	곤치고 HLL	드물고 HHL	더럽꼬 LHH	깨지고 H·LLL	달리고 LH·LL
가찹따 LHL	곤친다 HLL	드무다 HHL	더럽따 LHH	깨진다 H·LLL	달린다 LH·LL
가찹떠라 LHHL	곤치더라 HLLL	드무더라 HHLL	더럽떠라 LHHL	깨지더라 H·LLL	달리더라 LH·LLL

가찹- 近	곤치- 造	드물- 稀	더럽- 染	깨지- 破	달리- 懸
가차부이깨 LHHLL	곤치이꺼네 HLLLL	드무이꺼네 HHLLL	더러부이깨 LHHLL	깨지이꺼네 H·LLLLL	달리이깨 LH·LL
가차부모 LHHL	곤치모 HLL	드물모 HHL	더러부모 LHHL	깨지모 H·LLL	달리모 LH·LL
가차바서 LHHL	곤치도 HLL	드무러도 HHLL	더러바도 LHHL	깨저서 H·LLL	달레서 LH·LL
가차받따 LHHL	곤칠따 HLL	드무럳따 HHLL	더러받따 LHHL	깨젇따 H·LLL	달렏따 LH·LL

먼저 2음절 어간의 성조 패턴별 패러다임을 아래에 제시한다.

(1) 가찹-
 – 가찹떤지(LHHL), 가찹떠라도(LHHLL), 가찹뚜룩(LHHL), 가찹껠
  따(LHHL), 가찹씸미더(LHHHL), 가찹껠씸미더(LHHHHL)
 – 가찹노(LHL), 가찹꼬(LHL), 가차부모(LHL), 가차부이꺼네(LHLLLL),
  가차바도(LHLL), 가차받떤기요(LHLLLL)

어간 '가찹'과 어미가 통합한 곡용형의 표면성조를 살펴볼 때 어간인 둘째 음절까지의 성조는 LH로 일정하게 나타난다는 것을 알 수 있다. 이에 어간 '가찹-'의 기저성조를 LH로 설정한다. 어미의 기저성조가 그대로 실현되는 유형이다. '가찹떤지(LHHL)'를 통해 '-떤지'의 기저성조 HL은 셋째 음절이하에서 그대로 실현되어 있음을 알 수 있다.

다음은 경북 방언에서 HH, 영동 방언에서 LH, 동북 방언에서 HL로 나타나는 유형이다.

---

66) '가죽-(LH)'으로도 실현된다.

(2) 드무-
   – 드무던가(HHLL), 드무더라도(HHLLL), 드물기에(HHLL)
   – 드물고(HHL), 드뭉감네(HHLL), 드뭄미더(HHLL), 드물모(HHL),
     드무이꺼네(HHLLL), 드무러도(HHLL), 드무럳찌예(HHLLL)

어간 '드무'와 어미가 통합한 활용형의 표면성조를 살펴보면 어간에 해
당하는 '드무'의 성조는 HH로만 나타남을 알 수 있다. 이에 어간 '드무'의
기저성조를 HH로 설정한다. 경북 방언과 동일하다.

(3) 곤치-
   – 곤치던가(HLLL), 곤치더라도(HLLLL), 곤치두룩(HLLL)
   – 곤치노(HLL), 곤치모(HLL), 곤침미꺼(HLLL), 곤칠라모(HLLL), 곤
     치이꺼네(HLLLL), 곤치입씨더(HLLLL), 곤치도(HLL), 곤칟찌예
     (HLLL)

어간 '곤치-'와 어미가 통합한 활용형의 표면성조를 살펴보면 어간에 해
당하는 '곤치'의 성조는 HL로만 나타남을 알 수 있다. 이에 어간 '곤치-'의
기저성조를 HL로 설정한다.

(4) 더럽-
   – 더럽떤가(LHHL), 더럽떠라도(LHHLL), 더럽뚜룩(LHHL)
   – 더럼노(LHH), 더럽꼬(LHH), 더러부모(LHHL), 더러부이께(LHHLL),
     더러바도(LHH), 더러받씸미더(LHHLLL)

어간 '더럽-'과 어미가 통합한 활용형의 표면성조를 살펴보면 어간에 해
당하는 '더럽'의 성조는 LH로만 나타남을 알 수 있다. 이에 어간 '더럽-'의
기저성조를 LH로 설정한다.

여기에서 문제는 (1)에 제시된 자료이다. (1)이나 (4)나 L로 시작한다. (1)

의 경우는 LHL, LHLL 등으로 나타난다고 하면 (4)의 경우는 LHH, LHHL
로 나타난다는 것이 다르다. 공시적으로는 L을 두 부류로 파악할 수밖에
없다. 화자들은 어떻든 그 둘을 머릿속에서 구분한다.

(5) 깨지-(破)
    – 깨지던가(H·LLLL), 깨지더라도(H·LLLLL), 깨지두룩(H·LLLL)
    – 깨지노(H·LLL), 깨지지예(H·LLLL), 깨질라꼬(H·LLLL), 깨지모
    (H·LLL), 깨지이깨(H·LLLL), 깨지지예(H·LLLL), 깨지서(H·LLL),
    깨지야(H·LLL)

어간 '깨지-'와 어미가 통합한 활용형의 표면성조를 살펴보면 어간에 해
당하는 '깨지-'의 성조는 H·LL로만 나타남을 알 수 있다. 이에 어간 '깨지-'
의 기저성조를 H·LL로 설정한다.

그 밖에 LH·L 패턴도 확인된다. 간단하게 제시한다.

(6) 달리고(LH·LL, 懸), 달리더라(LH·LLL)
    달래고(LH·LL, 慰), 달래더라(LH·LLL)

③ 3음절 어간의 활용형

3음절 활용 어간에서의 성조 실현 양상을 아래 표에서 확인해 보자.

창원: 3음절 활용 어간

붉어지- 紅	뚜디리- 敲	지다리- 待	어지럽- 亂	더럽히- 汚
불거지고 HLLL~LHHL	뚜디리고 LHLL	지다리고 LHLL	어지럽꼬 HHLL	더러피고 LHHL
불거진다 HLLL	뚜디린다 LHLL	지다린다 LHLL	어지럽따 HHLL	더러핀다 LHHL

붉어지- 紅	뚜디리- 敲	지다리- 待	어지럽- 亂	더럽히- 汚
불거지더라 HLLLL	뚜디리더라 LHLLL	지다리더라 LHLLL	어지럽떠라 HHLLL	더러피더라 LHHLL
불거지이깨 HLLLL	뚜디리이꺼네 LHLLLL	지다리이깨 LHLLL	어지러부이깨 HHLLLL	더러피이꺼네 LHHLLL
불거지모 HLLL	뚜디리모 LHLL	지다리모 LHLL	어지러부모 HHLLL	더러피모 LHHL
불거저도 HLLL~LHHL	뚜디리도 LHLL	지다리도 LHLL	어지러바도 HHLLL	더러피도 LHHL
불거절따 HLLL	뚜디릳따 LHLL	지다릳따 LHLL	어지러받따 HHLLL	더러핃따 LHHL

다음은 3음절 어간과 어미가 결합한 성조 패턴별 패러다임이다.

(1) 간지럽-(痒)
　－ 간지럽떤가(LHHHL), 간지럽떠라도(LHHHLL), 간지럽끼에(LHHHL)
　－ 간지럼나(LHHL), 간지럽꼬(LHHL), 간지러부모(LHHLL), 간지러
　　부이께(LHHLLL), 간지러바도(LHHLL), 간지러받따(LHHLL)

어간 '간지럽-'과 어미가 통합한 활용형의 표면성조는 LHH로 일정하게
나타남을 확인할 수 있다. 이에 어간 '간지럽-'의 기저성조를 LHH로 설정한
다. 이 패러다임은 어미의 기저성조가 그대로 실현되는 유형이다. '간지럽
떤가(LHHHL)'를 통해 '-던가'의 기저성조 HL은 넷째 음절 이하에서 그대로
실현되어 있음을 알 수 있다.

(2) 어지럽-
　－ 어지럽떤가(HHLLL), 어지럽떠라도(HHLLLL), 어지럽뚜룩(HHLLL)
　－ 어지럼나(HHLL), 어지럽꼬(HHLL), 어지럽씸미더(HHLLLL), 어지
　　러부모(HHLLL), 어지러부이꺼네(HHLLLLL), 어지러바서(HHLLL)

어간 '어지럽-'과 어미가 통합한 활용형의 표면성조를 살펴보면 어간에 해당하는 '어지럽-'의 성조는 HHL로만 나타남을 알 수 있다. 이에 어간 '어지럽-'의 기저성조를 HHL로 설정한다.

(3) 붉어지-
   - 불거지던가(LHHHL), 불거지더라도(LHHHLL), 불거지두룩(LHHHL)
   - 불거지노(LHHL), 불거지고(LHHL), 불거지모(LHHL), 불거지이깨
     (LHHLL), 불거지서(LHHL), 불거진는갑따(LHHLLL)

어간과 어미가 통합한 활용형의 표면성조를 살펴보면 어간 3음절에 해당하는 '불거지-'의 성조는 LHH로만 나타남을 알 수 있다. 따라서 어간 '붉어지-'의 기저성조를 LHH로 설정할 수 있다. 앞선 표를 통해서는 HLL로의 수의적 실현도 확인할 수 있다.

(4) 뚜디리-
   - 뚜디리던가(LHLLL), 뚜디리더라도(LHLLLL), 뚜디리기에(LHLLL)
   - 뚜디리노(LHLL), 뚜디리고도(LHLLL), 뚜디리이꺼네(LHLLLL), 뚜
     디리입씨더(LHLLLL), 뚜디리서(LHLL), 뚜디린는갑따(LHLLLL)

어간 '뚜디리-'와 어미가 통합한 활용형의 표면성조를 살펴보면 어간에 해당하는 '뚜디리-'의 성조는 LHL로만 나타남을 알 수 있다. 따라서 어간 '뚜디리-'의 기저성조를 LHL로 설정할 수 있다.

(5) 더럽히-
   - 더러피던가(LHHLL), 더러피더라도(LHHLLL), 더러피기에(LHHLL)
   - 더러피노(LHHL), 더러피고도(LHHLL), 더러필라꼬(LHHLL), 더러
     피모(LHHL), 더러피이꺼네(LHHLLL), 더러피야(LHHL), 더러핃따
     (LHHL)

어간과 어미가 통합한 활용형의 표면성조를 살펴보면 어간 3음절에 해당하는 '더리피-'의 성조는 LHH로만 나타남을 알 수 있다. 따라서 어간 '더럽히-'의 기저성조를 LHH로 설정할 수 있다.

여기에서 문제는 (1)에 제시된 자료이다. (1)이나 (5)나 L로 시작한다. (1)의 경우는 LHHL, LHHHL 등으로 나타난다고 하면 (5)의 경우는 LHHL, LHHLL로 나타난다는 것이 다르다. 공시적으로는 L을 두 부류로 파악할 수밖에 없다. 화자들은 어떻든 그 둘을 머릿속에서 구분한다.

5.1.4. 경남 서부

경북 출신이라면 경남 방언 성조에 적응하는 데 어려움을 겪을 수 있다. 경남 방언에 나타나는 LHHHL, LHHHHHHL 등의 성조형에 대한 감각이 없기 때문이다.67) 경남 서부 지역 방언의 율동 제약을 경북 서부 지역 방언의 율동 제약과 같은 것으로 인식하기도 하는데 다음 자료가 참고될 수 있다.

(1) 가. 밀까리(LLH), 겨드랑(LLH), 콩나물(LLH), 뽕나무(LLH), 가마솥
　　　(LLH)
　　나. 밀까리(LHL), 겨드랑(LHL), 콩나물(LHL), 뽕나무(LHL), 가마솥
　　　(LHL)

(1가)는 낙동강 동쪽의 경북 동부 방언에서 확인되는 것이며 (1나)는 경북 서부 지역 방언이나 경남 서부 지역 방언에서 확인되는 것이다. 그렇다

---

67) 영주 지역어의 꺼멓고(LHH), 시커멓고(LHHL) 등을 보고한 바 있다. LHH, LHHL 등이 있다고 해도 이는 매우 특수한 경우이다. 이런 점에서 볼 때 경남 서부 지역 방언의 '사과나무보당도(LHHHHHL)', '대나무라카는거는(LHHHHHHL)'에 적용하기는 쉽지 않다고 할 것이다.

면 경북 서부 지역 방언에도 율동 제약이 존재하고 경남 서부 지역 방언에
도 율동 제약이 존재한다고 할 수 있다.

(2)와 같은 표면성조를 통해 경북 서부 방언과는 다른 경남 서부 방언의
율동 제약을 확인할 수 있다. 음절수가 늘어날수록 경북 서부 방언의
LLLLLHL류와는 상당한 차이를 느낄 수 있다.

(2) 밀까리도(LHHL), 밀까리마(LHHL)
    밀까리부터라도(LHHHHHL), 밀까리라고할때는(LHHHHHHL)
    cf. 동상얼(LHL)#찬는(HH, 素) → 동상얼찬는(LHHHL)

그런데 이러한 경남 서부 방언의 율동 제약은 경북 서부 방언에 비해
강력하지 않다. 전자가 강력한 율동이라면 후자는 일반적인 율동으로 인식
된다. 다음과 같이 발화되는 경우가 더러 확인되기 때문이다.68)

(3) 밀까리도(LLHL), 밀가리라(LLHL)

(3)과 같은 수의성이 발화 실수는 아니다. (3)은 기저성조, LLH의 간섭으
로 생겨난 표면성조이고 여기에 율동 제약이 적용되어 (2)와 같은 표면성조
가 도출될 수 있다는 관점이다. 김세진(2006)에는 '금강산'과 '구루마'로 시작
하는 남해 지역어의 기식군이 제시되어 있는데 그 동부 지역인 창원 지역어
의 기저성조가 언급되고 있다.

---

68) 장서각 아카이브의 '한국방언자료집 음성자료'를 통해 사천, 남해를 포함하여 경남 서부
지역 방언에서 확인할 수 있다. 이문규(2011:224)에서도 '안+활용형', '의문사+후속성분'을
포함한 경남 서부의 거창 지역어 자료 '안뽑을란'다', '오데가십니'까', '밀가루찾는'다' 등이
제시되어 있다. 박숙희(2008), 임석규(2011)는 차용어의 성조형을 검토하면서, 이문규
(2011)은 경남북 접경 지역어를 검토하면서 L₁HL 세력의 확대를 강조하고 있다.

(4) 가. 금강산#넘떠'라 → 금강산넘떠'라(LLLLHL) → LHHHHL
　　　　　　　　　　　성조 변동 규칙　　　　　　　　　　　율동 규칙

　　나. 구루'마#타'더'라 → 구루'마타더라(LHLLLL) → LHHHHL
　　　　　　　　　　　성조 변동 규칙　　　　　　　　　　　율동 규칙

　최종도출과정은 율동 제약에 의한 규칙이 적용된 것인바 이 율동 규칙은 경북 서부 방언만큼 강력하지 않기에 율동 규칙 적용 이전 단계도 실현될 수 있는 것이다. 그 단계가 바로 기저성조 간의 통합에 적용된 성조 변동의 과정이다. (4가)는 고조끼리의 통합에서[69] 선행 성분의 고조가 저조화하는 것이고 (4나)는 뜀틀형 고조가 후행 성분이기에 당연히 선행 성분의 고조가 유지되는 것이다.

　주지하듯이 경남 동부 방언은 서부 지역과 차이를 보인다. 창원 지역어를 (5가)에, 산청 지역어를 (5나)에 제시하고, 전이지대적 성격을 보이는 고성, 통영, 거제 지역어를 (5다)에 제시한다.

(5) 가. 밀까리(LHH), 밀까리에서도(LHHLLL), 밀까리부터도(LHHHLL)
　　나. 밀까리(LHL), 밀까리에서도(LHHHHL), 밀까리부터도(LHHHHL)
　　다. 밀까리(LHL), 밀까리에서도(LHHLLL), 밀까리부터도(LHHHLL)

　(5다)의 고성, 통영, 거제 지역어의 경우, 단독형은 (5나)의 산청 지역어와 일치하고 단독형 외에는 (5가)의 창원 지역어와 일치함을 알 수 있다. (5가)의 창원 지역어는 율동 제약이 없으므로 어미의 기저성조에 따라 표면성조가 결정되는 것이다.[70]

---

69) 후행 성분은 음절 위치에 관계없이 고조만 존재하면 적용 환경이 된다(H, LH, LHL, LLH 등).

70) '밀까리로(LHHL)', '밀까리부터(LHHHL)', '밀까리부터는(LHHHLL)'의 표면성조를 고려해 보면 어미의 기저성조가 관여함을 알 수 있다. '-부터'의 첫 음절이 고조라는 점을 상기한다면 표면성조의 도출을 쉬 이해할 수 있다.

5.1.4.1. 곡용형에서의 성조 실현 양상

① 1음절 어간의 곡용형

산청: 1음절 곡용 어간

눈 雪	눈/팥 目/豆	집 舍	아 兒
누니 LH	누니/포치 HH	지비 HL	아가 H·LL
누널 LH	누널/파털 HH	지벌 HL	아럴 H·LL
눈부터 LHL	눈부터 HHL	집뿌터 LHL	아부터 H·LLL
눈꺼정도 LHLL	눈꺼지도 HHLL	집꺼지도 LHHL	아꺼정도 H·LLLL
눈부탕도 LHLL	눈부탕도 HHLL	집뿌당도 LHHL	아부당도 H·LLLL
눈마다 LHL	눈마다 HHL	짐마다 LHL	아마다 H·LLL
누네 LH	누네/파테 HL/HH	지베 HL	아에 H·LL
누누로 LHL	누누로 HHL	지부로 HLL	아로 H·LL

위에 제시된 표에서 어간의 성조가 일정하지 않은 어사를 확인해 보자. 세 부류와 달리 '집'에서만 어미에 따라 어간의 성조가 H와 L로 교체되어 있음을 확인할 수 있다. 이러한 유형에서 기저성조를 설정할 수 있다면 다른 세 부류는 일정하게 유지되는 성조, 바로 그것이 어간의 기저성조가 되는 것이다. '집'의 기저성조를 설정하기 위해 몇몇 어미와의 결합형을 추가하여 제시하기로 한다.

(1) 집
  - 집또(HL), 지번(HL), 지벌(HL), 지비(HL), 집에서버텀도(HLLLLL)
  - 집꺼짐(LHL), 집꺼지라도(LHHHL), 짐매치(LHL), 집부텀(LHL), 집
    부텀도(LHHL), 집부터라도(LHHHL), 집매로(LHL), 집뿌당(LHL),
    집뿌탕도(LHHL)

어간 '집'과 어미가 통합한 위 곡용 패러다임의 성조를 살펴볼 때 어간의
성조는 H 또는 L 두 이성조(異聲調)로 나타남을 확인할 수 있다. 이런 변동을
보이는 경우는 '말(馬, 말또HL)'과 같이 기저성조를 '봉우리형 H(HL, LH, HLL,
LHL 등)'로 설정한다. 3음절 이상의 곡용형에는 율동 제약이 적용되어 있음
을 알 수 있다.

(1)에 제시된 패러다임을 토대로 어미의 기저성조를 설정할 수 있다.

(2) 어미의 기저성조
  • 뜀틀형 고조: -도(H), -언(H), -얼(H), -이(H), -에서(HH)
  • 봉우리형 고조: -꺼짐(HL), -매치(HL), -부터(HL), -매로(HL), -부당
    (HL)

다음으로는 어간의 성조가 일정하게 유지되는 세 부류에 대해 검토하기
로 한다.

(3) 눈(目)
  - 눈도(HH), 누넌(HH), 누널(HH), 누니(HH)
  - 눈꺼짐(HHL), 눈매치(HHL), 눈처럼(HHL), 눈부터(HHL), 눈매로
    (HHL), 눈부당(HHL)

제시된 어간 '눈'의 패러다임을 통해 어간에 해당하는 성조는 항상 H로
실현된다는 것을 확인할 수 있다. 어미의 첫 음절은 H, 그 이하 음절은 모두

L로 실현된다. 결과적으로는 뜀틀형 HH, HHL, HHLL 등으로 실현된다. 이에 어간 '눈'의 성조를 '말(斗, 말또HH)'과 같이 고정적 고조인 '뜀틀형 H'로 설정한다.

주지하듯이 처격 통합형의 성조가 다르다는 것을 표를 통해서 확인할 수 있다. '눈'과 같이 처격 통합형이 HL로 실현되는 어간이 있는가 하면 '팥'과 같이 처격 통합형이 HH로 실현되는 어간도 있다. 이는 방언권마다 약간의 차이를 보인다. HL 부류로 확대되는 경향이 있어 보인다. 다만 환경을 명세화할 수 없기에 '-에(x)'가 통합하는 경우는 어휘부에 특별한 장치를 두어야 한다.

다음은 경북 방언의 상승 복합조에 대응하는 유형이다.

(4) 눈(雪)
  - 누넌(LH), 누널(LH), 누니(LH), 누니사(LHL), 누네(LH), 눈도(LH)
  - 눈꺼정(LHL), 눈매치(LHL), 눈처럼(LHL), 눈부터(LHL), 눈매로
    (LHL), 눈부당도(LHLL)

어간 '눈'과 어미가 결합한 패러다임의 표면성조를 살펴볼 때 어간에 해당하는 성조는 L로 일정하게 나타남을 확인할 수 있다. 이에 어간 '눈'의 성조를 L로 설정한다. 3음절인 경우 창원 지역어의 LHH 패턴과 달리 LHL 패턴으로 나타난다.

다음은 하강 복합조가 일정하게 유지되는 어간 패러다임이다.

(5) 아(兒)
  - 아도(H·LL), 아넌(H·LL), 아럴(H·LL), 아가(H·LL)
  - 아꺼짐(H·LLL), 아매치(H·LLL), 아처럼(H·LLL), 아부터(H·LLL),
    아매로(H·LLL), 아부당도(H·LLLL)

어간 '아'와 어미가 결합한 패러다임의 표면성조를 살펴볼 때 어간에 해당하는 성조는 H·L로 일정하게 나타남을 확인할 수 있다. 이에 어간 '아'의 기저성조를 H·L로 설정한다.

② 2음절 어간의 곡용형

산청: 2음절 곡용 어간

건투 拳鬪	모구 蚊	감재 薯	물팍 膝	여덟 八	아들 兒輩
껀투가 LHL	모구가 HHL	감재가 LHL	물파기 HLL	여덜비 HLL	아드리 H·LLL
껀투도 LHL	모구도 HHL	감재도 LHL	물팍또 HLL	여덜또 HLL	아덜또 H·LLL
껀투부터 LHLL	모구부터 HHLL	감재부터 LHHL	물팍뿌터 HLLL	여덜부터 HLLL	아들부터 H·LLLL
껀투꺼정도 LHLLL	모구꺼정도 HHLLL	감재꺼정도 LHHHL	물팍꺼정도 HLLLL	여덜꺼정도 HLLLL	아들꺼정도 H·LLLLL
껀투부당도 LHLLL	모구부당도 HHLLL	감재부당도 LHHHL	물팍뿌당도 HLLLL	여덜부당도 HLLLL	아들부당도 H·LLLLL
껀투마다 LHLL	모구마다 HHLL	감재마다 LHHL	물팡마다 HLLL	여덜마다 HLLL	아들마다 H·LLLL
껀투에 LHL	모구에 HHL	감재에 LHL	물파게 HLL	여덜베 HLL	아드레 H·LLL
껀투로 LHL	모구로 HHL	감재로 LHL	물파그로 HLLL	여덜로 HLLL	아들로 H·LLL

경남 서부 지역은 경남의 동부 지역과 율동 제약에서 큰 차이를 보인다. 아래에서 (2), (3)은 경북 지역과도 차이가 없다. (1)은 바로 L로 시작하는 어사이다. 2음절 곡용 어간의 패러다임을 아래에 제시하기로 한다.

(1) 감재
   – 감재(LH), 감재넌(LHL), 감재마(LHL), 감재가(LHL)
   – 감재꺼정(LHHL), 감재꺼정도(LHHHL), 감재꺼지라도(LHHHHL),
      감재매치(LHHL), 감재마다(LHHL), 감재처럼(LHHL), 감재부터
      (LHHL), 감재부터도(LHHHL), 감재보다(LHHL)

어간 '감재'와 어미가 통합한 곡용형의 표면성조를 살펴볼 때 어간인 둘째 음절까지의 성조는 LH 또는 LL 두 부류로 나타남을 확인할 수 있다. 이렇게 이성조가 나타나는 경우, 단음절 어간인 '집(家)'의 기저성조를 '봉우리형 H'로 파악한 것과 같이 어간 '감재'의 기저성조를 '봉우리형 H'로 설정한다.

(2) 물팍
   – 물팍(HL), 물팡마(HLL), 물파걸(HLL), 물파기(HLL), 물파긴가(HLLL)
   – 물팍꺼정(HLLL), 물팡매치(HLLL), 물파카고(HLLL), 물팍부터도
      (HLLLL), 물팍뿌당(HLLL)

어간 '물팍'에 어미가 통합한 곡용형의 표면성조를 살펴볼 때 어간에 해당하는 둘째 음절까지의 성조는 HL로 일정하게 나타남을 확인할 수 있다. 이에 어간 '물팍'의 성조를 HL로 설정한다.

경북 동부의 영주 지역어와 대비해 보면 여러 곡용형에서 차이를 보인다. 경북 동부의 경우 어미의 기저성조를 철저히 유지하면서 성조 실현이 이루어짐에 반해 경남 서부 지역은 경북 서부 지역과 마찬가지로 음절이 늘어남에 따라 끝에서 둘째 음절이 중요해진다. 물론 경남 서부 방언권에서는 둘째 음절에서 끝에서 둘째 음절까지가 고조이다. 이것이 바로 상위의 율동 제약이다. 경남 서부 방언의 '감재꺼정(LHHL)', '감재꺼정도(LHHHL)', '감재부터(LHHL)' '감재부터도(LHHHL)'의 경우 경북 동부에서는 '감재꺼정

(LLHL)', '감재꺼정도(LLHLL)', '감재부터(LLHL)' '감재부터도(LLHLL)'로 실현
되는바 이는 방언 의식 측면에서 크게 다가온다. 경남 동부 방언과도 차이
를 보인다. 경남 동부에서는 '감재꺼정(LHHL)', '감재꺼정도(LHHLL)', '감재
부터(LHHL)' '감재부터도(LHHLL)'로 실현되는바 어미 '-도'가 '-꺼정' 뒤에 결
합하여, 결과적으로 음절수가 늘어나더라도 그 앞의 성조 배열에는 영향을
주지 않는다. 이러한 차이는 율동 제약에 근거하지만 '-꺼정', '-부터'의 기저
성조와도 밀접하게 관련되어 있다. 이들 어미의 기저성조는 HL이기 때문
이다. '감재부터라도'라면 서부와 동부에서 큰 차이가 확인된다. 경남 서부
는 LHHHHL와 같이 완벽한 뜀틀형(또는 사다리꼴)을 이루는 데 반해 경남
동부는 LHHLLL로 실현된다. 경북의 동부나 경남의 동부는 어미의 기저성
조가 유지된다고 할 수 있다.

(3) 모구
  – 모구(HH), 모구도(HHL), 모구마(HHL), 모구가(HHL), 모구인데
    (HHLL)
  – 모구꺼정(HHLL), 모구매치(HHLL), 모구마다(HHLL), 모구처럼
    (HHLL), 모구부터도(HHLLL), 모구매로(HHLL), 모구보다(HHLL)

곡용 어간 '모구'와 어미가 통합한 곡용형의 표면성조를 살펴보면 어간
둘째 음절까지의 성조가 HH로 일정하게 나타남을 알 수 있다. 이에 '모구'
의 기저성조를 HH로 설정한다.
다음은 경북 방언에서는 상승 복합조로 실현되는 어사들이다.

(4) 껀투(拳鬪)
  – 껀투(LH), 껀투넌(LHL), 껀투가(LHL)
  – 껀투꺼정(LHLL), 껀투매치(LHLL), 껀투처럼(LHLL), 껀투부터도
    (LHLLL), 껀투매로(LHLL), 껀투부당(LHLL)

어간 '껀투'에 어미가 통합한 곡용형의 표면성조를 살펴볼 때 어간에 해당하는 둘째 음절까지의 성조는 LH로 일정하게 나타남을 확인할 수 있다. 이에 어간 '껀투'의 기저성조를 LH로 설정한다.

여기에서 문제는 (2)에 제시된 자료이다. (2)나 (4)나 L로 시작한다. (2)의 경우는 LHHL, LHHHL 등으로 나타난다고 하면 (4)의 경우는 LHLL, LHLLL로 나타난다는 것이 다르다. 이를 공시적으로는 L을 두 부류로 파악할 수밖에 없다. 2장에서 전자는 뜀틀형을 만드는 L, 후자는 봉우리형을 만드는 L로 표현하였다.71) 화자들은 어떻든 그 둘을 머릿속에서 구분한다. 그런데 급기야 (4) 패턴이 (2)의 패턴으로 실현되는 경향도 더러 확인된다. 특히 젊은 층에서 수의적인 경향을 보이는 경우가 있다는 것이다. 그만큼 기저에서 성조 패턴이 다른 L 둘이 경남 서부 방언의 율동 제약과 맞물려 언어 수행에 부담을 준다고 볼 수 있다.

다음은 하강 복합조의 유형이다. (5)는 첫 음절에서, (6)은 둘째 음절에서 실현된다.

(5) 아들(아이들)
아들(H·LL), 아들또(H·LLL), 아드런(H·LLL), 아들꺼짐(H·LLLL), 아들매로(H·LLLL)

어간 '아들(兒輩)'에 어미가 통합한 곡용형의 표면성조를 살펴볼 때 어간에 해당하는 3음절까지의 성조는 H·LL로 일정하게 나타남을 확인할 수 있다. 이에 어간 '아들'의 기저성조를 H·LL로 설정한다.

앞서 제시된 표에 공간적 제약이 있어서 어간 '얼라(兒)~알라~언나'는 제시하지 못했다.

---

71) 김차균(2015)에서는 전자를 사다리꼴, 후자를 세모꼴이라 명명한다.

(6) 얼라(兒)

얼라(LH·L), 얼라도(LH·LL), 얼라넌(LH·LL), 얼라꺼짐(LHHL), 얼라
버팀(LHHL)

'얼라'의 단독형을 고려할 때 그 기저성조를 LH·L로 설정할 수 있다. 다
만 3음절 이상에서는 그 표면성조에 율동 제약이 적용되어 2음절의 하강조
가 실현되지 않기도 한다.

③ 3음절 어간의 곡용형

산청: 3음절 곡용 어간

이얘기 話	무지개 霓	메느리 婦	부시럼 腫	미나리 芹	버부리 啞
이얘기가 LHLL	무지개가 HHLL	메느리가 HLLL	부시러미 LHHL	미나리가 LHHL	버부리가 HLLL
이얘기도 LHLL	무지개도 HHLL	메느리도 HLLL	부시럼도 LHHL	미나리도 LHHL	버부리도 HLLL
이얘기부터 LHLLL	무지개부터 HHLLL	메느리부터 HLLLL	부시럼부터 LHHHL	미나리부터 LHHHL	버부리부터 HLLLL
이얘기꺼정도 LHLLLL	무지개꺼정도 HHLLLL	메느리꺼정도 HLLLLL	부시럼꺼정도 LHHHHL	미나리꺼정도 LHHHHL	버부리꺼정도 HLLLLL
이얘기부당도 LHLLLL	무지개부당도 HHLLLL	메느리부당도 HLLLLL	부시럼부당도 LHHHHL	미나리부당도 LHHHHL	버부리부당도 HLLLLL
이얘기마다 LHLLL	무지개마다 HHLLL	메느리마다 HLLLL	부시럼마다 LHHHL	미나리마다 LHHHL	버부리마다 HLLLL
이얘기에 LHLL	무지개에 HHLL	메느리에 HLLL	부시러메 LHHL	미나리에 LHHL	버부리에 HLLL
이얘기로 LHLL	무지개로 HHLL	메느리로 HLLL	부시러므로 LHHHL	미나리로 LHHL	버부리로 HLLL

다음은 3음절 어간과 어미가 결합된 패러다임을 성조 패턴별로 보인 것

이다.

    (1) 부시럼
      – 부시럼도(LHHL), 부시러먼(LHHL), 부시럼마(LHHL), 부시러미
        (LHHL)
      – 부시럼꺼정도(LHHHHL), 부시럼매치(LHHHL), 부시럼하고(LHHHL),
        부시럼부당(LHHHL), 부시럼부당도(LHHHHL)

    율동 제약이 존재하기에 저조로 시작하는 3음절 어간은 기저성조 설정에 주의를 요한다. 어간 '부시럼'과 어미가 통합한 곡용 패러다임의 성조를 살펴볼 때 어간 3음절까지의 성조는 LHH로 일정하게 나타남을 확인할 수 있다. 이에 어간 '부시럼'의 기저성조를 LHH로 설정할 수 있겠다. 문제는 단독형 '부시럼'의 성조가 LHL로 실현된다는 것이다. 그러면 기저성조는 LHL로 설정해야 한다는 입장이 강할 것이다. 그런데 수의적으로 실현되는 '부시럼(LLH)'이 바로 율동 제약이 적용되기 전의 기저성조의 실현이라고 보아야 한다. 그렇지 않으면 수의적으로 나타나는 LHH~LLH에 대해 설명할 수가 없다. 보수적으로 접근하면 LLH에서 율동 제약이 적용되어 단독형이 LHL로 실현되는 것으로 볼 수 있다. 이런 측면에서 율동 제약을 상위의 제약으로 설정하여 그 위계를 정할 수 있다.

    (2) 무지개
      – 무지개도(HHLL), 무지개넌(HHLL), 무지개럴(HHLL), 무지개가
        (HHLL)
      – 무지개꺼정도(HHLLLL), 무지개매치(HHLLL), 무지개처럼(HHLLL),
        무지개부터도(HHLLLL)

    어간 '무지개'에 어미가 통합한 곡용형의 표면성조를 살펴볼 때 어간에

해당하는 3음절까지의 성조는 HHL로 일정하게 나타남을 확인할 수 있다. 이에 어간 '무지개'의 성조를 HHL로 설정한다.

(3) 메느리(HLL)
- 메느리도(HLLL), 메느리넌(HLLL), 메느리럴(HLLL), 메느리가(HLLL), 메느리에께(HLLLL),
- 메느리꺼정도(HLLLL), 메느리하고(HLLLL), 메느리부당(HLLLL), 메느리부터도(HLLLLL)

어간 '메느리'에 어미가 통합한 곡용형의 표면성조를 살펴볼 때 어간에 해당하는 3음절까지의 성조는 HLL로 일정하게 나타남을 확인할 수 있다. 이에 어간 '메느리'의 성조를 HLL로 설정한다.

(4) 미나리
- 미나리도(LHHL), 미나리마(LHHL), 미나리럴(LHHL), 미나리가(LHHL)
- 미나리꺼정도(LHHHL), 미나리부당(LHHHL), 미나리처럼(LHHHL), 미나리부터도(LHHHHL)

율동 제약이 존재하기에 저조로 시작하는 3음절 어간은 기저성조 설정에 주의를 요한다. 어간 '미나리'에 어미가 통합한 곡용형의 표면성조를 살펴볼 때 어간에 해당하는 3음절까지의 성조는 LHH로 일정하게 나타남을 확인할 수 있다. 이에 어간 '미나리'의 성조를 LHH로 설정할 수도 있다. 문제는 단독형 '미나리'의 성조가 LHL로 실현되는 것이다. 그러면 기저성조는 LHL로 설정해야 한다는 입장이 있을 수 있다. 그런데 '부시럼'과 달리 단독형 '미나리'는 항상 LHL로 실현된다. 수의성을 보이는 '부시럼(LHH~LLH)'이 율동 제약 적용 전의 기저성조의 실현과 관련되는 것으로 보았지만 '미나리'

에서는 수의성이 확인되지 않으므로 단독형의 성조를 LHL로 설정하는 것
이 바람직하다. 상위의 제약인 율동 제약의 공허한 적용이다. 즉 LHL 기저
성조에는 율동 제약이 적용되어도 LHL이라는 것이다. 다시 한 번 강조하지
만 경남 서부 방언의 율동 제약은 경북 서부 방언에 비해 다소 약해 보인다.
그래서 '율동 제약이 적용됨을 원칙으로 한다'라는 일반화가 필요해 보인다.

(5) 이얘기
 – 이얘기도(LHLL), 이얘기넌(LHLL), 이얘기럴(LHLL), 이얘기가(LHLL)
 – 이얘기꺼정도(LHLLLL), 이얘기매치(LHLLL), 이얘기부당(LHLLL),
   이얘기부터도(LHLLLL)

어간 '이얘기'에 어미가 통합한 곡용형의 표면성조를 살펴볼 때 어간에
해당하는 3음절까지의 성조는 LHL로 일정하게 나타남을 확인할 수 있다.
이에 어간 '이얘기'의 성조를 LHL로 설정한다.

여기에서 문제는 (1), (4), (5)가 모두 L로 시작한다는 것이다. 특히 '이얘
기(LHL)'의 기저성조는 '미나리' LHL과 동일하다. 그런데 곡용형 '미나리'의
3음절, 4음절에는 고조가 놓일 수 있으나 '이얘기'에서는 그렇지 않다. 이를
공시적으로는 L을 두 부류로 파악할 수밖에 없다. 화자들은 어떻든 그 둘을
머릿속에서 구분한다. 그런데 급기야 (5) 패턴이 (4)의 패턴으로 나타나는
경향도 더러 확인된다. 특히 젊은 층에서 수의적인 경향을 보이는 경우가
있다는 것이다. 그만큼 기저에서 성조 패턴이 다른 L 둘이 경남 서부 방언
의 율동 제약과 맞물려 언어 수행에 부담을 준다고 볼 수 있다.

5.1.4.2. 활용형에서의 성조 실현 양상

① 1음절 어간의 활용형

산청: 1음절 활용 어간

잡- 捕	춥- 寒	서- 立	가- 去	울- 泣	적- 少
잡꼬 HL	춥꼬 HH	서고 HL	가고 HL	울고 LH	적꼬 LH
잠는다 LHL	춥따 HH	선다 HL	간다 HH	운다 LH	적따 LH
잡떠나 LHL	춥떠나 HHL	서더나 LHL	가더나 HHL	우더나 LHL	적떠나 LHL
자붕깨 HLL	추붕깨 HHL	성께 HL	강깨 HL	웅깨 LH	저긍깨 LHL
자붐서 HLL	추붐서 HHL	섬서 HL	감서 HL	움서 LH	저금서 LHL
자바도 HLL	추버도 HHL	서도 HH	가도 HH	우러도 HLL	저거도 LHL
자받떤 HLL	추벋떤 HHL	섣떤 HH	갇떤 HH	우럳떤 HLL	저걷떤 LHL

어미 '-고'가 통합하는 경우만을 대상으로 하면 HL, HH, L·HH 세 부류가 확인된다. 다른 방언권과 마찬가지로 일단 동음이 탈락된 '서도(HH)', '가도(HH)'의 경우를 어간의 고조(봉우리형 H: HL, LHL 등)가 탈락한 것으로 처리하여 잠정적으로는 '잡-'류에 포함하여 논의를 진행해 보자.

(1) 잡-(捕)/페-(伸)

　　가. – 잡꼬(HL), 잡끼(HL), 잡쩨(HL), 잠노(HL), 자부신다(HLLL), 자부모(HLL), 자붐서(HLL), 자붕깨(HLL), 자붕갑따(HLLL), 자불라고(HLLL), 자부입씨더(HLLLL), 자바도(HLL), 자받따(HLL)

　　　　– 잡떠라(LHL), 잡떤지(LHL), 잡껜나(LHL), 잡떤(LH), 잠는(LH),

잠는갑따(LHHL), 잠씸미더(LHHL), 잠능갑떠라(LHHHL)

나. – 페고(HL), 페기(HL), 페제(HL), 페게(HL), 페노(HL), 페신다
(HLL), 페모(HL), 펭깨(HL), 페아도/페도(HLL/H·LL), 페알따/
필따(HLL/H·LL)

– 페더라(LHL), 페덩가(LHL), 페기에(LHL), 페기는(LHL), 페겐
나(LHL), 페능갑따(LHHL), 페던(LH), 페는(LH)

어간 '잡-/페'와 어미가 통합한 활용형의 표면성조를 살펴볼 때 어간인
첫 음절의 성조는 H 또는 L 두 부류로 나타난다는 것을 알 수 있다. 이러한
이성조 부류가 있는 경우는, 단음절 곡용 어간인 '집(家)'의 기저성조를 '봉우
리형 H(HL, LH, LHL 등)'로 파악한 것과 같이 어간 '잡-', '페-'의 기저성조를
'봉우리형 H'로 설정한다. '잡씸미더(LHHL)', '잠능갑떠라(LHHHL)' 등은 저
조로 시작하는 3음절 이상의 어사이므로 LHHL, LHHHL처럼 율동제약이
적용되어 있다. 이런 관점에 의거 어미의 기저성조를 아래에 제시한다. (1
가)의 두 부류, 어간이 고조로 실현되는 '잡꼬(HL)'류, 어간이 저조로 실현되
는 '잡떠라(LHL)'류를 통해 어미의 기저성조를 설정할 수 있다.

(2) 어미의 기저성조
 • 뜀틀형 고조: -고(H), -기(H), -제(H), -게(H), -노(H), -으신다(HHL),
  -으모(HH), -응깨(HH), -음서(HH), -을라꼬(HHL), -아도(HH), -았
  다(HH)
 • 봉우리형 고조: -더라(HL), -던지(HL), -겠나(HL), -거라(HL), -던
  (H), -는(H), -는갑다(HLL), -심미더(LHL)[72]

개음절 어간의 '페아도/페도(HLL/H·LL)', '페알따/펜따(HLL/H·LL)'에서 확

---

72) 율동 제약으로 인해 '먹심미더(LHHL)'로 실현되니 다른 하위 방언권의 기저성조 '심미더
(LHL)'를 고려한 조치이다. '-겠심미더(LLHL)'도 다른 방언권, 특히 경남 동부 방언권을
참고하여 기저성조를 설정할 수 있다.

인되는 하강 복합조에 대한 설명이 필요하다. 편의상 '폐+어도'만을 제시하기로 한다.

(3) 폐(H)+어도(HH) → 폐어도(HLL) → 폐에도(HLL) → 폐도(H·LL)
　　　음절화/저조화　　　　　완전순행동화　　　음절 축약/복합조화

위에서 기저성조로 확정한 'H(봉우리형)'와 'HH(뜀틀형)'의 통합은 후행 성분이 저조화된다. 봉우리형 H가 선행 성분에 존재할 경우 성조군에서 H는 하나만 실현될 수 있기에 봉우리형이 아닌 성조는 모두 저조화된다. 이것이 첫 번째 '음절화/저조화' 과정이다. 다음으로 완전순행동화 과정을 거치는 바, 이 과정에서는 성조 변동이 없다. 최종도출 과정인 '음절 축약에 따른 복합조화' 과정을 통해 표면형 '폐도(H·LL)'를 도출할 수 있다.

다음으로는 '폐-(俳)', '서-(立)'의 곡용형을 대비하면서 어간 '서-'의 기저성조를 확정해 보자.

(4) 서-
　－ 서고(HL, 立), 서제(HL), 서노(HL), 서모(HL), 성깨(HL), <u>서도(HH),</u>
　　<u>섣따(HH)</u>
　－ 서더라(LHL), 서덩가(LHL), 서겐나(LHL), 서거라(LHL), 서던(LH),
　　서는(LH), 서느라꼬(LHHL)

밑줄 친 '서도(HH), 섣따(HH)'는 다름 아닌 동음 탈락을 거친 후의 표면성조이다. 패러다임 '폐-'와 대비하면 완전순행동화의 과정을 거친 '피도(H·LL)', '핀따(H·LL)'와 동음 탈락의 과정을 거친 '서도(HH), 섣따(HH)'에서 차이가 있음을 알 수 있다.

(5) 서(봉우리형 H)+어도(HH)　→　서도(HH)
　　　　　　동음 탈락과 성조 탈락

모음에 실린 '봉우리형 H(HL, LH, HLL 등)'가 탈락되지 않는다면 후행 성분의 성조가 저조화하여 HL로 실현되어야 할 것인바[(3)에서의 도출 참조], '서도'의 표면성조는 HH이므로 어간 모음에 실린 성조가 탈락한 것으로 파악해야 한다. 어간 모음의 탈락으로 그에 얹힌 성조가 탈락된 것이므로 결국 '서-'도 '잡-/페-'와 같은 유형인 것이다. 즉 탈락되지 않았다면 'HLL(서어도)'로 실현될 것이므로 'HLL(피어도)'와 표면성조가 같아지게 된다. 따라서 '서-'의 기저성조는 '봉우리형 H'로 설정할 수 있다.

이제 중세 국어에서의 후의적 성조형의 반사형 '가-(住)'와 대비해 보자. HH-로 시작하는 것을 (6나)에, 저조(경북의 상승 복합조)로 시작하는 것을 (6다)에 배치한다. (6가)는 어미에 따라 어간의 성조가 L과 H로 교체되는 경우이다.

(6) 가-

　　가. 가고(HL, 去), 가제(HL), 가모(HL), 감서(HL), 강깨(HLLL) ; 가기
　　　는(LHL), 가겐나(LHL), 가거라(LHL), 간(H), 갈(H)

　　나. 가노(HH), 가더라(HHL), 가던지(HHL), 간다(HH), 가던(HH), 가
　　　는(HH), 가는데(HHL), 가도(HH), 갇따(HH)

　　다. 갈래(LH), 갈람미더(LHLL), 갈라꼬(LHL), 갈라모(LHL)

다른 방언권과 같이 경남 서부 방언에서도 세 부류의 복수 기저성조를 확인할 수 있다. 분절 음운론의 환경으로는 (6나)의 HH, (6다)의 저조를 설명할 방법이 없기 때문에 어미의 기저성조에 따라 어간의 기저성조 유형이 선택되는 것으로 파악한다.

(7) 가. 봉우리형 H: 가고(HL), 가먼(HL), 갈(H), 가거라(LHL) 등

　　나. 뜀틀형 H: 가더라(HHL), 간다(HH), 가는(HH), 가도(HH) 등

　　다. L인 경우: 갈라꼬(LHL), 갈람미더(LHL), 갈래(LH) 등

(7가)가 봉우리형인 이유는 후행 어미의 기저성조에 따라 어간의 성조가 H와 L로 교체되기 때문이다. '잡-(捕)'의 기저성조를 봉우리형 고조로 설정할 때와 같은 방식이다. 이들 유형에 속하는 어간을 아래에 제시한다. '보-(見)'와 관련해 성조 변동 과정을 확인해 보자.

(8) 보(H)+아도/어도(HH) → 보아도(HHL) → 봐도~바도(H·HL)
　　　　　　　　음절화에 따른 성조 변동　　　활음화에 따른 복합조화

(9) 지(H, 落)+아도/어도(HH) → 저도(HH)
　　　　　　　　활음화에 따른 성조 탈락

'가-'류 어간이 모음 어미와 통합할 때에는 기저성조로 봉우리형 H인 어간이 선택되는데 이미 (7나)에서 확인할 수 있다. 활음화 과정은 '보아도', *'지어도'와 같이 음절화의 여부에 따라 표면성조가 달라진다. 즉 첫 번째 음운 과정 에서 '지어도'는 음절화가 되지 않기에 보상적 작용이 봉쇄되는 것이다. 보상적 작용은 음장 방언에서는 장음화로, 성조 방언에서는 복합조화로 나타난다. 이 경우 경북 방언에서는 HH가 상승 복합조 L·H로 변동되나 경남 방언에서는 상승 복합조가 체계에 존재하지 않기 때문에. 활음화되면서 HH 그 자체가 하나의 음절, 복합 성조로 실현된다. 즉 그 자체가 하나의 음절인 복합조인 것이다.[73)

다음은 어간의 성조가 일정하게 유지되는 부류이다.

(10) 뽑-(拔)/치-(打)
　　가. 뽑떠라(HHL), 뽑끼는(HHL), 뽑는다(HHL), 뽑씸미더(HHLL), 뽑

---

73) 전술한 바와 같이 김차균 교수, 이문규 교수는 '바아도(HHL)'로 표시한다. 산청 지역어를 대상으로 한 이현정(2008)에서는 '바아도見, 노오'도尿'로 표시되었는데 상승 복합조 정도로 생각한 듯도 하다. H·H와 관련해서는 경남 동부 방언권에서 설명된 바 있다.

끼(HH), 뽐는(HH), 뽐노(HH), 뽑꼬(HH), 뽀바도(HHL), 뽀받따
(HHL), 뽀붐서(HHL), 뽀붕깨(HHL), 뽀부모(HHL), 뽐는갑따
(HHLL)
나. 친다(HH), 침미더(HHL), 치기는(HHL), 치기(HH), 치기에(HHL),
치제(HH), 치고(HH), 치도(HH), 칟따(HH), 치모(HH), 칭깨(HH)

어간 '뽑-/치-'와 어미가 통합한 활용형의 표면성조를 살펴보면 어간에 해
당하는 '뽑-/치-'의 성조는 항상 H로 일정하게 실현된다는 것을 알 수 있다.
어미의 첫 음절은 H, 그 이하 음절이 있다면 그 음절들은 모두 L로 실현된
다. 결과적으로는 띰틀형 HH, HHL, HHLL 등으로 실현된다. 이에 어간
'뽑-'과 '치-'의 기저성조를 '띰틀형 H(고정적 고조)'로 설정한다.
    다음은 경북 방언의 상승 복합조에 대당하는 경우이다. 먼저 어간의 성조
가 일정하게 L로 실현되는 경우를 보자.

(11) 떫-(澁)
    떫떠라(LHL), 떫따(LH), 떫뜬가(LHL), 떫끼다(LHL), 떫분(LH), 떫노
    (LH), 떫쩨(LH), 떫꼬(LH), 떫버도(LHL), 떫벋따(LHL), 떫부모(LHL),
    떫붕깨(LHL), 떫붕갑따(LHLL), 떫붕갑떠라(LHLLL)

어간 '떫-'과 어미가 통합한 활용형의 표면성조를 살펴보면 어간에 해당
하는 '떫-'의 성조는 L로만 나타남을 알 수 있다. 이에 어간 '떫-'의 기저성조
를 L로 설정한다.
    다음은 어간의 성조가 L과 H로 변동되는 경우이다. 음장 방언의 단음화
하는 어간과 대응시킬 수 있다.

(12) 걿-(步)
    – 걸떠라(LHL), 걸꺼떤(LHL), 걸른(LH), 걸른다(LHL), 걸끼는(LHL),

걸로(LH), 걸쩨(LH), 걸꼬(LH), 걸씸미더(LHL), 걸씸미꺼(LHLL),
걸릉갑떠라(LHLLL)
– 거르모(HLL), 거름서(HLL), 거릉깨(HLL), 거르신다(HLLL), 거러도
(HLL), 거러서(HLL)

(13) 울-(泣)
– 우더라(LHL), 울거턴(LHL), 우는(LH), 운다(LH), 울기에(LHL), 우
노(LH), 울고(LH), 우심미더(LHLL), 울모(LH), 웅깨(LH), 우신다
(LHL), 우능갑떠라(LHLLL)
– 우러도(HLL), 우러서(HLL)

(12), (13)에 제시된 패러다임은 중세 국어의 유동적 상성류에 해당한다.
중세의 고정적 상성류에 해당하는 '떫-'에서와 달리 (12)는 자음으로 시작하
는 어미와 통합할 때에는 어간의 성조가 L로, 어미 '아X' 또는 '으X'와 통합
할 때에는 H로 실현되어 있다. (13)은 어미 '아X'와 통합할 때에는 어간의
성조가 H로, 그 밖의 어미가 통합할 때에는 L로 실현되어 있다. 유음 말음
어간을 제외한 폐음절 어간은 (12)와 유형을 같이한다. 유음 말음 어간은
(13)과 유형을 같이한다.
다음은 하강 복합조의 경우이다. 어간의 성조가 H·L로 일정하게 유지된
다.[74)

(14) 이-(茨)
– 이든지(H·LLL), 이거라(H·LLL), 이기는(H·LLL), 임미더(H·LLL),
인다(H·LL), 이노(H·LL), 이고(H·LL), 이모(H·LL), 임서(H·LL), 잉
깨(H·LL), 이신다(H·LLL)
– 이어도/이도(HLL/H·LL), 이얻따/읻따(HLL/H·LL)

---

74) 경북의 '썰/쌀-(H·L)'은 산청에서는 '써리-(HL)'로 실현되기에 활용 어간을 '이-'로 교체
한다.

어간 '이-(茨)'에 어미가 통합한 활용형의 표면성조를 살펴보면 어간에 해당하는 '이-'의 성조는 H·L로 항상 일정하게 실현된다는 것을 알 수 있다. 이에 어간 '이-'의 기저성조를 H·L로 설정한다.

(15) 이(H·L)+어도(HH) → 이어도(HLL) → 이이도(HLL) → 이도(H·LL)
　　　　　　　성조 변동(고조화/저조화)　　　완전순행동화　　　음절 축약과 복합조화

cf. 이(H, 戴)+아도/어도(HH) → 여도(HH)
　　　　　　활음화에 따른 성조 탈락

이상의 도출 과정에 근거하면 어간 '이-(茨)'의 기저성조는 H·L로 설정할 수 있다. 모음 어미와 통합할 때만 복합조가 고조로 변동하는 것이다. 음장 방언의 단음화와 같은 것이다.

다만 '이-(戴)'의 경우 모음 어미 결합형은 '여도(HH)'로 실현되는데 '이어도'로 음절화가 되지 않기에 활음화되면서 어간에 실려 있던 고조가 탈락한다.

② 2음절 어간의 활용형

2음절 활용 어간에서의 성조 실현 양상을 아래 표에서 확인해 보자.

산청: 2음절 활용 어간

가깝- 近	곤치- 造	드물- 稀	더럽- 染	깨지- 破	달리- 懸
가깝꼬 LHL	곤치고 HLL	드물고 HHL	더럽꼬 LHL	깨지고 H·LLL	달리고 LH·LL~LHL
가깝다 LHL	곤친다 HLL	드무노 HHL	더럽노 LHL	깨진다 H·LLL	달린다 LH·LL
가깝떠라 LHHL	곤치더라 HLLL	드무더라 HHLL	더럽떠라 LHLL	깨지더라 H·LLL	달리더라 LHHL

가깝- 近	곤치- 造	드물- 稀	더럽- 染	깨지- 破	달리- 懸
가까붕깨 LHHL	곤칭깨 HLL	드뭉깨 HHL	더러붕깨 LHLL	깨징깨 H·LLL	달링깨 LH·LL
가까부모 LHHL	곤치모 HLL	드물모 HHL	더러부모 LHLL	깨지모 H·LLL	달리모 LH·LL
가까바서 LHHL	곤치도 HLL	드무라도 HHLL	더러바도 LHLL	깨저서 H·LLL	달레서 LH·LL
가까받따 LHHL	곤칟따 HLL	드무랃따 HHLL	더러받따 LHLL	깨젇따 H·LLL	달렏따 LH·LL

2음절 어간의 패러다임을 아래에 제시한다.

　(1) 가깝-
　　– 가깝떤지(LHHL), 가깝떠라도(LHHHL), 가깝끼에(LHHL)
　　– 가깜노(LHL), 가깝꼬도(LHHL), 가까붕깨(LHHL), 가까부몬(LHHL),
　　　가까붐서(LHHL), 가까붕감네(LHHHL), 가까바도(LHHL), 가까받
　　　떵갑따(LHHHHL)

어간 '가깝'과 어미가 통합한 곡용형의 표면성조를 살펴볼 때 어간인 둘째 음절까지의 성조는 LH로 일정하게 나타남을 확인할 수 있다. 이에 어간 '가깝-'의 기저성조를 LH로 설정한다.

다음은 어간의 성조가 일정하게 나타나는 유형이다.

　(2) 드무-
　　– 드무덩가(HHLL), 드무더라도(HHLLL), 드물기에(HHLL)
　　– 드무노(HHL), 드물고(HHL), 드물다(HHL), 드물모(HHL), 드뭄미
　　　더(HHLL), 드무라도(HHLL), 드무라서(HHLL)

어간 '드무-'와 어미가 통합한 활용형의 표면성조를 살펴보면 어간에 해당하는 '드무-'의 성조는 HH로만 나타남을 알 수 있다. 이에 어간 '드무-'의 기저성조를 HH로 설정한다.

(3) 곤치-
  – 곤치던지(HLLL), 곤치더라도(HLLLL), 곤치기에(HLLL)
  – 곤치노(HLL), 곤치고도(HLLL), 곤치모(HLL), 곤칭감네(HLLL),
    곤치도(HLL), 곤칟따(HLL), 곤칟씸미꺼(HLLLL)[75]

어간 '곤치-'와 어미가 통합한 활용형의 표면성조를 살펴보면 어간에 해당하는 '곤치-'의 성조는 HL로만 나타남을 알 수 있다. 이에 어간 '곤치-'의 기저성조를 HL로 설정한다.

(4) 더럽-(汚)
  – 더럽떤가(LHLL), 더럽떠라도(LHLLL), 더럽끼에(LHLL)
  – 더럼나(LHL), 더럽꼬(LHL), 더러부모(LHLL), 더러붕깨(LHLL),
    더러바도(LHLL), 더러받씸미더(LHLLLL)

어간 '더럽-'과 어미가 통합한 활용형의 표면성조를 살펴보면 어간에 해당하는 '더럽-'의 성조는 LH로만 나타남을 알 수 있다. 이에 어간 '더럽-'의 기저성조를 LH로 설정한다.

곡용에서와 마찬가지로 문제는 (1)에 제시된 자료이다. (1)이나 (4)나 L로 시작한다. (1)의 경우는 LHHL, LHHHL 등으로 나타난다고 하면 (4)의 경우는 LHLL, LHLLL로 나타난다는 것이 다르다. 이를 공시적으로는 L을 두 부류로 파악할 수밖에 없다. 화자들은 어떻든 그 둘을 머릿속에서 구분

---

75) 청송 이남 지역의 특별한 발음, [Sʰ]를 고려한 전사도 참고할 수 있다. 김세환(2005), 이현정(2008)에서는 마찰음화를 적용해 '곤칫심미더'로 전사한다.

한다. 그런데 급기야 (4) 패턴이 (1)의 패턴으로 실현되는 경향도 더러 확인
된다. 그만큼 기저에서 성조 패턴이 다른 L 둘이 경남 서부 방언의 율동
제약과 맞물려 언어 수행에 부담을 준다고 볼 수 있다.

(5) 깨지-(破)
　　 – 깨지덩가(H·LLLL), 깨지더라도(H·LLLLL), 깨지기에(H·LLLL)
　　 – 깨지노(H·LLL), 깨지고(H·LLL), 깨지몬(H·LLL), 깨징깨(H·LLL),
　　　 깨지도~깨저도(H·LLL), 깨짇따~깨젇따(H·LLL)

어간 '깨지-'와 어미가 통합한 활용형의 표면성조를 살펴보면 어간에 해
당하는 '깨지-'의 성조는 H·LL로만 나타남을 알 수 있다. 이에 어간 '깨지-'
의 기저성조를 H·LL로 설정한다.

③ 3음절 어간의 활용형

3음절 활용 어간에서의 성조 실현 양상을 아래 표에서 확인해 보자.

산청: 3음절 활용 어간

붉어지- 紅	뚜디리- 敲	기다리- 待	어지럽- 亂	더럽히- 汚
불거지고 LHHL	뚜디리고 LHHL	기다리고 LHHL	어지럽꼬 HHLL	더러피고 LHLL
불거진다 LHHL	뚜디린다 LHHL	기다린다 LHHL	어지럽따 HHLL	더러핀다 LHLL
불거지더라 LHHHL	뚜디리더라 LHHHL	기다리더라 LHHHL	어지럽떠라 HHLLL	더러피더라 LHLLL
불거징깨 LHHL	뚜디링깨 LHHL	기다링깨 LHHL	어지러붕깨 HHLLL	더러핑깨 LHLL
불거지모 LHHL	뚜디리모 LHHL	기다리모 LHHL	어지러부모 HHLLL	더러피모 LHLL

붉어지- 紅	뚜디리- 敲	기다리- 待	어지럽- 亂	더럽히- 汚
불거저도 LHHL	뚜디리도 LHHL	기다리도 LHHL	어지러바도 HHLLL	더러피도 LHLL
불거젇따 LHHL	뚜디릳따 LHHL	기다릳따 LHHL	어지러받따 HHLLL	더러핃따 LHLL

다음은 3음절 어간과 어미가 결합한 성조 패턴별 패러다임이다.

  (1) 간지럽-(痒)
    – 간지럽뜬동(LHHHL), 간지럽떠라도(LHHHHL), 간지럽끼에(LHHHL)
    – 간지럼나(LHHL), 간지럽꼬(LHHL), 간지러부모(LHHHL), 간지럽
      씸미더(LHHHHL), 간지러바도(LHHHL), 간지러바서(LHHHL)

  율동 제약이 존재하기에 저조로 시작하는 3음절 어간은 기저성조 설정에 주의를 요한다. 어간 '간지럽-'과 어미가 통합한 활용형의 표면성조는 LHH로 일정하게 실현되어 있다. 이에 어간 '간지럽-'의 기저성조를 LHH으로 설정할 수 있다. 다만 율동 제약이 관여된 표면성조로 볼 수도 있기에 경남 동부 방언권의 기저성조도 고려할 필요가 있다. 앞 절에서 창원 지역어 '간지럽-'의 기저성조를 LHH로 설정하였기에 위에서 설정한 기저성조 LHH를 수정하지 않는다.[76)]

  (2) 어지럽-
    – 어지럽떤가(HHLLL), 어지럽떠라도(HHLLLL), 어지럽끼에(HHLLL)
    – 어지럼노(HHLL), 어지럽꼬(HHLL), 어지럽씸미꺼(HHLLLL), 어지
      러부모(HHLLL), 어지러붕깨(HHLLL), 어지러바도(HHLLL), 어지
      러바서(HHLLL)

---

76) 이 경우 보수적으로 접근하면 '부스럼'과 같이 '간지럽-(LLH)'이 기저성조가 될 수 있다.
   여기에 율동 제약이 적용된 것으로 파악할 수도 있다.

어간 '어지럽-'과 어미가 통합한 활용형의 표면성조를 살펴보면 어간에 해당하는 '어지럽-'의 성조는 HHL로만 나타남을 알 수 있다. 이에 어간 '어지럽-'의 기저성조를 HHL로 설정한다.

    (3) 자빠지-(倒)
       – 자빠지덩가(HLLLL), 자빠지더라도(HLLLLL), 자빠지기에(HLLLL)
       – 자빠지노(HLLL), 자빠지고(HLLL), 자빠지몬(HLLL), 자빠징갑따
         (HLLLL), 자빠지도~자빠저도(HLLL), 자빠짇따~자빠젇따(HLLL)

어간 '자빠지-'와 어미가 통합한 활용형의 표면성조를 살펴보면 어간에 해당하는 '자빠지-'의 성조는 HLL로만 나타남을 알 수 있다. 따라서 어간 '자빠지-'의 기저성조를 HLL로 설정할 수 있다.

    (4) 뚜디리-
       – 뚜디리덩가(LHHHL), 뚜디리더라도(LHHHHL), 뚜디리기에(LHHHL)
       – 뚜디리노(LHHL), 뚜디리고도(LHHHL), 뚜디리모(LHHL), 뚜디림
         서(LHHL), 뚜디링깨(LHHL), 뚜디리도(LHHL), 뚜디맅따(LHHL)

율동 제약이 존재하기에 저조로 시작하는 3음절 어간은 기저성조 설정에 주의를 요한다. 어간 '뚜디리-'와 어미가 통합한 활용형의 표면성조를 살펴보면 어간에 해당하는 '뚜디리-'의 성조는 LHH로만 나타남을 알 수 있다. 이에 어간 '뚜디리-'의 기저성조를 LHH로 설정할 수도 있다. 다만 율동 제약이 관여된 것으로 볼 수도 있기에 경남 동부 방언권의 기저성조도 고려할 필요가 있다. 앞 절에서 창원 지역어 '뚜디리-'의 기저성조를 LHL로 설정한 것이 참고될 수 있다. 이에 이 방언권에서도 LHL로 설정하고자 한다.[77]

---

77) 수의적으로 실현되는 '뚜디'리고(LHLL)'와 같은 패턴도 무시할 수 없다.

개별 단어의 기저성조 차이보다는 율동 제약의 차이임을 강조하기 위함
이다.

> (5) 더럽히-
> – 더러피던지(LHLLL), 더러피더라도(LHLLLL), 더러피기에(LHLLL)
> – 더러피노(LHLL), 더러피고도(LHLLL), 더러피모(LHLL), 더러핑깨
>   (LHLL), 더럽핌서(LHLL), 더러피도(LHLL), 더러핃따(LHLL)

어간과 어미가 통합한 활용형의 표면성조를 살펴보면 어간 3음절에 해당
하는 '더리피-'의 성조는 LHL로만 나타남을 알 수 있다. 따라서 어간 '더럽
히-'의 기저성조를 LHL로 설정할 수 있다.

5.2. 영동 방언

삼척과 경북의 동해안 방언이 L·HL 성조 배열을 보인다는 점은 전술한
바 있다. L·HH에 비해 L·HL은 엄청난 차이를 보인다. 특히 수의적으로
실현되는 상승 복합조의 변이음 고장조는 더욱 그러하다. 영동 방언이라
하더라도 정선, 평창, 강릉, 영월은 L·HH가 우세해 보인다. 삼척에 인접해
있는 강릉에서는 L·HL도 꽤 높은 빈도로 실현된다. 강릉의 경우 어간 자체
에서는 L·HH 배열이 우세한 듯하다. 그런데 활용형에서는 오히려 그 반대
의 빈도를 보인다.

빈도수가 높지 않은 '권투', '배려' 등의 2음절 어간, 특히 3음절 어간, '사
마귀', '대통령'에 이르면 'L·HH-'의 빈도가 높다는 것을 알 수 있는데 문제
는 음운 과정을 거친 활용형의 표면성조 L·HL이 계속 혼란을 초래하는 것
으로 보인다.

(1) 보(L)+아도 → 보아도(LHL) → 봐도(L·HL)

이른바 중세 국어의 후의적 성조형의 반사형 '보-', '주-', '누-', '두-' 등이
모음 어미와 통합할 경우 L·HL로 실현되는 것이 일반적이다. 동남 방언의
'보아도(HHL)'와 같은 HH 배열이 존재하지 않으니 당연하다고 할 수 있겠
다. 어간에서의 전통적인 성조 배열 L·HH이 음운 과정을 거친 활용형에서
의 L·HL과 경쟁 관계에 있는 것으로 볼 수 있다.

영동 방언은 무엇보다 HH 성조 배열이 없다는 것이 큰 특징이다. 동남
방언의 HH 배열의 경우, 영동 방언에서는 일반적으로 LH에 대응되고 동북
방언에서는 HL에 대응된다. 매우 크게 인식되는 방언차이다. HH 배열이
존재하지 않는다는 것은 자연히 한 기식군에는 고조가 하나만 놓일 수 있다
는 제약으로 이어진다.

(2) 동남 방언: 본다(HH), 모구/머구(HH)
　　영동 방언: 본다(LH), 모기(LH)
　　동북 방언: 본다(HL), 모기(HL)

이상에서 상승 복합조와 관계된 성조 배열 제약과 고조와 관계된 성조
배열 제약에 대해 살펴보았다. 아래에서는 고조와 고조가 결합하는 경우의
성조 변동 규칙에 대해 살펴보기로 한다.

다음은 육진 방언과 동남 방언에 대비되는 '말(馬)'의 곡용형이다.

(3) 강릉: 말'한테 cf. 마'리지
　　삼척: 말한테~말'한테 cf. 마'리지
　　동남 방언: 말한테 cf. 마'리지
　　동북 방언: 말한테 cf. 마리'지

　삼척에서 수의성을 보이는 것이 특이한데 그것이 울진(말한'테)과 강릉(말'
한테) 사이에서의 전이지대적 성격으로 인식된다. 동북 방언이야 '말(馬)'이
저조 어간이기 때문에 '말한'테, 마리'지'로 실현될 수밖에 없다. 두 고조의
통합에서 선행 성분이 저조화된 것이 '말한테(LHL)'이며 후행 성분이 저조화
된 것이 '말한테(HLL)'이다. 선행 성분이 저조화되는 것은 동남 방언에 해당
하고 후행 성분이 저조화되는 것은 강릉 지역어와 동북 방언에 해당한다.
삼척 지역어는 두 가지의 규칙이 모두 확인되는 것이다.

　　(4)　H(말)+HL(한테) → LHL / H+HL → LHL(동남 방언)
　　　　H(말)+HL(한테) → HLL / H+HL → HLL(동북 방언, 강릉 지역어)

　다음은 '말(馬)'보다는 빈도가 높은 단어로 인식되는 대명사 '나(我)'의 경
우이다. (4)와 차이가 있다면 대명사인 경우 강릉 지역어에서는 수의성이
확인된다는 것이다.

　　(5)　강릉: 나'한테~나한'테[78]
　　　　삼척: 나한'테
　　　　동남 방언: 나한'테

　이런 점에서 삼척, 강릉 지역어에서도 '나한'테'가 보수적인 표면성조일
확률이 높다.
　(6)에서 살펴볼 표면성조는 강릉 특유의 율동도 관여하겠지만 ― 2음절,
3음절이 다 높게 발화될 수도, 3음절이 다소 낮게 발화될 수도 있는 듯하다

---

78) 문효근(1974)에서는 '나한테, 너한'테, 제한테'로, 김차균(1999가)에서는 모두 MHM(글쓴이
　　의 LHL)로 표시되어 있다. 조사 지점, 제보자에 따라 수의성이 확인될 수 있다. 강릉 지역어
　　에서는 이와 같은 수의성을 가장 큰 특징으로 삼을 만하다. 그러기에 표면성조에 대한 일반
　　화, 나아가 성조 현상에 대한 일반화도 다른 방언권과 달리 수월하지 않아 보인다.

— 어렵게라도 규칙을 일반화할 수 있는 표면성조 유형이다.

(6) 동상'에게, 동상'한테

(6)에서는 같은 4음절인데 두 형태의 표면성조가 차이를 보인다. 동남 방언과 마찬가지로 '-한테', '-꺼지'의 기저성조를 HL로 볼 가능성도 존재한다. 이 또한 이전 시기의 기저성조라는 보수적인 관점이고 이것이 표면성조로 실현된다는 것이다.

영동 방언(삼척 제외79))의 또 다른 특징으로 들 수 있는 것이 특별한 율동이다. 동남 방언처럼 규칙성이 공고한 것이 아니기에 율동 제약이라는 표현을 쓰기는 어려워 보인다.

1장에서 서술한 부분을 가져오기로 한다. 강릉의 경우 '동상'이', '동상'을', '아시'가', '아시'를'과 같이 발화하다가 이들이 후행 성분과 하나의 기식군을 이루면 '동상'을'본'다'고'?', '아시'를'탄'다/아시'탄'다'와 같은 발화가 나타난다. 전자는 반문하는 어투이고 후자는 평서형이다.

강릉 지역어의 또 다른 특징은 저조로 시작하는 어간이 다양한 표면성조로 나타나는 것이다.

(7) 개구재'이 개구'재'이
   아궁'이가, 아궁'이'가80)
   한가'지지, 한가'지'지

---

79) 삼척 지역어에서도 확인되지 않는 것은 아니다. 인접 지역이기에 소수의 발화에서는 확인된다. 그래서 일단은 제외하였다.

80) 후행 성분과 하나의 기식군을 이룰 때 아궁이가(LHHH) 형태도 확인되는 것은 위에서 언급하였다. 의문문이 아니라면 이것은 뒤 말을 이어내려다가 해결하지 못한 상태의 특별한 어투로 파악하여 곡용형의 성조를 제시할 때는 제외한다. 어떻든 이런 모든 것이 강릉 지역어의 특징이라 생각할 수 있다.

위와 같은 특별한 율동 때문에 기저성조를 면밀히 관찰하기에는 만만치 않지만 '개구재'이'가 기저성조이고 '개구'재'이'는 강릉 특유의 율동 패턴으로 인식된다. '아궁'이~아궁'이'가', '한가'지~한가'지'지'에서도 동일하게 적용된다.

강릉의 이러한 패턴은 정선, 평창, 영월은 물론 성조 방언이 아닌 속초, 고성에서도 확인된다. 이는 삼척 지역어를 성조 방언으로 규정하고 그 나머지는 준성조방언으로 규정하는 것과 직결된다. 속초에 비해 고성에서는 빈도가 떨어지고 정선은 빈도가 더 떨어진다. 아래에서는 '2음절부터 높아가는 유형'과 '끝에서 2음절이 높은 유형'을 제시한다.[81] (8가)가 속초 지역어에서 얻은 자료이고 (8나)가 고성 지역어에서 얻은 자료이다. 성조 방언이 아니기에 성조 표시가 의미가 없지만 그래도 대비를 위해 제시해 본다.

(8) 가. 볏가'레'가'아이'고, 대강'만'알'지'뭐, 흰떡'이'라'는'거'는
    cf. 소두'베 소두베'라 소두베'를, 그전에'는, 뚜가'리 뚜가리'는 뚜가리 보'고
    나. 그릇'을'씻'는'게, 그릇'에'담'지[담찌], 아궁'이'가', 시루'떡'이'나?

영동 방언 특히 삼척에서는 동북 방언에서와 같이 곡용에서의 활음화가 활발하다. 표면성조를 제시할 때에는 성조 배열 제약을 고려할 필요가 있다.

---

81) 정선 지역어의 경우 '나머'지', '나머지'라한다고', '나머지'에는'에서처럼 어간에 결합하는 성분이 있으면 H가 뒤로 이동하는 현상도 있다. 심지어 '자루', '자루라'한다고~자루라라한다고', '참끼'름'을~참지름'을'과 같은 발화도 확인된다. 준성조방언의 양상을 그대로 드러내는 것이다. 그런데 정선을 포함한 '평창', '영월', '강릉' 등에서 '배고(LH, 腹, 배+이고)', '배고(HL, 梨)'류에서는 그 대립을 대부분 인식한다. 이는 엄밀히 말하자면 최소대립쌍이 될 수는 없다. 관련해 이문규(2017)에서는 '가지(LH, 茄), 가지(HL, 種類)'류를 최소대립쌍으로 인정한다. 그 토대는 음절 단위가 아닌 형태소 단위의 성조 배정으로 파악하기 때문이다.

(9) 가. 보리(LH, 麥)+에 → 보리에(LHL) → 보레(LH·L) → 보레(LH·L)
　　　　　　　　　음절화　　　　　　　　활음화　　　　　　　활음 탈락

　　나. 고기(HL, 肉)+에 → 고기에(HLL) → 고계(HL·L) → 고게(HL)
　　　　　　　　　음절화　　　　　　　　활음화　　　　성조 배열 제약

　　다. 거리(L·HL, 街)+에 → 거리에(L·HLL) → 거례(L·HL·L) → 거레(L·HL)
　　　　　　　　　　음절화　　　　　　　　　활음화　　　　성조 배열 제약

　저조 다음에서만 복합조가 실현되고 그 외 환경에서는 복합조가 실현될 수 없기에 활음화를 거친 표면성조는 '보레(LH·L)', '고게(HL)'로 제시되어야 한다. 어간의 성조가 HL인 '고기'에서는 비어두에서 복합조가 실현될 수 없다는 것이다.

　다음에 제시된 비음 탈락, 완전순행동화를 거친 표면형도 어간의 기저성조에 따라 표면형의 성조를 제시해야 한다.

(10) 가. 마당(LH, 場)+에 → 마다'에 → 마다'아 → 마다(LH·L)
　　　　　　　　　비음 탈락　　완전순행동화　축약

　　나. 초장(HL, 醋醬)+에 → 초'자에 → 초'자아 → 초자(HL·L) → 초자(HL)
　　　　　　　　　비음 탈락　완전순행동화　축약　　성조 배열 제약

　　다. 시장(L·HL, 市場)+에 → 시ˇ자에 → 시ˇ자아 → 시자(L·HL·L) → 시자(L·HL)
　　　　　　　　　　비음 탈락　완전순행동화　축약　　성조 배열 제약

　(10가)의 '마당(LH)+에'에서만 복합조가 실현됨을 알 수 있다. 그 외의 환경에서는 저조로 시작하는 어간이 아니기에 성조 배열 제약에 의해 복합조는 실현될 수 없다.

　이 장에서는 영동 방언을 대표하는 삼척 지역어에 대해 먼저 살펴보고 이어서 특별한 율동이 있어 준성조방언을 대표하는 강릉 지역어에 대해 구체화하기로 한다.

5.2.1. 삼척

5.2.1.1. 곡용형에서의 성조 실현 양상

① 1음절 어간의 곡용형

아래에서 어간의 성조가 일정하지 않은 어간을 확인해 보자.

삼척: 1음절 곡용 어간

눈 雪	눈/팥 目/豆	집 舍	아 兒
누니 L·HL	누니/파치 LH	지비 HL	아가 H·LL
눈두 L·HL	눈두 LH	집뚜 HL	아두 H·LL
눈부텀 L·HLL	눈부텀 LHL	집뿌터 HLL~LHL	아부터 H·LLL
눈꺼정 L·HLL	눈꺼짐 LHL	집꺼정 HLL~LHL	아꺼짐 H·LLL
눈보다 L·HLL	눈보다 LHLL	집뽀다 HLL~LLH·L[82]	아보다 H·LLL
누네 L·HL	누네/파테[83] HL/LH	지베 HL	아에 H·LL
누누루 L·HLL	누누루/파트루 LHL	지부루 HLL	아루 H·LL

'집'의 곡용형에서만 어미에 따라 어간의 성조가 H와 L — 수의성도 확인

---

82) 김봉국(1998)에는 '-보다(HL)', 김차균(1999가)에는 LH·L로 제시되어 있다. 육진에서는 '-보다(HL)'로 실현되는 것이 일반적이나 LH도 1-2회 확인된다.

83) 김봉국(1998), 김차균(1999가)와 달리 최영미(2009)에는 '파테(HL)'로 제시되었다. 화자에 따라 다를 수도 있고 10여 년 사이 확대 경향이 휩쓸린 것일 수도 있다. 어떻든 '-에'는 물론 '-에서', '-에다가'의 결합형도 조사해 보는 것이 중요해 보인다. 다만 그 경향 정도를 인식하는 것이 바람직해 보인다.

되지만 ─ 로 교체되어 있음을 확인할 수 있다. 이러한 유형에서 기저성조
를 설정할 수 있다면 다른 세 부류는 일정하게 유지되는 성조, 바로 그것이
어간의 기저성조가 되는 것이다. '집'의 기저성조를 설정하기 위해 몇몇 어
미와의 결합형을 추가하여 제시하기로 한다.

> (1) 집
>> 가. 지비지(HLL), 집뚜(HL), 지부는(HLL), 지벌(HL), 지비(HL)
>> 나. 집꺼짐(HLL~LHL), 짐마치(HLL~LHL), 집배께(HLL~LHL), 집부
>> 텀(HLL~LHL), 집하과(HLL~LH·LL), 집뽀다가(HLLL~LLHL)/집
>> 뽀담도(HLLL~LLH·LL)

　(1나)의 '집꺼짐', '짐마치' 등의 표면성조는 둘로 나타나는 것이 특징이다.
수의성을 보이는 전항의 HLL 패턴은 강릉에서 확인할 수 있고 LHL 패턴은
동남 방언에서 확인할 수 있다. HLL 패턴류만을 고려한다면 어간 '집'과
어미가 통합한 경우, 어간 '집'은 항상 H로 실현된다는 것을 알 수 있다.
이 경우 당연히 어간의 기저성조는 H로 설정되어야 한다. (1나)의 LHL 패
턴류만을 대상으로 한다면 어간 '집'의 성조는 H와 L로 교체된다는 것을
확인할 수 있다. 두 이성조를 가지는 경우는 동남 방언에서도 기저성조를
H로 설정한 바 있다. 두 고조의 결합은 전자의 고조가 저조로 변동한다는
규칙으로 표면성조를 도출할 수 있기 때문이다. 이는 동남 방언에서 확인되
는 가장 일반적인 성조 변동 규칙이다. '집꺼짐'의 경우 'H+HL → LHL'와
같은 과정으로 표면성조를 도출한다.
　'집꺼짐(HLL~LHL)' '짐마치(HLL~LHL)' 등에서 확인되는 수의성은 기저성
조 설정에는 영향을 끼치지 않음을 알 수 있다. 다만 수의성이라는 석 자로
표현되지만 동남 방언, 강릉 지역어와의 대비를 위해서 매우 중요한 자료이
다. 수의성이 왜 보이느냐 하는 것이 중요한 관심사이다. 설명하기 어려운

것이 'HLL(집꺼짐)'류이다. 수관형사에서의 성조 변동 '한(H)#가지(HL) → LHL', '한(H)#군데(HL) → LHL'를 통해84) 위에서 살펴본 'H+HL → LH'와 같은 두 고조의 결합이 LH로 실현되는 것은 여전히 의미가 있다. 그러면 'HLL(집꺼짐)'류는 어떻게 해서 실현될 수 있는가 하는 점이다. 바로 삼척 지역어에서는 곡용형, 활용형에서 'H+H → HL' 규칙도 존재한다고 보는 것이다. 파생어이지만 '간지럽다', '미끄럽다'에서의 성조 실현을 생각해 볼 수 있다. 두 경우 'LLHL~LHLL'가 수의성을 보이는 것을 근거로 들 수 있다. 어느 특정 시기에 '간질(LH)+업(H)-'이 두 방향으로의 성조 변동을 모두 경험한 것이다. 동북 방언의 '간지럽-(LHL)'도 이를 뒷받침할 수 있는 의미 있는 자료일 것이다.85) 즉 '집꺼짐'의 두 표면성조는 성조 변동 규칙 두 가지가 관여하는 것으로 이해해야 한다. HLL은 H+HL → HLL 규칙, LHL은 H+HL → LHL 규칙이 적용된 것이다. 울진(동남 방언 전체), 강릉과 대비할 때 전자가 개신형으로 이해된다.86)

그러면 곡용 어미의 기저성조는 어떻게 설정할 수 있을까? 동북 방언이나 동남 방언은 어미의 기저성조를 설정하는 방식이 매우 간단한 반면 삼척, 강릉의 영동 방언은 어미의 기저성조를 설정하기가 쉽지 않다. 가장 간단한 방식은 아래와 같이 기저성조를 설정하는 것이다.

   (2) 어미의 기저성조(잠정 1)
      가. -이지(LL), -이/가(L), -두(L), -으는/으느(LL), -으/을(L)
      나. -꺼짐(HL), -마치(HL), -배께(HL), -부텀(HL), -하과(HL), -보다가
         (HLL~LHL)/보담도(HLL~LH·LL)

---

84) '한(H)+개(L) → HL'를 통해 적용된 규칙의 차이를 확인할 수 있다. '다른(LH)#자리(HL) → LHHL', '우리(LH)+아들(HL) → LLHL', '산(H)#높고(HL) → LHL'류의 단어 경계가 하나의 기식군을 이루는 경우도 참고할 수 있다.
85) 동북 방언에서는 두 고조의 결합이 HL로 실현된다.
86) 강릉에서는 기저성조를 H로 설정할 수 있다[집처럼(HLL, 家), 말한테(HLL, 馬)].

'집(H)+이지(LL) → 지비지(HLL)'를 설명하려면 위와 같이 기저성조를 설정할 수 있다. 다만 이런 기저성조 설정의 약점은 어미 외 다른 형태에서는 LL류를 찾을 수 없다는 것이다. 다음의 저조 어간의 경우를 확인하면서 논의를 이어가 보자.

> (3) 눈(目)
> – 눈두(LH), 누느는(LHL), 누니(LH), 누니라면(LHLL)
> – 눈꺼정(LHL), 눈마치(LHL), 눈배끼(LHL), 눈하과(LHL), 눈부텀 (LHL), 눈마큼(LHL)

제시된 '눈'의 패러다임을 통해 어간에 해당하는 성조는 항상 L로 실현된다는 것을 확인할 수 있다. 이에 어간 '눈'의 성조를 저조로 설정한다. 어간 '눈'의 기저성조를 설정하는 것은 간단하다. 다만 이를 통해 어미의 기저성조를 확정해야 하는 것이 문제이다.

위 표면성조에서 어미만을 떼어 보면 다음과 같이 기저성조를 설정할 수 있다.

> (4) 어미의 기저성조(잠정 2)
> 가. -이지(HL), -이/가(H), -두(H), -으는/으느(HL), -으/을(L)
> 나. -꺼짐(HL), -마치(HL), -배께(HL), -부텀(HL), -하과(HL), -보다가/ 보담도(HLL~LH·LL)

동남 방언과는 차이가 많다. (4가)의 경우가 특히 그러한데 HH 성조 배열이 없기 때문이다.[87]

(4)에 제시된 기저성조를 통해 (1가)의 '집(H)+이지(HL) → HLL'과 같이

후행 성분의 고조가 저조화하는 성조 변동 규칙으로 설명할 수 있고 (1나)
의 '집(H)+꺼짐(HL) → HLL'에서도 동일한 과정으로 설명할 수 있다. 다만
'집꺼짐(LHL)' 유형은 또 다른 성조 변동 규칙, 두 고조의 결합이 LH로 실현
되는 규칙으로 설명할 수 있다. 공시적으로 두 변동 규칙이 존재하는 이런
양상 또한 영동 방언의 큰 특징이다. 이런 관점은 활음화 과정을 설명하는
데에도 유용하다.

(5) 보(L)+아사(HL) → 보아사(LHL) → 봐사(L·HL)
　　　　　음절화 및 성조 배정　　　활음화에 따른 성조 축약

'봐사(L·HL)'의 상승 복합조는 어간의 L과 어미의 첫 음절 H가 복합된 것
으로 매끄럽게 설명된다.

그런데 다음의 동음 탈락 과정이 문제이다.

(6) 가(L)+아두(HL) → *가두(HL), 가두(LH)
　　　서(H)+아두(HL) → *서두(HL), 서두(LH)

(6)은 다른 방언권과 마찬가지로 어간의 모음이 탈락한 것으로 이해하는
방식이다. 표면형 '가두(LH)', '서두(LH)'와는 다른 표면성조 HL가 도출된 것
이다. 어미초 모음이 탈락한 것으로 보면 표면성조는 LL이 도출되어야 한
다. 즉 어미의 기저성조를 'HL(-아사)'로 설정하면 어간의 모음이 탈락하든
어미의 모음이 탈락하든 표면형 '가두', '서두'의 표면성조 LH을 도출할 수
없다.

간단한 문제가 아니다. 다시 (2)를 가져와 (7)에 제시한다.

(7) 어미의 기저성조(잠정 1)
　　가. -이지(LL), -이/가(L), -두(L), -으는/으느(LL), -으/을(L)

　　나. -꺼짐(HL), -마치(HL), -배께(HL), -부텀(HL), -하과(HL), -보다가/
　　　　보담도(HLL~LH·LL)

　여기에서 문제는 LL의 기저성조가 다른 형태에서 확인되지 않는다는 것
이라 했다. 그러면 다음과 같은 해결책밖에 없다. (2가)를 L형으로 처리하고
L형과 하나의 기식군을 이루는 경우, L 음절에 후행하는 음절은 H를 배당
해야 하는 것으로 설명한다. 삼척 지역어에서의 성조 배열 제약, 즉 하나의
기식군에는 H가 하나 놓여야 한다는 것과 그에 따른 고조화 규칙을 적용한
결과이다.

　(8) 가. 눈(L)+이지(L형)　　→　　LHL(누니지)
　　　　　　　성조 배열 제약에 따른 둘째 음절의 고조화
　　　나. 보(L)+아사(L형)　　→　　보아사(LHL) → 봐서(L·HL)
　　　　　　　성조 배열 제약에 따른 고조화　　　　　　복합조화
　　　다. 서(H)+아두(L형)　　→　　서두(LH)
　　　　　　　어간모음 탈락에 따른 성조 배열 제약과 고조화

　(8가)는 음절화한 '누니지(LL-)'에 연속으로 성조 배열 제약에 따른 성조
변동 규칙(둘째 음절의 고조화)이 적용되면서 LHL로 실현되는 것이다. (8나)는
음절화한 '보아사(LL-)'에 성조 배열 제약이 적용되어 둘째 음절이 고조화한
다. (8다)는 어간의 모음이 탈락하면서 어미의 L형은 자동적으로 LH로 변
동하는 것이다. 3음절 어형이면 LHL로 변동한다[서(H)+어서두(L형) → 서서
두(LHL)].88) 이에 삼척 지역어에서 확인되는 곡용 어미의 기저성조를 다음
과 같이 확정한다.

---

88) 어간이 고조인 경우는 다음과 같이 설명된다. 고조 뒤에서의 저조화(고조 뒤 모든 음절은
　　저조로 변동함)를 적용한다[집(H)+이지(L형) → HLL(지비지)].

(9) 어미의 기저성조

　가. L형: -이지, -이/가, -두, -으는/으느, -의/을

　나. -꺼짐(HL), -마치(HL), -배께(HL), -부팀(HL), -하과(HL), -보다가/

　　보담도(HLL~LH·LL[89])

'집(家)', '눈(目)'에 이어 다른 유형의 패러다임을 살펴보자. 다음은 상승 복합조가 일정하게 유지되는 어간의 패러다임이다.

(10) 눈(雪)

　- 눈(L·H), 눈두(L·HL), 누느(L·HL), 누니(L·HL), 누니사(L·HLL)

　- 눈꺼짐(L·HLL), 눈마치(L·HLL), 눈마큼(L·HLL), 눈처럼(L·HLL),

　　눈부팀(L·HLL), 눈배끼(L·HLL), 눈보다도(L·HLLL)

어간 '눈'과 어미가 결합한 패러다임의 표면성조를 살펴볼 때 어간에 해당하는 성조는 L·H로 일정하게 나타남을 확인할 수 있다. 이에 어간 '눈'의 성조를 L·H로 설정한다.

다음은 하강 복합조가 일정하게 유지되는 어간 패러다임이다.

(11) 아(兒)

　- 아(H·L), 아두(H·LL), 아는(H·LL), 아르(H·LL), 아가(H·LL)

　- 아꺼짐(H·LLL), 아마치(H·LLL), 아배께(H·LLL), 아처럼(H·LLL),

　　아부팀(H·LLL), 아매로(H·LLL), 아보담도(H·LLLL)

어간 '아'와 어미가 결합한 패러다임의 표면성조를 살펴볼 때 어간에 해당하는 성조는 H·L로 일정하게 나타남을 확인할 수 있다. 이에 어간 '아'의 기저성조를 H·L로 설정한다.

---

89) '-보담도(LH·LL)'는 L로 시작하지만 후행 음절이 하강 복합조이기에 (9나)를 H형으로 명명하지 않는다. 활용 어미에서도 동일한 관점이다.

② 2음절 어간의 곡용형

2음절 곡용 어간에서의 성조 실현 양상을 아래 표에서 확인해 보자.

삼척: 2음절 곡용 어간

꼰투~콘투 拳鬪	모구 蚊	감재 薯	무렆/물팍 膝	여덟 八	아들 兒輩
꼰투가 L·HLL	모구가 LHL	감재가 LHL	무러피/물파기 LHL	여덜비 HLL	아드리 H·LLL
꼰투두 L·HLL	모구두 LHL	감재두 LHL	무럽뚜/물팍뚜 LHL	여덜뚜 HLL	아들뚜 H·LLL
꼰투부텀 L·HLLL	모구부텀 LHLL~LLHL	감재부텀 LHLL~LLHL	무럽뿌터 LHLL~LLHL	여덜부터 HLLL	아들부터 H·LLLL
꼰투꺼정두 L·HLLLL	모구꺼정두 LHLLL~LLHLL	감재꺼정두 LHLLL~LLHLL	무럽꺼짐두 LHLLL~LLHLL	여덜꺼짐두 HLLLL	아들꺼짐두 H·LLLLL
꼰투보다 L·HLLL	모구보다 LHLL~LLLH·L	감재보다 LHLL~LLLH·L	무럽뿌다 LHLL~LLLH·L	여덜보다 HLLL	아들보다 H·LLLL
꼰투에 L·HLL	모구에 LHL	감재에 LHL	무러페/물파게 LHL	여덜베 HLL	아드레 H·LLL
꼰투루 L·HLL	모구루 LHL	감재루 LHL	무러푸루 LHLL	여덜루 HLL	아들루 H·LLL

'감재'의 곡용형에서만 어미에 따라 어간의 성조가 LH와 LL — 수의성도 확인되지만 — 로 교체되어 있음을 확인할 수 있다.

(1) 감재
가. 감재라두(LHLL), 감재두(LHL), 감재는(LHL), 감재르(LHL), 감재
가(LHL)
나. 감재꺼짐(LHLL~LLHL), 감재마큼(LHLL), 감재하과(LHLL~LLHL),
감재마다(LHLL~LLHL), 감재보다(LHLL~LLLH·L), 감재부텀두
(LHLLL~LLHLL)

어간 '감재'와 어미가 통합한 곡용형의 표면성조를 살펴볼 때 어간의 성조는 단음절 어간 '집'에서와 동일함을 알 수 있다. 어간 '집'의 기저성조를 H로 설정한 것과 같이 '감재'의 기저성조를 LH로 설정한다. '집'의 기저성조 설정 과정에서 살펴본 바와 같이 수의성은 기저성조 설정에 영향을 주지 않는다.[90]

다음은 동남 방언에서 HH로 실현되는 어간이다[머구도/모구도(HHL), 머구처럼/모구처럼(HHLL)]. HH 배열이 없는 삼척 지역어에서는 당연히 LH로 실현될 것이다.

> (2) 모구
> 가. 모구두(LHL), 모구는(LHL), 모구르(LHL), 모구가(LHL)
> 나. 모구꺼짐(LHLL~LLHL), 모구마큼(LHLL~LLHL), 모구마다(LHLL~
>   LLHL), 모구처럼(LHLL~LLHL), 모구부텀두(LHLLL~LLHLL)

어간 '모구'와 어미가 통합한 곡용형의 표면성조를 살펴볼 때 (1)의 '감재'와 동일하다는 것을 알 수 있다. 이에 '모구'의 기저성조를 LH로 설정한다.

전술한 바와 같이 경북의 HH가 이 지역에서는 LH로 실현된다는 것이 가장 큰 특징이다. 이러한 특징은 한 줄로 요약될 수 있지만 방언 의식 측면에서는 매우 큰 차이를 가져온다. 이는 L·HH(경북 동부)와 L·HL(삼척) 차이와 함께 삼척 지역어를 특징짓는 것이다.

다음은 동남 방언과 동일한 패러다임을 보이는 유형이다.

> (3) 여덟
> – 여덜뚜(HLL), 여덜마(HLL), 여덜베(HLL), 여덜비(HLL)
> – 여덜꺼짐(HLLL), 여덜마큼(HLLL), 여덜하구(HLLL), 여덜배끼(HLLL),
>   여덜부덤(HLLL)

---

90) 자세한 것은 1음절 곡용 어간을 참조할 수 있다.

어간 '여덟'에 어미가 통합한 곡용형의 표면성조를 살펴볼 때 어간에 해당하는 둘째 음절까지의 성조는 HL로 일정하게 나타남을 확인할 수 있다. 이에 어간 '여덟'의 성조를 HL로 설정한다.

다음에서 복합조와 관련된 성조 현상을 확인할 수 있다.

  (4) 꼰투~콘투(拳鬪)
    – 꼰투두(L·HLL), 꼰투는(L·HLL), 꼰투가(L·HLL), 꼰투마(L·HLL)
    – 꼰투꺼짐(L·HLLL), 꼰투마큼(L·HLLL), 꼰투배께(L·HLLL), 꼰투부
      텀두(L·HLLLL)

어간 '꼰투'에 어미가 통합한 곡용형의 표면성조를 살펴볼 때 어간에 해당하는 둘째 음절까지의 성조는 'L·HL'로 일정하게 나타남을 확인할 수 있다. 이에 어간 '꼰투'의 기저성조를 L·HH로 설정한다.

다음은 '아들(兒輩)'의 곡용형과 그 표면성조를 제시한 것이다.

  (5) 아들(아이들)
    아들또(H·LLL), 아드런(H·LLL), 아들꺼정(H·LLLL), 아들부터(H·LLLL)

어간 '아들(兒輩)'에 어미가 통합한 곡용형의 표면성조를 살펴볼 때 어간에 해당하는 3음절까지의 성조는 H·LL로 일정하게 나타남을 확인할 수 있다. 이에 어간 '아들'의 성조를 H·LL로 설정한다.

공간적 제약 때문에 제시하지 못한 '얼라(兒)~알라~언나' 또한 어간의 성조가 일정하게 유지되는 부류이다.

  (6) 얼라(兒)
    얼라도(LH·LL), 얼라넌(LH·LL), 얼라꺼정(LH·LLL), 얼라부터(LH·LLL)

어간 '얼라'에 어미가 통합한 곡용형의 표면성조를 살펴볼 때 어간에 해당하는 3음절까지의 성조는 LH·L로 일정하게 나타남을 확인할 수 있다. 이에 어간 '얼라'의 성조를 LH·L로 설정한다.

③ 3음절 어간의 곡용형

3음절 곡용 어간에서의 성조 실현 양상을 아래 표에서 확인해 보자.

삼척: 3음절 곡용 어간

이얘기 話	무지개/부시름/버버리/ 메나리(芹)	기와집 瓦家	메누리 婦
이얘기가 L·HLLL	무지개가/부시르미 LHLL	기와지비 LLHL	메누리가 HLLL
이얘기두 L·HLLL	무지개두 LHLL	기와집뚜 LLHL	메누리두 HLLL
이얘기부텀 L·HLLLL	무지개부터 LHLLL	기와집뿌터 LLHLL ~LLLHL	메누리부터 HLLLL
이얘기꺼짐 L·HLLLL	무지개꺼짐두 LHLLLL	기와집꺼짐두 LLHLLL ~LLLHLL	메누리꺼짐 HLLLL
이얘기보다 L·HLLLL	무지개보다 LHLLLL	기와집뽀다 LLHLLL ~LLLLH·L	메누리보다 HLLLL
이얘기에 L·HLLL	무지개에 LHLL	기와지베 LHLL	메누리에 HLLL
이얘기루 L·HLLL	무지개루 LHLL	기와지부루 LLHLL	메누리루 HLLL

다음은 3음절 어간과 어미가 결합된 패러다임을 성조 패턴별로 보인 것이다.

(1) 기와집(瓦家)
 – 기와집뚜(LLHL), 기와지베(LLHL), 기와지비(LLHL)
 – 기와집꺼지두(LLHLLL~LLLHLL), 기와짐마큼(LLHLL~LLLHL), 기
   와집빼끼(LLHLL~LLLHL), 기와집뿌텀(LLHLL~LLLHL), 기와집뽀
   다두(LLHLLL~LLLLH·LL), 기와지파과(LLHLL~LLLHL)

 어간 '기와집'과 어미가 통합한 곡용 패러다임의 성조를 살펴볼 때 수의
성까지도 2음절 어간 '감재(LH)'와 동일하므로 '기와집'의 기저성조를 LLH
로 설정한다.91)

(2) 메느리
 – 메느리두(HLLL), 메느리는(HLLL), 메느리럴(HLLL), 메느리가(HLLL)
 – 메느리꺼지두(HLLLLL), 메느리마치(HLLLL), 메느리하과(HLLLL),
   메느리부텀두(HLLLLL)

 어간 '메느리'에 어미가 통합한 곡용형의 표면성조를 살펴볼 때 어간에
해당하는 3음절까지의 성조는 HLL로 일정하게 나타남을 확인할 수 있다.
이에 어간 '메느리'의 성조를 HLL로 설정한다.

(3) 메나리(芹)
 – 메나리두(LHLL), 메나리는(LHLL), 메나리를(LHLL), 메나리가(LHLL)
 – 메나리꺼지두(LHLLLL), 메나리마치(LHLLL), 메나리하가(LHLLL),
   메나리부텀두(LHLLLL)

 어간 '메나리'에 어미가 통합한 곡용형의 표면성조를 살펴볼 때 어간에
해당하는 3음절까지의 성조는 LHL로 일정하게 나타남을 확인할 수 있다.

---

91) 자세한 것은 단음절 곡용 어간의 경우를 참고할 수 있다.

이에 어간 '미나리'의 성조를 LHL로 설정한다.

> (4) 이얘기
>   – 이얘기두(L·HLLL), 이얘기는(L·HLLL), 이얘기럴(L·HLLL), 이얘기
>   가(L·HLLL),
>   – 이얘기꺼지두(L·HLLLLL), 이얘기마큼(L·HLLLL), 이얘기하가
>   (L·HLLLL), 이얘기부텀두(L·HLLLL)

어간 '이얘기'에 어미가 통합한 곡용형의 표면성조를 살펴볼 때 어간에 해당하는 3음절까지의 성조는 L·HLL로 일정하게 나타남을 확인할 수 있다. 이에 어간 '이얘기'의 성조를 L·HLL로 설정한다.

5.2.1.2. 활용형에서의 성조 실현 양상

① 1음절 어간의 활용형

다른 방언과 마찬가지로 곡용에서는 네 부류의 기저성조를 확인할 수 있었으나 활용 어간의 경우는 그리 단순치 않다. '가-'류 용언을 제외하면 '잡-'과 '서-'에서만 어간의 성조 변동이 일어난다.

삼척: 1음절 활용 어간

잡- 捕	춥- 寒	서- 立	가- 去	울- 泣	적- 少
잡꼬 HL	춥꾸 LH	서고 HL	가고 HL	울고 L·HL	적꼬 L·HL
잡는다 LHL	춥따 LH	선다 HL	간다 LH	운다 L·HL	적따 L·HL

잡- 捕	춥- 寒	서- 立	가- 去	울- 泣	적- 少
잡따라 LHL	춥따라 LHL	서다라 LHL	가다라 LHL	우다라 L·HLL	적따라 L·HLL
자부이 HLL	추우이92) LHL	서이 HL	가이 HL	우이 L·HL	저그이 L·HLL
자부먼 HLL	추우먼 LHL	서먼 HL	가먼 HL	우먼 L·HL	저그먼 L·HLL
자바도 HLL	추와도 LHL	서도 LH	가도 LH	우라사 HLL	저가사 L·HLL
자받따 HLL	추왇따 LHL	섣따 LH	갇따 LH	우랃따 HLL	저갇따 L·HLL

　어미 '-고'가 통합하는 경우만을 대상으로 하면 HL, LH, L·HL 세 부류가 확인된다. 일단 동음이 탈락된 '서도(LH)', '가도(LH)'의 경우를 어간의 고조가 탈락한 것으로 처리하여 잠정적으로는 '잡-'류에 포함하여 논의를 진행해 보자.

　　(1) 잡-(捕)/피-(伸)
　　　가. – 잡꼬(HL), 잡꼬서(HLL), 잡끼(HL), 잡찌(HL), 잡께(HL), 잠노(HL),93) 자부신다(HLLL), 자부먼(HLL), 자부이까내(HLLLL), 자바사(HLL), 자받따(HLL)
　　　　 – 잡따라(LHL), 잡따오(LHL), 잡뜬동(LHL), 잡끼에(LHL),94) 잡껜나(LHL), 잡까라(LHL), 잡단(LH), 잠는(LH), 잠는다(LHL), 잡씀니다(LHLL), 잡껟씀니다(LHLLL)95)

---

92) '추부이', '추바'로도 실현된다.
93) 동남 방언에 비해 그 실현 빈도는 매우 낮아 보인다. 강릉 지역어도 마찬가지이다.
94) '잡끼(HL)'와 달리 '잡끼에(LHL)'로 실현되면서 곡용에서의 활음화가 활발한 동북 방언이나 경북 동해안 방언에서는 그 보상적 작용도 일어난다[잡기+에 → 잡끼에(LHL) → 잡께(LH·L) → 잡께(LH·L)]. 경북은 동해안 방언을 제외하면 활음화가 공시적 현상은 아니다. '잡끼에(LHL)'로 실현되는 특이한 경우는 '잡찌도/잡찌만(HLH)#마(L·H)'와 대응될 수 있다[잡찌~잡쩨(HL)].

나. – 피고(HL), 피기(HL), 피세(HL), 피게(HL), 피노(HL), 피신다
(HLL), 피먼(HL), 피이까내(HLLL), 피어도/피도(HLL/H·LL),
피얻따/핀따(HLL/H·LL)
– 피다라(LHL), 피든동(LHL), 피기에(HLL), 피겐나(LHL), 피가
라(LHL), 피던(LH), 피는(LH), 핌미다(LHL), 피겓씀니다
(LHLLL)

어간 '잡-/피-'와 어미가 통합한 활용형의 표면성조를 살펴볼 때 어간인
첫 음절의 성조는 H 또는 L 두 부류로 나타난다는 것을 알 수 있다. 이러한
이성조 부류가 있는 경우는, 단음절 곡용 어간인 '집(家)'의 기저성조를 H로
설정한 것과 같이 어간 '잡-', '피-'의 기저성조를 H로 설정한다.

(1가)의 두 부류, 어간이 고조로 실현되는 '잡꼬(HL)'류, 어간이 저조로
실현되는 '잡떠라(LHL)'류를 통해 어미의 기저성조를 설정할 수 있다.

곡용 어미의 기저성조를 설정할 때와 같이 (2가)는 L형이다. 동음 탈락을
설명하는 데 L형 외에는 방법이 없다.[96]

(2) 어미의 기저성조
가. L형: -고, -기, -지, -게, -노, -으신다, -으먼, -으이까내, -아도, -아사,
-았다
나. -다라/더라(HL), -든동(HL), -기에(HL), -겠나(HL), -가라(HL), -단/
던(H), -는(H), -습니다/음니다(HLL), -겠습니다(HLLL)

---

95) 동남 방언과의 규칙 적용의 차이를 '잡씀니다(LHLL), 잡겓씀니다(LHLLL)'에서도 확인할
수 있다. 경북 영주에서는 표준어형인 경우, '잡씀니다(LLHL)', '잡겓씀니다(LLLHL)'로
실현된다. 삼척 지역어에서는 규칙 'HH → LH'가 한 번만 허용되는 것으로 보인다. '잡
-(H)', '-겠-(H)'의 통합이 LH를 도출하나 이후 '-습니다(HLL)'의 통합에서는 적용되지 않
는다. 반면 영주 지역어에서는 '-습니다(LHL)'에 고조가 있기에 H로 끝나는 선행 성분과
결합하면 그 선행 성분의 고조가 저조화하는 것이다.
96) 자세한 것은 곡용 어미의 기저성조 설정 과정을 참조할 수 있다.

개음절 어간의 '피어도/피도(HLL/H·LL)', '피얻따/핃따(HLL/H·LL)'에서 확인되는 하강 복합조에 대한 설명이 필요하다. 편의상 '피+어도'만을 제시하기로 한다.

(3) 피(H)+어도(L형) → 피어도(HLL) → 피이도(HLL) → 피도(H·LL)
　　　음절화/성조 배정　　　　완전순행동화　　　　음절 축약/복합조화

(3)에서 H와 L형의 통합은 후행 성분의 음절이 모두 저조화된다. 한 성조군에서 H는 하나만 실현될 수 있기 때문이다. 이것이 첫 번째 '음절화/성조 배정' 과정이다. 다음으로 완전순행동화 과정을 거치는바, 이 과정에서는 성조 변동이 없다. 최종 도출 과정인 '음절 축약에 따른 복합조화' 과정을 통해 표면형 '피도(H·LL)'를 도출할 수 있다.

다음으로는 '피-(伸)', '서-(立)'의 곡용형을 대비하면서 어간 '서-'의 기저성조를 확정해 보자.

(4) 서-
　가. 서고(HL, 立), 서지(HL), 서게(HL), 서나(HL), 선다(HL), 서신다
　　　(HLL), 서먼(HL), 서이까내(HLLL)
　나. 서다라(LHL), 서든동(LHL), 서기에(LHL), 서겐나(LHL), 서가라
　　　(LHL), 서던(LH), 서는(LH), 섬미다(LHL), 서겓씀니다(LHLLL),
　　　<u>서도(LH), 섣따(LH)</u>

밑줄 친 '서도(LH), 섣따(LH)'는 다름 아닌 동음 탈락을 거친 후의 표면성조이다. 패러다임 '피-'와 대비하면 완전순행동화의 과정을 거친 '피도(H·LL)', '핃따(H·LL)'와 동음 탈락의 과정을 거친 '서도(LH), 섣따(LH)'에서 차이가 있음을 확인할 수 있다.

(5) 서(H)+어도(L형)　　→　　　서도(LH)
서간모음탈락과 그에 따른 성조 배정(L형이 LH로 변동)

'서-'와 같이 동음 탈락을 겪는 어간 '가-(往)'의 패러다임을 제시해 보자.

(6) 가-
가. 가고(HL,　去), 가기(HL), 가지(HL), 가게(HL), 가먼(HL), 가이까
내(HLLL), <u>가나(LH), 간다(LH), 가신다(LHL), 갈래/갈라나(L·HL/</u>
<u>L·HLL), 가라(L·HH),</u> 가도(LH), 갇따(LH), 간(H), 갈(H)
나. 가다라(LHL), 가든동(LHL), 가던(LH), 가는(LH), 가는데(LHL),
가가라(L·HL), 가기에(LHL), 가겐나(LHL)

'서-'와 '가-'는 밑줄 친 부분에서 성조 차이가 난다. 이에 (7)과 세 부류의
복수 기저성조를 갖는 것으로 파악할 수 있다.

(7) 가. H: 가고(HL), 가먼(HL), 가지(HL), 간(H), 갈(H) 등
나. L: 가나(LH), 간다(LH), 가는(LH), 가는데(LHL), 가는군(LHL), 가
다라(LHL), 가든동(LHL), 가가라(LHL), 가도(LH) 등
다. L·H: 갈라나(L·HLL), 갈라먼(L·HLL), 갈래(L·HL), 가라(L·HL~LH)
등

분절 음운론의 환경으로는 (6가)의 '가노', '간다' 등에서 확인되는 LH를
설명할 수 없을뿐더러, '갈래', '가라' 등에서 확인되는 L·HL 복합조를 설명
할 수 없기 때문에 어미의 기저성조에 따라 어간의 기저성조 유형이 선택되
는 것으로 파악한다.[97]

(8) 보(L, 見)+아두(L형)　→　　보아두(LHL)　→　봐두(L·HL)
음절화에 따른 성조 배정　　　활음화에 따른 복합조화

---

97) 자세한 내용은 경북 동부 방언의 '가-'류를 참고할 수 있다.

(9) 지(L,[98] 落)+어두(L형) → 져두(LH) → 저두(LH)
　　　　　　　활음화에 따른 성조 배정　　　　활음 탈락

(10) 이(L, 戴)+어두(L형) → 여두(LH)
　　　　　　활음화에 따른 성조 배정

　활음화 과정은 보상적 작용을 하느냐 여부에 따라 표면성조가 달라진다. 보상적 작용은 첫 번째 음운 과정인 음절화 여부와 관계되는데 '지어도', '이어도'는 음절화가 되지 않기에 보상적 작용이 봉쇄되는 것이다. 보상적 작용은 음장 방언에서는 장음화로, 성조 방언에서는 복합조화로 나타난다. (8)~(10)의 성조 배정은 어간이 저조로 시작하기에 두 번째 음절은 고조로 배정되는 것이다.

　다음은 어간의 성조가 일정하게 유지되는 부류이다.

(11) 뽑-(拔)/치-(打)
　가. 뽑따라(LHL), 뽑딴가(LHL), 뽑는다(LHL), 뽑는(LH), 뽑끼에(LHL), 뽑끼(LH), 뽑찌(LH), 뽑나(LH), 뽑꼬(LH), 뽑딴(LH), 뽑는(LH), 뽀바도(LHL), 뽀받따(LHL), 뽀부먼(LHL), 뽑씀니다(LHLL), 뽑껟씀니다(LHLLL)
　나. 치다라(LHL), 치단가(LHL), 친다(LH, 打), 치는(LH), 치기에(LHL), 치기(LH), 치노(LH), 치지(LH), 치고(LH), 처도(LH), 첟따(LH), 치먼(LH), 치이까내(LHLL), 치신다(LHL)

　어간 '뽑-/치-'와 어미가 통합한 활용형의 표면성조를 살펴보면 어간에 해당하는 '뽑-/치-'의 성조는 항상 L로 일정하게 실현된다는 것을 알 수 있다. 이에 어간 '뽑-'과 '치-'의 기저성조를 L로 설정한다.

---

98) '지-, 보-, 가-'는 모두 후의적 성조형이다. 수의적 실현형 '보아두(LHL)'를 고려해도 모음 어미 앞에서는 어간의 성조가 L로 설정됨을 알 수 있다.

개음절 어간에서의 '처도(HH)'에 대한 도출 과정을 아래에 제시한다.

(12) 치(L, 打)+아두(L형)   →   쳐두(LH)   →   처두(LH)
        활음화에 따른 성조 배정   활음 탈락

전술한 대로 '치어도'와 같이 음절화가 되지 않기에 보상적 작용이 봉쇄되고 저조 어간이기에 다음 음절은 H가 배정된다.

다음은 상승 복합조의 경우이다. 먼저 어간의 성조가 일정하게 L·H로 실현되는 경우를 보자.

(13) 떫-(澁)/빼-(除)
    가. – 떫따라(L·HLL), 떫따(L·HL), 떫뜬동(L·HLL), 떫분(L·HL), 떫끼에(L·HLL)
        – 떫라(L·HL), 떫찌(L·HL), 떫꼬(L·HL), 떫바도(L·HLL), 떫받따(L·HLL), 떫부먼(L·HLL), 떫부이까내(L·HLLLL)
    나. – 빼다라(L·HLL), 빼기에(L·HLL)
        – 빼기(L·HL), 빼나(L·HL), 빼제(L·HL), 빼고(L·HL), 빼도(L·HL), 뺀따(L·HL), 빼먼(L·HL), 빼신다(L·HLL), 빼이까내(L·HLLL), 뺌니다(L·HLL), 빼겠씀니다(L·HLLLL)

어간 '떫-/빼-'와 어미가 통합한 활용형의 표면성조를 살펴보면 어간에 해당하는 '떫-/빼-'의 성조는 L·H로만 나타남을 알 수 있다. 이에 어간 '떫-'과 '빼-'의 기저성조를 L·H로 설정한다.

다음은 어간의 성조가 L·H와 H로 변동되는 경우이다. 음장 방언의 단음화하는 어간과 대응된다.

(14) 걸-(步)/울-(泣)
    가. – 걸따라(L·HLL), 걸꺼던(L·HLL), 걸른(L·HL), 걸른다(L·HLL),

걸끼에(L·HLL), 걸라(L·HL), 걸찌(L·HL), 걸꼬(L·HL), 걸씀니다
(L·HLLL), 걸껟씀니다(L·HLLLL)
- 거르먼(HLL), 거르이까내(HLLLL), 거르신다(HLLL), 거라도
(HLL), 거라서(HLL)
나. - 운다(L·HL), 우다라(L·HLL), 우거던(L·HLL), 우기에(L·HLL),
우노(L·HL), 우지(L·HL), 우고(L·HL), 울먼서(L·HLL), 우이까내
(L·HLLL)
- 우라도(HLL), 우라서(HLL)

이는 중세의 유동적 상성류에 해당한다. 중세의 고정적 상성류에 해당하
는 '떫-'에서와 달리 (14가)는 자음으로 시작하는 어미와 통합할 때에는 어
간의 성조가 L·H로, 어미 '아X' 또는 '으X'와 통합할 때에는 H로 실현되어
있다. (14나)는 어미 '아X'와 통합할 때에는 어간의 성조가 H로, 그 밖의
어미가 통합할 때에는 L·H로 실현되어 있다. 유음 말음 어간을 제외한 폐음
절 어간은 (14가)와 같은 패턴을, 유음 말음 어간은 (14나)와 같은 패턴을
보인다.
　다음은 하강 복합조의 경우이다. 어간의 성조가 H·L로 일정하게 유지
된다.

(15) 쌀-(切)/이-(茨)
가. - 싸든동(H·LLL), 싸기에(H·LLL), 싼다(H·LL)
- 싸노(H·LL), 싸지(H·LL), 싸고(H·LL), 쌀먼(H·LL), 싸이까내
(H·LLLL), 싸신다(H·LLL), 싸라도(H·LLL), 싸랃따(H·LLL)
나. - 인다(H·LL, 茨), 이제(H·LL), 이고(H·LL), 이든동(H·LLL)
- 이어도/이도(HLL/H·LL), 이얻따/읻따(HLL/H·LL)

어간 '쌀-'에 어미가 통합한 활용형의 표면성조를 살펴보면 어간에 해당
하는 '쌀-'의 성조는 H·L로 항상 일정하게 실현된다는 것을 알 수 있다. 이에

어간 '쌀-'의 기저성조를 H·L로 설정한다. 다만 '이-'의 경우는 주의를 요한다. 수의적으로 확인되는 '이어도/이얻따(HLL)를 참고하면 H·L로 항상 일정하게 유지되는 것이 아님을 알 수 있다.[99] 그런데 상승 복합조와는 달리 하강 복합조에서는 모음 어미와 통합할 때 고조화 과정을 설정할 수 있다. 개음절에서는 예외가 확인되지 않기 때문이다.

(16) 이(H·L)+어도(L형) → 이어도(HLL) → 이이도(HLL) → 이도(H·LL)
      음절화/성조 배정   완전순행동화   음절 축약과 복합조화

이상의 도출 과정에 근거하면 어간 '이-'의 기저성조는 H·L로 설정할 수 있다. 모음 어미와 통합할 때만 복합조가 고조로 변동하는 것이다. 음장 방언의 단음화와 같은 것이다.

② 2음절 어간의 활용형

2음절 활용 어간에서의 성조 실현 양상을 아래 표에서 확인해 보자.

삼척: 2음절 활용 어간

개깝- 近	곤치- 造	드물- 稀	더럽- 染	깨지- 破	달리- 懸
개깝꾸 LHL	곤치구 HLL	드무구 LHL	더럽꾸 L·HLL	깨지구 H·LLL	달리구 LH·LL
개깝따 LHL	곤친다 HLL	드무다 LHL	더럽따 L·HLL	깨진다 H·LLL	달린다 LH·LL
개깝따라 LHLL~LLHL	곤치다라 HLLL	드무다라 LHLL	더럽따라 L·HLLL	깨지다라 H·LLLL	달리다라 LH·L

99) 수의적인 경우를 확인하지 않는다면 '쎄+어도 → 쎄도'와 같이 간결하게 어미초 모음의 탈락으로 처리할 수 있다. 글쓴이는 특히 동남 방언에서는 어미초 모음 '아/어'의 탈락을 인정하지 않는 입장이다.
100) 김차균(1999가)에는 좀처럼 듣기 힘든 '곤차두'류도 몇몇 제시되었다. 'ㅣ'로 끝나는 2음

개깝- 近	곤치- 造	드물- 稀	더럽- 染	깨지- 破	달리- 懸
개까우이 LHLL	곤치이 HLL	드무이 LHL	더러우이 L·HLLL	깨지이 H·LLL	달리이 LH·LL
개까우먼 LHLL	곤치먼 HLL	드물먼 LHL	더러우먼 L·HLLL	깨지무 H·LLL	달리무 LH·LL
개까와사 LHLL	곤체사 HLL	드무라서 LHLL	더러와서 L·HLLL	깨제사 H·LLL	달레사 LH·LL
개까와두 LHLL	곤체두100) HLL	드무라두 LHLL	더러두 L·HLL	깨제두101) H·LLL	달렏따 LH·LL

먼저 2음절 어간의 성조 패턴별 패러다임을 아래에 제시한다.

'개깝-'의 패러다임은 수의적인 양상도 보이지만 전형적인 유형을 제시
한다.

> (1) 개깝-
>> 가. 개깝꺼든(LHLL), 개깝따라(LHLL),102) 개깝딴가(LHLL), 개깝껠
>> 따(LHLL~LHHL~LLHL, 이상 동일 패턴), 개깝껜떠라(LHLLL),
>> 개깝씀니다(LHLLL)
>> 나. 개깜나(LHL), 개깝꼬(LHL), 개까우먼(LHLL), 개까우이(LHLL),
>> 개까와사(LHLL), 개까우먼(LHLL), 개까우이까내(LHLLLL)

어간 '개깝-'과 어미가 통합한 곡용형의 표면성조를 살펴볼 때 어간인 둘
째 음절까지의 성조는 LH로 일정하게 나타남을 확인할 수 있다. 이에 어간

절 어간에서도 향가 표기의 '-아(X)'의 결합형의 일면을 확인할 수 있는 예이다[遺也置遣(기
타두고), <願往生歌>].
101) 김봉국(2002)에서는 산발적으로 나타나는 것으로 보고하였다.
102) 국립국어원의 지역어 조사에서는 '패룹따라(LLHL~LHHL, 야위다)'도 확인된다. 이때
HH의 높이는 동일하므로 경남 방언과는 차이가 있다. '-더라'의 기저성조가 그대로 실현
되는 것이다. 어떻든 이러한 수의성이야말로 일반화를 힘들게 한다. 전체적으로 어느
것이 고형인지 토박이 화자와 면밀한 조사를 행해야 할 것으로 보인다.

'개깝-'의 기저성조를 LH로 설정한다.

단음절 활용 어간 '잡-'이 '-다라'와 통합할 시에는 LHL로 실현되는 것이 2음절 활용 어간과 차이일 것이다. 또 단음절 곡용 어간 '집'이 '-부터'와 통합할 시 LHL, HLL로 수의성을 보이는 것도 차이일 것이다. 단음절 어간의 경우 수의성 차이는 곡용 어간의 자립성과 활용 어간의 의존성으로 설명될 수 있겠다.

다음은 동남 방언에서 HH로 실현되는 어간이다.

> (2) 드무-
> – 드무거든(LHLL), 드무다라(LHLL), 드무기에(LHLL)
> – 드무노(LHL), 드무구(LHL), 드무다(LHL), 드무라사(LHLL), 드무랄
>   따(LHLL), 드물먼(LHL), 드무이까내(LHLLL)

어간 '드물-'와 어미가 통합한 활용형의 표면성조를 살펴보면 어간에 해당하는 '드물-'의 성조는 LH로만 나타남을 알 수 있다. 이에 어간 '드물-'의 기저성조를 LH로 설정한다. 삼척 지역어에는 HH형이 없으므로 '가찹-'과 '드무-'가 같은 패러다임을 보이게 된다.

> (3) 곤치-
> – 곤치거든(HLLL), 곤치다라(HLLL), 곤치가라(HLLL), 곤치겐따(HLLL)
> – 곤치는(HLL), 곤치구(HLL), 곤체서(HLL), 곤체두(HLL), 곤첼따
>   (HLL), 곤치먼(HLL), 곤치이까내(HLLLL)

어간 '곤치-'와 어미가 통합한 활용형의 표면성조를 살펴보면 어간에 해당하는 '곤치-'의 성조는 HL로만 나타남을 알 수 있다. 이에 어간 '곤치-'의 기저성조를 HL로 설정한다.

(4) 더럽-(汚)
  – 더럽꺼든(L·HLLL), 더럽따라(L·HLLL), 더럽껜따(L·HLLL)
  – 더럼나(L·HLL), 더럽꼬(L·HLL), 더러와사(L·HLLL), 더러왈따(L·HLLL),
    더러우먼(L·HLLL), 더러우이까내(L·HLLLLL)

어간 '더럽-'와 어미가 통합한 활용형의 표면성조를 살펴보면 어간에 해당하는 '더럽-'의 성조는 L·HL로만 나타남을 알 수 있다. 이에 어간 '더럽-'의 기저성조를 L·HL로 설정한다.

(5) 깨지-(破)
  – 깨지거든(H·LLLL), 깨지다라(H·LLLL), 깨지껜따(H·LLLL)
  – 깨지나(H·LLL), 깨지고(H·LLL), 깨제두(H·LLL), 깨젤따(H·LLL),
    깨지먼(H·LLL), 깨지이까내(H·LLLLL)

어간 '깨지-'와 어미가 통합한 활용형의 표면성조를 살펴보면 어간에 해당하는 '깨지-'의 성조는 H·LL로만 나타남을 알 수 있다. 이에 어간 '깨지-'의 기저성조를 H·LL로 설정한다.

③ 3음절 어간의 활용형

3음절 활용 어간에서의 성조 실현 양상을 아래 표에서 확인해 보자.

삼척: 3음절 활용 어간

게그르- 怠	붉어지- 紅	뚜디리- 敲	건방지- 傲	더럽히- 汚
게그르고 LHLL	불거지고 HLLL	뚜디리고 LHLL	건방지고 LLHL	더러피고 L·HLL
게그르다 LHLL	불거진다 HLLL	뚜디린다 LHLL	건방지다 LLHL	더러핀다 L·HLL

게그르- 怠	붉어지- 紅	뚜디리- 敲	건방지- 傲	더럽히- 汚
게그르다라 LHLLL	불거지더라 HLLLL	뚜디리더라 LHLLL	건방지더라 LLHLL	더러피더라 L·HLLLL
게그르이 LHLL	불거지이 HLLL	뚜디리이 LHLL	건방지이 LLHL	더러피이 L·HLLL
게그르먼 LHLL	불거지먼 HLLL	뚜디리먼 LHLL	건방지먼 LLHL	더러피먼 L·HLLL
게글라두 LHLL	불거제두 HLLL	뚜디레두 LHLL	건방제두 LLHL	더러페두 L·HLLL
게글랄따 LHLL	불거젤따 HLLL	뚜디렐따 LHLL	건방젤따 LLHL	더러펠따 L·HLLL

다음은 3음절 어간과 어미가 결합한 성조 패턴별 패러다임이다.

(1) 건방지-
  – 건방지거든(LLHLL), 건방지더라두(LLHLLL), 건방지길래(LLHLL)
  – 건방지노(LLHL), 건방제두(LLHL), 건방젤따(LLHL), 건방지먼(LLHL)

어간 '건방지-'과 어미가 통합한 활용형의 표면성조를 살펴보면 LLH로 일정하게 나타남을 확인할 수 있다. 이에 어간 '건방지-'의 기저성조를 LLH로 설정한다. 김차균(1999가)에 따르면 조부가 울진 출생인 제보자는 '건방지거든'을 LLLHL로 발화하기도 한다고 하였다. 이에 따르면 '건방지더라', '모르더라' 등도 LLLHL, LLHL로 실현되는 것이다.[103]

다음은 (1)과 같은 패러다임을 보이기도 하지만 또 다른 유형으로 발화되기도 한다.

---

103) '건방지더라'와 같이 '-더라/다라' 결합형을 최영미(2009)는 LLLHL로, 김봉국(1999)는 LLHLL로 제시하였다. 2음절 어간에서처럼 이따금 '건방지더라(LLHHL)'도 확인된다. 이때 HH의 높이는 동일하므로 경남 방언과는 차이가 있다. '-더라'의 기저성조가 그대로 실현되는 것이다.

(2) 간지럽-(痒)
 – 간지럽꺼든(LLLHL~LHLLL), 간지럽따라(LLLHL~LHLLL), 간지럽
  낄래(LLLHL~LHLLL)
 – 간지럼나(LLHL~LHLL), 간지럽꾸(LLHL~LHLL), 간지러와두(LLHLL~
  LHLLL), 간지러와사(LLHLL~LHLLL), 간지러우먼(LLHLL~LHLLL),
  간지러우이까내(LLHLLLL~LHLLLL)

  어간 '간지럽-'과 어미가 통합한 활용형의 표면성조를 살펴보면 수의성이
확인된다. 각각의 표면성조 중 전항을 대상으로 하면 '간지럽-'의 성조는
LLLH, LLHL로 교체됨을 알 수 있다. 이는 '개갑-'의 기저성조를 LH로 설정
한 바와 같이, 어간 '간지럽-'의 기저성조를 LLH로 설정한다. 후항을 기준으
로 하면 어간 음절에 해당하는 성조는 LHL로 일정하게 나타남을 알 수
있다. 이에 어간 '간지럽-'의 기저성조를 LHL로 설정한다. 전술한 바와 같이
'간질(LH)-'과 '-업(H)-'이 결합하여 파생어 '간지럽-'이 생성될 때 두 고조의
결합이 두 방향으로 이루어지는 것이다. 동남 방언처럼 앞의 고조가 저조로
바뀌기도 하고 동북 방언처럼 뒤의 고조가 저조로 바뀌기도 한다. 그 중간
지대의 특징을 보여 주는 것이라 할 수 있다.

(3) 자빠지-
 – 자빠지던동(HLLLL), 자빠지다라(HLLLL), 자빠지길래(HLLLL)
 – 자빠지던(HLLL), 자빠지고(HLLL), 자빠제두(HLLL), 자빠젤따(HLLL),
  자빠지먼(HLLL)

  어간 '자빠지-'와 어미가 통합한 활용형의 표면성조를 살펴보면 어간에
해당하는 '자빠지-'의 성조는 HLL로만 나타남을 알 수 있다. 따라서 어간
'자빠지-'의 기저성조를 HLL로 설정할 수 있다.

(4) 뚜디리-
   – 뚜디리거든(LHLLL), 뚜디리다라(LHLLL), 뚜디리기에(LHLLL)
   – 뚜디리나(LHLL), 뚜디리고(LHLL), 뚜디레사(LHLL), 뚜디레두(LHLL),
   뚜디리먼(LHLL)

어간 '뚜디리-'와 어미가 통합한 활용형의 표면성조를 살펴보면 어간에
해당하는 '뚜디리-'의 성조는 LHL로만 나타남을 알 수 있다.104) 따라서 어
간 '뚜디리-'의 기저성조를 LHL로 설정할 수 있다.

(5) 더럽히-
   – 더러피거든(L·HLLLL), 더러피다라(L·HLLLL), 더러피길래(L·HLLLL)
   – 더러핀다(L·HLLL), 더러피고(L·HLLL), 더러페사(L·HLLL), 더러펠
   따(L·HLLL), 더러피먼(L·HLLL)

5.2.2. 강릉

'내부터(我)'는 LHL로 실현되는 동남 방언과 달리 강릉 지역어에서는 수
의성을 보인다.

(1) 가. 내(H)+부터(HL) → 내부터(HLL)
   나. 내(H)+부터(HL) → 내부터(LHL)

(1가)는 동북 방언처럼 후행 고조가 저조화한 것이고, (1나)는 동남 방언
처럼 선행 고조가 저조화한 것이다. (1나)가 우세한 유형으로 보이는데 이
는 보수적인 규칙 적용으로 이해된다. 대명사에 비해 빈도수가 다소 떨어지
는 일반 명사의 곡용인, '산(山)+부터'에서는 HLL로 실현된다. 이러한 양상

---

104) 이는 '어질구-'와 패러다임이 같다.

은 다음과 같은 구성에서도 확인된다. 같은 화자가 1분 사이에 발화한 자료 중에서 얻은 것이다. (2가)가 우세한 유형으로 보인다.

(2) 가. 자기(LH)+집(H) → 자기집(LHL)
　　　 자네(LH)+집(H) → 자네집(LHL)
　　 나. 우리(LH)+집(H) → 우리집(LHH)

　사실 (2나)의 경우는 (2가)처럼 LHL로 실현되어도 되고 (1나)에 적용된 규칙을 적용하여 LLH로 실현되어도 된다. 그런데 강릉 지역어에서는 LLH 유형의 빈도가 그리 높지 않다. 그래서 두 성분의 기조성조가 그대로 실현된 LHH로 실현될 수 있는 것이다. 같은 환경에서 수의성을 보이는 것은 곡용에서나, 확대된 성조군에서나 마찬가지임을 알 수 있다. 전술하였듯이 강릉 지역어에서는 '아궁이가(LHLL)'도 실현되고 '아궁이가(LHHL)'도 실현된다고 하였다 기저성조가 '아궁이(LHL)'임을 고려하면 LHHL은 율동으로 이해된다. 이 율동 패턴이 (2나)와도 연계되는 것으로 이해된다.

　이를 염두에 두고 곡용과 활용에서의 성조 실현 양상을 검토하기로 하자.

5.2.2.1. 곡용형에서의 성조 실현 양상

① 1음절 어간의 곡용형

　아래에 제시된 표에서 어간의 성조가 일정하지 않은 경우를 확인해 보자. L·HL 성조 배열도 빈도가 높지만 음운 과정에 의한 것이 아니라면 가능한 한 L·HH 성조 배열로 통일한다.

강릉: 1음절 곡용 어간

눈 雪	눈/팥 目/豆	집 舍	아 兒
누니 L·HH~L·HL	누니 LH	지비 HL	아가 H·LL
눈두 L·HH	눈두/팥뚜 LH	눈두 HL	아두 H·LL
눈버텀 L·HHL	눈버텀 LHL	집뿌터 HLL	아부터 H·LLL
눈꺼정 L·HHL	눈꺼짐 LHLL	집꺼정 HLL	아꺼짐 H·LLLL
눈보덤 L·HHL	눈버덤 LHL	집뿌다 HLLL	아보다두 H·LLLL
누네 L·HH	누네/파테 HL/LH	지베 HL	아에 H·LL
누누루 L·HHL	누누루 LHL	지부루 HLL	아루 H·LL

세 부류와 달리 '집'에서만 어미에 따라 어간의 성조가 H와 L로 교체되어 있음을 확인할 수 있다. '집'의 기저성조를 설정하기 위해 몇몇 어미와의 결합형을 추가하여 제시하기로 한다.

   (1) 집
     – 집뚜(HL), 지부는(HL), 지부(HL), 지비(HL), 지비지(HLL)
     – 집꺼지(HLL), 짐마치(HLL), 짐마다(HLL), 집뿌팀(HLL), 집처럼
      (HLL), 집뻐덤(HLL)

어간 '집'과 어미가 통합한 위 곡용 패러다임의 성조를 살펴볼 때 어간의 성조는 항상 H로 나타남을 확인할 수 있다. 이에 어간 '집'의 기저성조를 H로 설정한다.

(2) 눈(目)
　　－ 눈두(LH), 누는(LH), 누느(LH), 누니(LH)
　　－ 눈꺼정(LHL), 눈마치(LHL), 눈마둥(LHL), 눈처럼(LHL), 눈부터
　　　(LHL), 눈버덤(LHL)

　제시된 어간 '눈'의 패러다임을 통해 어간에 해당하는 성조는 항상 L로 실현된다는 것을 확인할 수 있다. 이에 어간 '눈'의 성조를 L로 설정한다.
　(2)를 통해 볼 때 곡용 어미의 기저성조는 모두 H로 시작한다는 것을 알 수 있다. 그러면 (1)의 경우는 '집(H)+두(H) → 집뚜(HL)'와 같이 고조의 결합은 동북 방언처럼 HL로 실현된다고 보면 된다. 그런데 활용 어미로 눈을 돌릴 경우, 어미의 기저 성조를 '쓰러두(LHL), 쓸구(LH)'를 고려해 'HL(-어두)', 'H(-구)'로 설정하면 동음 탈락의 과정 '서(H)+어두(HL) → LH'를 설명할 수 없다. 어간의 모음이 탈락하든 어미의 모음이 탈락하든 LH는 도출될 수 없다. 이에 곡용 어미의 기저성조를 모두 L형으로 설정한다. 어간모음의 H가 탈락하면 남은 성조는 L형뿐이다.105) 그런데 삼척 지역어나 강릉 지역어에서는 어간 L 뒤에서나 음운 과정을 겪은 L 뒤에서는 고조만이 올 수 있다는 제약에 근거하여 '서두(LH)'를 도출할 수 있게 된다. 주지하듯이 표를 통해서 '누네(HL)', '파테(LH)'서와 같이 처격 통합형의 성조가 다르다는 것을 확인할 수 있다. '눈'에서와 같이 처격 통합형이 HL로 실현되는 어간이 있는가 하면 '팥'에서와 같이 처격 통합형이 LH로 실현되는 어간도 있다. 다른 방언권에서와 마찬가지로 HL 부류로 확대되는 경향만을 언급해 둔다.
　다음은 상승 복합조가 일정하게 유지되는 어간의 패러다임이다.

(3) 눈(雪)
　　－ 눈(L·H), 눈두(L·HH~L·HL), 누는(L·HH), 누느(L·HH), 누니(L·HH),

---

105) 자세한 것은 삼척 지역어에서의 설명을 참고할 수 있다.

누네(L·HH)
- 눈꺼짐(L·HHL~L·HLL), 눈만치(L·HHL), 눈마둥(L·HHL), 눈처럼
(L·HHL), 눈부터(L·HHL), 눈배께(L·HHL), 눈버덤도(L·HHL)

어간 '눈'과 어미가 결합한 패러다임의 표면성조를 살펴볼 때 어간에 해
당하는 성조는 L·H로 일정하게 나타남을 확인할 수 있다. 이에 어간 '눈'의
성조를 L·H로 설정한다.

다음은 하강 복합조가 일정하게 유지되는 어간 패러다임이다.

(4) 아(兒)
- 아(H·L), 아두(H·LL), 아느(H·LL), 아르(H·LL), 아거(H·LL)
- 아꺼지(H·LLL), 아마치(H·LLL), 아처럼(H·LLL), 아부터(H·LLL),
아하구(H·LLL), 아버덤(H·LLL)

어간 '아'와 어미가 결합한 패러다임의 표면성조를 살펴볼 때 어간에 해
당하는 성조는 H·L로 일정하게 나타남을 확인할 수 있다. 이에 어간 '아'의
기저성조를 H·L로 설정한다.

② 2음절 어간의 곡용형

2음절 곡용 어간에서의 성조 실현 양상을 아래 표에서 확인해 보자. 형태
소 내부인 경우 가능한 한 L·HH 성조 배열로 제시한다. 저조로 시작하는
어간의 경우 3음절, 4음절 곡용형에서 LHLL, LHHL, LLHL이 실현되기도
한다. '모기지만'은 LHLL이나 LHHL로 실현되는 경우가 많다는 것이다.[106]

106) 최영미(2009:696-697)에 제시된 정선 지역어 '오구리고(LLHL)', '오구리먼(LLHL)', '오구
리더라(LLHLL)', '오구리도록(LLHLL)'과 같은 패러다임, '헤아리고(LLHL)', '헤아리먼
(LLHL)', '헤아리더라(LLLHL)', '헤아리도록(LLLHL)'과 같은 패러다임도 문제이다. 전
자는 어간이 기저성조 LLH가 표면에 그대로 실현된 것이며 후자는 끝에서 둘째 음절과
관련된 율동이 관여되어 실현된 것이다. 정선의 옆인 삼척에서는 두 동사가 '오구리

후자는 성조에만 국한되는 것이 아니라 율동에 의한 것이다. 아래 표에서는
전형적인 경우만을 제시한다.

강릉: 2음절 곡용 어간

꼰투 拳鬪	모기 蚊	무릎/감재 膝/薯	여덟 八	아들 兒輩
꼰투거 L·HHL~L·HLL	모기거 LHL	무러피/감재거 LHL	여덜비 HLL	아드리 H·LLL
꼰투두 L·HHL	모기두 LHL	무럽뚜/감재두 LHL	여덜뚜 HLL	아들뚜 H·LLL
꼰투버텀 L·HHLL	모기버텀 LHLL~LHHL	무럽버텀 LHLL~LHHL	여덜부터 HLLL	아들부터 H·LLL
꼰투꺼지두 L·HHLLL	모기꺼지두 LHLLL~LLHLL	무럽꺼지두 LHLLL~LHHLL	여덜꺼지두 HLLLL	아들꺼지두 H·LLLLL
꼰투보다는 L·HHLLL	모기보덤 LHLL~LHHL	무럽보덤 LHLL~LHHL	여덜보다는 HLLLL	아들보다는 H·LLLLL
꼰투마다 L·HHLL	모기마둥 LHLL~LHHL	무럼마다 LHLL~LHHL	여덜마다 HLLL	아들마둥 H·LLLL
꼰투에 L·HHL	모기에 LHL	무러페[107) LHL	여덜베 HLL	아드레 H·LLL
꼰투루 L·HHL	모기루 LHL	무러푸루 LHLL	여덜루 HLL	아들루 H·LLL

(1) 감재
　 – 감재두(LHL), 감재마(LHL), 감재거(LHL), 감재에(LHL), 감재에서
　 (LHLL), 감재지만(LHLL)
　 – 감재꺼지(LHHL), 감재마치(LHHL), 감재하구느(LHHLL), 감재마
　 둥(LHHL), 감재처럼(LHHL), 감재버덤(LHHL)

　-(LHL)', '세알리(LHL)-'로 실현되는데 두 지역의 말을 대비해 보면 정선 지역어에서 둘
째 음절과 관련된 율동이 작용함을 알 수 있다.
107) '물팍(LH)'으로도 실현된다.

어간 '감재'와 어미가 통합한 곡용형의 표면성조를 살펴볼 때 어간의 성조는 일정하게 LH로 나타남을 확인할 수 있다. 이에 어간 '감재'의 기저성조를 LH로 설정한다. '감재에서(LHHL)', '감재지만(LHHL)'은 율동으로 파악하여 제시하지 않았다.

다음은 동남 방언에서 HH로 실현되는 어간의 경우이다.

> (2) 모기
> – 모기두(LHL), 모기마(LHL), 모기가(LHL)
> – 모기꺼지(LHHL), 모기마치(LHHL), 모기하구(LHHL), 모기처럼 (LHHL), 모기부텀두(LHHLL)

어간 '모기'와 어미가 통합한 곡용형의 표면성조를 살펴볼 때 어간의 성조는 일정하게 LH로 나타남을 확인할 수 있다. 이에 어간 '모기'의 기저성조를 LH로 설정한다. 수의적인 '모기지만(LHHL)' 유형은 율동으로 파악하여 제시하지 않았다.

(2)와 (3)은 동남 방언에서는 명백히 구분되는 것이다. 동남 방언에서는 (2) 유형은 LH를 기저성조로 하고, (3) 유형은 HH로 기저성조로 한다. 그런데 강릉에서는 2음절 어간의 경우 HH로 실현되지 않고 LH로 실현된다. 결과적으로 기저성조가 합류된 것으로 이해할 수 있다. 이것이 삼척, 강릉을 비롯한 영동 방언의 가장 큰 특징이다. 방언차를 민감하게 하는 요소이다.

다음은 동남 방언과 동일한 패러다임을 보이는 유형이다.

> (3) 여덟
> – 여덜뚜(HLL), 여덜마(HLL), 여덜베(HLL), 여덜비(HLL)
> – 여덜꺼지(HLLL), 여덜만치(HLLL), 여덜하구(HLLL), 여덜마다(HLLL), 여덜배께(HLLL), 여덜버덤(HLLL)

어간 '여덟'에 어미가 통합한 곡용형의 표면성조를 살펴볼 때 어간에 해당하는 둘째 음절까지의 성조는 HL로 일정하게 나타남을 확인할 수 있다. 이에 어간 '여덟'의 성조를 HL로 설정한다.

다음에서 복합조와 관련된 성조 현상을 확인할 수 있다.

    (4) 꼰투(拳鬪)
       – 꼰투두(L·HHL~L·HLL), 꼰투마(L·HHL), 꼰투가(L·HHL)
       – 꼰투꺼지(L·HHLL~L·HLLL), 꼰투만치(L·HHLL), 꼰투처럼(L·HHLL),
        꼰투부텀두(L·HHLLL)

어간 '꼰투'에 어미가 통합한 곡용형의 표면성조를 살펴볼 때 어간에 해당하는 둘째 음절까지의 성조는 L·HH로 일정하게 나타남을 확인할 수 있다. 이에 어간 '꼰투'의 기저성조를 L·HH로 설정한다. L·HL 성조 배열도 확인되지만 음운 과정에 의한 것이 아니라면 가능한 한 L·HH 성조 배열로 파악한다.

다음은 '아들(兒輩)'의 곡용형과 그 표면성조를 제시한 것이다. 하강 복합조 유형이다.

    (5) 아들(아이들)
       아들또(H·LLL), 아드런(H·LLL), 아들꺼정(H·LLLL), 아들부터(H·LLLL)

어간 '아들(兒輩)'에 어미가 통합한 곡용형의 표면성조를 살펴볼 때 어간에 해당하는 3음절까지의 성조는 H·LL로 일정하게 나타남을 확인할 수 있다. 이에 어간 '아들'의 성조를 H·LL로 설정한다.

공간적 제약 때문에 제시하지 못한 '얼라(兒)~알라~언나' 또한 어간의 성조가 일정하게 유지되는 부류이다.

(6) 얼라(兒)
　　얼라도(LH·LL), 얼라넌(LH·LL), 얼라꺼지(LH·LLL), 얼라보덤(LH·LLL,
　　-보다)

　어간 '얼라'에 어미가 통합한 곡용형의 표면성조를 살펴볼 때 어간에 해
당하는 3음절까지의 성조는 LH·L로 일정하게 나타남을 확인할 수 있다.
이에 어간 '얼라'의 성조를 LH·L로 설정한다.

③ 3음절 어간의 곡용형

　3음절 곡용 어간에서의 성조 실현 양상을 아래 표에서 확인해 보자. 수의
적인 L·HL 배열은 이하에서 생략한다.

강릉: 3음절 곡용 어간

이얘기 話	무지개 霓	메누리/벙어리 婦/啞	부시럼 腫	메나리 芹
이얘기가 L·HHLL~L·HLLL	무지개가 LHLL~LHHL	메누리가 HLLL	부시레미 LLHL~LHHL	메나리가 LHLL~LHHL
이얘기두 L·HLLL	무지개두 LHLL	메누리두 HLLL	부시럼두 LHHL	메나리두 LHLL
이얘기버덤 L·HLLLL	무지개버덤 LHLLL	메누리버덤 HLLLL	부시럼버덤 LHHLL	메나리버덤 LHLLL
이얘기꺼지 L·HLLLL	무지개꺼지 LHLLL	메누리꺼지 HLLLL	부시럼꺼지 LHHLL	메나리꺼지 LHLLL
이얘기보다 L·HLLLL	무지개보다 LHLLL	메누리보다 HLLLL	부시럼보다 LHHLL	메나리보다 LHLLL
이얘기마둥 L·HLLLL	무지개마다 LHLLL	메누리마둥 HLLLL	부시럼마다 LHHLL	메나리마둥 LHLLL
이얘기에 L·HLLL	무지개에 LHLL	메누리에 HLLL	부시러메 LHHL	메나리에 LHLL
이얘기루 L·HLLL	무지개루 LHLL	메누리루 HLLL	부시러무로 LHHLL	메나리루 LHLL

다음은 3음절 어간과 어미가 결합된 패러다임을 성조 패턴별로 보인 것이다.

> (1) 기와집(LHH, 瓦家)/제집(L·HH)
>   – 기와집뚜(LHHL~LLHL[108]), 기와지베(LHHL), 기와지비(LHHL)
>   – 기와집꺼지(LHHLL~LLHLL), 기와짐만치(LHHLL), 기와집빼께
>   (LHHLL), 기와집처럼(LHHLL), 기와집뿌팀(LHHLL), 기와짐마다
>   (LHHLL)

어간 '기와집'과 어미가 통합한 곡용 패러다임의 성조를 살펴볼 때 어간 3음절까지의 성조는 LHH로 일정하게 유지됨을 알 수 있다. 이에 '기와집'의 기저성조를 LHH로 설정한다. '부시럼'의 기저성조도 마찬가지이다. 'LLH(기와집)' 유형으로 실현되는 것은 삼척 지역어와 경북 방언을 고려할 때 보수적인 성조일 가능성이 높은 것으로 보인다.

(2), (3)에서도 수의성은 확인되나 LHHL류는 율동으로 파악한다.

> (2) 메나리
>   – 메나리두(LHLL~LHHL), 메나리거(LHLL~LHHL), 메나리마(LHLL~
>   LHHL), 메나리에(LHLL~LHHL)
>   – 메나리꺼지두(LHLLLL), 메나리마치(LHLLL), 메나리하구(LHLLL),
>   메나리부팀(LHLLL)

어간 '메나리'에 어미가 통합한 곡용형의 표면성조를 살펴볼 때 어간에 해당하는 3음절까지의 성조는 LHL로 일정하게 나타남을 확인할 수 있다. 이에 어간 '메나리'의 성조를 LHL로 설정한다.

---

108) 수의적으로 확인되는 LLH이 기저성조이고 여기에 율동이 적용되어 LHH-로 실현되는 것으로 이해할 수도 있다.

   (3) 무지개
    – 무지개두(LHLL~LHHL), 무지개거(LHLL~LHHL), 무지개에(LHLL~
      LHHL), 무지개마(LHLL~LHHL)
    – 무지개꺼지두(LHLLLL), 무지개마치(LHLLL), 무지개하구(LHLLL),
      무지개부텀(LHLLL)

어간 '무지개'에 어미가 통합한 곡용형의 표면성조를 살펴볼 때 어간에 해당하는 3음절까지의 성조는 LHL로 일정하게 나타남을 확인할 수 있다. 이에 어간 '무지개'의 성조를 LHL로 설정한다. LHHL류는 율동으로 파악한다.

다음은 동남 방언의 표면성조와 일치하는 패러다임이다.

   (4) 메누리
    – 메누리두(HLLL), 메누리마(HLLL), 메누리거(HLLL)
    – 메누리꺼지두(HLLLLL), 메누리마치(HLLLL), 메누리마둥(HLLLL),
      메누리하구(HLLLL), 메누리버텀(HLLLL)

어간 '메누리'에 어미가 통합한 곡용형의 표면성조를 살펴볼 때 어간에 해당하는 3음절까지의 성조는 HLL로 일정하게 나타남을 확인할 수 있다. 이에 어간 '메누리'의 성조를 HLL로 설정한다. '벙어리'도 같은 유형이다.

   (5) 이얘기
    – 이얘기두(L·HHLL~L·HLLL), 이얘기마(L·HHLL), 이얘기가(L·HHLL)
    – 이얘기꺼지두(L·HHLLLL~L·HLLLLL), 이얘기망큼(L·HHLLL), 이
      얘기하구(L·HHLLL), 이얘기버텀(L·HHLLL)

어간 '이얘기'에 어미가 통합한 곡용형의 표면성조를 살펴볼 때 어간에 해당하는 3음절까지의 성조는 L·HHL로 일정하게 나타남을 확인할 수 있

다. 이에 어간 '이얘기'의 성조를 L·HHL로 설정한다. L·HL 성조 배열도
확인되지만 음운 과정에 의한 것이 아니라면 가능한 한 L·HH 성조 배열로
파악한다.

5.2.2.2. 활용형에서의 성조 실현 양상

① 1음절 어간의 활용형

1음절 활용 어간의 패러다임을 표로 간단하게 제시한다.

강릉: 1음절 활용 어간

잡- 捕	물- 咬	춥- 寒	서- 立	가- 去	울- 泣	적- 少
잡꾸 HL	물구 HL	춥꾸 LH	서구 HL	가구 HL	울구 L·HH~L·HL	적꾸 L·HH
잠는다 LHL	문다 HL	춥따 LH	선다 HL	간다 LH	운다 L·HH	적따 L·HH
잡떠라 LHL	물더라 HLL	춥떠라 LHL	서더라 LHL	가더라 LHL	우더라 L·HHL	적떠라 L·HHL
자부이 HLL	무이 HL	추우이 LHL	서이 HL	가이 HL	우이 L·HH	저그이 L·HHL
자부면 HLL	물면 HL	추우면 LHL	서면 HL	가면 HL	우면 L·HH	저그면 L·HHL
자바두 HLL	무라두 HLL	추와두 LHL	서두 LH	가두 LH	우라두 HLL	저가두 L·HHL
자받따 HLL	무랃따 HLL	추왇따 LHL	섣따 LH	갇따 LH	우랃따 HLL	저갇따 L·HHL

어미 '-고'가 통합하는 경우만을 대상으로 하면 HL, LH, L·HL 세 부류가
확인된다. 일단 동음이 탈락된 '서도(LH)', '가도(LH)'의 경우를 어간의 고조

가 탈락한 것으로 처리하여 잠정적으로는 '잡-'류에 포함하여 논의를 진행해 보자.

(1) 잡-(捕)/물-(咬)
　　가. - 잡꾸(HL), 잡찌(HL), 잡께(HL), 잠노(HL),[109] 자부신다(HLLL),
　　　　　자부먼(HLLL), 자부이깨(HLLL), 자바두(HLLL), 자받따(HLLL)
　　　- 잡떠라(LHL), 잡꺼덩(LHL), 잡던(LH), 잠는(LH), 잠는다(LHL)
　　나. - 물구(HL), 물지(HL)
　　　- 물더라(HLL), 물거덩(HLL)

(1가)의 어간 '잡-'과 어미가 통합한 활용형의 표면성조를 살펴볼 때 어간인 첫 음절의 성조는 H 또는 L 두 부류로 나타난다는 것을 알 수 있다. 이러한 이성조 부류가 있는 경우는, 기저성조를 삼척과 동일하게 H로 설정할 수 있다. 그런데 (1나)의 경우는 양상이 다르다. '-더라', '-거덩'이 통합하더라도 어간의 성조가 L로 바뀌지 않는다. 이런 어간이 예외적인 것이 아니다. 김차균(1999가)에서는 '낮-', '곧-', '넓-', '들-' 등 꽤 많은 용언이 제시되어 있는데 이런 양상은 다른 방언권에서는 확인이 되지 않는다. 강릉 지역어의 특징이다. 어휘부에 따로 명세되어야 하는 유형이다. 하나는 'H+HL → LHL(잡더라)', 다른 하나는 'H+HL → HLL(물더라)' 유형이다. 후자와 같은 성조 변동은 동북 방언에서 확인된다.[110]

삼척 지역어에서처럼 어미의 기저성조는 L형도 존재한다. 그 이유는 곡용 어미의 기저성조에서 설명한 바 있다.

---

109) 동남 방언에 비해 빈도가 많이 떨어진다.
110) 삼척에서도 곡용의 경우에서 수의적으로 확인된다[꽁부터(雉, HLL~LHL)]

(2) 어미의 기저성조
　가. L형: -구, -지, -게, -노/나, 으신다, -으면, -아두, -았다
　나. -더라(HL), -거덩(HL), -턴(LH), -는(H), -는다(HL)

다음으로는 '서-', '가-'의 기저성조를 확정해 보자.

(3) 서-
　가. 서고(HL, 立), 서지(HL), 서게(HL), 서나(HL), 선다(HL), 설래
　　(HL), 설라면(HLL)
　나. 서더라(LHL), 서거덩(LHL), 서는(LH), 서도(LH), 섣따(LH)

(4) 가-
　가. 가고(HL, 去), 가지(HL), 가게(HL), 가나(LH), 간다(LH), 갈래/갈
　　라나(L·HL/L·HLL)
　나. 가더라(LHL), 가거덩(LHL), 가는(LH), 가도(LH), 갇따(LH)

'서-'와 '가-'는 밑줄 친 부분에서 성조 차이가 난다. 삼척 지역어와 같이 '서-'는 고조 어간이며, '가-'는 세 부류의 복수 기저성조를 갖는 것으로 파악할 수 있다. 분절 음운론의 환경으로는 '가노/간다(LH)에서의 LH를 설명할 수 없고, '갈래/갈라나(L·HL/L·HLL)'에서의 상승 복합조를 설명할 수 없기에 어미의 기저성조에 따라 어간의 기저성조 유형이 선택되는 것으로 파악한다.111)

(5) 가. H: 가고(HL), 가지(HL) 등
　　나. L: 가나(LH), 간다(LH), 가는(LH), 가도(LH), 가더라(LHL) 등
　　다. L·H인 경우: 갈라나(L·HLL), 갈래(L·HL) 등

---

111) 자세한 내용은 경북 동부 방언의 '가-'류를 참고할 수 있다.

(6) 서(H, 立)+어두(L형) → 서두(LH)
어간모음탈락에 의한 성조 배정

(7) 가(L, 往)+아두(L형) → 가두(LH)
어간모음탈락에 의한 성조 배정

(6)과 (7)에는 어간모음이 탈락하면서 그에 얹힌 '서(H)', '가(H)'의 성조가 탈락한다. 자동적으로 어미의 기저성조인 L형이 '서두'와 '가두'의 성조를 배정받아야 한다. 이 경우 L 뒤에는 H가 놓일 수 있으므로 '서두', '가두'는 모두 LH로 실현되는 것이다.[112]

활음화에 따른 상승 복합조의 도출에 대해 검토해 보자.

(8) 보(L)+아도 → 보아도(LHL) → 봐도(L·HL)

이른바 중세 국어의 후의적 성조형의 반사형 '보-', '주-', '누-', '두-' 등이 모음 어미와 통합할 경우 L·HL로 실현되는 것이 일반적이다. 동남 방언의 '보아도(HHL)'와 같은 HH 배열이 존재하지 않으니 음절화를 겪은 '보아도(LHL)'는 복합조로 시작하는 L·HL로 실현되어야 한다. 이러한 유형은 음운 과정을 거친 활용형이라는 공통점을 가진다. 여기에서 L·HH과 L·HH이 혼재하는 양상에 대한 가설을 세울 수 있다. 체언과 용언 어간 그 자체에서의 전통적인 성조 배열 L·HH이, 음운 과정을 거친 활용형에서의 L·HL과 경쟁을 하면서 같은 화자의 같은 단어에서도 L·HH과 L·HH이 혼재하는 양상으로 나타난다.

다음은 어간의 성조가 일정하게 유지되는 부류이다.

---

112) 자세한 것은 삼척 지역어의 곡용 어미 부분에 제시된 기저성조를 참고할 수 있다.

(9) 뽑-(拔)/치-(打)

　가. 뽑떠라(LHL), 뽑는다(LHL), 뽑는(LH), 뽑끼(LH), 뽑찌(LH), 뽑나
　　　(LH), 뽑꼬(LH), 뽀바도(LHL), 뽀받따(LHL), 뽀부먼(LHL)

　나. 친다(LH), 치는(LH), 치기(LH), 치나(LH), 치지(LH), 치고(LH),
　　　처도(LH), 첟따(LH), 치먼(LH), 치이깨(LHL), 치신다(LHL)

어간 '뽑-/치-'와 어미가 통합한 활용형의 표면성조를 살펴보면 어간에 해
당하는 '뽑-/치-'의 성조는 항상 L로 일정하게 실현된다는 것을 알 수 있다.
이에 어간 '뽑-'과 '치-'의 기저성조를 L로 설정한다.

　개음절 어간에서의 '처도(LH)'에 대한 도출 과정을 아래에 제시한다.

(10) 치(L, 打)+아두(L형)　　→　　쳐두(LH)　　→　　처두(LH)
　　　　　　　　　활음화에 따른 성조 배정　　　　활음 탈락

'치어도'로 음절화가 되지 않기에 보상적 작용이 봉쇄되고 활음화된 어간
의 성조는 탈락하게 된다. 남은 성조형은 L로 시작하기에 L 뒤 음절은 H가
배정된다.

　다음은 상승 복합조의 경우이다. 먼저 어간의 성조가 일정하게 L·H로
실현되는 경우를 보자.

(11) 덟-(澁)/삐-(除)

　가. – 떨떠라(L·HHL~L·HLL), 떨따(L·HH), 떨분(L·HH)

　　　– 떨라(L·HH), 떨찌(L·HH), 떨꼬(L·HH), 떨바도(L·HHL), 떨받따
　　　　(L·HHL), 떨부먼(L·HHL)

　나. – 빼더라(L·HHL~L·HLL), 빼기에(L·HHL)

　　　– 빼기(L·HH), 빼나(L·HH), 빼지(L·HH), 빼고(L·HH), 빼도
　　　　(L·HH), 뺃따(L·HH), 빼먼(L·HH), 빼신다(L·HHL), 빼이깨
　　　　(L·HHL), 뺌니다(L·HHL)

어간 '떫-/빼-'와 어미가 통합한 활용형의 표면성조를 살펴보면 어간에 해당하는 '떫-/빼-'의 성조는 L·H로만 나타남을 알 수 있다. 이에 어간 '떫-'과 '빼-'의 기저성조를 L·H로 설정한다.

다음은 어간의 성조가 L·H와 H로 변동되는 경우이다. 음장 방언의 단음화하는 어간과 대응시킬 수 있다.

(12) 걸-(步)/울-(泣)
　　가. - 걸떠라(L·HHL~L·HLL), 걸꺼덩(L·HHL), 걸른(L·HH), 걸른다
　　　　(L·HHL)
　　　- 거르먼(HLL), 거르이깨(HLLL), 거르신다(HLLL), 거라도(HLL),
　　　　거라서(HLL)
　　나. - 운다(L·HH~L·HL), 우더라(L·HHL), 우거덩(L·HHL), 우고(L·HH),
　　　　울면서(L·HHL), 우이까내(L·HHLL)
　　　- 우러도(HLL), 우러서(HLL)

이는 중세의 유동적 상성류에 해당한다. 중세의 고정적 상성류에 해당하는 '떫-'에서와 달리 (12가)는 자음으로 시작하는 어미와 통합할 때에는 어간의 성조가 L·H로, 어미 '아X' 또는 '으X'와 통합할 때에는 H로 실현되어 있다. (12나)는 어미 '아X'와 통합할 때에는 어간의 성조가 H로, 그 밖의 어미가 통합할 때에는 L·H로 실현되어 있다. 유음 말음 어간을 제외한 폐음절 어간은 (12가)와 같은 패턴을, 유음 말음 어간은 (12나)와 같은 패턴을 보인다. 음소적 환경으로 그 예측이 불가능하므로 복수 기저성조를 갖는 어간으로 파악한다. 즉 (12가)는 자음 어미 앞에서는 상승 복합조 어간이 선택되고, 매개모음 어미나 모음 어미 앞에서는 H 어간이 선택된다는 것이다. (12나)는 모음 어미 앞에서는 H 어간이 선택되고 그 밖의 어미 앞에서는 상승 복합조 어간이 선택된다는 것이다.

다음은 하강 복합조의 경우이다. 어간의 성조가 H·L로 일정하게 유지된다.

(13) 썰-(斷)
  – 써더라(H·LLL), 써든동(H·LLL), 썰고(H·LL), 썬다(H·LL)
  – 썰면(H·LL), 써이깨(H·LLL), 써라도(H·LLL), 써랄따(H·LLL)

어간 '썰-'에 어미가 통합한 활용형의 표면성조를 살펴보면 어간에 해당하는 '썰-'의 성조는 H·L로 항상 일정하게 실현된다는 것을 알 수 있다. 이에 어간 '썰-'의 기저성조를 H·L로 설정한다.

② 2음절 어간의 활용형

2음절 활용 어간에서의 성조 실현 양상을 아래 표에서 확인해 보자. 율동에 따른 수의적 실현형은 표에 제시하지 않았다.

강릉: 2음절 활용 어간

개깝- 近	곤치- 造	드물- 稀	더럽- 染	깨지- 破	달리- 懸
개깝꾸 LHL	곤치구 HLL	드무구 LHL	더룹꾸 L·HHL~L·HLL	깨지구 H·LLL	달리구 LH·LL
개깝따 LHL	곤친다 HLL	드무다 LHL	더룹따 L·HHL	깨진다 H·LLL	달린다 LH·LL
개깝떠라 LHLL	곤치더라 HLLL	드무더라 LHLL	더룹떠라 L·HHLL	깨지더라 H·LLLL	달리더라 LH·L
개까우이 LHLL	곤치이 HLL	드무이 LHL	더러우이 L·HHLL	깨지이 H·LLL	달리이 LH·LL
개까우면 LHLL	곤치문 HLL	드물면 LHL	더러우면 L·HHLL	깨지문 H·LLL	달리문 LH·LL
개까와서 LHLL	곤체서 HLL	드무러서 LHLL	더러와서 L·HHLL	깨저서 H·LLL	달레서 LH·LL
개까와두 LHLL	곤체두 HLL	드무러두 LHLL	더러와두 L·HHL	깨저두 H·LLL	달렌따 LH·LL

먼저 2음절 어간의 성조 패턴별 패러다임을 아래에 제시한다.

(1) 개깝-
　　가. 개깝떠라(LHLL~LHHL), 개깝꺼덩(LHLL~LHHL), 개깝겐따
　　　　(LHLL~LHHL)
　　나. 개깜나(LHL), 개깝꾸(LHL), 개까우면(LHLL~LHHL), 개까우이
　　　　(LHLL), 개까와서(LHLL~LHHL)

어간 '개깝-'과 어미가 통합한 곡용형의 표면성조를 살펴볼 때 어간인 둘째 음절까지의 성조는 LH로 일정하게 나타남을 확인할 수 있다. 이에 어간 '개깝-'의 기저성조를 LH로 설정한다. (1가)류의 LHHL은 기저성조가 작용한 것이고 (1나)류의 LHHL은 율동이 작용한 것이다.

다음은 동남 방언에서 HH로 실현되는 어간이다.

(2) 드무-
　　가. 드무거덩(LHLL~LHHL), 드무더라(LHLL~LHHL), 드물겐따
　　　　(LHLL~LHHL)
　　나. 드무나(LHL), 드무구(LHL), 드무다(LHL), 드물문(LHL), 드무러
　　　　서(LHLL~LHHL), 드무랄따(LHLL~LHHL)

어간 '드무-'와 어미가 통합한 활용형의 표면성조를 살펴보면 어간에 해당하는 '드무-'의 성조는 LH로만 나타남을 알 수 있다. 이에 어간 '드무-'의 기저성조를 LH로 설정한다. 강릉도 삼척과 마찬가지로 어두에서는 HH형이 없으므로 '개깝-'과 '드무-'가 같은 패러다임을 보이게 된다.

(1가)류의 LHHL은 기저성조가 작용한 것이고 (1나)류의 LHHL은 율동이 작용한 것이다.

다음의 (3)~(5)에 제시된 성조 패러다임은 동남 방언과 일치한다.

(3) 곤치-
- 곤치거덩(HLLL), 곤치더라(HLLL), 곤치겔따(HLLL)
- 곤치는(HLL), 곤치구(HLL), 곤체서(HLL), 곤체두(HLL), 곤첼따(HLL), 곤치문(HLL), 곤치이깨(HLLL)

어간 '곤치-'와 어미가 통합한 활용형의 표면성조를 살펴보면 어간에 해당하는 '곤치-'의 성조는 HL로만 나타남을 알 수 있다. 이에 어간 '곤치-'의 기저성조를 HL로 설정한다.

(4) 더럽-
- 더럽꺼덩(L·HHLL~L·HLLL), 더럽떠라(L·HHLL), 더럽겔따(L·HHLL)
- 더럼노(L·HHL~L·HLL), 더럽꼬(L·HHL), 더러와서(L·HHLL), 더러왇따(L·HHLL), 더러우면(L·HHLL), 더러우이깨(L·HHLLL)

어간 '더럽-'와 어미가 통합한 활용형의 표면성조를 살펴보면 어간에 해당하는 '더럽-'의 성조는 L·HH로만 나타남을 알 수 있다. 이에 어간 '더럽-'의 기저성조를 L·HH로 설정한다.

(5) 깨지-
- 깨지거든(H·LLLL), 깨지더라(H·LLLL), 깨지겔따(H·LLLL)
- 깨지나(H·LLL), 깨지고(H·LLL), 깨저두(H·LLL), 깨젤따(H·LLL), 깨지문(H·LLL)

어간 '깨지-'와 어미가 통합한 활용형의 표면성조를 살펴보면 어간에 해당하는 '깨지-'의 성조는 H·LL로만 나타남을 알 수 있다. 이에 어간 '깨지-'의 기저성조를 H·LL로 설정한다.

③ 3음절 어간의 활용형

3음절 활용 어간에서의 성조 실현 양상을 아래 표에서 확인해 보자.

강릉: 3음절 활용 어간

뿕어지- 紅	뚜디리- 敲	기달리- 待	어지럽- 亂	더럽히- 汚
뿔거지구 HLLL	뚜디리구 HLLL	기달리구 LHLL~LHHL	어지럽꾸 LHLL~LHHL	더러피구 L·HHLL~L·HLLL
뿔거진다 HLLL	뚜디린다 HLLL	기달린다 LHLL	어지럽따 LHHL	더러핀다 L·HHLL
뿔거지더라 HLLLL	뚜디리더라 HLLLL	기달리더라 LHLLL	어지럽떠라 LHHLL	더러피더라 L·HHLLL
뿔거지이 HLLL	뚜디리이 HLLL	기달리이 LHLL	어지러우이 LHHLL	더러피이 L·HHLL
뿔거지먼 HLLL	뚜디리먼 HLLL	기달리먼 LHLL	어지러우먼 LHHLL	더러피먼 L·HHLL
뿔거저두 HLLL	뚜디레두 HLLL	기달레두 LHLL	어지러와두 LHHLL	더러페두 L·HHLL
뿔거젇따 HLLL	뚜디렏따 HLLL	기달렏따 LHLL	어즈러왇따 LHHLL	더러펟따 L·HHLL

다음은 3음절 어간과 어미가 결합한 성조 패턴별 패러다임이다. (1)은 경북 방언에서는 LLH를 기저성조로 하는 어간이다.

(1) 간지럽-(痒)
- 간지럽꺼든(LHHLL), 간지럽떠라(LHHLL), 간지럽끼에(LHHLL)
- 간지럼나(LHHL), 간지럽꾸(LHHL), 간지러와두(LHHLL~LLHLL),[113]

113) '간지러와도(LLHLL)'도 확인되는데 곡용의 '기와집', '부스럼'과 같이 '간지럽-'의 기저성조는 LLH일 확률이 크다. 강릉 특유의 율동에 의해 LHHLL으로 실현될 수 있는 것이다. 율동이 있는 지역어는 기저성조를 설정하기 쉽지 않다.

간지러와서(LHHLL~LLHLL), 간지러우면(LHHLL), 간지러우이깨
(LHHLLL)

어간 '간지럽-'과 어미가 통합한 활용형의 표면성조를 살펴보면 어간에
해당하는 '간지럽-'의 성조는 LHH로만 나타남을 알 수 있다. 이에 어간 '간
지럽-'의 기저성조를 LHH로 설정한다.

다음은 동남 방언에서는 HHL을 기저성조로 하는 어간이다. 강릉에서는
LHL 또는 LHH로 나타날 확률이 높다. 다만 '-럽-'의 기저성조 H가 고려되
면 LHL보다는 LHH의 빈도가 높게 나타난다.

(2) 어지럽-(亂)
– 어지럽꺼든(LHHLL), 어지럽떠라(LHHLL), 어지럽끼에(LHHLL)
– 어지럼노(LHHL), 어지럽꾸(LHHL), 어지러와두(LHHLL), 어지러
와서(LHHLL), 어지러우면(LHHLL), 어지러우이깨(LHHLLL)

어간 '어지럽-'과 어미가 통합한 활용형의 표면성조를 살펴보면 어간에
해당하는 '어지럽-'의 성조는 LHH로만 나타남을 알 수 있다. 이에 어간 '어
지럽-'의 기저성조를 LHH로 설정한다. 어간 어간 '기달리-'도 같은 유형이
다. 음절이 늘어날수록 이것이 율동에 의한 것인지를 판별하기에는 다소
어려움이 있다.

(3) 붉어지-(붉어지다)
– 뿔거지거든(HLLLL), 뿔거지더라(HLLLL), 뿔거지겐따(HLLLL)
– 뿔거지던(HLLL), 뿔거지구(HLLL), 뿔거저두(HLLL), 뿔거젇따
(HLLL), 뿔거지문(HLLL)

어간과 어미가 통합한 활용형의 표면성조를 살펴보면 어간 3음절에 해당

하는 '뿔거지-'의 성조는 HLL로만 나타남을 알 수 있다. 따라서 어간 '뿕어지-'의 기저성조를 HLL로 설정할 수 있다.

다음은 동남 방언에서는 LHL로 실현되는 것이 일반적인 어간이다.

> (4) 뚜디리-
> – 뚜디리거든(HLLLL), 뚜디리더라(HLLLL), 뚜디리겠따(HLLLL)
> – 뚜디리나(HLLL), 뚜디리고(HLLL), 뚜디레서(HLLL), 뚜디레두
>   (HLLL), 뚜디리문(HLLL)

어간 '뚜디리-'와 어미가 통합한 활용형의 표면성조를 살펴보면 어간에 해당하는 '뚜디리-'의 성조는 HLL로만 나타남을 알 수 있다. 따라서 어간 '뚜디리-'의 기저성조를 HLL로 설정할 수 있다. 강릉 지역어에서는 (2), (3)이 같은 패턴으로 확인된다.

> (5) 더럽히-
> – 더러피거든(L·HHLLL~L·HLLLL), 더러피더라(L·HHLLL), 더러피
>   기에(L·HHLLL)
> – 더러핀다(L·HHLL~L·HLLL), 더러피고(L·HHLL), 더러페서(L·HHLL),
>   더러펠따(L·HHLL), 더러피문(L·HHLL)

어간과 어미가 통합한 활용형의 표면성조를 살펴보면 어간 3음절에 해당하는 '더럽히-'의 성조는 L·HHL로만 나타남을 알 수 있다. 따라서 어간 '더럽히-'의 기저성조를 L·HHL로 설정할 수 있다.

5.3. 동북 방언

동북 방언은 영동 방언과 마찬가지로 고조를 하나만 허용하는 성조 배열 제약이 존재한다. 이는 다음을 통해서 확인할 수 있다.

(1) 동남 방언: 본다(HH), 모구/머구(HH)
     영동방언: 본다(LH), 모기(LH)
     동북방언: 본다(HL), 모기(HL)

영동 방언과 마찬가지로 HH 성조 배열이 없다는 것이 큰 특징인바 이는 자연스럽게 하나의 기식군(성조군)에는 고조가 하나만 놓일 수 있다는 제약 으로 이어진다. 이를 통해 파생되는 성조 변동 규칙을 확인해 보자.

(2) 가. 물(H, 水)+마다(HL) → 물마다(HLL)
        cf. 물두(HL)
     나. H+HL → HLL

(2나)와 같이 두 고조의 통합은 후행 성분의 고조가 저조로 변동한다. 동남 방언과는 상반되는 양상을 보이는 이러한 규칙은 강릉 지역어에서도 확인되며 삼척 지역어에서도 일부 확인된다.
또 하나의 특징은 상승 복합조와 하강 복합조가 거의 실현되지 않는다는 것이다. 영동 방언, 동남 방언의 상승 복합조는 H로 실현되는 것이 일반적 이며 하강 복합조 역시 H로 실현되는 것이 일반적이다. 도출의 중간 과정에 서 확인되는 복합조는 고장조로 실현되는 변이음을 갖지만 일반적으로는 고조로 실현된다.

(3) 페(L, 佩)+어두(HL) → 페어두(LHL) → 페에'두 → 페두(L·HL) → 페'두
        음절화   완전순행동화 축약/복합조화   고조화

(4) 드비(LL, 素)+어'서 → 드비어서(LLHL) → 드베서(LL·HL) → 드베'서
　　　　　　　　음절화　　　　　　　활음화/복합조화　　　　복합조의 고조화

　도출 과정에서 확인되는 상승 복합조, 하강 복합조는 다른 방언권과 달리
표면에서 실현될 수 없는 제약이 있는 것을 확인할 수 있다.114)

　다음도 동북 방언의 특징으로 들 수 있다.

　　(5) 어질다는말은~어질'다'는'말은
　　　　cf. 어'질다~어'지다, 어'지더라

　1장에서도 제시한 바와 같이 관형 구성일 때 '어질-(HL)'의 기저성조는
그대로 실현되지 못한다. 정상적이라면 '어'질다는말은'으로 실현되어야 한
다. 이렇듯 기저성조를 무색게 하는 양상은 관형 구성에서 일반적으로 실현
된다.115) 아울러 2음절부터 고조로 표시될 수 있는 '어질'다'는'말은'은 대부
분의 영동 방언과 경북 서부 방언, 경남 서부 방언에 존재하는 율동 유형과
유사해 보인다. 경북 서부 방언이나 경남 서부 방언처럼 강력하기 않기에
율동 제약으로 표현하기보다는 율동 정도로 이해하고자 한다.

　아래에서는 동북 방언의 특별한 율동을 제외하고116) 곡용형과 활용형에
서 나타나는 성조 실현 양상을 살펴보기로 한다.

---

114) 고장조로 실현되는 것은 변이음으로 파악한다.
115) 일반적이라 한 것은 관형 구성이 아닌 경우에도 나타나기 때문이다[파친가핬더니
　　(LLLHLL)].
116) 동북 방언의 율동에 대해서는 1장을 참고할 수 있다.

5.3.1. 곡용형에서의 성조 실현 양상

① 1음절 어간의 곡용형

1음절 곡용 어간에서의 성조 실현 양상을 아래 표에서 확인해 보자.

육진: 1음절 곡용 어간

눈(雪)	눈/배 目/腹	집(家)	아 兒	쥔 主
누니 HL	누니 HL	지비 LH	아가 L·HL	쥐니[117) H·LL
누느 HL	누느 HL	지브 LH	아르 L·HL	쥔느 H·LL
눈부터 HLL	눈부터 HLL	집뿌터 LLH	아부터 L·HLL	쥔부터 H·LL
눈꺼지 HLL	눈꺼지 HLL	집꺼지 LLH	아꺼지 L·HLL	쥔꺼지 H·LL
눈보다 HLL	눈보다 HLL	집뽀다 LHL	아보다 L·HLL	쥔보다 H·LL
눈마다[118) HLL	눈마다 HLL	짐마다 LHL	아마다 L·HLL	쥔마다 H·LL
누네 HL	누네/배에 LH/HL	지베 LH	아에 L·HL	쥐네 H·LL
누누루 HLL	누누루 HLL	지부루 LHL	아루 L·HL	쥐느루 H·LL

117) 김봉국(2003)에서 가져온 것이다. 하강 복합조로 실현되는 어간으로는 '새미(H·LL)~시어미(HLL)', '섀비(H·LL)~시애비(HLL)', '새기(H·LL, 처녀/새아기)', '걸비(LH·L)~걸벵이(LHL)', '싱내(LH·L, 승냥이)', '배리(H·LL)~ 배아리(HLL)', '사날(LH·L, 사나흘)' 등을 들 수 있다. '사날(LH·L, 사나흘)'에 대해서는 보충 설명이 필요하다. '나흘'은 박진혁(2003)에 의하면 육진에서 'LH(너흘)~널(L·H)'로 실현된다. 동해안 방언의 경우 L·H, H·L 단독형의 발화는 확연히 다르다고 했다. 다만 여기에 어미가 결합하면 어사에 따라 그 첫 음절의 음성 차이를 판단하기 어려운 때가 있다. 김봉국(2003)에서의 '사날(LH·L)'이 그 실체적 증거일 수도 있다. 혹 이를 LL·H로 파악한다면 함북 육진에서도 상승 복합조가 둘째 음절에 확인되는 것이다. 김봉국(2003)에서는 R, F로 표시된 것을 글쓴이가 바꾸어

동남 방언 및 영동 방언과 달리 어간의 성조가 대부분 일정하게 실현된다는 것을 알 수 있다. 다른 방언권에서도 확인된바 '눈+에'가 '누네(目, LH)'로 실현되는 것을 제외하면 어간의 성조는 바뀌지 않는다. 일단 저조로 실현되는 '집'의 기저성조를 설정하기 위해 몇몇 어미와의 결합형을 추가하여 제시하기로 한다.

    (1) 집
      – 집뚜(LH), 지브(LH), 짐마(LH), 지비(LH), 지부루(LHL), 지베(LH)
      – 짐마다(LHL), 집뿌터(LLH), 집꺼지(LLH), 집뽀다(LHL), 집텨르
      (LHL)

어간 '집'과 어미가 통합한 위 곡용 패러다임의 성조를 살펴볼 때 어간의 성조는 항상 L로 실현된다는 것을 알 수 있다. 이에 '집'의 기저성조를 '저조'로 설정할 수 있다. 이를 통해 어미의 기저성조를 설정할 수 있다. (1)에서 어간의 L이 제외된 부분을 그대로 어미의 기저성조로 설정할 수 있다.

    (2) 어미의 기저성조
      -두(H), -으/르(H), -마(H), -이/가(H), -으루(HL), -에(H)
      -마다(HL), -부터(LH), -꺼지(LH), -보다(HL), -텨르(HL)

이에 따르면 (1)은 어간의 기저성조와 어미의 기저성조가 그대로 실현되는 패러다임이다.
다음으로는 성조 변동 규칙을 파악할 수 있는 패러다임을 확인해 보자.

서 제시하였다.
118) '-마다'는 가끔 '-마디'로도 실현된다.

(3) 눈(目)
  - 눈도(HL), 누느(HL), 눈마(HL), 누니(HL)
  - 눈꺼지(HLL), 눈부터(HLL), 눈마다(HLL), 눈텨르(HLL), 눈보다도
    (HLLL)

제시된 어간 '눈'의 패러다임을 통해 어간에 해당하는 성조는 항상 H로 실현된다는 것을 확인할 수 있다. 이에 어간 '눈'의 성조를 H로 설정한다. (3)의 표면성조상에서 어미의 첫 음절은 L, 그 이하 음절이 있다면 그 음절은 모두 L로 실현되어 있다. (2)에 제시된 어미의 기저성조를 참고할 때 다음과 같은 성조 변동 규칙을 확인할 수 있다.

(4) 눈(H)+도(H) → 눈도(HL)
    눈(H)+텨르(HL) → 눈텨르(HLL)
    눈(H)+부터(LH) → 눈부터(HLL)

(4)를 통해 선행 음절의 고조와 후행 음절의 고조가 결합하면 후행 음절의 고조가 저조화한다는 것을 확인할 수 있다. 동남 방언과 마찬가지로 선행 음절이 몇 음절이든 H로 끝나기만 하면 이 규칙은 적용된다(야듫LH+부터LH → 야듭뿌터LHLL). 동남 방언의 경우 HH 배열이 존재하기에 후행 성분의 조건도 중요하지만 동북 방언은 후행 음절에도 H가 하나만 놓이기에 후행 성분 조건은 불필요하다.

(3)에서는 처격 통합형 '누네(LH)'를 제외하고 기저성조를 설정하였다(표에 제시됨). '눈(目)'과 같이 처격 통합형이 LH로 실현되는 어간이 있는가 하면 '배(腹)'와 같이 처격 통합형이 HL로 실현되는 어간도 있다. 이는 방언권마다 약간의 차이를 보인다고 하였다. 동남 방언은 HL 부류로 확대되는 경향을 동북 방언은 LH로 확대되어 가는 경향을 보인다. 다만 환경을 명세화할

수 없기에 '-에(X)'가 통합하는 경우는 어휘부에 특별한 장치를 두어야 한다. 마치 음장 방언에서 '울:고. 우러(泣)', '적:꼬, 저:거(少)'를 규칙화할 수 없는 것과 같은 이치이다. 이른바 단음화 여부를 어휘부에 명세화하는 것과 같은 유형으로 처리해야 한다.

(5)는 동남 방언의 상승 복합조에 대응하는 어간 패러다임이다.

> (5) 눈(雪)
> – 눈도(HL), 누느(HL), 눈마(HL), 누니(HL)
> – 눈꺼지(HLL), 눈부터(HLL), 눈마다(HLL), 눈터르(HLL), 눈보다 (HLL)

표면성조는 앞에 제시된 '눈(目)'의 경우와 일치한다. 다만 이 부류에 속하는 어형 중에는 고장조가 수의적으로 실현되는 것이 일부 확인된다.[119] (6)에 제시된 '아(兒)'의 기저성조를 파악해 보자.

> (6) 아(兒)
> 아두(L·HL), 아르(L·HL), 아가(L·HL), 아루(L·HL)
> 아부터(L·HLL), 아터르(L·HLL), 아보다(L·HLL)

寒을 뜻하는 2음절 곡용 어간 '추우(HL)'와는 음성적으로 다르다. '추우'는 음절 경계를 인식할 수 있지만 '아(兒)'는 음절 경계를 인식할 수 없는 상승 복합조이다(박진혁 2003[120]).

---

119) 수의적인 고장조는 음성적으로나마 소수 확인된다. '눈(目)'은 고장조로 실현되지 않는다.
120) '수르(L·LH, 酒+을)'를 통해 L·L를 설정하였는데 필자도 해당 음성을 들어 본 바, 저저복합조 L·L 설정에 동의한다. 글쓴이는 이에 용기를 얻어 경남 방언에서 고고복합조 'H·H (봐도~바도)'를 설정하였다. 이는 수의적으로 'HL(바도)'로 실현되기도 하는데 이러한 고고복합조는 함북 방언에도 수의적으로 확인되는 듯하다. 전학석(1993)에서는 고장조에 대한 언급이 있는데 이는 다른 연구자의 성조 표시에는 대부분 고조로 표시된다.

다음은 하강 복합조의 경우이다. 마찬가지로 HL 두 음절로 보지 않는
것은 발화 시 음절 경계를 인식할 수 없기 때문이다. '추우(HL)'에서의 음절
경계와는 차원이 다르다. '쥀'을 '쀄엔'으로 표기할 경우, 그것이 2음절이 되
려면 둘째 음절 '엔'이 저조까지 하강하는가에 유념할 필요가 있다.[121]

(7) 쥀(主)
  – 쥀두(H·LL), 쀄느(H·LL), 쀄니(H·LL)
  – 쥀부터(H·LLL), 쥀텨르(H·LLL), 쥀보다(H·LLL)

아래에서는 함북 방언과의 대비를 위해 함남 자료를 제시한다. 신흥 지역
을 대상으로 한 백금란(2019)가 중심이 되었고 거기에서 확보하지 못한 자료
는 단천 지역어를 대상으로 한 김수현(2015), 북청 지역을 대상으로 한
Ramsey(1978)을 참고하였다.[122]

신흥: 1음절 곡용 어간

눈 雪	눈/배 目/腹	집 舍	아 兒	나 齡
누니 HL	누니/배가 HL	지비 LH	아가 L·HL	나가[123] H·LL
누느 HL	누느 HL	지브 LH	아르 L·HL	나르 H·LL
눈부터 HLL	눈부터 HLL	집뿌터 LLH	아부터 L·HLL	나부터 H·LLL
눈꺼지 HLL	눈꺼지 HLL	집꺼지 LLH	아꺼지 L·HLL	나꺼지 H·LLL

---

121) 이런 유형을 두 음절로 볼 수 없음은 2장에서 길게 서술된 동남 방언에서의 실체적 증거
를 참고할 수 있다.
122) 단천은 함북과 접해 있고 북청은 그 아랫지역이다. 신흥이야말로 위치상으로는 함남의
중앙이라 할 수 있다.
123) 육진에서처럼 '쀄(H·L 김봉국 2003)'을 확인할 수 없어서 '나(나이)'로 교체한다. '주인'이

눈 雪	눈/배 目/腹	집 舍	아 兒	나 齡
눈보다 HLL	눈보다 HLL	집뽀다[124)] LHL	아보다 L·HLL	나보다 H·LLL
눈마다 HLL	눈마다 HLL	짐마다LHL	아마다 L·HLL	나마다 H·LLL
누네 HL	누네/배에 LH/HL	지베 LH	아에 L·HL	나에 H·LL
누누루 HLL	누누루 HHL	지부루 LHL	아루 L·HL	나루 H·LL

백금란(2019)에는 '코'에, 낫'에', 김수현(2015)에는 '코'에', 나'데~ 나'데'로 제시될 정도로 처격 어미 '-에(서)' 결합형의 성조는 지역어에 따라서 조금씩 다르다는 것을 확인할 수 있다. 박진혁(2003)에는 '-에'에 중점을 두고 성조형을 분류하기도 하였는데, 기저성조를 LH로 설정할 수 있는 2음절 어간도 '가스메(LLH, 胸), 느베에(LLH, 鹽)' ; '니매에(LHL, 額), 우티에(LHL, 衣)'처럼 두 부류가 확인된다. 제시된 예의 수도 비슷할 정도이다. 다만 함남 방언, 2음절 어간에서는 구분이 없는 것으로 보고되어 있다.[125)]

② 2음절 어간의 곡용형

2음절 곡용 어간에서의 성조 실현 양상을 아래 표에서 확인해 보자.

단음절로 실현되면 함남에서도 하강 복합조로 실현될 가능성이 높다.

124) 함북 방언과 접해 있는 단천 지역어(김수현 2015)에는 'LH(-보다)'로 제시되었다. 다만 육진 지역은 HL로 제시한바. 1-2회 LH로 발화되기도 하였다. 그만큼 '-보다'는 전국적으로 성조 실현에 차이가 있다. 삼척은 HL와 HL이 수의성을 보이기도 한다.

125) 곽충구(1991/1994:375)에서는 처격 '-에'는 어간을 선별적으로 저조화하지만 여격의 '-게'는 어간을 필수적으로 저조화한다 하였다. 백금란(2019)에도 '-게(H)', '-에게(LH)', '-ㄴ데/인데(한테)(LH)' 앞에서 어간이 저조로 실현된다고 하였다.

육진: 2음절 곡용 어간

꿘투 拳鬪	모기 蚊	감지 薯	무뤂 膝	야듦 八	아듫 兒輩
꿘투가 HLL	모기가 HLL	감지가 HLL	무루피 LLH	야들비 LHL	아드리 L·HLL
꿘투두 HLL	모기두 HLL	감지두 HLL	무릅뚜 LLH	야듭뚜 LHL	아들두 L·HLL
꿘투부터 HLLL	모기부터 HLLL	감지부터 HLLL	무릅뿌터 LLLH	야듭뿌터 LHLL	아들부터 L·HLLL
꿘투꺼지도 HLLLL	모기꺼지도 HLLLL	감지꺼지도 HLLLL	무룹꺼지도 LLLHL	야듭꺼지도 LHLLL	아들꺼지도 L·HLLLL
꿘투보다느 HLLLL	모기보다느 HLLLL	감지보다느 HLLLL	무룹뽀다느 LLHLL	야듭뽀다느 LHLLL	아들보다느 L·HLLLL
꿘투마다 HLLL	모기마다 HLLL	감지마다 HLLL	무룸마다 LLHL	야듬마다 LHLL	아들마다 L·HLLL
꿘투루 HLL	모기루 HLL	감지루 HLL	무루푸로 LLHL	야들부루 LHLL	아들루 L·HLL

다음은 동남 방언에서는 '물팍(HL)'으로 제시된 어간의 패러다임이다. 표준어의 영향 아래 동남 방언에서도 '무릎'으로 실현되기도 하는데 '사과(HL/LH)'처럼 방언권에 따라 '무릎(HL)'으로 실현되기도 하고 '무릎(LH)'으로 실현되기도 한다.

   (1) 무릎
      – 무릎(LL), 무릎뚜(LLH), 무루푸(LLH), 무룸마(LLH), 무루피(LLH),
        무루풀르(LLHL)
      – 무릎꺼지(LLLH), 무릅뿌터(LLLH), 무릅빼께(LLLH), 무룸마다(LLHL),
        무루파구(LLHL), 무룹텨르(LLHL), 무룹뽀다(LLHL)

어간 '무릎'과 어미가 통합한 곡용 패러다임의 성조를 살펴볼 때 어간의 성조는 항상 LL로 실현된다는 것을 알 수 있다. 이에 '무릎'의 기저성조를 LL로 설정할 수 있다. 이런 유형은 중세 국어에서 平平으로 실현되던 어간이다.[126] 기저성조 LL은 사실 동남 방언이나 영동 방언에는 존재하지 않는다. 동북 방언도 젊은 층으로 올수록 LH로 발화되는 빈도가 높다고 알려져 있다.[127]

다음은 동남 방언에서 HH로 실현되는 어간이다. HH 패턴은 동북 방언에서는 HL, 영동 방언에서는 LH에 대응된다. '모기'와 어미가 결합한 패러다임을 확인해 보자.

(2) 모기
  – 모기(HL), 모기두(HLL), 모기르(HLL), 모기마(HLL), 모기가(HLL), 모길르(HLL)
  – 모기꺼지(HLLL), 모기부터(HLLL), 모기마다(HLLL), 모기하구(HLLL), 모기텨르(HLLL), 모기보다(HLLL)

어간 '모기'와 어미가 통합한 곡용 패러다임의 성조를 살펴볼 때 어간의 성조는 항상 HL로 실현된다는 것을 알 수 있다. 이에 '모기'의 기저성조를 HL로 설정할 수 있다.

다음은 동남 방언에서 어두가 상승 복합조로 실현되는 어간이다. 동남 방언의 상승 복합조는 동북 방언에서는 일반적으로 HL로 실현되기에 'HL (꿘투)'이 예상된다.

---

126) 6장에서 중세 국어와 방언권별 대비가 이루어진다.
127) 곽충구(1991/1994)에서는 개음절 어간인 경우, LH로 표시되어 있다. 박진혁(2003)에서도 이런 어말고조화 경향으로 표현하고 있다. 최근 박미혜(2022)에서는 다양한 연령대의 제보자를 통해 육진 방언의 성조 변이 양상을 제시한바, 거기에서 55세 정도를 기점으로 아랫세대는 단독형을 폐음절 어간이든 개음절 어간이든 LH로 발화한다고 하였다. 이 논문에는 다양한 성조 재구조화가 제시되었는데, '흐른다(LHL)', '모른다(LLH)' 등도 LHL 유형으로 통일되어 가는 것으로 보고하고 있다.

(3) 뀐투(拳鬪)
   – 뀐투(HL), 뀐투두(HLL), 뀐투르(HLL), 뀐투마(HLL), 뀐투가(HLL),
     뀐투루(HLL)
   – 뀐투꺼지(HLLL), 뀐투부터(HLLL), 뀐투배께(HLLL), 뀐투마다(HLLL),
     뀐투하구(HLLL), 뀐투텨르(HLLL), 뀐투보다(HLLL)

어간 '뀐투'와 어미가 통합한 곡용 패러다임의 성조를 살펴볼 때 어간의
성조는 항상 HL로 실현된다는 것을 알 수 있다. 이에 '뀐투'의 기저성조를
HL로 설정한다. 동남 방언의 상승 복합조는 H에 대응되는 것이 일반적이
기에 결국 '모기(HL)'와 성조 패러다임이 같아지게 되었다.

다음은 동남 방언에서 LH['감재가(LHL)', '감재도(LHL)']로 실현되는 어간
이다. 동남 방언 LH 어간과 역전되는 경향을 보일 수 있으므로 HL로 실현
될 수 있는지 확인해 보자.

(4) 감지(薯)
   – 감지(HL), 감지두(HLL), 감지르(HLL), 감지마(HLL), 감지가(HLL),
     감지루(HLL)
   – 감지꺼지(HLLL), 감지부터(HLLL), 감지마다(HLLL), 감지하구(HLLL),
     감지텨르(HLLL), 감지보다(HLLL)

어간 '감지'와 어미가 통합한 곡용 패러다임의 성조를 살펴볼 때 어간의
성조는 항상 HL로 실현된다는 것을 알 수 있다. 이에 '감지'의 기저성조를
HL로 설정할 수 있다.

(2)~(4)에 제시된 어간의 기저성조는 HL임을 확인하였다 이는 경북 방언
에서는 세 부류로 나뉜다. (2) HH, (3) L·HH (4) LH, 세 부류가 그것이다.
그만큼 동북 방언은 성조 유형이 단순화되었음을 확인할 수 있다.

지금까지 두 부류, LL과 HL을 확인하였다. 다음은 동남 방언에서 HL로

실현되는 어간이다. 성조 역전을 고려할 때 어간의 기저성조는 LH이 예상
된다.

(5) 야듧
  – 야듧(LH), 야듭뚜(LHL), 야들부(LHL), 야듬마(LHL), 야들비(LHL),
    야드불르(LHLL)
  – 야듭꺼지(LHLL), 야듭뿌터(LHLL), 야듬마다(LHLL), 야드파구(LHLL),
    야듭텨르(LHLL), 야듭뽀다(LHLL)

어간 '야듧'과 어미가 통합한 곡용 패러다임의 성조를 살펴볼 때 어간의
성조는 항상 LH로 실현된다는 것을 알 수 있다. 이에 '야듧'의 기저성조를
LH로 설정할 수 있다.

(6) 아들(아이들)/쥔들(주인들)
  가. 아들(L·HL), 아들두(L·HLL), 아들꺼지(L·HLLL), 아들뿌터(L·HLLL)
  나. 쥔들(H·LL), 쥔들두(H·LLL), 쥔들꺼지(H·LLLL), 쥔들뿌터(H·LLLL)

(6)에 제시된 예를 통해 상승 복합조를 지닌 어간 '아들(L·HL)'과 하강 복
합조를 지닌 어간 '쥔들(H·L)'을 확인할 수 있다.

아래에 함북 방언과의 대비를 위해 함남 자료를 제시한다.

신흥: 2음절 곡용 어간

꿘투 拳鬪	모기 蚊	감자 薯	무릎 膝	야듧 八	아들 兒輩
꿘투가 HLL	모기가 HLL	감자가 HLL	무루피 LLH	야들비 LHL	아드리 L·HLL

꿘투 拳鬪	모기 蚊	감자 薯	무릎 膝	야듧 八	아들 兒輩
꿘투두 HLL	모기두 HLL	감자두 HLL	무릅뚜 LLH	야듭뚜 LHL	아들도 L·HLL
꿘투부터 HLLL	모기부터 HLLL	감자부터 HLLL	무릅뿌터 LLLH	야듭뿌터 LHLL	아들부터 L·HLLL
꿘투꺼지도 HLLLL	모기꺼지도 HLLLL	감자꺼지도 HLLLL	무릅꺼지도 LLLHL	야듭꺼지도 LHLLL	아들꺼지도 L·HLLLL
꿘투보다느 HLLLL	모기보다느 HLLLL	감자보다느 HLLLL	무릅뽀다느 LLHLL	야듭뽀다느 LHLLL	아들보다느 L·HLLLL
꿘투마다 HLLL	모기마다 HLLL	감자마다 HLLL	무룸마다 LLHL	야듬마다 LHLL	아들마다 L·HLLL
꿘투루 HLL	모기루 HLL	감자루 HLL	무루푸로 LLHL	야들부루 LHLL	아들루 L·HLL

음소 층위에서도 거의 유사할 정도로 성조 층위에서도 차이가 거의 없다. 다만 육진 방언에서는 LL로 나타나는 유형들이 함남 신흥 지역어에서는 일부 LH 어간의 곡용형으로 실현되는 경우가 있다. 다음은 백금란(2019)에서 가져온 자료이다.

(7) 가. 배꼽(LH), 배꼬비(LLH), 배꼬베(LLH), 배꼬불(LLH), 배꼽뽀다(LLHL), 배꼽뿌터(LHLL), 배꼽처럼(LHLL)

　　나. 오좀(LH, 尿), 오조미(LLH), 오조메(LLH), 오조물(LLH~LHL), 오좀처럼(LLHL), 오좀마다(LLHL), 오좀보다(LHLL), 오좀부터(LHLL)

　　다. 소곰(LH, 鹽), 소고미(LLH), 소고메(LLH), 소고물(LLH), 소곰처럼(LLHL), 소곰마다(LLHL), 소곰까지(LLLH), 소곰보다(LHLL)

(7)은 육진 방언에서는 LL을 기저성조로 한다. 기저성조가 LH인 어간에서 확인할 수 있는 LHLL(배꼽뿌터, 배꼽처럼, 오좀보다, 오좀부터, 소곰보다)이 확인

된다. 이들은 단독형의 성조, LH에 기대어 성조가 재구조화하는 과정에 있는 것으로 이해된다.[128]

③ 3음절 어간의 곡용형

3음절 곡용 어간에서의 성조 실현 양상을 아래 표에서 확인해 보자.

육진: 3음절 곡용 어간

니얘기 話	무지개 霓	메누리 婦	부수럼 腫	메나리 芹	버버리 啞
니얘기가 HLLL	무지개가 HLLL	메누리가 LHLL	부수러미 LLLH	메나리가 LLHL	버버리가 LHLL
니얘기두 HLLL	무지개두 HLLL	메누리두 LHLL	부수럼두 LLLH	메나리두 LLHL	버버리두 LHLL
니얘기부터 HLLLL	무지개부터 HLLLL	메누리부터 LHLLL	부수럼부터 LLLLH	메나리부터 LLHLL	버버리부터 LHLLL
니얘기꺼지도 HLLLLL	무지개꺼지도 HLLLLL	메누리꺼지도 LHLLLL	부수럼꺼지도 LLLLHL	메나리꺼지도 LLHLLL	버버리꺼지도 LHLLLL
니얘기보다느 HLLLLL	무지개보다느 HLLLLL	메누리보다느 LHLLLL	부수럼보다느 LLLHLL	메나리보다느 LLHLLL	버버리보다느 LHLLLL
니얘기마다 HLLLL	무지개마다 HLLLL	메누리마다 LHLLL	부수럼마다 LLLHL	메나리마다 LLHLL	버버리마다 LHLLL
니얘기루 HLLL	무지개루 HLLL	메누리루 LHLL	부수러무로 LLLHL	메나리루 LLHL	버버리루 LHLL

다음은 '거스름'처럼 경북 방언에서는 기저성조를 LLH로 삼척 지역어에서는 LHL로 설정한 어간이다.

---

128) 박미혜(2022)에서도 이러한 성조 재구조화 과정이 여러 성조형에서 확인된다.

(1) 부수럼
  – 부수럼(LLL), 부수럼두(LLLH), 부수러무(LLLH), 부수럼마(LLLH),
    부수러미(LLLH), 부수러물르(LLLHL)
  – 부수럼꺼지(LLLLH), 부수럼부터(LLLLH), 부수럼배께(LLLLH), 부
    수럼마다(LLLHL), 부수러마구(LLLHL), 부수럼텨르(LLLHL), 부수
    럼보다(LLLHL)

어간 '부수럼'과 어미가 통합한 곡용 패러다임의 성조를 살펴볼 때 어간
의 성조는 항상 LLL로 실현된다는 것을 알 수 있다. 이에 '부수럼'의 기저성
조를 LLL로 설정할 수 있다. 2음절 어간에서도 확인한 바와 같이 기저성조
LLL은 사실 동남 방언이나 영동 방언에는 존재하지 않는다. 동북 방언도
젊은 층으로 올수록 LLH로 발화되는 빈도가 높다고 알려져 있다. 한 기식
군에 고조 하나를 둔다는 성조 배열 제약이 적용된 것이다.
다음은 동남 방언에서 HHL, 영동 방언에서는 LHL을 기저성조로 하는
어간이다. 동남 방언의 HH는 동북 방언에서 HL로, 영동 방언에서는 LH로
실현되는 경향이 높기에 아래에 제시된 어간의 기저성조는 HLL일 가능성
이 높다.

(2) 무지개
  – 무지개(HLL), 무지개두(HLLL), 무지개르(HLLL), 무지개마(HLLL),
    무지개가(HLLL), 무지개루(HLLL)
  – 무지개꺼지(HLLLL), 무지개부터(HLLLL), 무지개마다(HLLLL), 무
    지개하구(HLLLL), 무지개텨르(HLLLL), 무지개보다(HLLLL)

어간 '무지개'와 어미가 통합한 곡용 패러다임의 성조를 살펴볼 때 어간
의 성조는 항상 HLL로 실현된다는 것을 알 수 있다. 이에 '무지개'의 기저성
조를 HLL로 설정할 수 있다.

다음은 경북 방언에서는 상승 복합조로 시작하는 어간이다.

> (3) 니얘기
>   – 니얘기(HLL), 니얘기두(HLLL), 니얘기르(HLLL), 니얘기마(HLLL),
>   니얘기가(HLLL), 니얘기루(HLLL)
>   – 니얘기꺼지(HLLLL), 니얘기부터(HLLLL), 니얘기마다(HLLLL), 니
>   얘기하구(HLLLL), 니얘기텨르(HLLLL), 니얘기보다(HLLLL)

어간 '니얘기'와 어미가 통합한 곡용 패러다임의 성조를 살펴볼 때 어간의 성조는 항상 HLL로 실현된다는 것을 알 수 있다. 이에 '니얘기'의 기저성조를 HLL로 설정할 수 있다.

경북 방언에서는 (2)와 (3)이 명백한 차이를 보이지만 경북 방언의 상승 복합조가 고조로 실현되는 동북 방언에서는 두 유형이 합류하였다. 다만 '눈(雪)', '꿘투(拳鬪)'에서와 같이 첫 음절이 고장조로 들릴 수도 있다.

다음은 동남 방언에서 LHL을 기저성조로 하는 어간이다.

> (4) 메나리
>   – 메나리(LLH), 메나리두(LLHL), 메나리르(LLHL), 메나리마(LLHL),
>   메나리가(LLHL), 메나리루(LLHLL)
>   – 메나리꺼지(LLHLL), 메나리부터(LLHLL), 메나리배께(LLHLL), 메
>   나리마다(LLHLL), 메나리하구(LLHLL), 메나리텨르(LLHLL), 메나
>   리보다(LLHLL)

어간 '메나리'와 어미가 통합한 곡용 패러다임의 성조를 살펴볼 때 어간의 성조는 항상 LLH로 실현된다는 것을 알 수 있다. 이에 '메나리'의 기저성조를 LLH로 설정할 수 있다.

다음은 동남 방언에서 HLL을 기저성조로 하는 어간이다.

(5) 메누리
    – 메누리(LHL), 메누리두(LHLL), 메누리르(LHLL), 메누리마(LHLL),
      메누리가(LHLL), 메나리루(LHLLL)
    – 메누리꺼지(LHLLL), 메누리부터(LHLLL), 메누리마다(LHLLL),
      메누리하구(LHLLL), 메누리텨르(LHLLL), 메누리보다(LHLLL)

어간 '메누리'와 어미가 통합한 곡용 패러다임의 성조를 살펴볼 때 어간
의 성조는 항상 LHL로 실현된다는 것을 알 수 있다. 이에 '메누리'의 기저성
조를 LHL로 설정할 수 있다. 표에 제시된 '버버리(LHL)'도 같은 유형이다.
다만 동남 방언에서는 '메누리(HLL)', '버버리(LHL)'로 실현되어 둘이 차이를
보인다.129)

아래에서는 함북 방언과의 대비를 위해 함남 방언 자료를 제시한다.

신흥: 3음절 곡용 어간

니얘기 話	무지개 霓	메누리 婦	손꾸락 指	미나리 芹	버버리 啞
니얘기가 HLLL	무지개가 HLLL	메누리가 LHLL	손꾸라기 LLLH	미나리가 LLHL	버버리가 LHLL
니얘기두 HLLL	무지개두 HLLL	메누리두 LHLL	손꾸락두 LLLH	미나리두 LLHL	버버리두 LHLL
니얘기부터 HLLLL	무지개부터 HLLLL	메누리부터 LHLLL	손꾸락뿌터 LLLLH	미나리부터 LLHLL	버버리부터 LHLLL
니얘기꺼지도 HLLLLL	무지개꺼지도 HLLLLL	메누리꺼지도 LHLLLL	손꾸락꺼지도 LLLLHL	미나리꺼지도 LLHLLL	버버리꺼지도 LHLLLL

---

129) '버버리'는 강릉에서는 '벙어리(HLL)'로 실현된다. 이 책에서의 대상 지역(영주, 문경,
    울진, 창원, 산청, 삼척, 강릉, 육진)에 국한한 언급이다. 표준 어형으로 발화하더라도
    경북 영주에서는 'LHL(벙어리)'이다.

니얘기 話	무지개 霓	메누리 婦	손꾸락 指	미나리 芹	버버리 啞
니얘기보다느 HLLLLL	무지개보다느 HLLLLL	메누리보다느 LHLLLL	손꾸락뿐다느 LLLHLL	미나리보다느 LLHLLL	버버리보다느 LHLLLL
니얘기마다 HLLLL	무지개마다 HLLLL	메누리마다 LHLLL	손꾸랑마다 LLLHL	미나리마다 LLHLL	버버리마다 LHLLL
니얘기루 HLLL	무지개루 HLLL	메누리루 LHLL	손꾸라그루 LLLHL	미나리루 LLHL	버버리루 LHLL

'부시럼'은 LLH로 실현되는 것으로 보고되었기에(김수현 2015), '손꾸락
(LLL)'으로 대체하였다.

   (6) 손꾸락(指)
     – 손꾸락(LLL), 손꾸락뚜(LLLH), 손꾸라그(LLLH), 손꾸랑마(LLLH),
       손꾸라기(LLLH), 손꾸라그루(LLLHL)
     – 손꾸락꺼지(LLLLH), 손꾸락뿌터(LLLLH), 손꾸랑마다(LLLHL), 손
       꾸라카구(LLLHL), 손꾸락텨르(LLLHL), 손꾸락뿐다(LLLHL)

어간 '손꾸락'과 어미가 통합한 곡용 패러다임의 성조를 살펴볼 때 어간
의 성조는 항상 LLL로 실현된다는 것을 알 수 있다. 이에 '손꾸락'의 기저성
조를 LLL로 설정할 수 있다. 역시 LLL이 특이하다. 동남 방언에서는 '손까
락/손꾸락'류는 방언권에 따라 LHL, LLH로 달리 실현된다.

5.3.2. 활용형에서의 성조 실현 양상

① 1음절 어간의 활용형

1음절 활용 어간에서의 성조 실현 양상을 아래 표에서 확인해 보자.

육진: 1음절 활용 어간

잡- 捉	칩- 寒	셔- 立	가- 去	울- 泣	적- 少
잡꾸 LH	칩꾸 HL	셔구 LH	가구 LH	울구 HL	적꾸 HL
잠는다 LLH	칩따 HL	션다 LH	간다 HL	운다 HL	적따 HL
잡떠라 LHL	칩떠라 HLL	셔더라 LHL	가더라 HLL	우더라 HLL	적떠라 HLL
자부니 LHL	치부니 HLL	셔니 LH	가니 LH	우니 HL	저그니 HLL
자부무 LHL	치부무 HLL	셔무 LH	가무 LH	울무~우무 HL	저그무 HLL
자바두 LHL	치버두 HLL	셔두 HL	가두 HL	우러두 LHL	저거두 HLL
자받따 LHL	치벋따 HLL	션따 HL	간따 HL	우럳따 LHL	저걷따 HLL

(1) 잡-(捕)/페-(伸)

　가. – 잡꾸(LH), 잡쏘(LH) ; 잡떠라(LHL), 잡껟다(LHL), 잠는다(LLH),
　　　잠는(LH)
　　　– 자부무(LHL), 자부니(LHL), 자바두(LHL), 자바라(LHL), 자받
　　　따(LHL), 자바야(LHL)

　나. – 페구(LH), 페소(LH) ; 페더라(LHL), 페겓따(LHL), 펜다(LH), 페
　　　는(LH)
　　　– 페무(LH), 페니(LH), 페두(HL), 페라(HL), 펟따(HL), 페야(HL)

　　어간 '잡-/페-'와 어미가 통합한 활용 패러다임의 성조를 살펴볼 때 어간
의 성조는 항상 L로 실현된다는 것을 알 수 있다. 이에 '잡-/페-'의 기저성조
를 L로 설정할 수 있다.[130] 이는 중세 국어와 일치하며 영동 방언과 동남

---

130) 활용 어미의 기저성조를 설정하는 방식은 곡용 어미의 기저성조를 설정하는 방식과 같

방언의 기저성조 H와는 반대이다.

다음은 영동 방언에서는 저조로 실현되는 어간이다.[131]

    (2) 칩-
      – 칩꾸(HL), 칩떠라(HLL), 칩껜따(HLL)
      – 치바두(HLL), 치받따(HLL), 치바서(HLL), 치부니(HLL), 치부부
        (HLL)[132]

어간 '칩-'과 어미가 통합한 활용 패러다임의 성조를 살펴볼 때 어간의
성조는 항상 H로 실현된다는 것을 알 수 있다. 이에 '칩-'의 기저성조를 H로
설정할 수 있다.

다음은 중세 국어에서 고정적 상성에 대응하는 어간이다. 영동 방언은
상승 복합조로 실현되는 어간이다. 영동 지방의 상승 복합조는 동북 방언에
서는 H로 실현되기에 (2)와 동일한 패러다임이 기대된다.

    (3) 턻-(澁)
      – 털꾸(HL), 털떠라(HLL), 털껜따(HLL), 털따(HLL)

다. (1가)에서 어간에 해당하는 첫 음절 성조를 뺀 것과 일치한다[-구(H), -더라(HL), -겠
다(HL), -는다(LH), -으무(HL), -으니(HL), -아두(HL), -아야(HL) 등]. 물론 '잠는다'는
LHH로 실현되기도 한다. 기존 논의를 종합하면 개신형 정도로 이해된다. 같은 화자에게
서도 '가깝더라~가깝더라'와 같은 수의성도 보인다. 보수적인 형태는 '가깝더라'로 판단
된다.

131) 주지하듯이 동남 방언에서의 기저성조는 띰틀형 H이다[춤꼬(HH), 춤떠라(HHL)].

132) 박진혁(2003)에는 '칩낄래(LLH)', '치분두(LLH)'처럼 '-길래'와 '-은두'는 어간의 기저성조
와 관계없이 LH로 실현되는데 어간의 성조는 성조 배열 제약에 의해 자동적으로 저조로
실현된다['곱떠라(HLL), 곱껜따(HLL), 곱낄래(LLH), 고분두(LLH)' ; '방갑떠라(HLLL),
방갑껜따(HLLL), 방갑낄래(LLLH), 방가분두(LLLH)']. 처격의 '-에(서)'가 일부 어간만을
저조화하는 것에 반해 '-길래', '-은두'는 모든 어간을 저조화하는 것으로 보고한다. 강릉
지역어의 의문형 '-나'도 이런 패턴을 보인다. 곽충구(1994)에도 선행 어간을 저조화하는
어미로 '-에게(LH)', '-한테(LH)'가 제시되었다. 함남에서는 '-길래', '-은두' 결합형의 표면
성조가 함북과 차이를 보인다[칩낄래(HLL), 칩은두(HLL)]

　　　　－ 털버두(HLL), 덜벋따(HLL), 털버서(HLL), 털부니(HLL), 털부무
　　　　(HLL)

　어간 '텂-'과 어미가 통합한 활용 패러다임의 성조를 살펴볼 때 어간의
성조는 항상 H로 실현된다는 것을 알 수 있다. 이에 '텂-'의 기저성조를 H로
설정할 수 있다. 결국 '칩-'과 동일한 성조 패러다임임을 확인하였다.
　다음은 중세 국어에서 유동적 상성에 대응하는 어간이다.[133]

　　(4) 겷-(步)[134]
　　　　－ 걸쿠(HL), 걸티(HL), 걸터라(HLL), 걸켇따(HLL), 걸른다(HLL)
　　　　－ 거르니(LHL), 거르무(LHL), 거러두(LHL), 거럳따(LHL), 거러서
　　　　(LHL)

　　(5) 울-(泣)
　　　　－ 울구(HL), 울더라(HLL), 울켇따(HLL), 운다(HL), 우니(HL), 우무
　　　　(HL)
　　　　－ 우러두(LHL), 우럳따(LHL), 우러서(LHL)

　어간 '겷-'과 어미가 통합한 활용 패러다임의 성조를 살펴볼 때 첫 음절의
성조는 H와 L로 교체된다는 것을 알 수 있다. (3)의 '텂-'에서와 달리 (4)는
자음으로 시작하는 어미와 통합할 때에는 어간의 성조가 H로, 어미 '아X'
또는 '으X'와 통합할 때에는 L로 실현되어 있다. (5)는 어미 '아X'와 통합할
때에는 어간의 성조가 L로, 그 밖의 어미와 통합할 때에는 H로 실현되어
있다. 유음 말음 어간을 제외한 폐음절 어간은 (4)와 같은 패턴을, 유음 말음
어간은 (5)와 같은 패턴을 보인다. 음소적 환경으로 그 예측이 불가능하므

---

133) 김완진(1973/1977)에서는 유동적 상성의 경우 기저성조를 'l·h'로 설정하고 R과 L의 교체
　　를 설명한다.
134) 박미혜(2022)에서는 기저형을 '겷-'로 설정하였다. 제보자의 차이일 수도 있다.

로 복수 기저성조를 갖는 어간으로 파악한다. 박미혜(2022)에서는 이러한 양상을 보이는 어간 중, '덥-'의 세대별 변이 양상을 보여 주고 있는데, 노년층은 '더버서(LHL)', 세대가 내려올수록 '더바서(HLL)'로 실현되는 것으로 보고하고 있다. 이 또한 성조 재구조화 과정으로 볼 수 있는데 (4) 유형이 (2), (3) 유형으로 단일화되는 과정으로 이해할 수 있겠다.

1음절 ㅂ-정칙 어간 및 ㅍ/ㄿ 말음 어간인 경우(육진 방언)

	덥-	씁-	칩/춥-	싶-	섭-	틻/떫-
$M_1(82)$	더버'서	쓰'버서	치'버서~치'바서	시'퍼서	설'버서	털'버서
$F_1(81)$	더버'서	쓰'버서	치'바서	시'퍼서	설'버서	털'버서
$F_2(78)$	더버'서	쓰'버서	치'버서	시'퍼서	설'버서	터'버서
$M_2(74)$	더버'서	쓰'버서	치'바서	시'퍼서	설'버서	털'버서
$M_3(72)$	더버'서	쓰'버서	치'바서	시'퍼서	설'버서	떨'버서
$F_3(71)$	더버'서	쓰'버서	치'바서	시'퍼서	설'버서	털'버서
$F_4(67)$	더버'서	쓰'버서	치'바서	시'퍼서	설'버서	떨'버서
$M_4(66)$	더버'서	쓰'버서	치'버서	시'퍼서	설'버서	떨'버서
$F_5(64)$	더버'서~더'바서	쓰'버서	치'바서	시'퍼서	설'버서	털'버서
$M_5(60)$	더버'서~더'바서	쓰'버서	치'바서	시'퍼서	설'바서	털'바서
$M_6(56)$	더'바서	쓰'바서	치'바서	시'퍼서	설'바서	떨'바서
$F_6(55)$	더'버서	쓰'바서	치'바서	시'퍼서	설'바서	떨'바서
$M_7(54)$	더'바서	쓰'버서~쓰'바서	치'바서	시'퍼서	설'버서	털'바서
$F_7(53)$	더'버서	쓰'버서	치'바서	시'퍼서	설'바서	털'바서
$M_8(49)$	더'버서	쓰'버서	치'바서	시'퍼서	설'바서	털'바서
$M_9(46)$	더'바서	쓰'바서	치'바서	시'파서	설'바서	떨'바서
$F_8(44)$	더'바서	쓰'바서	치'바서	시'퍼서	설'바서	떨'바서
$F_9(42)$	더'바서	쓰'바서	치'바서	시'퍼서	설'바서	떨'바서

	덥-	씁-	칩/춥-	싶-	섧-	틻/떫-
$M_{10}(37)$	더'바서	쓰'바서	치'바서	시'파서	설'바서	떨'바서
$F_{10}(36)$	더'바서	쓰'바서	추'바서	시'퍼서	설'바서	털'바서
$M_{11}(35)$	더'바서	쓰'바서	치'바서	시'파서	설'바서	떨'바서
$F_{11}(33)$	더'바서	쓰'바서	추'바서	시'파서	설'바서	떨'바서
$F_{12}(29)$	더'바서	쓰'바서	추'바서	시'파서	설'바서	떨'바서
$M_{12}(26)$	더'바서	쓰'바서	치'바서	시'파서	모름	모름
$F_{13}(23)$	더'바서	쓰'바서	추'바서	시'파서	모름	모름

박진혁(2003)에 제시된 저고복합조 어간을 참고로 제시한다.

(6) 쌀더라(L·HLL, 斷), 싸라서(L·HLL), 쌀길래(L·LLH), 싸른두(L·LLH)

전술하였듯이 박진혁(2003)에는 '-길래', '-은두'는 선행 어간을 저조화하는 어미로 제시되었다. 그러므로 L·L 복합조도 도출될 수 있는 것이다. 이 경우 체계상 저장조를 설정하기에는 어려움이 있어 L·L 복합조를 설정한 것으로 보인다.

다음으로는 동음 탈락을 보이는 어간에 대해 검토하기로 하자. 어간 '셔-'는 모음 어미와 통합할 때에는 H로 실현됨을 알 수 있다.

(7) 셔-(立)
  – 셔구(LH), 셔자(LH) ; 셔더라(LHL), 셔겐다(LHL), 션다(LH), 셔는 (LH)
  – 셔무(LH), 셔니(LH), 셔두(HL) ; 셔라(HL), 셜따(HL), 셔야(HL)

모음 어미와 통합할 때 어간의 성조 L이 탈락하면서 어미의 기저성조 HL을 그대로 이어받게 되면 '셔두', '셔야'의 표면성조 HL을 도출할 수 있다.

(8) syə(L)+ədu(HL) → syədu(HL)
　　　　어간의 성조 탈락 및 성조 배정

패러다임 '가-'는 '셔-'와 양상이 매우 다르다. (7)과 대비해 볼 때 (9나)가 차이를 보인다.

(9) 가-(去)
　　가. 가구(LH), 가자(LH), 가겠따(LHL) 가무(LH), 가니(LH)
　　나. 간다(HL), 가는(HL), 가는데(HLL), 가더라(HLL)
　　다. 가도(HL), 갇따(HL), 가라(HL)

모음 어미 통합형, (9다)는 물론 (9나)의 '간다', '가는(데)', '가더라'에서도 첫 음절은 고조로 실현되어 있다. (9나)에 제시된 활용형의 경우 (7)의 활용형과 대비하면 첫 음절이 L임을 알 수 있다. 소위 말하는 중세 국어의 후의적 성조형의 반사형으로 볼 만하다.

이 경우 다른 방언권에서는 기저성조를 셋으로 설정했다.135) 그런데 이 방언권에서는 상승 복합조가 고조로 실현되기에 두 가지 복수 기저성조를 갖는 어간으로 이해할 수 있다. L인 어간과 H인 어간을 음소적 환경으로 변별할 수 없으므로 복수 기저성조를 갖는 어간으로 처리한다는 것이다.

함북 방언은 복합조에 매우 인색하다. 특히 활용에서는 활음화와 완전 순행동화로 인해 이론상 상승 복합조나 하강 복합조가 쉬 도출될 수 있다. 이와 관련해 (10)에 제시된 패러다임은 공시적으로 설명하기 매우 곤란하다.

---

135) 동남 방언권에서는 '가라', '갈래' 등이 상승 복합조로 실현되기에 상승 복합조를 갖는 어간도 설정할 수 있었으나 동북 방언에서는 '가라(HL)'로 실현되기 때문에 두 가지 기저 성조를 갖는 어간으로 충분하다.

(10) 폐-(伸)

　가. 폐구(LH), 폐소(LH) ; 폐더라(LHL), 폐겔따(LHL), 펜다(LH)

　　폐무(LH), 폐니(LH)

　나. 폐두(HL), 폐라(HL), 펜따(HL), 폐야(HL)

다름 아닌 모음 어미 결합형은 (10가)의 첫 음절 저조를 고려하면 (1)의 '잡-'과 같은 유형임에 틀림없다. 모음 어미가 통합할 경우에는 다음과 같은 과정을 생각해 볼 수 있다.

(11) 폐(L)+어두(HL) → 폐어두(LHL) → 폐에두(LHL) → 폐두(L·HL)
　　　　 음절화　　　　 완전순행동화　　 축약에 의한 복합조화

표면성조는 상승 복합조로 실현되어야 일반적인 과정으로 볼 수 있다.[136] 그런데 육진 방언은 곡용 어간, 활용 어간에서 상승 복합조를 거의 찾을 수 없다. 그러니 여기에서 특별한 제약이 주어져야 한다. 그래야 올바른 표면성조를 도출할 수 있다.

(12) 복합조는 고조로 변동한다. 다만 복합조는 어사에 따라 고장조로 실현
　　될 수 있는바 이는 보수적인 경향으로 이해할 수 있다.

특히 활용에서는 활음화와 완전순행동화로 상승 복합조나 하강 복합조가 쉬 도출될 수 있는데 실제 음성은 고장조에 가깝다. 이는 동해안의 울진 방언에서도 확인된다. 그 고장조는 모두 H로 바뀌는 것이 일반적인데 어사에 따라서는 고장조가 확인되는바 이것이 보수적인 형태인 것으로 판단된다.

---

136) 정상적인 과정이 아니기에 이에 대해서는 김수현(2015)에도 고민이 드러나 있는 듯하다. 화석형이라는 술어를 활용해 몇몇 과정을 설명하고 있다.

(11)에 제시된 마지막 과정은 중간 과정이고 거기에서 다시 (12)와 같은 제약이 적용되어 적격한 표면성조 HL를 도출할 수 있다. 지면상 음절화는 생략하고 (13)에 그 과정을 제시한다.

(13) 페(L)+어두(HL) → 페에'두(LHL) → 페두(L·HL) → 페'두(HL)
　　　　　　　　완전순행동화　　　　　축약/복합조화　　　　복합조의 고조화

(13)은 저조인 어간에서의 과정이므로 상승 복합조가,[137] (14)는 고조 어간이므로 하강 복합조가, 중간 과정으로 실현되는 경우이다.

(14) 새(H, 泄)+어두(HL) → 새애두(HLL) → 새두(H·LL) → 새두(HL)
　　　　　　　　음절화/성조 배정　　　　완전순행동화　　　음절 축약/복합조화

이러한 과정은 LH, 2음절 어간에서도 적용될 수 있다. 어간의 말음절이 고조이므로 하강 복합조를 확인할 수 있다.

(15) 가. 던디(LH, 投)+어서 → 던디어서(LHLL) → 던데서(LH·LL) → 던데서
　　　　　　　　음절화/성조 배정　　　　활음화/복합조화　　　복합조의 고조화
　　　나. 헤티(LH, 散)+어서 → 헤티어서(LHLL) → 헤테서(LH·LL) → 헤테서
　　　　　　　　음절화/성조 배정　　　　활음화/복합조화　　　복합조의 고조화

다음은 기저성조가 LL인 어간에서의 활음화 과정을 살펴보기로 한다. 상승 복합조의 고조화를 확인할 수 있다.

(16) 드비(LL, 索)+어서 → 드비어서(LLHL) → 드베서(LL·HL) → 드베'서
　　　　　　　　음절화　　　　　활음화/복합조화　　　복합조의 고조화

---

137) 박미혜(2022)에 제시된 자료 표기도 참고할 수 있다.
　　베에'서~베'서(枕), 메에'서~메'서(負)

　이상에서 중간 과정에서의 상승 복합조, 하강 복합조는 고조로 실현된다는 것을 확인했다. 일부 고장조로 실현될 수 있는 어사나 환경은 변이음을 넘어선, 사실은 보수적인 성격으로 이해하고자 한다.

　문제는 상승 복합조든 하강 복합조든 왜 모두 H로 변동하느냐 하는 것이다. 성조 배열, 복합조 다음의 저조가 그 해결책이 될 수 있다. 글쓴이는 경북 동해안 지역인 울진 지역어의 복합조를 접하고 매우 당황한 적이 있다. 일단 상승 복합조든 하강 복합조든 단독형일 때에는 명확하게 구분된다. 문제는 2음절일 경우이다.

　　(17)　L·HL - 새가(鳥+가)
　　　　　H·LL - 새가(間+가)

　울진 지역어에서 (17)에 제시된 두 어간은 단독형일 때 명확히 구분된다. 그러나 이것이 2음절어가 되면서 구분이 어려워지기도 한다. 복합조 후행 음절이 저조이기 때문에 발생하는 것으로 이해된다. 두 경우 모두 고장조로 발화되는 것이다. 바로 동북 방언은 이 단계를 지난 것일 수 있다.

　함북의 '동냥(HL)'으로 구체화해 보자. 중부 방언에서 장음을 제대로 발음하는 화자의 '동냥'과 경북의 발화는 일단 매우 유사하다. 이를 L·HH로 표시하자. 이것이 울진에서는 'H:L'처럼 고장조로 발음된다. 그러다 이와 유사한 환경의 일부 어사에서는 그 장음조차 발화되지 않는다(이학년#오개반 (HLL#HLL, 경북 동해안 외 L·HHL#L·HHL). 그러면 이것이 바로 동북 방언과 같아지는 것이다. 이에 '동냥(HL)'도 이해될 수 있는 것이다. 실제 전학석 (1993:61-63)에서는 저조 어간의 활용형 '돼서(化)', '깨서(碎)', 고조 어간의 활용형 '새서(泄)', '캐서(採)'의 경우 고장조로 제시하는 것을 볼 수 있다.[138]

---

138) 다소의 음성적 차이는 제시되어 있다. 그것을 일반 화자들은 인식하지 못할 가능성이

특히 'ㅣ' 말음 어간이나 'ㅐ' 말음 어간은 방언권에 따라 성조 층위에서 동요가 많이 일어난다. 동북 방언에서도 어떤 논자는 '매-'를 저조로, 어떤 논자는 고조로 파악하기도 하는 것도 동궤의 동요라고 파악된다. 그것은 모음 어미 통합형이 동일한 음으로 발화되기 때문일 것이다. 이는 경북 방언에서도 일어나는 현상이다. 모음 어미 통합형으로 재분석된 어간이 화자에 따라 발화되니 'ㅣ' 말음 어간이나 'ㅐ' 말음 어간은 조사 시마다 부담을 느낀다.139)

이상에서 살펴본 복합조의 문제는 곡용에서의 활음화에서도 확인된다. 복합조 실현이 자유로운 울진이나 삼척 지역어의 경우에는 문제가 되지 않는다. 어간의 기저성조에 따라 표면성조가 어떻게 실현되는지 종합적으로 고찰할 필요가 있다.

(18) 가. 보리(LL, 麥)+에(H) → 보리에(LLH) → 보레(LL·H)
　　　 나. 고기(LH, 肉)+에(H) → 고기에(LHL) → 고계(LH·L)
　　　 다. 감지(HL, 畾)+에(H) → 감지에(HLL) → 감제(HH·L) → 감제(HL)

정상적인 음운 과정 이라면 (18가)는 표면성조에 상승 복합조가 실현되어야 하고 (18나)는 하강 복합조가 실현되어야 한다. (18다)는 성조 배열 제약에 의해 당연히 HL로 실현되어야 한다.140) 실제로는 어떻게 발화되는지 동북 방언의 음성 자료 일부만을 듣고는 판단할 수 없었다.

복합조의 문제를 해결하기 위해서는 비음 탈락과 완전순행동화의 문제

─────────────

있으니 고장조로 판단할 수 있겠다. 이후 두 경우 모두 H로의 변동이 가능하다.
139) 영주 지역어에서도 '깬다'는 HL로 발화된다. 그런데 '깨도(H·LL)'를 기준으로 재분석된 어간은 H일 수도 있고 H·L일 수도 있다는 것이다. 그래서 글쓴이는 현재형 '깬다', '간다', '뛴다', '핀다'와 같은 활용형을 통해 기저형을 설정하려 한다.
140) 고조 다음에는 무조건 저조만 배열되어야 하는 것이며 앞 두 예는 저조로 시작하기에 후행 음절은 어느 성조나 가능하다.

도 고찰되어야 한다.

(19) 가. 요강(LH, 尿)+에(H) → 요가에(LHL) → 요가아(LHL) → 요가(LH·L)
　　나. 동냥(HL, 尿)+에(H) → 동냐에(HLL) → 동냐아(HL·L) → 동냐(HL)

(19나)는 성조 배열 제약에 의해 당연히 HL로 실현되어야 한다. 이를
포함하여 실제 체계적인 조사를 통해 복합조 전체를 대상으로 한 논의가
필요해 보인다. 이들이 종합적으로 고찰된 다음 몇몇 대립쌍을 통해 복합조
의 설정 문제가 정리될 필요가 있다.

　계속 미뤄 왔던 '보+아도', '치+아도'에서의 표면성조 도출 과정을 검토해
보자. 활음화와 관련해서는 보상적 작용이 중요한데 이를 설명하기 위해서
는 음절화 여부를 반드시 고려해야 한다. 실제 언어생활에서 음절화한 발화
가 가능한가는 보상적 작용에 매우 중요하다. 언어 대중이 '(공을) 보아두'는
발화하더라도 '(공을) 치어두'는 발화하지 않는다는 것이 핵심이다. 다음은
수의적인 발화 '보아두'가 가능한 경우이다.

(20) 보(H, 見)+아두(HL)　→　보아두(HLL)　→　봐두(H·LL)　→　봐두(HL)
　　　　　　　음절화/성조 배정　　　　활음화/성조 축약　　　복합조의 고조화

　3음절의 '보아두'가 가능하기에 음절화 이후 활음화에 따른 보상작용이
가능한 것이다. 다음은 수의적인 발화 '치어두'가 불가능한 경우이다. (20)
과 같은 음절화 과정을 둘 수 없다.

(21) 치(H, 打)+어두(HL)　　→　　쳐두(HL)　→　처두(HL)
　　　　　　활음화와 성조 탈락　　　활음 탈락

　어간 모음이 활음으로 바뀌면서 그에 얹힌 성조가 탈락하는 것으로 이해

할 수 있다. 즉 수의적인 발화가 가능하지 않기에 그에 따른 음절 하나가 손실을 본바, 해당 음절에 얹힌 성조가 탈락한다는 것이다.

함남 방언은 표로 제시하면서 마무리한다. 함북의 '셔-(立)'는 '서-'로 실현된다.

신흥: 1음절 활용 어간

잡- 捉	칩- 寒	서- 立	가- 去	울- 泣	적- 少
잡꾸 LH	칩꾸 HL	서구 LH	가구 LH	울구 HL	적꾸 HL
잠는다 LLH	칩따 HL	선다 LH	간다 HL	운다 HL	적따 HL
잡떠라 LHL	칩떠라 HLL	서더라 LHL	가더라 HLL	우더라 HLL	적떠라 HLL
자부니 LHL	치부니 HLL	서니 LH	가니 LH	우니 HL	저그니 HLL
자부무 LHL	치부무 HLL	서무 LH	가무 LH	울무 HL	저그무 HLL
자바두 LHL	치버두 HLL	서두 HL	가두 HL	우러두 LHL	저거두 HLL
자받따 LHL	치벋따 HLL	섣따 HL	간따 HL	우럳따 LHL	저걷따 HLL

② 2음절 어간의 활용형

2음절 활용 어간에서의 성조 실현 양상을 아래 표에서 확인해 보자.

육진: 2음절 활용 어간

가찹- 近	고치- 造	드물- 稀	더럽- 染
가찹꾸 LLH	고치구 LHL	드물구 HLL	더럽꾸 HLL
가찹따 LLH	고친다 LHL	드무다 HLL	더럽따 HLL
가찹떠라 LLHL	고치더라 LHLL	드무더라 HLLL	더럽떠라 HLLL
가차부니 LLHL	고치니 LHL	드무니 HLL	더러부니 HLLL
가차부무 LLHL	고치무 LHL	드무무 HLL	더러부무 HLLL
가찹바서 LLHL	고체두 LHL	드무러두 HLLL	더러바두 HLLL
가차받따 LLHL	고쳳따 LHL	드무럳따 HLLL	더러받따 HLLL

(1) 가찹-

　　가찹꾸(LLH), 가찹따(LLH),[141] 가찹떠라(LLHL), 가찹껟따(LLHL),

　　가차부무(LLHL), 가차부니(LLHL), 가차바서(LLHL), 가차바두(LLHL)

어간 '가찹-'과 어미가 통합한 활용 패러다임의 성조를 살펴볼 때 어간의

성조는 항상 LL로 실현된다는 것을 알 수 있다. 이에 '가찹-'의 기저성조를

---

141) 표면성조 '가찹꾸(LHH)', '가찹따(LHH)'류도 꽤 많이 확인했다. 이들이 점차적으로 높아
　　지는 음은 아니다. HH가 평탄한 경우도 있다. LLH류도 나타나지만 LHH도 확인된다.
　　경북, 경남 방언의 LLH와 큰 차이를 보이는 발화가 많다는 것이다. 특히 '부른다', '붙든
　　다', '뚫는다', '잡는다', '붓는다'처럼 현재형에서 LHH류가 활발하게 나타나는데 이들
　　은 모두 기존 연구에서 LL을 기저성조로 하는 어간이다. LH를 기저성조로 하는 어간은
　　철저히 '뿌린다', '던딘다'로 나타난다. 사실은 LLH로 발화하든 LHH로 발화하든 유사
　　성조형이 없기에 상관은 없다. 박미혜(2022)에 따르면 이들도 LHL로 단일화되어 간다고
　　한다. 필자가 접한 음성 자료는 '-르' 말음 어간의 경우 '모르-', '누르-' 등 일부를 제외하
　　고는 LL(흐르-, 부르- 등) 어간이 대부분인 것으로 파악했다.

LL로 설정할 수 있다.

> (2) 드물-
> 드물구(HLL), 드무디(HLL), 드무더라(HLLL), 드물겐따(HLLL), 드물
> 무(HLL), 드무니(HLL), 드무러서(HLLL), 드무러두(HLLL)

어간 '드물-'과 어미가 통합한 곡용 패러다임의 성조를 살펴볼 때 어간의 성조는 항상 HL로 실현된다는 것을 알 수 있다. 이에 '드물-'의 기저성조를 HL로 설정할 수 있다.

> (3) 고치-142)
> 고치구(LHL), 고친다(LHL), 고치다가(LHLL), 고치더라(LHLL), 고치
> 겐따(LHLL), 고치무(LHL), 고치니(LHL), 고체두(LHL), 고체서(LHL)

어간 '고치-'와 어미가 통합한 곡용 패러다임의 성조를 살펴볼 때 어간의 성조는 항상 LH로 실현된다는 것을 알 수 있다. 이에 '고치-'의 기저성조를 LH로 설정할 수 있다. (1)과 기저성조가 다른 이유는 각각의 첫 번째 활용형 '가찹꾸(LLH)'와 '고치구(LHL)'를 통해 명백히 드러난다.

함남 방언은 표로 제시하면서 마무리한다.

신흥: 2음절 활용 어간

가찹- 近	고치- 造	드물- 稀	더럽- 染
가찹꾸 LLH	고치구 LHL	드물구 HLL	더럽꾸 HLL
가찹따 LLH	고친다 LHL	드무다 HLL	더럽따 HLL

---

142) 전학석(1993)에 제시된 자료를 가져온다.

가찹- 近	고치- 造	드물- 稀	더럽- 染
가찹떠라 LLHL	고치더라 LHLL	드무더라 HLLL	더럽떠라 HLLL
가차부니 LLHL	고치니 LHL	드무니 HLL	더러부니 HLLL
가차부무 LLHL	고치무 LHL	드물무 HLL	더러부무 HLLL
가차바서 LLHL	고체두 LHL	드무러두 HLLL	더러바두 HLLL
가차받따 LLHL	고첼따 LHL	드무럳따 HLLL	더러받따 HLLL

③ 3음절 어간의 활용형

육진: 3음절 활용 어간

게그르- 怠	붉어디- 紅	두두리- 敲	기달구- 待	어즈럽- 亂	더럽히- 汚
게그르구 LLLH	불거디구 LHLL	두두리구 LHLL	기달구구 LLHL	어즈럽꾸 HLLL	더러피구 HLLL
게그르다 LLLH	불거딘다 LHLL	두두린다 LHLL	기달군다 LLHL	어즈럽따 HLLL	더러피다 HLLL
게그르더라 LLLHL	불거디더라 LHLLL	두두리더라 LHLLL	기달구더라 LLHLL	어즈럽떠라 HLLLL	더러피더라 HLLLL
게그르니 LLLH	불거디니 LHLL	두두리니 LHLL	기달구니 LLHL	어즈러부니 HLLLL	더러피니 HLLL
게그르무 LLLH	불거디무 LHLL	두두리무 LHLL	기달구무 LLHL	어즈러부무 HLLLL	더러피무 HLLL
게글거도 LLHL	불거데두 LHLL	두두레두 LHLL	기달궈도 LLHL	어즈러바두 HLLLL	더러페두 HLLL
게글걷따 LLHL	불거덴따 LHLL	두두렏따 LHLL	기달궏따 LLHL	어즈러받따 HLLLL	더러펟따 HLLL

(1) 게그르-

　가. 게그르구(LLLH), 게그르다(LLLH), 게그르더라(LLLHL), 게그르
　　 껟따(LLLHL), 게그르무(LLLH), 게그르니(LLLH)

　나. 게글거서(LLHL), 게글걷따(LLHL)

(1가)만을 대상으로 할 때 어간 '게그르-'와 어미가 통합한 활용 패러다임에서 어간의 성조는 항상 LLL로 실현된다는 것을 알 수 있다. 그런데 모음 어미 통합형은 이 어간의 패러다임을 복수 기저성조로 설정하게 한다. 일단음소 배열이 다르다. (1가)를 통해서는 '게그르-', (1나)를 통해서는 '게긁-'을확인할 수 있다. 이에 '게그르-(LLL)∽게긁-(LL)'을 복수 기저성조로 설정할수 있다. 이들은 중세 국어의 '다ᄅ고, 다ᄅ면, 달아'의 후대형으로 이해할수 있다. 소위 '-ᄅ/르-' 불규칙 용언의 활용 양상이 이 방언에서 일부 확인된다는 것이다. 기저형을 확인하게 쉽게 몇몇 활용 어간을 제시한다. (2가)류와 (2나)류 모두 꽤 많이 확인된다.

(2) 가. 니르구', 니르면', 닑어'(讀) ; 따르구', 따르면', 딹아'(短)

　나. 마르구', 마르면', 말라'서(燥) : 마르-(LL)∽말르-(LL)

　다. 누르'구, 눌러'서(押) : 누르-(LH)∽눌르-(LH)

　cf. 모르'구, 모르'면, 몰'라[143] : 모르-(LH)∽몰르-(HL)

제시한 복수 기저형 관련 도출은 '말르(LL)+아서(HL)', '눌르(LH)+어서(HL)'에서 공히 어간말모음 'ㅡ'의 탈락으로 설명될 수 있다. 탈락된 모음 'ㅡ'에얹힌 성조가 탈락하면 표면성조 LHL(말라서, 눌러서)이 도출된다.

---

[143] 경북 방언에서도 '몰라(HL~L·HH)'는 수의성을 보인다. 상승 복합조는 중세 국어 할용형에 대응된다.

(3) 어즈럽-
   어즈럽꾸(HLLL), 어즈럽따(HLLL), 어즈럽떠라(HLLLL), 어즈럽껜따
   (HLLLL), 어즈러부무(HLLLL), 어즈러부니(HLLLL), 어즈러바서
   (HLLLL), 어즈러바두(HLLLL)

어간 '어즈럽-'과 어미가 통합한 곡용 패러다임의 성조를 살펴볼 때 어간
의 성조는 항상 HLL로 실현된다는 것을 알 수 있다. 이에 '어즈럽-'의 기저
성조를 HLL로 설정할 수 있다.

(4) 붉어디-
   불거디구(LHLL), 불거딘다(LHLL), 불거디다가(LHLLL), 불거디더라
   (LHLLL), 불거디겐따(LHLLL), 불거디무(LHLL), 불거디니(LHLL),
   불거데서(LHLL), 불거데두(LHLL)

어간과 어미가 통합한 활용 패러다임의 성조를 살펴볼 때 어간 3음절에
해당하는 성조는 항상 LHL로 실현된다는 것을 알 수 있다. 이에 '붉어디-'의
기저성조를 LHL로 설정할 수 있다.

(5) 기달구-(LLH)
   기달구구(LLHL), 기달군다(LLHL), 기달구다가(LLHLL), 기달구더라
   (LLHLL), 기달구겐따(LLHLL), 기달구무(LLHL), 기달구니(LLHL),
   기달궈서(LLHL), 기달궈두(LLHL)

어간 '기달구-'와 어미가 통합한 곡용 패러다임의 성조를 살펴볼 때 어간
의 성조는 항상 LLH로 실현된다는 것을 알 수 있다. 이에 '기달구-'의 기저
성조를 LLH로 설정할 수 있다. (1)과 기저성조가 다른 이유는 각각의 첫
번째 활용형 '게그르구(LLLH)'와 '기달구구(LLHL)'를 통해 명백히 드러난다.

모음 어미 통합형 '기달궈서'에서 하강 복합조가 실현될 환경인데도 그 복합조는 전술한 바와 같이 고조로 실현되는 것이다.

함남 방언은 표로 제시하면서 마무리한다. 다만 함북의 '게그르-(LLL)'가 함북과 달리 HLL로 실현되기에 '주무루'로 대치한다.

신흥: 3음절 활용 어간

주무루- 怠	붉어디- 紅	두두리- 敲	지달구- 待	어즈럽- 亂	더럽히- 汚
주무루구/게그르구 LLLH/HLLL	불거지구 LHLL	두두리구 LHLL	지달구구 LLHL	어즈럽꾸 HLLL	더러피구 HLLL
주무룬다 LLLH	불거진다 LHLL	두두린다 LHLL	지달군다 LLHL	어즈럽따 HLLL	더러피다 HLLL
주무루더라 LLLHL	불거지더라 LHLLL	두두리더라 LHLLL	지달구더라 LLHLL	어즈럽떠라 HLLLL	더러피더라 HLLLL
주무루니 LLLH	불거지니 LHLL	두두리니 LHLL	지달구니 LLHL	어즈러부니 HLLLL	더러피니 HLLL
주무루무 LLLH	불거지무 LHLL	두두리무 LHLL	지달구무 LLHL	어즈러부무 HLLLL	더러피무 HLLL
주물거도/게글거도 LLHL/HLLL	불거저두 LHLL	두두레두 LHLL	지달궈도 LLHL	어즈러바두 HLLLL	더러페두 HLLL
주물걷따 LLHL	불거젇따 LHLL	두두렏따 LHLL	지달궏따 LLHL	어즈러받따 HLLLL	더러펟따 HLLL

함남에서도 '주무루-(LLL)∽주묽-(LL)'을 복수 기저성조로 설정할 수 있다. 중세 국어의 소위 '-ᄅ/르-' 불규칙 용언의 활용 양상이 이 방언에서 일부 확인되는바, '달아 cf. 다ᄅ고'에서의 'ㄹ◦'후대형으로 이해할 수 있다.

6. 중세 국어 및 방언권별 성조 대비

이 장에서는 방언권별 곡용 어간을 통해 중세 국어와 간단한 대응을 확인해 보고자 한다.

수의적인 방언형은 가급적 제외하고 전형적인 방언형에 따른 성조를 제시한다. 다만 방언형 '토깽이'와 같이 중세 국어의 두 음절 어형에 대응하지 않는 경우는 표준어형 '토끼'를 통해 대응을 모색한다. 결론적으로 상승 복합조만 제외하면 2음절, 1음절 어간의 경우 영동 방언과 육진 방언이 주목된다. 역전적 성조 실현을 확인할 수 있기 때문이다.

먼저 단음절 곡용 어간의 경우를 확인해 보자.

중세 국어 1음절 어간과 방언권별 곡용형의 성조 대비

중세	육진	강릉	삼척	영주	대구	창원
물(馬) 平	마리 LH	마리 HL	마리 HL	마리 HL	마리 HL	마리 HL
말(斗) 去	마리 HL	마리 LH	마리 LH	마리 HH	마리 HH	마리 HH
말(語) 上	마리 HL	마리 L·HH~L·HL	마리 L·HL	마리 L·HH	마리 L·HH	마리 LM

1음절 곡용 어간의 경우 중세 국어의 저조인 '물(馬)'은 육진 이외의 지역에서는 모두 고조로 실현된다. 주지하듯이 HH 성조 배열이 존재하지 않는

강릉, 삼척 지역은 육진과 대조를 보인다. 육진의 곡용형과 대비해 볼 경우 HL이 LH로, LH가 HL로 완전히 정반대의 실현을 확인할 수 있다. 동남 방언의 경우는 HH가 성조 배열이 존재하기에 '말(斗)+이 → 마리'에서 육진, 강원 영동 방언과 차이를 보인다. 육진의 '말+이 → 마리'는 두 성분이 고조인데 후행 성분이 저조화되는 성조 변동 규칙이 적용되어 표면형 HL가 도출된다.

상승 복합조만 제외하면 영동 방언과 육진 방언이 완전히 역전적인 성조 실현을 보이는 것으로 판단할 수 있다.

중세 국어 2음절 어간과 방언권별 성조 대비

중세	육진	강릉	삼척	영주	대구	창원
드리(橋) 平平	다리 LL	다리 LH	다리 LH	다리 LH	다리 LH	다리 LH
몬지(塵) 平平	문지 LL	문지 LH	문지 LH	문지 LH	문지 LH	문지 LH
가싀(荊) 平去	가시 LH	까시 HL	까시 HL	까시 HL	까시 HL	까시 HL
몰애(沙) 平去	모새 LH	모새/몰개 HL	몰개 HL	몰개 HL	몰개 HL	모래 HL
스믈(二十) 去去	시물 HL	수물 LH	수물 LH	시물~수물 HH	수물 HH	수물 HH
톳기(卯) 去去	토끼 HL	토끼 LH	토끼 LH	토끼 HH	토끼 HH	토끼 HH
돗귀(斤) 上去	도끼 HL	도꾸 L·HH~L·HL	도꾸 L·HL	도꾸 L·HH	도치 L·HH	도치 LH
겨집(女) 上平	계집 HL	지집 L·HH	지집 L·HL	기집 L·HH	기집 L·HH	지집 LH

2음절 곡용 어간의 경우 중세 국어에서 平平으로 실현되는 '드리(橋)'는 육진 지역에서 그대로 실현되고 강릉을 비롯하여 창원에 이르기까지 모두

LH로 실현된다. 중세 국어의 平去형인 '가시(荊)'의 반사형은 육진 지역에서 LH로, 그 나머지 지역에서는 역전적인 HL로 실현된다.

중세 시기 去去형인 '톳기(卯)'는 육진에서는 HL로, 동남 방언에서는 HH로 실현되는데 이 HH는 영동 방언에는 존재하지 않기에 LH로 실현된다. 역전 현상이 역시 육진 방언과 영동 방언에서 확인된다.

중세 국어에서 첫 음절이 상성으로 실현된 '돗귀(斤)'는 육진에서는 HL로, 나머지 지역에서는 상승 복합조가 그대로 실현된다. 상승 복합조 뒤 고조, 상승 복합조 뒤 저조는 해당 지역어의 성조 배열 제약에 따른 것이다.

중세 국어 3음절 어간과 방언권별 성조 대비

중세	육진	강릉	삼척	영주	대구	창원
손까락 平平平	손가락 LLL	손까락 LHL~LHH	손까락 LHL~LLH	손까락 LHL	손까락 LHL	손까락 LHL
벌어지 平平去	벌거지 LLH	벌거지 LHL	벌거지 LHL	벌거지 LHL	벌거지 LHL	벌거지 LHL
며느리 平去去	며느리 LHL	메느리 HLL	메느리 HLL	메느리 HLL	메느리 HLL	메느리 HLL
두루미 去去去	두루미 HLL	두루미 LHL	두루미 LHL	두루미 LHL	두루미 LHL	두루미 LHL
돗가비 去平去	도깨비 HLL	또깨비 LHL	또깨비 LHL	도깨비 LHL	도채비 LHL	도채비 LHL
사마괴 上去去	사마귀 HLL	사마구 L·HHL~L·HLL	사마구 L·HLL	사마구 L·HHL	사마구 L·HHL	사마구 LHH
거머리 上平去	거마리 HLL	그마리 L·HHL~L·HLL	거마리 L·HLL	거머리1) L·HHL	거무리 L·HHL	거무리 LHH
도리채 平平去	도리깨 LHL2)	도리깨 LHL	도루깨 LHL	도리깨 LHL	도리깨 LHL	도르깨 LHL
버워리 平去去	버버리 LHL	버버리/벙어리 LHL/HLL	버버리 LHL	버버리 LHL	버버리 LHL	버버리 LHL
고솜톱 平去平	고솜돝 LLH3)	고슴도치 HLLL	꼬심도치 HLLL	고슴도치 LLHL	고슴도치 LLHL	고슴도치 LLHL

3음절 곡용 어간의 경우는 중세 국어에서 平平平으로 실현된 '손까락'은 육진의 LLL을 제외하고는 LHL로 실현된다. 강릉과 삼척의 '손가락'은 수의 성을 보인다.

平平去로 실현된 '벌어지'는 육진의 LLH를 제외하면 나머지 지역에서는 LHL로 실현되는 것이 일반적이다. 去平平으로 실현된 '며느리'는 육진의 LHL을 제외하면 나머지 지역에서는 LHL로 실현된다. 결국 去平平의 반사형을 제외하면 육진 이외 지역에서는 LHL형으로 실현되는 것이 일반적이다. 이는 去去去로 실현된 '두루미', 去平去로 실현된 '돗가비'에도 그대로 적용된다. 육진 지역에서는 H가 하나만 놓이기 때문에 '두루미', '돗가비'의 반사형은 HLL로 실현되는 것이 일반적이다. 중세 국어에서 상성으로 시작하는 '사마괴', '거머리'는 육진에서 HLL, 그 나머지 지역에서는 복합조로 실현된다. 상승 복합조를 보이는 유형은 1음절, 2음절, 3음절 모두 동일한 방식임을 알 수 있다. 平去去로 실현된 '버워리', '고솜톹'은 다소 불규칙적 양상이 확인된다. 중세 시기 平平去로 실현된 '도리채'는 함남의 'LLH(또는 LHH)'를 고려하면 다른 平平去형인 '벌어지'의 성조 대응과 일치한다. 결과적으로 3음절의 경우, 동남 방언이나 영동 방언은 LHL로 실현되는 빈도가 많음을 알 수 있다.

저조로 시작하는 어간의 경우 방언권별 차이가 확연히 드러난다.

저조로 시작하는 어간의 방언권별 성조 대비

	기와집	기와집이	기와집이지	기와집부터	기와집부터라도
경북 영주, 울진	LLH	LLHL	LLHLL	LLLHL	LLLHLLL

1) '검저리'로도 실현된다.
2) Ramsey(1978/1991:110)에서는 '도리깨'를 '진달래', '손까락'과 같은 부류로 제시하고 있다. LLL류이다.
3) '고순도티(LLLH)도 확인된다(곽충구 1994, 박진혁 2003).

	기와집	기와집이	기와집이지	기와집부터	기와집부터라도
경북 문경	LHL	LLHL	LLLHL	LLLHL	LLLLLHL
경남 창원	LHH	LHHL	LHHLL	LHHHL	LHHHLLL
경남 산청	LHL	LHHL	LHHHL	LHHHL	LHHHHHL
경남 통영	LHL	LHHL	LHHLL	LHHHL	LHHHLL
강원 삼척	LLH	LLHL	LLHLL	LLHLL ~LLLHL	LLHLLLL ~LLLHLLL
강원 강릉	LHH	LHHL	LHHLL	LHHHL	LHHLLL
함남 신흥	LLH	LLHL	LLHLL	LLHLL	LLHLLLL
함북 육진	LLH	LLLH	LLLHL	LLLLH	LLLLHLL

각 방언권별 표면성조는 기저형 간의 통합으로 실현되는데 그 표면성조
가 저조로 시작하는 경우, 경남 서부와 경북 서부에서는 상위의 율동 제약
이 존재한다. 그것은 바로 끝에서 둘째 음절(penultimate syllable)이 의미가
있다(LHHL 유형, LLHL 유형). 저조로 시작하는 3음절 이상의 기식군이라면
그 기저성조 간의 변동 규칙 자체가 의미를 상실한다. 고성, 통영, 거제 지
역어의 경우, 기저형은 경남 서부의 패턴을 따르고 어미가 결합한 곡용형은
경남 동부의 패턴을 따른다. 이른바 전이지대적 성격이라 할 수 있다.

상승 복합조와 관련된 성조 배열 제약에 대해 살펴보자.

상승 복합조의 방언권별 성조 대비

	사람	사람이	사람이지	사람부터	사람부터라도
영주	L·HH	L·HHL	L·HHLL	L·HHLL	L·HHLLLL
울진	L·HL	L·HLL	LLHLL	L·HLLL	L·HLLLLL
문경	L·HH	L·HHL	L·HHLL	L·HHLL	L·HHLLLL
창원	LH	LHH	LHHL	LHHLL	LHHLLL
산청	LH	LHL	LHLL	LHLL	LHHLLL
통영	LH	LHL	LHLL	LHLL	LHHLLL

	사람	사람이	사람이지	사람부터	사람부터라도
강릉	L·HH~L·HL	L·HHL~L·HLL	L·HHLL	L·HHLL	L·HHLLLL
삼척	L·HL	L·HLL	L·HLLL	L·HLLL	L·HLLLLL
신흥	HL	HLL	HLLL	HLLL	HLLLLL
육진	HL	HLL	HLLL	HLLL	HLLLLL

전술한 바와 같이 경북 방언은 상승 복합조 다음에 고조가 놓인다. 다만 경북 동해안 방언과 삼척 지역어에서는 L·HL로 나타난다. 사실 L·HH에 비해 L·HL은 엄청난 차이를 보인다. 그것이 동해안 방언 그 서쪽과의 차이를 확연히 드러낸다. 이 L·H와 관련해서는 크게 3개 권역을 확인할 수 있다. L·H로 실현되나 성조 배열이 L·HH인 지역(주로 경북), L·H로 실현되나 그 성조 배열이 L·HL인 지역(주로 경북 동해안), L·H가 실현되지 않는 지역(대부분의 경남)이 그것이다. 주지하듯이 함경도 지역에서는 고조로 실현되나 일부에서는 L·HL로 실현된다. 다만 경남에서는 두 가지 패턴을 보인다. LHH(경남 동부), LHL(경남 서부)가 그것이다.

HH 배열이 존재하는 방언과 그것이 허용되지 않는 방언을 대비해 보자.

'HH(모기/모구/머구)' 곡용형의 방언권별 성조 대비

	모기	모기가	모기라도	모기부터	모기부터라도
동남 방언	HH	HHL	HHLL	HHLL	HHLLLL
영동 방언	LH	LHL	LHLL	LHLL	LHLLLL
동북 방언	HL	HLL	HLLL	HLLL	HLLLLL

HH를 기저성조로 가지는 어사는 이하 음절에서 더 이상의 고조를 요구하지 않는다. 그래서 어미의 기저성조와 관계없이 어간의 기저성조가 그대로 실현된다. 상당히 단조로운 패턴이다. 다만 영동 방언과 동북 방언에서

는 LH 패턴과 일치된다. HH 패턴이 없기에 그만큼 동남 방언보다 단순하다고 할 수 있다. 그러나 이들 패턴이 없는 것은 방언 의식에 매우 민감할 수 있다. 방언차를 크게 느낄 수 있다는 뜻이다.

다음은 동남 방언과는 차이를 보이는 영동 방언의 성조 변동 규칙에 대해 살펴보기로 한다.

성조 변동 규칙의 상이를 확인할 수 있는 영동 방언

	내처럼	집처럼	감재처럼	잡더라	물더라	가깝더라
울진	LHL	LHL	LLHL	LHL	LHL	LLHL
삼척	LHL	LHL~HLL	LLHL~LHLL	LHL	LHL	LHLL~LLHL
강릉	LHL	HLL	LHLL(~LHHL)4)	LHL	HLL5)	LHLL~(LHHL)

위의 표를 통해서 많은 점을 유추할 수 있다. 제시된 어간은 '집또(HL), 감재도(LHL), 잡꼬(HL), 물고(HL), 가깝꼬(LHL)'를 고려하면 기저성조를 (L)H로 설정할 수 있다.6) 전 방언권 공통으로 어미 '-처럼', '-더라'의 기저성조는

---

4) 괄호 친 부분에서 확인되는 2음절 이하에서의 HH는 같은 높낮이이다. 영동 방언에는 HH 배열이 없지만 2음절 이하에서는 HH 배열이 가능하다(삼척은 소수에서 확인됨). 이는 성조 변동 규칙에 의한 것이 아니라 율동과도 연관되어 있다. 6장의 일부 내용과 1.7절의 일부 내용은 임석규(2022, 근간)에도 제시된다. 출판 교정이 거의 동시에 진행되고 있는데 '국어사학회'의 기획 주제와 맞물려 있는 상태임을 밝힌다.

5) 강릉 말에서 확인되는 특별한 유형이다. 물거든(HLL), 낮더라(HLL), 낮거든(HLL)과 같이 '잡-'류와는 다른 변동을 보인다. 이 또한 강릉 말의 특징이다

6) 대명사 '나∽내'는 전 방언권을 통틀어 음소적 측면에서나 운소적 측면에서나 불규칙 곡용을 한다. 경북 동부 방언으로 곡용형을 제시한다[나는(HL), 나를(HL), 나도(HL)~나도(L·HH)~난도(L·HH), 내가(HH), 내만(HH) 내망큼(LHL), 내보담도(LLH·LL)]. '내가', '내만'에서의 HH와 '나도~난도'에서의 상승 복합조가 특이하다. 그래도 정상적인 음소 환경(나는 HL, 나도HL)에서는 '나'는 고조이다. 참고로 몇몇 대명사의 곡용형을 제시한다. '니는(HL~L·HH), 니를(HL~L·HH), 니도(HL~L·HH), 니가(L·HH), 니만(L·HH) cf. 니처럼(LHL), 니망큼(LHL), 니보다도(LLH·LL)', '니'를 '너'로 교체하면 상승 복합조는 실현되지 않는다. '저는(HL), 저를(HL), 저도(HL), 지가(L·HH)~제가(L·HH)~저가(HL), 저만(HL) cf. 저처럼(LHL), 저망큼(LHL), 저보다도(LLH·LL)'

HL이다. 울진을 비롯한 동남 방언 전역에서 '내처럼'은 LHL로 실현된다. 다음의 (1가) 규칙이 적용된 것이다.

(1) 가. H+HL → LHL
　　나. H+HL → HLL

(1가)는 두 고조의 통합일 경우 선행하는 고조가 저조화되는 것이고 (1나)는 후행하는 고조가 저조화되는 것이다. 동남 방언 전역에서는 오로지 규칙 (1가)만 존재한다. 울진 지역어를 대표로 제시한 것뿐이다. 삼척 지역어는 대명사에 적용되는 규칙이 일반 명사인 경우와 다르다. 이는 강릉 지역어에서도 확인된다. 삼척 지역어의 경우, 대명사의 곡용과 달리 일반 명사, '집'에는 두 규칙이 모두 적용되어 수의적인 양상을 보인다. 그러다 강릉 지역어에서는 일반 명사인 경우 (1나) 규칙만 적용된다. 이는 규칙 (1나)의 개신이 삼척 지역어에서 시작된 것으로 볼 수도 있다. 대명사의 곡용과 일반 명사의 곡용에서 차이를 보이는 것은 빈도수와 관련될 수 있다. 아무래도 '나', '너', '저', '우리' 등이 일반 발화에서는 많이 등장한다. 그것도 '-처럼', '-부터', '-망큼', '-보다' 등이 통합되는 경우는 더더욱 그러해 보인다.

동북 방언은 오로지 (1나) 규칙이 적용된다. 성조 역전 현상으로 인해 동북 방언은 고조인 '물(H)'과 '텨르(HL)'가 통합하면 'HLL(물텨르)'로 실현된다. 두 고조의 통합에서 후행 성분의 고조가 저조화한 것이다.

'집처럼(LHL~HLL)'에서 확인되는 삼척 지역어의 수의성이 강릉 지역어, '집처럼(HLL)'에서는 동북 방언의 규칙 적용과 동일하다. 이런 점에 근거하여 (1나)의 규칙은 삼척에서 개신된 것으로 이해할 만하다.

우리는 위에서 HH 배열이 영동 방언에 없다고 하였다. 그런데 동남 방언에서의 HH 배열이 너무나도 규칙적으로 영동 방언에 LH에 대응되는 것은 또 다른 가설을 가능케 한다.

다음은 영동 방언권에 속하는 정선 지역어 자료이다. 정상적으로는 '물단지(LLH)'로 실현되어야 한다.

    (2) 물(L)+단지(LH) → 물단지(LHL)
        cf. 물또(LH), 단지(LH)

영동 방언에서의 규칙으로는 설명하기 어렵다. 동남 방언의 HHL을 가져올 수 있다. 영동 방언에서도 HH, HHL이 존재했었는데 특정 시기에 HH → LH로 바뀌는 규칙이 있었던 것으로 이해하는 편이 어떨까 한다. 이에 대해서는 (3)~(6)도 고려하여 토박이 연구자에게 과제로 남겨둘 만하다. 동남 방언 자료를 (3)에, 삼척 지역어 자료를 (4)에 제시한다.

    (3) 모기처럼(HHLL)
        드물더라(HHLL)

    (4) 모기처럼(LHLL)
        드물다라(LHLL)

즉 삼척 지역어에서도 (3)과 같이 발화되다가 HH → LH 규칙이 생성되어 (4)와 같이 발화된다고 보는 것이다.

(5)는 동남 방언 자료이고 (6)은 (4)와 같은 개신형이 영향을 주었을 것으로 보이는 삼척 지역어 자료이다.

    (5) 감재처럼(LLHL)
        가깝더라(LLHL)

(6) 감재처럼(LLHL~LHLL)
   가깝다라(LLHL~LHLL)

이전 시기 삼척 지역어도 (5)와 같이 발화되다가 HH에서 변한 LH 유형
에서의 변동이 간섭을 하는 것으로 보인다. 그래야 수의성을 설명할 수 있
어 보인다. (6)에서는 (1)에 제시한 두 규칙의 적용을 모두 확인할 수 있다.
어느 규칙이 고형인지는 밀도 있는 조사와 밀도 있는 분석으로 가능해 보인
다. (7)의 어절 경계가 하나의 기식군을 이룰 경우, 두 규칙 중 어느 규칙이
일반적인 경향인지 판단해 볼 수는 있다.

(7) 가. 우리(LH)#짐치(HL) → LLHL
       있는(LH)#주이다(HLL, 있는 중이다) → LLHLL
   나. 같이(LH)#가자(HL) → LLHL

(7가), (7나)를 통해 동남 방언의 도출 양상과 일치함을 확인할 수 있다.[7]
선행 성분의 고조가 저조화하는 규칙이다.

글쓴이는 이상을 통해 개신 규칙의 생성으로 동남 방언과 영동 방언을
설명하려 하였다. 규칙의 생성이 아무래도 납득하기 쉬운, 가능성 있는 관
점일 것이다. 동북 방언의 영향으로 보기에는 성조 역전 현상이 문제로 지
적될 수 있다. 이전 시기의 영동 방언, '모기(HL)', '드물-(HL)'이 동북 방언의
영향으로 LH로 변할 수 있는 것은 성조 체계 전체를 뒤엎어야 하는 중대한
사건으로 보인다.

결국 영동 방언을 전이지대로 보고 그 개신의 중심에는 삼척 지역어가
있었던 것으로 이해되며, 15세기부터 현재의 동북 방언, 영동 방언, 동남

---

7) 다만 (7나)는 동남방언에서는 HHLL로 실현된다. 동남 방언에서는 HH 배열이 존재하기
   때문이다.

방언이 분화되었을 가능성은 거의 없어 보인다.8) 중세 국어에는 율동 규칙
이 존재하였다. 기저성조 간의 통합으로 도출된 표면성조를 특별한 율동으
로 제어하는 것이다. 중세 국어와 동일한 율동을 보이는 것은 아니지만 중
세와는 성격을 달리하는 율동 제약이 음장 방언과 접해 있는 방언권, '영동
방언', '경북 서부 방언', '경남 서부 방언', '동북 방언'에 존재하는 것을 통해
중세 국어도 성조 붕괴의 이전 단계를 보여 주는 것이라 볼 수 있다.

　물론 율동 규칙이 있다고 해서 성조 붕괴가 속도를 내는 것은 아니다.
글쓴이가 경북 서부 방언 중 문경 지역어의 율동, '유리라도', '유리처럼'은'
등을 처음 인식한 것이 초등학교 때이다. 40년이 지나도 그 체계는 사실상
공고하다고 인식된다. 다만 '끝에서 2음절 위치'에 고조가 놓이는 양상이
점점 확대되는 추세 정도로 이해될 수 있다(저'단지에 → 저단지'에). 이후 문경
지역어는 성조 방언의 모습을 잃고 '끝에서 2음절 위치'에 악센트가 놓이는
양상으로 변모할 것이다. 그러다가 그것은 특별한 억양으로 자리 잡을 수
있다. '200년, 300년 정도 지나면 그 시기가 올 것이다'라는 가설에는 다소
부정적인 입장이다. '먹고(HL)', '미느리(HLL)'처럼 H로 시작하는 활용형, 곡
용형과 부단한 싸움이 예상된다.

　경북 서부 방언과 달리 영주, 봉화, 안동, 예천 중심의 공고한 성조 변동
양상은 더 많은 시간이 지나더라도 쉬 무너지지 않을 것으로 보인다. 경북
서부 방언보다 한 걸음 더 나아간 율동이 강릉 지역어, 평창 지역어에서
확인된다. 저조로 시작하는 경우 2음절, 3음절, 이후에도 고조가 할당되는
율동(아궁'이'라하는'것'은, 아궁'이#아궁'이'라고도#아궁'이'#이궁'이'라)은 성조의 관점이
아니라 거의 억양의 관점으로 이해된다. 관련되는 성조 현상은 5장에서 구
체화하였다.

---

8) 허 웅 교수, 김차균 교수, 최명옥 교수, 이문규 교수도 이와 같은 관점을 취하나, 김주원
　교수는 중세 시기에서 분화된 것으로 설명한다.

참고논저

강흥구(2010), <광양 방언 1음절 어간 풀이씨 성조>, ≪한글≫ 289, 한글학회, 5-52.

곽충구(1991), <함북 길주지역어 성조의 상승조에 대하여>, ≪국어학의 새로운 인식과 전개≫, 민음사, 252-277.

곽충구(1991/1994), ≪함북 육진방언의 음운론≫, 태학사.

곽충구(2019), ≪두만강 유역의 조선어 방언 사전≫, 태학사, 2019.

권인한(1991), <여대 성조의 재구를 위한 기초적 연구>, ≪국어학≫ 21, 국어학회, 209-233.

권인한(1998), ≪조선관역어의 음운론적연구≫, 국어학회.

김고은(2016), <부산 지역어의 성조형과 성조 변화>, 서울대대학원(석사).

김고은(2018), <경남방언의 성조>, ≪방언학≫ 28, 한국방언학회, 83-108.

김무식(1992), <경북 방언 초분절소에 대한 실험음성학적 연구: 의성지역어를 중심으로>, ≪국어학≫ 22, 국어학회, 57-86.

김무식(1999), <경북방언 용언의 성조형>, ≪문학과 언어≫ 21, 문학과 언어연구회, 1999, 1-33.

김봉국(1998), <삼척지역어의 성조 연구>, ≪국어연구≫ 150, 국어연구회.

김봉국(1999), <삼척지역어의 하강음조에 대한 실험음성학적 고찰>, ≪관악어문연구≫ 24, 서울대 국어국문학과, 129-154.

김봉국(2000), <강릉·삼척지역어의 활음화>, ≪한국문화≫ 26, 서울대 한국문화연구소, 1-33.

김봉국(2002), <강원도 남부지역방언의 음운론>, 서울대대학원(박사).

김봉국(2004), <함북 육진방언의 복합성조>, ≪국어교육≫ 113, 한국어교육학회, 525-543.

김성규(1994), <중세국어의 성조변화에 대한 연구>, 서울대대학원(박사)

김성규(2009), <15세기 한국어 성조의 성격에 대하여>, ≪국어학≫ 56, 국어학회, 3-31.

김성환(1987), <경북 방언 성조에 관한 연구>, 계명대대학원(박사).

김세진(2004), <사천 방언과 남해 방언의 성조 체계 비교 연구>, ≪한글≫ 266, 한글학회, 5-47.

김세진(2006), <경남 서남부 방언의 성조 연구>, 충남대대학원(박사).

김세진(2007), <사천방언과 하동방언 평측형 풀이씨의 형태성조론적 고찰>, ≪한글≫ 277, 한글학회, 47-99.

김세환(2005), <청송 지역어의 음운론적 연구>, ≪국어연구≫ 180, 국어연구회.

김세환(2006), <경북 방언의 '다리ˆ(他)'에 관하여>, ≪방언학≫ 3, 한국방언학회, 157-176.

김세환(2012), <청송 지역어의 하강조에 대하여: 1음절 용언 어간을 중심으로>, ≪우리말글≫ 55, 우리말글학회, 1-21.

김세환(2013), <청송 지역어 합성어의 성조 변화에 대한 시론>, ≪방언학≫ 17, 한국방언학회, 33-56.

김세환(2018), <경북방언의 성조>, ≪방언학≫ 28, 한국방언학회, 63-81.

김수현(2015), <중앙아시아 고려말의 공시 음운론: 원 함남 단천 지역어를 대상으로>, 서강대 대학원(박사).

김영만(1966), <경남 방언의 성조 연구>, ≪국어국문학≫ 31, 국어국문학회, 85-115.

김영만(1972), <고금성조 비교 재론>, ≪한글≫ 149, 한글학회, 43-76.

김영만(1974), <방점표기의 원칙과 성조변화>, ≪국어국문학≫ 64, 국어국문학회, 63-76.

김영만(1986), <국어초분절음소의 사적 연구>, 고려대대학원(박사).

김영만(1991), <국어 초분절음소의 이론과 실제>, ≪들메 서재극 박사 환갑기념논문집≫, 계명대학교 출판부, 139-164.

김영만(1992), <운소론>, ≪국어학연구백년사≫ Ⅰ, 일조각, 26-80.

김영만(1997), <국어 초분절음의 공시적 연구>, ≪영남어문학≫ 32, 영남어문학회, 5-51.

김완진(1972), <형태론적 현안의 음운론적 극복을 위하여: 이른바 장모음의 경우>, ≪동아문화≫ 11, 서울대 동아문화연구소, 271-299.

김완진(1977), ≪중세국어성조의 연구≫, 탑출판사.

김재문(1977), <서부경남 방언의 음운 연구>, ≪논문집≫ 15, 진주교대, 91-122.

김정대(1998), <경남방언의 성격>, ≪방언학과 국어학≫, 태학사, 321-364.

김정대(2007), <산청 지역어의 성격: 창원 지역어와의 대조를 통하여>, ≪어문론총≫ 47, 한국문학언어학회, 131-183.

김정대(2012), <경남방언 구획 문제를 다시 생각한다>, ≪배달말≫ 51, 배달말학회, 45-99.

김주석·최명옥(2001), ≪경주 속담·말 사전≫, 한국문화사.

김주원(1991가), <경상도방언의 고조의 본질과 중세국어 성조와의 대응에 대하여>, ≪언어학≫ 13, 한국언어학회, 75-93.

김주원(1991나), <경상도 방언의 성조 기술방법: 표기 방법의 표준화를 위한 시론>, ≪어학연구≫, 27-3, 서울대 어학연구소, 585-607.

김주원(1994), <성조 연구의 성과와 전망>, ≪인문과학≫ 10, 경북대 인문과학연구소, 135-164.

김주원(1995), <중세국어 성조와 경상도 방언 성조의 비교 연구>, ≪언어≫ 20-2, 한국언어학회, 1-28.

김주원(2000), <영남방언 성조의 특성과 그 발달>, ≪어문학≫ 69, 한국어문학회, 91-115.

김주원(2003), <성조론>, ≪국어학회 집중강좌≫, 2003, 1-22.

김주원(2003), <강원도 동해안 방언 성조의 특성>, ≪민족문화논총≫ 27, 영남대 민족문화연구소, 249-283.

김차균(1977), <어절성조체계의 기술방법>, ≪언어학≫ 2, 한국언어학회, 133-156.

김차균(1980), ≪경상도 방언의 성조 체계≫, 과학사.

김차균(1985), <중세국어와 경상도방언의 성조 대응 관계 기술의 방법>, ≪역사언어학≫, 전예원, 203-240.

김차균(1991), <일본 언어학계의 한국어 성조 연구사>, ≪언어학 연구사≫, 서울대출판부, 120-172.

김차균(1997), <삼척방언과 울진방언 음조형의 비교>, ≪성재 이돈주 선생 화갑기념논총 국어학연구의 새지평≫, 태학사, 405-438.

김차균(1999가), <우리말 방언 성조의 비교>, ≪역락≫.

김차균(1999나), '나가·다'형 풀이씨의 특이 음조형에 바탕한 동남부 방언 공통 조어 가설>, ≪논문집≫ 26, 충남대학교 인문과학연구소, 119-214.

김차균(2002가), <안동방언과 밀양방언 성조 비교>, ≪어문연구≫ 39, 어문연구회, 5-99.

김차균(2002나), <창원 방언과 안동 방언 성조의 비교>, ≪우리말글≫ 25, 우리말글학회, 1-80.

김차균(2002다), ≪국어 방언 성조론≫, 역락.

김차균(2003), ≪영남 방언 성조 비교≫, 역락.

김차균(2007), <한국의 동남 방언과 일본의 이즈모 방언의 억양에 대한 비교(이병운 교수)에 대한 토론문>, ≪제4회 한국방언학회 학술대회 발표 논문집≫, 한국방언학회, 151-156.

김차균(2015), <방점법에 바탕을 둔 우리말의 성조≫, 역락.

김차균(2021), <'이극로 박사 음성 녹음 자료'의 성조론적 연구>, ≪한글≫ 333, 한글학회, 569-622.

김태상·김무식 역(1991), ≪초분절음소론≫, 한신문화사.

김한별(2021), <19세기 대격 조사 '-을'은 왜 개음절 뒤에도 분포했을까>, ≪국어학≫ 100, 국어학회, 203-242.

김형규(1974), ≪한국방언연구≫, 서울대출판부.

도수희(2006), <나의 방언 조사와 연구>, ≪방언학≫ 3, 한국방언학회, 7-31.

문곤섭(1986), <경남방언의 성조 고찰(1)>, ≪경남어문≫ 18, 경남어문학회, 23-31.

문효근(1962), <대구방언의 고저·장단>, ≪인문과학≫ 7, 연세대 인문과학연구소, 53-103.

문효근(1974), ≪한국어성조의 분석적 연구≫, 세종출판공사.

민원식(1982), <문경지역어의 음운론적 연구>, 충남대대학원(석사).

박미혜(2022), <함북 육진 방언의 세대별 변이 연구>, 서울대대학원(박사 심사본).

박숙희(1999), <영일 지역어의 형태음운론적 연구>, 충남대대학원(석사).

박숙희(2005), <경북 동해안 방언의 성조 연구>, 충남대대학원(박사).

박숙희(2006), <안동·성주·경주 방언의 성조 비교>, ≪한글≫ 272, 한글학회, 125-164.

박숙희(2008), <경북 방언 외래어의 성조형: 영덕, 포항, 경주, 경산 지역을 중심으로>, ≪인문학연구≫ 35-1, 충남대학교 인문과학연구소, 35-61.

박종덕(2005), ≪안동지역어의 음운연구≫, 박이정.

박진혁(2003), <중국 훈춘 지역 조선어의 복합어 성조>, 서강대대학원(석사).

박진혁(2013), <함북경흥 지역어의 성조론>, 서강대학교 박사학위 논문.

박창원(1987), <표면음성제약과 음운현상: 고성지역어의 음절구조를 중심으로>, ≪국어학≫

16, 국어학회, 301-324.

방언연구회(2001), ≪방언학사전≫, 태학사.

배병인(1983), <산청방언의 음운론적 연구>, 고려대교육대학원(석사).

배주채(1991), <고흥방언의 음장과 음조>, ≪국어학≫ 21, 국어학회, 275-306.

백금란(2019), <함경남도 신흥 지역어의 성조 연구>, 서울대대학원(석사).

백두현(1982가), <금릉지역어의 음운론적 연구>, 경북대대학원(석사).

백두현(1982나), <성조와 움라우트: 성주금릉지역어를 중심으로>, ≪어문논총≫ 16, 경북어
　　　　문학회, 145-157.

변광수 편(2003), ≪개정증보판 세계주요언어≫, 역락.

서정목(1981), <경남진해지역어의 움라우트현상에 대하여>, ≪방언≫ 5, 한국정신문화연구
　　　　원, 21-53.

성인출(1998), <국어의 hiatus 회피 거부 현상>, ≪한민족어문학≫ 33, 한민족어문학회,
　　　　223-256.

신기상(1987), <동부경남방언의 고저장단>, ≪국어국문학≫ 97, 국어국문학회, 205-209.

신기상(1993), <동부경남방언 피동사, 사동사의 고저장단>, ≪국어학≫ 23, 국어학회,
　　　　93-117.

신기상(1999), ≪동부경남방언의 고저장단≫, 월인.

신기상(2002), <'하-爲'의 고저장단 연구>, ≪국어교육≫ 107, 한국국어교육연구학회,
　　　　261-282.

신승원(1982), <의성지역어의 음운론적 연구>, 영남대대학원(석사).

신승원(1990가), <영풍지역어의 분화양상>, 영남어문학 17, 영남어문학회, 27-56.

신승원(1990나), <영풍지역어의 조사자료>, 영남어문학 18. 영남어문학회, 121-149.

신승원(1999), <모음음운현상 설명에 대한 연구 (Ⅰ): 동모음 '아' 탈락을 중심으로>, ≪영남
　　　　어문학≫ 27, 영남어문학회, 7-26.

신승원(2000), ≪의성지역어의 음운론적 분화 연구≫, 홍익출판사.

유필재(1994), <발화의 음운론적 분석에 대한 연구>, ≪국어연구≫ 125, 국어연구회.

유필재(2001), <서울지역어의 음운론적 연구>, 서울대대학원(박사).

유필재(2015), <언해본 상원사중창권선문의 성조에 대하여>, ≪국어사연구≫ 20, 국어사학
　　　　회, 301-321.

윤종남(1987), <강릉방언의 초분절음소에 대한 고찰>, ≪동악어문논집≫ 2, 동국대, 355-382.

이기문(1960), <소학언해에 대하여>, ≪한글≫ 127, 한글학회, 50-69.

이기문(1972가), ≪국어사개설≫, 탑출판사.

이기문(1972나), ≪국어음운사연구≫, 탑출판사.

이기문 외(1991), <한국어방언의 기초적 연구>, ≪학술원논문집(인문사회과학편)≫ 30, 대한
　　　　민국 학술원, 45-99.

이기문 외(1993), ≪한국언어지도≫, 대한민국학술원.

이기백(1969), <경상북도의 방언구획>, ≪동서문화≫ 3, 계명대 동서문화연구소, 183-217.

이동화(1986), <동남방언 성조의 연구와 검토>, ≪영남어문학≫ 13, 영남어문학회, 445-459.

이동화(1990), <경북방언 성조의 자립분절음운론적 연구>, 영남대대학원(박사).

이동화(1991), <국어성조와 음운현상의 관련성에 대해: 경북방언을 중심으로>, ≪들메 서재극 박사 환갑기념논문집≫, 계명대학교 출판부, 565-583.

이동화(1993), <경북방언의 성조와 음장>, ≪영남어문학≫ 21, 영남어문학회, 63-83.

이문규(1997), <경북방언 '안+용언'의 성조 현상>, ≪한글≫ 238, 한글학회, 33-65.

이문규(1998가), <성조소 기술 방법론의 비교 연구>, ≪언어과학연구≫ 15, 언어과학회, 213-234.

이문규(1998나), <동해안 세 방언의 성조 연구>, ≪문학과 언어≫ 20, 문학과언어학회, 51-74.

이문규(2002), <대구방언과 안동방언의 성조 비교 연구>, ≪어문학≫ 77, 한국어문학회, 101-149.

이문규(2003), <경북방언의 '나가더라'류 성조형 연구>, ≪문학과 언어≫ 25, 문학과 언어연구회, 109-126.

이문규(2006), <국어 성조 체계의 성조형 대응 양상>, ≪어문학≫ 93, 한국어문학회, 109-137.

이문규(2011), <경남북 접경 지역 방언의 성조 연구>, ≪언어과학연구≫ 59, 언어과학회, 203-232.

이문규(2012), <단음절 모음 어간의 활용에 대한 성조론적 연구: 경남북 접경 지역 방언을 중심으로>, ≪언어과학연구≫ 62, 언어과학회, 227-254.

이문규(2013), <국어 성조론에서의 성조형의 개념과 위상>, ≪한글≫ 301, 한글학회, 5-42.

이문규(2014가), <'말(語)-류' 성조형의 방언 간 대응 양상과 의의>, ≪어문학≫ 123, 한국어문학회, 91-122.

이문규(2014나), <성조론적 과정의 성격과 기술 방법>, ≪어문학≫ 123, 한국어문학회, 91-122.

이문규(2015), <'말-류' 성조형의 방언 간 대응 양상과 의의>, ≪어문학≫ 128, 한국어문학회, 53-79.

이문규(2017), ≪형태소 성조형 중심의 국어 성조론≫, 한국문화사.

이문규(2019), <성조론의 두 단계 음운 과정과 경상방언의 성조형 분석>, ≪방언학≫ 29, 5-37.

이병근(1969), <황간지역어의 음운>, ≪논문집(인문사회과학편)≫ 1, 서울대 교양과정부, 27-54.

이병근(1978), <국어의 장모음화와 보상성>, ≪국어학≫ 6, 국어학회, 1-28.

이병근(1986), <발화에 있어서의 음장>, ≪국어학≫ 15, 국어학회, 11-39.

이상규(2000), ≪경북방언사전≫, 태학사.

이상신(2007), <'아' 말음 처격형에 대한 음운론적 연구>, ≪어문연구≫, 한국어문교육연구회, 35-2, 39-61.

이상억(1977), <자립분절음운론과 국어>, ≪이숭녕선생고희기념 국어국문학논총≫, 탑출판사, 265-290.

이상억(1979가), <성조와 음장>, ≪어학연구≫ 15-2, 서울대 어학연구소, 123-139.

이상억(1979나), <음조배정규칙에 관한 두어 문제>, ≪국어학≫ 8, 국어학회, 51-57.

이상억(1980), <사동·피동어간형성 접미사에 대한 고찰>, ≪어문논집≫ 21, 고려대국어국문
학연구회, 121-138.

이상억(1990), <성조>, ≪국어연구 어디까지 왔나≫, 동아출판사, 128-138.

이숭녕(1964), <15세기의 활용에서의 성조의 고찰>, ≪아세아연구≫ 7-2, 고려대학교 아세아
문제연구소, 49-92.

이숭녕(1967), <한국방언사>, ≪한국문화사대계≫ 5, 고려대 민족문화연구소, 325-411.

이숭녕(1968), <성조체계의 붕괴과정의 고찰: 주로 성종시대에서 16세기까지의 문헌의 성조
표기의 변천을 중심으로 하여>, ≪진단학보≫ 31, 진단학회, 65-87.

이숭녕(1980), <쇠멸단계에 들어선 설악산 심메마니 은어에 대하여>, ≪방언≫ 4, 한국정신
문화연구원, 1-21.

이시진(1986), <문경지역어의 음운론적 연구>, 영남대대학원(석사).

이익섭(1972가), <강릉 방언의 형태음소론적 고찰>, ≪진단학보≫ 34, 이병근·곽충구 편
(1998), 281-312.

이익섭(1972나), <영동방언의 Suprasegmental Phoneme 체계>, ≪동대어문≫ 2, 동덕여대
국어국문학회, 17-25.

이진호(2015), <중세국어의 성조 축약 양상과 제약>, ≪국어학≫ 75, 국어학회, 59-83.

이진호 편역(2012), ≪河野六郎과 국어음운론≫, 지식과 교양.

이현정(2008), <산청 지역어의 음운론적 연구>, ≪국어연구≫ 205, 국어연구회.

이현희(1991), <중세국어의 합성어와 음운론적 정보>, ≪석정이승욱선생회갑기념논총≫,
탑출판사, 315-333.

이혁화(1994), <금릉방언의 성조 연구>, ≪국어연구≫ 119, 국어연구회.

이혁화(2005), <무주, 영동, 김천 방언의 음운론적 대비 연구>, 서울대대학원(박사).

이호영(1996), ≪국어음성학≫, 태학사.

임석규(1999), <영주지역어의 음운론적 연구>, ≪국어연구≫ 160, 국어연구회.

임석규(2002가), <패러다임을 바탕으로 한 곡용어간의 재구조화>, ≪형태론≫ 4-2, 박이정,
319-338.

임석규(2002나), <음운탈락과 관련된 몇 문제>, ≪국어학≫ 40, 국어학회, 113-138.

임석규(2003), <동남방언의 성조소에 대한 재검토>, ≪국어국문학≫ 135, 국어국문학회,
37-69.

임석규(2004가), <동남방언 음운론 연구를 위한 몇 가지 제안>, ≪국어학≫ 43, 국어학회,
63-95.

임석규(2004나), <재분석에 의한 재구조화와 활용 패러다임>, ≪형태론≫ 6-1, 박이정, 1-23.

임석규(2004다), <음운규칙 간의 위계 검토>, ≪관악어문연구≫ 29, 서울대 국어국문학과,
301-327.

임석규(2006), <성조방언에서의 모음동화>, ≪이병근교수정년퇴임기념국어학논총≫, 태학

　　　　　사, 1167-1184.

임석규(2007), <경북북부지역어의음운론적 연구>, 서울대대학원(박사).

임석규(2008), <용언 '가-(去)'류의 불규칙적 성조 실현과 화석형>, ≪어문연구≫ 137, 한국어
　　　　　문교육연구회, 187-206.

임석규(2009), <최소대립어의 기초한 모음목록 설정>, ≪방언학≫ 10, 한국방언학회,
　　　　　149-172.

임석규(2011), <차용어의 성조패턴 L₁HL에 대하여>, ≪방언학≫ 13, 한국방언학회, 5-24.

임석규(2013), <경상도 서부 지역 방언의 율동제약과 관련 등어선>, ≪방언학≫ 17, 한국방언
　　　　　학회, 5-32.

임석규(2014), <성조 현상을 토대로 한 방언구획론을 위하여>, ≪방언학≫ 19, 한국방언학
　　　　　회, 5-40.

임석규(2016), <동남방언의 성조 실현, 그 기저성조와 율동제약>, ≪방언학≫ 23, 한국방언
　　　　　학회, 31-58.

임석규(2017), <복수기저형과 그 패러다임의 강한 압박>, ≪방언학≫ 25, 한국방언학회,
　　　　　95-122.

임석규(2019), <성조 방언의 비어두 장음에 관한 문제-만두소:(LLR), 그래:도(LRH) ; 아랫
　　　　　마:(LLF), 바래:고(LFL) 유형>, ≪어문연구≫ 47-1, 2019, 7-24.

임석규(2020가), <경상도 방언의 특징과 그 보존 방안>, ≪인문학연구≫ 28, 제주대학교
　　　　　인문과학연구소, 29-67.

임석규(2020나), <성조 연구 방법론에 대한 반성적 고찰>, ≪방언학≫ 31, 한국방언학회,
　　　　　43-68.

임석규(2021가), ≪국어음운론의 기초≫, 역락.

임석규(2021나), <향가 해독과 동해안 방언의 의의>, ≪국어학≫ 100, 국어학회, 33-55.

임석규(2022), <중세 국어와 성조 방언의 율동 규칙 대비를 통한 성조 소멸 가설>, ≪국어사
　　　　　연구≫ 35, 국어사학회, 近刊.

장태진(1960), <대구방언의 운소분석>, ≪어문학≫ 6, 한국어문학회, 76-89.

전학석(1993), ≪함경도방언의 음조에 대한 연구: 회령, 경성, 함주 지방말의 음조를 중심으
　　　　　로≫, 태학사.

전학석(1994), <함경도방언의 음조에 대하여>, ≪한글≫ 122, 95-108.

정 국(1980), <성조의 기능론적 분석>, ≪어학연구≫ 16-2, 서울대 어학연구소, 159-165.

정 철(1989), <경북의성방언의 음운론적 연구>, 경북대대학원(박사).

정승철(1999), <제주방언의 음조와 음조군>, ≪진단학보≫ 88, 진단학회, 543-554.

정연찬(1960), <15세기 국어의 tone에 대한 연구>, 서울대학교 석사학위 논문.

정연찬(1963), <15세기 국어의 활용 어간의 성조에 대하여: 특히 1음절 어간을 중심으로>,
　　　　　≪논문집≫ 3, 충남대학교, 3-45.

정연찬(1976), ≪국어성조에 관한 연구≫, 일조각.

정연찬(1977), ≪경상도방언성조연구≫, 탑출판사.

정원수(1994), <경북방언의 복합 동사 형성에 나타나는 성조 변동 연구>, ≪한글≫ 224, 한글학회, 74-93.

정원수(1997), <경북방언 피동사의 성조 연구>, ≪어문연구≫ 29, 어문연구회, 443-464.

정원순(1988), <영주 북부지역어의 음운과 그 실현>, 연세대 대학원(석사).

정인상(1982), <통영지역어의 용언 활용에 대한 음운론적 고찰>, ≪방언≫ 6, 한국정신문화연구원, 57-79.

조현숙(1985), <경북방언의 운율체계 연구: 봉화지역을 중심으로>, ≪국어연구≫ 66, 국어연구회.

주상대(1975), <울진방언의 음운 연구>, 경북대교육대학원(석사).

주상대(1989), <울진지역어 모음의 음운현상 연구>, 계명대대학원(박사).

차재은(1997/1999), ≪중세국어 성조론≫, 월인.

채옥자(1999), <중국 연변지역어의 활음화에 대하여>, ≪애산학보≫ 23, 애산학회, 139-164.

채옥자(2005), ≪중국 연변지역 조선어의 음운 연구≫, 태학사.

천시권(1965), <경북지방의 방언구획>, ≪어문학≫ 13, 한국어문학회, 1-12.

최명옥(1974), <경남삼천포방언의 음운론적 연구>, ≪국어연구≫ 32, 국어연구회.

최명옥(1976), <서남경남방언의 부사화접사 '-아'의 음운현상>, ≪국어학≫ 4, 국어학회, 61-82.

최명옥(1979), <동해안 방언의 음운론적 연구>, ≪방언≫ 2, 한국정신문화연구원, 1-34.

최명옥(1980), ≪경북동해안 방언연구≫, 영남대학교민족문화연구소.

최명옥(1982), ≪월성지역어의 음운론≫, 영남대학교출판부.

최명옥(1990), <동남방언의 성조형과 그 분포>, ≪18회 전국학술대회 논문집≫, 대한민국학술원, 67-88.

최명옥(1992가), <경상남북도간의 방언분화 연구>, ≪애산학보≫ 13. 애산학회, 53-103.

최명옥(1992나), ≪경상북도의 방언지리학: 부사형어미 '아X'의 모음조화를 중심으로≫, 진단학보 73, 진단학회, 139-163.

최명옥(1993), <어간의 재구조화와 교체형의 단일화 방향>, ≪성곡논총≫ 24, 성곡학술문화재단, 1599-1642.

최명옥(1994), <경상도의 방언구획 시론>, ≪외골 권재선박사 회갑기념 논문집≫, 우골탑, 861-892.

최명옥(1998), <현대국어의 성조소체계>, ≪국어학≫ 31, 국어학회, 23-52.

최명옥(1999), <현대국어의 성조형과 그 분포>, ≪진단학보≫ 88, 진단학회, 555-581.

최명옥(2000), <중국연변지역의 한국어 연구>, ≪한국문화≫ 25, 서울대 한국문화연구소, 17-62.

최명옥(2019), <중세 이전의 한국어는 성조언어였는가?>, ≪국어학≫ 90, 국어학회, 3-42.

최명옥·곽충구·배주채·전학석(2002), ≪함북 북부지역어 연구≫, 태학사.

최영미(2001), <삼척지역어의 운소체계 연구>, 건국대대학원(석사).

최영미(2009), <정선방언의 성조 체계와 그 역사적 변천에 대한 연구>, 건국대대학원(박사).

최영미(2014), <모음 탈락과 성조 재배열: 중세국어와 정선방언의 비교를 중심으로>, ≪겨레
　　어문학≫ 52, 겨레어문학회, 331-367.

최영미(2015), <평창 방언의 성조 연구>, ≪한글≫ 308, 한글학회, 31-84.

최학근(1991), ≪국어방언연구≫, 명문당.

최한조(1997), ≪대구말의 음운현상과 성조연구≫, 홍익출판사.

허　웅(1954), <경상도 방언의 성조>, ≪외솔최현배선생 환갑기념논문집≫, 사상계사,
　　479-519.

허　웅(1955), <방점연구: 경상도방언 성조와의 비교>, ≪동방학지≫ 2, 연세대 국학연구소,
　　39-194.

황대화(1986), ≪동해안 방언 연구≫, 김일성종합대학출판부.

경남방언연구보존회(2017), ≪경남방언사전≫, 경상남도.

한국정신문화연구원(1989), ≪한국방언자료≫ 7(경상북도편).

한국정신문화연구원(1990), ≪한국방언자료≫ 2(강원도편).

한국정신문화연구원(1993), ≪한국방언자료≫ 8(경상남도편).

大江孝男(1978), Negative Adverbs in Southern Dialects form an Accentual Point of View,
　　In Kim. ed.(1978), 99-112.

小倉進平(1944), ≪朝鮮語方言の研究≫, 岩波書店.

辻野裕紀(2010), <일본어 동경방언과 한국어 대구방언의 음조에 대한 악센트론적 고찰 -악센
　　트체계와 출현빈도, 유형론->, ≪일본학보≫ 84, 한국일본학회, 253-262.

Durand, J(1990), *Generative and non-linear phonology*, Longman.

Hyman, L.M.(1975), *Phonology: theory and analysis*, New York: Holt, Rinehart &
　　Winston.

Katamba, F.(1989), *An Introduction to Phonology*, London: Longman.

Lee, S.D.(1987), "A study of tone in Korean dialects", Doctoral dissertation, Georgetown
　　University.

Lee, S.O.(1978), "Middle Korean Tonalogy", Doctoral dissertation, University of Illinois.

Lehiste, I.(1970), *Suprasegmentals*(김태상·김무식 역(1991), ≪초분절음소론≫, 한신문화사.)

McCawlay, J.D(1970), "Some tonal systems that come close to being pitch accent
　　systems but don't quite make it" In Papers from the Sixth Regional
　　Meeting Chicago Linguistic Society: 526-532.

Pike, K.L.(1948), *Tone Languages*, Ann Arbor: University of Michigan Press.

Ramsey, S.R.(1974), <함경·경상 양방언의 액센트 연구>, ≪국어학≫ 2, 국어학회, 105-132.

Ramsey, S.R.(1978), *Accent and Morphology Korean Dialects*, 탑출판사.

글쓴이 소개

글쓴이 임석규는 경북 영주에서 태어났다. 영주의 대영고등학교를 졸업하고(1988), 서울대학교 국어국문학과에서 문학사(1995), 문학 석사(1999), 문학 박사(2007) 학위를 받았다. 2008년부터 원광대학교 인문대학 국어국문학과 교수로 근무하고 있으며 2016년부터는 원광대학교 대안문화연구소장직을 맡고 있다.

지금까지의 논저로는 '국어음운론의 기초', '맞춤법 따라가기', '향가 해독과 동해안 방언의 의의', '음운 탈락과 관련된 몇 문제', '재분석에 의한 재구조화와 활용 패러다임', '성조 방언에서의 모음동화', '경음화, 남은 몇 문제', '성조 현상을 토대로 한 방언 구획론을 위하여', '복수 기저형과 그 패러다임의 강한 압박', '성조 방언의 비어두 장음에 관한 문제' 등 다수가 있다. 이 '국어 성조의 이해'로 2023년 제42회 '두계 학술상'을 받았다.

국어 성조의 이해

초판 1쇄 발행 2022년 10월 14일
초판 2쇄 발행 2023년 10월 14일
저   자   임석규
펴 낸 이   이대현
편   집   이태곤·권분옥·임애정·강윤경
디 자 인   안혜진·최선주·이경진
마 케 팅   박태훈
펴 낸 곳   도서출판 역락
주   소   서울시 서초구 동광로 46길 6-6(반포4동 문창빌딩 2F)
전   화   02-3409-2060(편집부), 2058(영업부)
팩   스   02-3409-2059
등   록   1999년 4월 19일 제303-2002-000014호
이 메 일   youkrack@hanmail.net
홈페이지   www.youkrackbooks.com
I S B N   979-11-6742-404-4 93710